Energie und Ethik

Dr. phil. *Heinz-Ulrich Nennen* und Dr. Ing. *Georg Hörning* sind wissenschaftliche Mitarbeiter an der Akademie für Technikfolgenabschätzung in Baden-Württemberg.

Heinz-Ulrich Nennen, Georg Hörning (Hg.)

# Energie und Ethik

## Leitbilder im philosophischen Diskurs

Campus Verlag
Frankfurt/New York

Die Deutsche Bibliothek – CIP-Einheitsaufnahme

*Energie und Ethik*: Leitbilder im philosophischen Diskurs /
Heinz-Ulrich Nennen; Georg Hörning (Hg.). – Frankfurt/Main;
New York: Campus Verlag, 1999
ISBN 3-593-36260-0


Umschlaggestaltung: Atelier Warminski, Büdingen
Druck und Bindung: KM-Druck, Groß-Umstadt
Gedruckt auf säurefreiem und chlorfrei gebleichtem Papier.
Printed in Germany

# Inhaltsverzeichnis

# Zur Einführung

Rio de Janeiro, Berlin, Kioto und Buenos Aires — weitere Konferenzen der UNO werden hinzukommen in dem Bemühen um international verbindliche Vereinbarungen zum Schutz der Erdatmosphäre. Die Verbrennung fossiler Energieträger wie Kohle, Gas oder Öl im derzeitigen Umfang führt zu erhöhten Konzentrationen von Kohlendioxid in der Atmosphäre, wodurch aller Voraussicht nach das Klima der Erde entscheidend verändert wird. Als Folge erwarten die meisten Experten eine Temperaturerhöhung und damit die Ausdehnung von Trockengebieten, eine Erhöhung des Meeresspiegels sowie die Zunahme von Wirbelstürmen, Überschwemmungen und extremen Wetterlagen. Um die damit einhergehenden Folgen abzumildern, versucht die internationale Staatengemeinschaft, Reduktionsziele für $CO_2$ festzulegen. So hat sich beispielsweise Deutschland verpflichtet, 25% bei der $CO_2$–Emission bis zum Jahre 2005 einzusparen. Allerdings sind diese Maßnahmen nicht unumstritten, denn die Simulationen der zukünftigen Klimaentwicklung geben immer noch hinreichend Raum für Interpretation und Spekulation.

Auch natürliche Klimaschwankungen sind erheblich. Eiszeiten, Zwischeneiszeiten, Wärme– und Kälteperioden, mitunter ausgelöst durch Meteoriteneinschlag, sind immer wieder zu verzeichnen gewesen. Diesen Katastrophen sind ganze Kulturen zum Opfer gefallen, allerdings sind sie ohne das Hinzutun des Menschen eingetreten. Die Möglichkeit einer anthropogenen globalen Klimaänderung ist dagegen ein absolutes Novum in der Erdgeschichte. Mittlerweile befassen sich Versicherungsunternehmen in wohlverstandenem Eigeninteresse verstärkt mit Maßnahmen zur Vorsorge.

Selbst wenn die Weltklimamodelle auf absehbare Zeit keine dezidierten Vorhersagen erlauben sollten, so wäre es auch aus anderen Gründen sinnvoll, nach Wegen zu suchen, den Einsatz fossiler Energie zu begrenzen.

Im Gegenteil, es wäre begründungspflichtig, den bisherigen Einsatz dieser Energien im gewohnten Umfang beizubehalten, obwohl Alternativen zur Verfügung stehen. Konkret stellt sich damit die Frage globaler Umweltveränderungen als Herausforderung an das Gestaltungsvermögen vor Ort. Die Motive sind vielfältiger Natur, sie reichen von der Sorge um den Verlust an Lebensqualität bis hin zu wirtschaftlichen, sozialen und entwicklungspolitischen Anliegen.

## Das Problem

Es sind nicht lediglich Fragen der Technik angesprochen, wenn es um die Gestaltung zukünftiger Energiesysteme geht. Das wird besonders dort deutlich, wo unterschiedliche Verständnisse von *Verzicht* aufeinander treffen. Allein die Differenzierung, ob es sich um ein Verzichten *müssen* oder um ein Verzichten *können* handelt, ist bezeichnend für die Ebene auf der sich der Energie–Diskurs bewegt. Welche Technik, welches Verhalten und welcher Zukunftsentwurf sind maßgeblich für die Gestaltung der künftigen Energieversorgung? Diese Aspekte von Technikfolgenbewertung lassen sich in Leitbildern verdichten, mit denen sich auch Generationen voneinander abgrenzen.

Unterschiedliche Leitbilder miteinander in den Diskurs zu bringen, war Aufgabe des hier dokumentierten Prozesses. Es galt zu beurteilen, welches von vier exemplarischen Szenarien einer zukünftigen Energieversorgung und –nutzung zu empfehlen sei. Dabei werden unmittelbar Fragen der Ethik aufgeworfen, insbesondere dort, wo Grundrechte zur Disposition stehen könnten. Die Wahl einer der möglichen Strategien zur $CO_2$–Reduktion stellt eine Herausforderung an die demokratische Kultur dar, weil sich mit diesen Strategien unterschiedliche Lebensstile verbinden.

Diskurse zur Energiefrage sind Ausdruck tiefergehender gesellschaftlicher Konflikte: Verschiedene Entwürfe eines gelingenden Lebens oder einer erfolgreichen und erstrebenswerten Wirtschaftsweise stehen zur Debatte, gerade weil nicht lediglich Technologien der Stromerzeugung oder Nutzungstechniken, wie Kernenergie und 3–Liter–Auto, im Vordergrund stehen. Gesamtgesellschaftliche Konfliktlösungen lassen sich immer weniger aus der tagespolitisch motivierten Zusammenschau isolierter Perspektiven ableiten. Stattdessen ist eine Gesamtschau erforderlich, im Wechsel der Perspektiven verschiedene, auf konträren Leitbildern beruhende Optionen zu Energienachfrage und –versorgung zu eröffnen. Die

Bewertung der Optionen erfordert einerseits den philosophischen Diskurs sowie andererseits ein geeignetes Verfahren der Bürgerbeteiligung, wobei entscheidend ist, daß es um mehr geht, als um den isolierten Ausdruck partikularer Fachinteressen, wirtschaftlicher Folgen oder gesellschaftlicher Konsequenzen, sondern um den umfassenden Prozeß der Abwägung vor dem Hintergrund des gesamten Fragespektrums. Dazu sind ein fundiertes Aufarbeiten der Sachlage, die Darstellung realistischer Handlungsoptionen einschließlich der möglicherweise damit einhergehenden Konsequenzen sowie eine Reflexion der gesellschaftlich relevanten Bewertungskriterien aus der Sichtweise von Betroffenen erforderlich.

Immer häufiger werden auch Ethiker um Rat gefragt, wenn es um Fragen der Zukunftsgestaltung geht. Oftmals wird dabei unterstellt, seitens der philosophischen Ethik ließen sich unanzweifelbare und eindeutige Antworten, ‚richtige' und ‚allgemeingültige' Lösungs- und Bewertungsstrategien bei kontrovers diskutierten Sachverhalten für die verantwortliche und verantwortbare Entscheidungsvorbereitung geben. Dieser Erwartung kann nicht entsprochen werden: Ein solches philosophisches ‚Machtwort' kann nicht die Aufgabe der philosophischen Ethik sein. Vor dem Hintergrund einer angespannten Welt, in der fundamentalistische Strömungen mit der Wissenschaft um das Monopol der Weltdeutung ringen, können weder Ethik noch Philosophie zu Garanten letztverbindlicher Handlungsmaximen und allgemeinverbindlicher Gesichtspunkte der Bewertung werden. Aufgabe der Philosophie kann es schon gar nicht sein, vorschnell Partei zu ergreifen. Sie kann Anregungen geben und auch advokatorisch provozierende Positionen vertreten — in der Hoffnung, neue Optionen und Perspektiven zu eröffnen.

## Das Projekt

Eine wesentliche Grundlage von ‚Energie und Ethik' stellen die *Szenarien A, B, C* und *D* dar, die im Projekt ‚Klimaverträgliche Energieversorgung' unter der Leitung der Akademie für Technikfolgenabschätzung in Baden-Württemberg in mehreren Expertenworkshops erstellt wurden.

*Szenario A* beschreibt eine Entwicklung der Energieversorgung nach dem Grundsatz ‚business as usual'. In diesem Szenario sind die Belange des Klimaschutzes lediglich von untergeordneter Bedeutung. Die *Szenarien B–D* sind dagegen vom Leitbild einer klimafreundlichen Energieversorgung geprägt; sie erreichen eine 25%ige Reduktion des Treibhausgases

$CO_2$ bis zum Jahre 2005 und eine weitere Reduktion um ca. 45% bis zum Jahre 2020. *Szenario B* setzt dabei ausschließlich auf technische Lösungen — einschließlich der Kernenergie. Die Ansprüche können dann weiter wachsen und Verhaltensänderungen zum Erreichen des Reduktionsziels wären nicht erforderlich. Dagegen wird im *Szenario C* davon ausgegangen, daß der Einsatz effizienter Techniken allein nicht genügt; aus Gründen des Umwelt- und Ressourcenschutzes sind begrenzte Abstriche bei den Konsumansprüchen gerechtfertigt und auf die Nutzung der Kernenergie ist sobald als möglich zu verzichten. In einer betont ökologisch orientierten Lebensweise sieht *Szenario D* die Chance, zugleich eine deutliche $CO_2$-Reduktion, einen raschen Ausstieg aus der Kernenergie und eine hohe Lebensqualität zu erzielen.

Diese vier Szenarien waren Ausgangspunkt einer intensiven Phase der Bewertung. Welches der vier Szenarien ist der Politik zu empfehlen? Mit welchem Szenario können sich welche Gruppen in der Gesellschaft identifizieren? Welche Implikationen und Konsequenzen haben diese Szenarien für die Wirtschaft, die Umwelt und die sozialen Verhältnisse im Lande und sind sie den Bürgern zumutbar? — Im Projekt ‚Energie und Ethik' wurden diese Frage anhand unterschiedlicher Verfahren bearbeitet:

- Experten der praktischen Ethik sollten systematisch solche Kriterien und Bewertungsmaßstäbe zur Beurteilung von Energieszenarien erörtern, die bei der Bewertung der unterschiedlichen Optionen für die Gestaltung zukünftiger ‚Energiewelten' zur Begründung von Geltungsansprüchen herangezogen werden können. Die entscheidenden Aspekte sollten in ihrer Umstrittenheit dargestellt werden, um mithilfe daraus abgeleiteter Bewertungskriterien einen offenen Prozeß zur Beurteilung der unterschiedlichen Optionen zu ermöglichen (Teil B, S. 73ff.).

- Parallel dazu wurden Vertreter unterschiedlicher gesellschaftlicher Gruppen gebeten, in einem ‚Wertbaumverfahren' ihre spezifischen Gesichtspunkte der Bewertung für Energieszenarien und Versorgungssysteme zu entwickeln und zur Diskussion zu stellen. Ziel war eine gemeinsame Liste von Kriterien. Die darin enthaltenen Beurteilungsmaßstäbe wurden intensiv debattiert und dann konsensual verabschiedet. Einige Teilnehmer, die bereits als Vertreter gesellschaftlicher Gruppen an diesem Prozeß mitgewirkt hatten, setzten anschließend diese Kriterienliste ein, um anhand des zuvor erarbeiteten Gesamtwertbaums die Energieszenarien zu bewerten.

- Schließlich wurden in mehreren Orten Baden–Württembergs Bürgerforen zum Thema ‚Klimaverträgliche Energieversorgung' veranstaltet. Die Teilnehmer wurden nach dem Zufallsverfahren ausgewählt und berieten mehrere Tage über Fragen zur Gestaltung zukünftiger Energiesysteme. Auf der Grundlage der in diesem Band dokumentierten Gutachten zu Fragen der Ethik wurde eine Arbeitseinheit entwickelt, die dabei zu einer systematischen und umfassenden Bewertung anhand unterschiedlicher Aspekte anleiten sollte (Teil C, S. 255ff.). In Expertenhearings wurde der Forschungsstand dargestellt; bestehende Klimaschutzmaßnahmen, Möglichkeiten bei der Gestaltung zukünftiger Energieversorgungssysteme und Energiesparmaßnahmen wurden erläutert: Laien in Energiefragen sollten sich im Verlauf dieser Bürgerforen ein eigenes Urteil bilden über die vier Szenarien. Diese Expertenszenarien sollten beurteilt werden, und mithilfe eines Programms zur Simulation zukünftiger Energiewelten wurden abschließend eigene Szenarien ausgearbeitet.

Diese drei Vorgehensweisen waren eng miteinander verknüpft. So trugen die Fachvertreter der philosophischen Ethik ihre Überlegungen bei den Sitzungen der Vertreter gesellschaftlicher Gruppen vor und beteiligten sich am Wertbaumverfahren, allerdings nicht im Namen der ‚Philosophie', sondern in ihrer Rolle als ‚aufgeklärte Staatsbürger', da die Erstellung von Wertbäumen auf subjektiven Überlegungen und Präferenzen und nicht auf verallgemeinerungsfähigen Bewertungsverfahren beruht. Die Vertreter der am Wertbaumverfahren beteiligten Gruppen wurden wiederum über die grundlegenden ethischen Überlegungen seitens der Philosophen in gemeinsamen Veranstaltungen informiert, und so konnte man sich im gemeinsamen Diskurs auf bestimmte Grundlinien der Bewertung einigen. Schließlich wurde in den Bürgerforen Einblick in die *Szenarien A–D* gegeben, eine substantielle Zusammenfassung aus den Ergebnissen der Wertbaumanalyse, und insbesondere aus den Untersuchungen zur ethischen Analyse in Form potentieller Bewertungskriterien wurden gleichfalls eingebracht. Die Teilnehmer wurden gebeten, anhand dieser Bewertungsaspekte eigene ‚Prüffragen' zu formulieren. Die hierzu entwickelte Methodologie zur Technikfolgenabschätzung in Form eines topischen Verfahrens wird im Teil C (S. 299ff.) erläutert.

Auf diese Weise wurde eine enge Abstimmung der drei Bewertungsverfahren erreicht; weitere Erläuterungen zum Projektverlauf lassen sich dem Beitrag (S. 19ff.) entnehmen, eine Skizze zum Projektkontext findet sich ebenfalls dort (S. 24). — In diesem Band werden die Ergebnisse von zwei der drei Parallelverfahren dokumentiert: Die ethische Reflexion über Bewertungskriterien und Maßstäbe der ‚Güterabwägung' durch Fachvertreter für praktische Philosophie und Ethik sowie die methodische Umsetzung dieser Kriterien in den Bürgerforen. Die Ergebnisse des Wertbaumverfahrens werden in einem gesonderten Band publiziert.[1]

Der vorliegende Band gliedert sich in vier Teile. Auf den *Teil A* (S. 19ff.), der eine Einführung in das Projekt und eine Hinführung zum Thema geben soll, folgt im *Teil B* (S. 73ff.) die Dokumentation der Beiträge der Fachvertreter für praktische Philosophie und Ethik. Erklärtes Ziel war sowohl die theoretische Analyse als auch die praktische Anwendung möglicher Vorzugskriterien, wie sie zur Technikfolgenbewertung unerläßlich sind. Speziell für die Beurteilung unterschiedlicher Optionen zukünftiger Energieversorgungssysteme waren entscheidungsrelevante Bewertungskriterien darzustellen, gegeneinander abzuwägen und zu erörtern. Im *Teil C* (S. 255ff.) geht es dann um die Reinterpretation der Ergebnisse aus diesem Diskurs über Energie–Szenarien und um die praktische Anwendung der Vorzugskriterien. Erläuterungen zum Diskurs der Folgenbewertung in den Bürgerforen finden sich in der Einführung und in den Beiträgen des *Teil C*. Dort soll auch im Rahmen einer Methodendiskussion abschließend noch einmal reflektiert werden, wie die Erkenntnisse aus dem Diskurs ‚Energie und Ethik' in die Phase III des Projektes ‚Klimaverträgliche Energieversorgung' in Form einer Arbeitseinheit für die Bürgerforen eingeflossen sind. Im Anhang, dem *Teil D* (S. 359ff.), findet sich schließlich neben den Verzeichnissen zur Literatur (S. 393ff.) und zu den Autoren (S. 413f.) auch eine eingehende Darstellung der Expertenszenarien (S. 359ff.), auf die in den hier vorliegenden Beiträgen immer wieder Bezug genommen wird. Der in diesem Projekt entstandene ‚Gesamtwertbaum der gesellschaftlichen Gruppen' wurde ebenso mit in die Dokumentation (S. 371ff.) aufgenommen wie die Arbeitseinheit ‚Das Problem des Entscheidens und Bewertens' (S. 364ff.) als Beispiel für die im Rahmen dieses Projektes entwickelte Methode einer umfassenden Technikbewertung.

[1] Hermann Peitz und Ortwin Renn (Hrsg.): Energieszenarien im Spiegel gesellschaftlicher Bewertung. Das Wertbaumverfahren als Instrument ethischer Urteilsbildung. Baden–Baden (in Vorbereitung).

Dieses Buch baut auf den Vorleistungen vieler Personen auf. Ohne den Sachverstand, die engagierte und kreative Tätigkeit der Arbeitsgruppe ‚Energieszenarien' unter der Leitung von Diethard Schade und Wolfgang Weimer–Jehle von der Akademie für Technikfolgenabschätzung wären die Grundlagen für diese Bewertung gar nicht verfügbar gewesen. An der Erarbeitung der Szenarien waren darüber hinaus mehr als 30 Gutachter aus ganz Deutschland beteiligt. Die Diskussion der Kriterien und die Erstellung der Wertbäume war maßgeblich von dem Engagement und der Kooperationsbereitschaft der am Diskurs beteiligten Gruppen geprägt. Unser Dank gilt aber auch den beiden Moderatoren dieses Diskursverfahrens Heinz–Herrmann Peitz von der Akademie der Diözese Rottenburg–Stuttgart und Ortwin Renn von der Akademie für Technikfolgenabschätzung; wir danken der Akademie der Diözese Rottenburg–Stuttgart für ihre Gastfreundschaft. Dem außergewöhnlichen Engagement aller an der Durchführung der Bürgerforen Beteiligten, der Gewissenhaftigkeit und Ausdauer der teilnehmenden Bürgerinnen und Bürger sowie dem Vor- und Nachbereitungsteam, ist es zu verdanken, daß Ergebnisse vorliegen, die zu einer weiterführenden detaillierten Auseinandersetzung herausfordern. Für die Bereitschaft, sich in die komplexen Zusammenhänge der Szenarien einzuarbeiten und sich auf einen offenen Prozeß einzulassen, der wiederholtes Überdenken und erneutes Formulieren der eigenen Position erforderte, danken wir den Autoren Christoph Hubig, Klaus Kornwachs, Julian Nida–Rümelin und Konrad Ott. Für die unermüdliche und kreative Unterstützung bei der Suche nach Ansätzen, wie in den Bürgerforen der Vorgang des Bewertens selbst thematisiert werden konnte, danken wir Georg Mildenberger. Die zuverlässige Unterstützung bei allen organisatorischen und redaktionellen Aufgaben verdanken wir Ellen Tulickas, sie schaffte die erforderlichen Rahmenbedingungen, ohne die die erwähnten Diskursprozesse nicht hätten erfolgreich durchgeführt werden können. Für Kritiken, Anregungen und Unterstützung danken wir Gudrun Fischer, Georg Mildenberger, Dagmar Oltersdorf, Reinhold Schulze–Tammena, Angelika Kreß und ganz besonders Ellen Tulickas.

*Stuttgart im Dezember 1998*

Heinz–Ulrich Nennen, Georg Hörning

# Teil A.

# Kontexte und Grundlagen

# Heinz–Ulrich Nennen: Zur Bewertung potentieller Technikfolgen im Diskurs ,Energie und Ethik'



## Diskurs–Projekt ,Energie und Ethik'

Welcher Energie*bedarf,* welche Energieversorgung ist vor dem Hintergrund der globalen Klimagefährdung vertretbar? — Diese Frage stand im Zentrum einer Veranstaltungsreihe, die von der Akademie für Technikfolgenabschätzung in Kooperation mit der Akademie der Diözese Rottenburg–Stuttgart vom Frühjahr 1994 bis zum Sommer 1996 durchgeführt wurde. Im Diskurs ,Energie und Ethik' sollten Vertreter gesellschaftlicher Gruppen ebenso wie Gutachter mit den Arbeitsschwerpunkten praktische Philosophie und Ethik offenen Fragen der Technikbewertung im Energiesektor nachgehen und die zur umfassenden Bewertung potentieller Technikfolgen erforderlichen Kriterien für eine systematische Beurteilung derzeitiger und zukünftiger Energieversorgungssysteme entwickeln. Um dem Thema gerecht zu werden, war ein differenzierter Ansatz erforderlich; sowohl die in der Gesellschaft vorfindbaren Wertorientierungen als auch philosophisch–ethische Reflexionen sollten erhoben und berücksichtigt werden. Die im vorliegenden Band dokumentierten Beiträge sind in einem Prozeß des Gegenüberstellens von ethischer Ableitung, empirischer Messung und Deliberation in Gruppenarbeit entstanden. Ziel war es, sowohl Korrespondenzen und Divergenzen als auch Spielräume der Gestaltung und mögliche Inkonsistenzen zwischen praktischer Moralität auf der einen Seite und den unterschiedlichen Moraltheorien zeitgenössischer Philosophie auf der anderen Seite aufzuzeigen.

Durch die Verknüpfung von Ansätzen der zeitgenössischen Debatte über Ethik und dem, was an Bewertungsgesichtspunkten in der öffentlichen Debatte über Energie angeführt wird, sollte sich in diesem Diskurs zeigen, wo Widersprüche zwischen gesellschaftlichen Präferenzen und den Begründungspflichten im Rahmen ethisch–moralischer Diskurse zu erwarten sind. Im mittleren Bereich zwischen ethischer Theorie und praktischer Werthaltung waren die erhobenen Bewertungskriterien mit den Mitteln der praktischen Philosophie zu erörtern, im Hinblick darauf, welcher Stellenwert den unterschiedlichen Präferenzen für Maßnahmen im Energiesektor jeweils zugestanden werden kann, wann und wodurch Kollisionen mit anderen, etwa höherwertigen Rechten, Pflichten und Verantwortbarkeiten auftreten würden.

## Zur Projektgenese

Im Nachhinein lassen sich drei Impulse verzeichnen, die Anlaß gaben, einen Diskurs ‚Energie und Ethik' durchzuführen.

Eine erste Anregung zur Initiative des Projektes ging aus dem vorangegangenen ‚Themenfindungsdiskurs Energie' hervor, der zwischen Mai 1993 und März 1994 mit Verbandsvertretern gesellschaftlicher Gruppen, der Kirchen, Gewerkschaften, Ingenieure, von Natur– und Umweltschutz und aus der Wirtschaft, in einer Kooperation zwischen der Akademie für Technikfolgenabschätzung und dem Arbeitskreis Gesellschaft und Technologie (AKGuT) des VDI/VDE veranstaltet wurde. Aufgabe war es, konkreten Forschungsbedarf für Technikfolgenabschätzung im Energiesektor zu sondieren. Erforderlich sei — so läßt sich das Ergebnis zusammenfassen — die Erarbeitung von Bewertungskriterien zur Beurteilung des Energieverbrauchs und der Struktur von Energiesystemen, ein besseres Verständnis für die Bedeutung von Leitbildern bei der Ableitung von Bewertungskriterien und die Entwicklung diskursiver Methoden, um dementsprechende Debatten zu führen. Im Rahmen des Themenfindungsdiskurses war die Behandlung einer derart komplexen Thematik freilich nicht zu leisten; die Aufgabe bestand darin, zunächst die für besonders relevant zu erachtenden Themen zu entfalten, aber noch nicht zu vertiefen. Die Erhebung, Entwicklung und Erörterung von Maßstäben und Kriterien der Bewertung bei der Beurteilung von Energiesystemen in öffentlichen Debatten wurde als besonders brisant und dringlich hervorgehoben und der Akademie als weiter zu verfolgendes Thema empfohlen.

THEMENFINDUNGS–DISKURS ,ENERGIE'

**Themenvorschläge***

1. Erarbeitung von Bewertungskriterien
   - Welche *Begründungen* und *Bewertungen* sind anzuführen, wenn der globale *Energiebedarf* dem regionalen gegenübergestellt wird?
   - Welches Verhältnis besteht zwischen individuellen Interessen und *Präferenzen* einerseits und den Interessenlagen sozialer Gruppen andererseits?
   - Wie gehen diese unterschiedlichen Orientierungen in die Technikbewertung ein?
   - Gibt es eine Differenz zwischen *Individualethik* und *Kollektivethik*?
   - Welche Bedeutung haben *Technikleitbilder* und Leitbildtheoreme für die Ableitung von Bewertungskriterien und deren Präferenzordnung?
   - Wie beeinflußt der Wunsch nach *Energieeinsparung* den faktischen *Energiebedarf* und die Balance von individuellen und sozialen Interessen?
   - Wirkt sich die ökonomische Rezession auf die Balance von Individual- und Gruppeninteressen und auf die Präferenzordnung der Bewertungskriterien aus?
   - Mit welchen *Diskursmethoden* lassen sich dementsprechende Bewertungskriterien erarbeiten?
2. Umsetzungsstrategien am Beispiel rationaler Energieverwendung, regenerativer Energien und Energieeinsparung.
3. Belastungen und Chancen durch Umstrukturierungsmaßnahmen in der Energiewirtschaft.
4. Rahmenbedingungen für die Veränderung von Energieversorgungsstrukturen.

*Abb. 1: Themenvorschläge* im Rahmen des Themenfindungsdiskurses ,Energie'.*

Besonders hervorgehoben wurde die Bedeutung von Bewertungskriterien zur Beurteilung von Handlungsoptionen und deren Konsequenzen im Bereich der Energieversorgung:

*Ebd., vgl. S. 45–49.

> „Es ist zu untersuchen, wie ein gerechtfertigter Energiebedarf definiert und mit welchen Versorgungstechniken dieser erfüllt werden kann. Darüber hinaus ist zu fragen, wie ein Konsens über Energieversorgungsstrukturen erzielt werden kann. Dabei stellt sich zunächst die Frage der Bewertungskriterien ...“[1].

Ein zweiter Anstoß, gerade auch derartigen Fragen der Technikbewertung systematisch nachzugehen und Bewertungskriterien zu spezifizieren, ging vom Kuratorium der Akademie für Technikfolgenabschätzung aus. Eine intensivere Verfolgung von Themen der Technikbewertung wurde angeregt, verbunden mit dem Hinweis, daß für die Arbeit des Kuratoriums und für die Diskussion der Vertreter gesellschaftlicher Gruppen zur Bewertung von Untersuchungsergebnissen aus Forschungsprojekten der Akademie, Bewertungskriterien wünschenswert seien:

> *Wonach und was also soll man eigentlich bewerten, eine bestimmte Technik oder eine Handlungsempfehlung?*
> *Worauf kommt es an, wenn begründet werden soll, eine bestimmte Handlungsoption sei besser als eine andere?*

Die damit sowohl für die Theorie als auch für die Praxis von Verfahren der Technikfolgenabschätzung angesprochenen Grundsatzfragen lassen erkennen, daß die Abwägung in der Folgenabschätzung technisch möglicher Alternativen sich selten nur auf ‚rein technische‘ Fragen reduzieren läßt. Das wird auch anhand der auf der vorherigen Seite auszugsweise wiedergegebenen Auflistung der im ‚Themenfindungsdiskurs Energie‘ für besonders relevant erachteten Forschungsfragen deutlich. Erforderlich ist demnach nicht nur die wissenschaftliche Analyse potentieller Technikfolgen, sondern auch die gesellschaftliche Bewertung der Auswirkungen solcher Folgen einschließlich der sogenannten ‚Neben‘-Folgen. Erst wenn idealerweise die Analysen hinreichend und die Bewertungskriterien ‚stimmig‘ sind, kann die Abwägung der Alternativen zu einem möglichst umfassenden Entscheidungsprozeß über Zukunftsfragen führen, denn die Technikfolgen der unterschiedlichen Optionen sind zu bewerten, und dabei wird immer auch zu entscheiden sein, in welcher Gesellschaft wir leben möchten.

Ein dritter Impuls für diesen Diskurs ging aus vom Akademieprojekt ‚Klimaverträgliche Energieversorgung in Baden-Württemberg‘, das ebenfalls

[1]Heinz-Ulrich Nennen, Detlef Garbe, Jürgen Unfried (Hrsg.): Themenfindungsdiskurs Energie. (Akademie für Technikfolgenabschätzung; Diskursberichte 1) Stuttgart, März 1995. S. 45.

als Diskursprojekt konzipiert worden war. In den Phasen I und II dieses Projektes wurden zunächst im wissenschaftlichen Diskurs Szenarien für Handlungsoptionen zur $CO_2$–Reduktion entwickelt, die anschließend in einem gesellschaftlichen Diskurs bewertet werden sollten. Das Vorhaben bestand darin, unterschiedliche Optionen für klimaverträgliche Energieversorgungsysteme und ein dementsprechendes Energieverbrauchsverhalten darzustellen, mit denen sich das politisch gesetzte Ziel einer Reduktion der $CO_2$–Emissionen um 25% bis zum Jahre 2005 sowie eine wesentliche Steigerung der Reduktionsleistung auf etwa 45% bis zum Jahre 2020 — im Verhältnis zu den Werten des Jahres 1987 — am Beispiel des Landes Baden–Württemberg realisieren lassen würde. Im Sinne dieser politischen Zielsetzung wurden Leitbilder und Szenarien entwickelt, um simulieren zu können, ob sich das gesetzte Reduktionsziel durch sowohl ökonomisch, ökologisch als auch gesellschaftlich gleichermaßen vertretbare Maßnahmen auf unterschiedlichen Wegen erreichen läßt.

Vor dem Hintergrund des nach wie vor ausstehenden Energiekonsenses sollte parallel, mit einem empirischen und einem ethischen Ansatz, in diesem Diskurs ,Energie und Ethik' der anstehenden Frage nachgegangen werden: Welche Energieversorgungssysteme und Handlungsempfehlungen sind ebenso als gesellschaftliche Entwicklungen vertretbar und gleichermaßen auch mit ethischen Erwägungen verträglich? — Als empirisches Pendant zur philosophisch–deduktiven Ableitung von Wert– und Bewertungsmaßstäben wurde eine Wertbaumanalyse[1] durchgeführt, mit dem Ziel, die Präferenzen, wie sie von Vertretern unterschiedlicher gesellschaftlicher Interessenverbände bei der Beurteilung von Energieversorgungssystemen empfohlen werden, zu erheben. Diese Präferenzen einzelner Gruppen wurden dann als Bewertungskriterien in einem Gesamtwertbaum zusammengeführt, wobei es zunächst darauf ankam, alle entscheidenden Bewertungsaspekte für Handlungsoptionen zu benennen, die in bezug auf Energieversorgungssysteme relevant sein können.[2] Auf der folgenden Seite sind Konzeption, Verlauf und Verknüpfung des Projektes ,Energie und Ethik' skizziert.

---

[1]Siehe hierzu: Ralph L. Keeney, Ortwin Renn, Detlof von Winterfeldt, Ulrich Kotte: Die Wertbaumanalyse. Entscheidungshilfe für die Politik; München 1984.

[2]Der Gesamtwertbaum findet sich im Anhang auf Seite 371–391. — Das Verfahren selbst wird eingehend erläutert in: Heinz–Hermann Peitz, Ortwin Renn (Hrsg.): Energieszenarien im Spiegel gesellschaftlicher Bewertung. Das Wertbaumverfahren als Instrument ethischer Urteilsbildung; Stuttgart 1999 (im Druck).

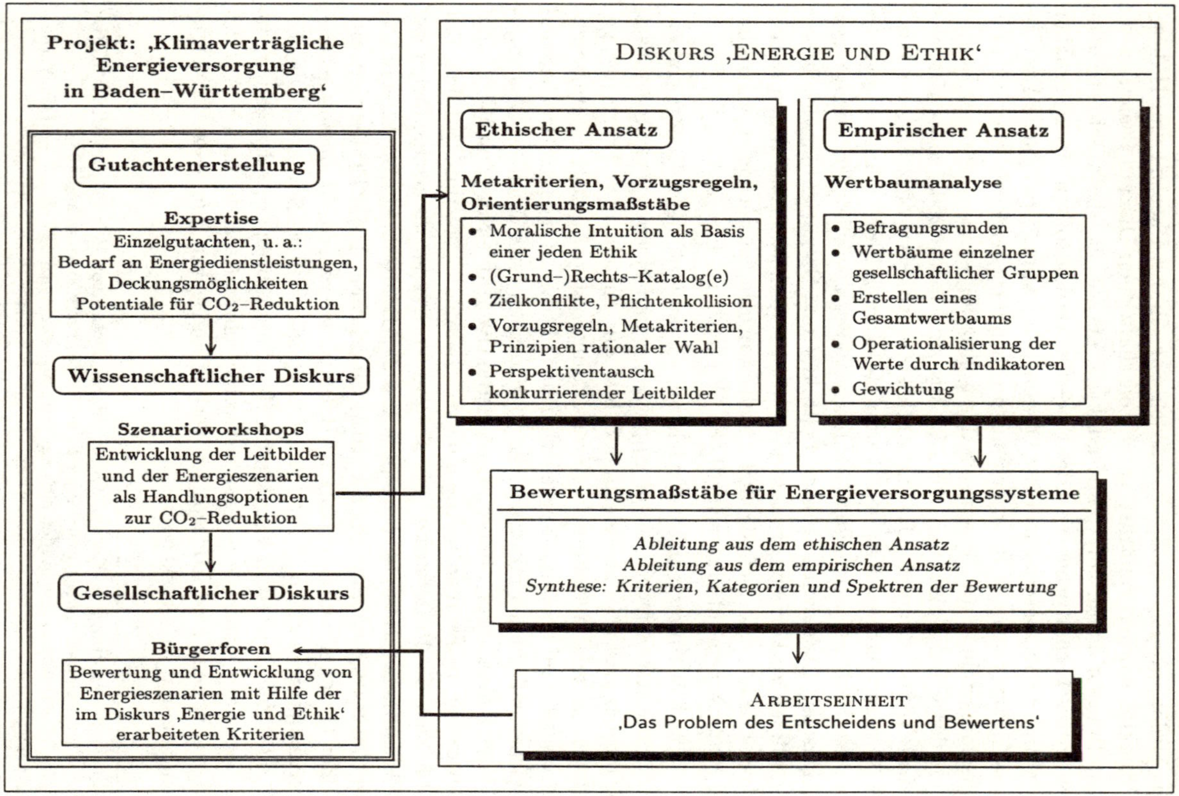
Projekt: ‚Klimaverträgliche Energieversorgung in Baden–Württemberg‘
Gutachtenerstellung
Expertise
Einzelgutachten, u. a.:
Bedarf an Energiedienstleistungen,
Deckungsmöglichkeiten
Potentiale für $CO_2$–Reduktion
Wissenschaftlicher Diskurs
Szenarioworkshops
Entwicklung der Leitbilder und der Energieszenarien als Handlungsoptionen zur $CO_2$–Reduktion
Gesellschaftlicher Diskurs
Bürgerforen
Bewertung und Entwicklung von Energieszenarien mit Hilfe der im Diskurs ‚Energie und Ethik‘ erarbeiteten Kriterien
Diskurs ‚Energie und Ethik‘
Ethischer Ansatz
Metakriterien, Vorzugsregeln, Orientierungsmaßstäbe
• Moralische Intuition als Basis einer jeden Ethik
• (Grund–)Rechts–Katalog(e)
• Zielkonflikte, Pflichtenkollision
• Vorzugsregeln, Metakriterien, Prinzipien rationaler Wahl
• Perspektiventausch konkurrierender Leitbilder
Empirischer Ansatz
Wertbaumanalyse
• Befragungsrunden
• Wertbäume einzelner gesellschaftlicher Gruppen
• Erstellen eines Gesamtwertbaums
• Operationalisierung der Werte durch Indikatoren
• Gewichtung
Bewertungsmaßstäbe für Energieversorgungssysteme
Ableitung aus dem ethischen Ansatz
Ableitung aus dem empirischen Ansatz
Synthese: Kriterien, Kategorien und Spektren der Bewertung
Arbeitseinheit
‚Das Problem des Entscheidens und Bewertens‘

Die Einbeziehung der Fachdisziplin ‚praktische Ethik‘ erschien notwendig, weil angesichts der Probleme technischer und industrieller Lebensweisen immer wieder nahegelegt und gefordert wird, man möge der notwendigen Verantwortung für die Folgen der modernen Industriezivilisation nunmehr verstärkt durch eine (neue) Ethik nachkommen. — Unter den Bedingungen einer nachmetaphysischen, wertpluralistischen Welt lassen sich jedoch weder Ethik noch die vielbeschworene ‚neue Ethik‘ oder eine praktische Philosophie als Garanten letztverbindlicher Handlungsmaximen und allgemeinverbindlicher Gesichtspunkte der Bewertung dekretieren. Aufgabe von Philosophie kann es nicht sein, bei Auseinandersetzungen vorschnell Partei zu ergreifen; vielmehr steht sie in der Pflicht, dem Anspruch auf vernünftige Welterschließung, Weltauslegung und Normenbegründung zu entsprechen. Der Rückgriff auf metaphysische Gewißheiten oder geoffenbarte Heilsgarantien ist ausgeschlossen, statt dessen kommt es auf den Versuch an, in der jeweiligen Auseinandersetzung Reservate der Vernunft auszumachen, die Potentiale vernünftiger Verständigung zu sichern und immer wieder zu aktualisieren.

Ein unverzichtbarer Beitrag von Philosophie in einem Verfahren wie dem Diskurs ‚Energie und Ethik‘ ist dann zu erwarten, wenn Fragen und Problemstellungen aufgeworfen sind, bei denen es darauf ankommt, komplexe Begründungsstrukturen im Hinblick darauf zu untersuchen, welche Aspekte generell berücksichtigt werden sollten. Außerdem gilt es, Motive für Momente der Begründung daraufhin zu sondieren, in welchen Konstellationen, wann und wodurch sich die Tragweite eines Motivs in seiner Dignität beginnt zu erschöpfen. — Die Akademie für Technikfolgenabschätzung ließ vier Gutachten erstellen, die sich alle, wenn auch in je verschiedener Weise, den Problemen annähern sollten, die im Zentrum des Diskurses ‚Energie und Ethik‘ standen. Vor die Aufgabe gestellt, ein System von Regeln der Güterabwägung ‚passend‘ zu den Werten, Normen und Einstellungen der drei unterschiedlichen $CO_2$–Reduktionsszenarien[1] zu entwickeln, wurden verschiedene Wege beschritten. Wichtig erschien allen, unabdingbare Rechte und Werte gegen jegliche Verrechnung zu schützen.

Im Anschluß an diese Einführung und die Wiedergabe einer redigierten Tonbandmitschrift eines Grundsatzreferates von Julian Nida-Rümelin (S. 45ff.) sind im darauffolgenden Teil B die im ethischen Ansatz dieses

---

[1]Im folgenden werden diese Szenarien kurz skizziert, siehe hierzu S. 31f. Eine eingehendere Gegenüberstellung findet sich im Anhang S. 359–363.

Verfahrens verfertigten Gutachten dokumentiert. Julian Nida–Rümelin (S. 73ff.), Christoph Hubig (S. 107ff.), Klaus Kornwachs (S. 123ff.) und Konrad Ott (S. 187ff.) waren gebeten worden, Regeln und Prinzipien einer Güterabwägung im Energiesektor aufzuführen und auf die Akademie–Szenarien anzuwenden. — Im Teil C erfolgt die Darstellung und Auswertung der Ergebnisse aus den Bürgerforen im Beitrag von Georg Hörning (S. 255ff.). In meinem Beitrag (S. 299ff.) möchte ich abschließend darstellen und erläutern, wie die Ergebnisse dieses Diskurses als Arbeitseinheit ‚Entscheiden und Bewerten' in die Bürgerforen des Projekts ‚Klimaverträgliche Energieversorgung für Baden–Württemberg' eingeflossen sind, welche Bewertungsfragen sich dabei als besonders relevant erwiesen haben und welcher Stellenwert der philosophischen Expertise im Rahmen von Verfahren zur Technikbewertung zukommt.

Ein von Julian Nida–Rümelin vorgebrachter Vorschlag eines Kataloges von (Grund–)Rechten, angeordnet in konzentrischen Kreisen[1] nach dem Stellenwert ihrer intuitiven Geltungskraft, wurde im Anschluß an die Beratungen dieses Gutachterkreises zur Arbeitsgrundlage: Nida–Rümelin führt aus, daß die moralische Intuition jedes Einzelnen die unbestreitbare Grundlage einer jeden normativen Theorie darstellt, verbunden mit der Beobachtung, daß diese Basis in der Regel überraschend größer ausfällt als gemeinhin erwartet. Auf diesen Kanon unverletzlicher Rechte sollte eine Ethik zurückgreifen, denn die in praktischen Diskursen vorgebrachten Motive werden ohnehin einen Anfangsverdacht hervorrufen und Anlaß geben zur Entwicklung einer Kriteriologie, wo der Einsatz von Mitteln oder die Verabfolgung von Zielen bereits im Vorfeld intuitiv als ‚nicht richtig' erscheint. Dies ist insbesondere dann der Fall, wenn bei der Abwägung potentieller Folgen Konstellationen vorstellbar sind, in denen mit einer Gefährdung derartiger Rechtsgüter gerechnet werden muß. Zwar läßt sich auf diesem Wege noch keine spezifische Ethik begründen, aber unumstrittene oder nur noch schwer bestreitbare Fundamente für den moralisch–ethischen Diskurs sind damit vorhanden.

Gezeigt wurde darüber hinaus, daß und warum es nicht statthaft ist, überzogene Begründungsanforderungen an ethische Theorien zu stellen. Würde Ethik, wie in der Vergangenheit häufig geschehen, einen solchen Anspruch etwa im Sinne einer materialen Wertethik erheben, so liefe sie

[1]Siehe hierzu, Julian Nida–Rümelin: Orientierung in Situationen des Risikos und der Unsicherheit — Entscheidungstheoretische und ethische Aspekte, in diesem Band auf Seite 63.

Gefahr, einen ihrer eigenen Grundsätze zu verletzen: Das Recht eines jeden auf freie Selbstbestimmung. Als Ausdruck dieser Freiheit mag es dann auch legitim sein, allseits bekannte Sachverhalte zu bezweifeln oder zumindest in der persönlich gezogenen Konsequenz, wenn es etwa darum geht, konkreten Handlungsbedarf zu konzedieren, zu einem abweichenden Urteil zu kommen.

Christoph Hubig machte vor allem auf zwei Schwierigkeiten aufmerksam, die im Streitfall bei Zielkonflikten zu Anwendungsproblemen führen, um daran die Möglichkeiten unterschiedlicher Vorzugsregeln zu demonstrieren. Er geht aus von der Beobachtung, daß in der Regel weniger die Norm oder der Wert selbst als solcher umstritten ist. Probleme zeigen sich in der Praxis eher dort, wo es konkret um die Anwendung geht, wo reinterpretiert und entschieden werden muß, was eine bestimmte Norm genau besagt, ob und wie sie in dem zur Beurteilung anstehenden Fall anzuwenden ist. Auch können Werte und Normen als Ziele untereinander in einen Konflikt geraten, und um in Fällen einer solchen Pflichtenkollision abwägen und entscheiden zu können, schlägt Hubig die Einführung von Metaregeln vor. Vermächtniswerte dienen dem Schutz der Souveränität und Optionswerte dem Erhalt der Gestaltungsfreiheit, sowohl für den Einzelnen als auch für kommende Generationen bei der Sicherstellung der zukünftigen Entscheidungsfreiheit. So wäre etwa im Falle einer Entscheidung für die Beendigung des Atomenergieeinsatzes zu unterscheiden zwischen der kommerziellen Nutzung auf der einen und der Forschung auf der anderen Seite. Dabei kann es im Sinne des Erhalts von Optionswerten und der Gestaltungsfreiheit zukünftiger Generationen durchaus geboten sein, zumindest die Forschung auf diesem Gebiet nicht einzustellen, sondern fortzusetzen.

In den Debatten der zeitgenössischen philosophischen Ethik gilt als ausgemacht, daß sich hierarchische Systeme von Werten und Gütern nicht mehr dekretieren lassen. — So entwickelt Klaus Kornwachs in seinem Beitrag eigens ein Verfahren, um anstelle von Werthierarchien durch Verfahren der systematischen Gegenüberstellung relevanter subjektiver Präferenzen eine begründbare Erwägung der unterschiedlichen Leitbilder zu ermöglichen. Die zur Entscheidung anstehenden Alternativen werden zunächst in ihren wesentlichen Merkmalen beschrieben und dann nach Maßgabe unterschiedlicher Vorzugsregeln bewertet, unabhängig davon, ob es sich um das eigene oder um ein konkurrierendes Leitbild handelt. Zugleich demonstriert Kornwachs, daß und wie das Grundprinzip von Diskursivität, die Fähigkeit sich an die Stelle eines jeden anderen versetzen zu können, zumindest für eine praktische Philosophie erreichbar sein kann.

Konrad Ott unternimmt in seiner Stellungnahme den Versuch, zwischen den einzelnen Leitbildern und den daraus abgeleiteten verschiedenen möglichen Energiewelten in einem Diskurs der ‚rationalen Wahl' zu vermitteln. Entscheidend wird dabei die mit einer Präferenz verbundene Beweislast gegenüber den anderen dabei jeweils ausgeschlossenen Perspektiven. Wie bereits Kornwachs, so operiert auch Ott mit dem (Diskurs–)Prinzip vom Perspektiventausch, wobei er noch einen Schritt weiter geht in der Konsequenz, daß selbstverständlich, wie immer die Wahl der ‚richtigen' Energiewelt auch ausgehen mag, zweifelsohne die Bedingungen und Gepflogenheiten einer demokratischen Gesellschaft gewahrt bleiben müssen. So bleibt zu hoffen, daß der weiterhin ausstehende Energiekonsens nicht zuletzt auch der gesellschaftlichen Integration in Zukunftsfragen dient. Die weitere Entwicklung wird zeigen, ob sich die Paxis öffentlicher Diskurse hinreichend weiterentwickelt, denn es geht schließlich immer auch um die Integrationsfähigkeit moderner Demokratien, die im eigenen Interesse auch den technischen Fortschritt nicht dem ‚freien Spiel der Kräfte' überlassen sollten.

Im daran anschließenden Teil C geht Georg Hörning (S. 255ff.) näher auf die Konzeption und die Auswertung der Bürgerforen ‚Klimaverträgliche Energieversorgung' ein. Anhand der von den Teilnehmern selbst erarbeiteten und in eine Rangfolge gebrachten ‚Prüffragen' zur Technik– und Folgenbewertung sind die Expertenszenarien in diesem Verfahren von den Teilnehmerinnen und Teilnehmern der Bürgeforen beurteilt worden. Die Formulierung der unterschiedlichen Aspekte, auf die es bei einer Bewertung ankommen soll, ihre Dringlichkeit, ausgedrückt im jeweiligen Stellenwert und nicht zuletzt die inhärente Konkurrenz der Aspekte untereinander, eröffnen einen differenzierten Einblick in die Strukturen potentieller sowohl gesellschaftlich als auch politisch übergreifender Konsense in der Gestaltung zukünftiger Energiesystemene. Zugleich werden mit dem Beitrag von Georg Hörning die Differenzen zwischen Anspruch und Wirklichkeit deutlich, denn es werden Diskrepanzen zwischen den in den Prüffragen formulierten Anforderungen auf der einen und den erstellten Bürgerszenarien auf der anderen Seite erkennbar; sie sind Ausdruck konkreter gesellschaftlicher Zielkonflikte und den damit einhergehenden Überlegungen zur Realisierbarkeit und zur Zumutbarkeit einzelner Maßnahmen.

In meinem Beitrag habe ich abschließend (S. 299ff.) den Versuch einer Synthese der Ergebnisse in pragmatischer Absicht und eine Diskussion der Ergebnisse und der Methoden unternommen. Mit dem Vorhaben, die Synthese der Erkenntnisse aus beiden Strängen, dem ethischen und dem empirischen Ansatz aus dem Diskurs ‚Energie und Ethik' einfließen zu lassen in die Arbeit von Bürgerforen, bei denen es darum ging, unterschiedliche Experten–Szenarien zu bewerten, stellten sich Fragen der Methode, wie es möglich sein könnte, die Ergebnisse aus dem Projekt ‚Energie und Ethik' möglichst umfassend einfließen zu lassen, ohne dabei den offenen Bewertungsprozeß zu prädestinieren.

Die Ergebnisse des Diskurses ‚Energie und Ethik' sollten schließlich praktische Anwendung finden als potentielle Bewertungskriterien, in der Bewertung der Leitbilder und Maßnahmen divergenter Energie–Szenarien des Szenario–Projektes zur ‚Klimaverträglichen Energieversorgung in Baden–Württemberg'. In der Phase III dieses Projektes, dem gesellschaftlichen Diskurs zur Bewertung verschiedener Handlungs– und Gestaltungsoptionen, sollten im Rahmen von Bürgerforen unterschiedliche Optionen systematisch beurteilt werden. Auf diese Verfahrensweise soll im folgenden noch eingegangen werden, aber zunächst erscheint es angebracht, näher darzustellen, wie die Experten–Szenarien entwickelt wurden.

## Szenario–Projekt ‚Klimaverträgliche Energieversorgung in Baden–Württemberg'

Das Projekt ‚Klimaverträgliche Energieversorgung in Baden–Württemberg' wurde in drei Phasen durchgeführt: Zunächst war in der ersten Phase die zu erwartende Nachfrage nach Energiedienstleistungen zu ermitteln im Hinblick darauf, wo sich Einsparpotentiale in den einzelnen Bereichen identifizieren lassen. Eine weitere Untersuchungssequenz bestand darin, diese Potentiale zunächst genauer zu differenzieren unter den Bedingungen der einzelnen Energieversorgungstechniken und des momentanen Verhaltens im Energieverbrauch. Im fachübergreifenden Diskurs, wurden schließlich die für eine Modellierung der gegebenen Verhältnisse erforderlichen Daten in den Bereichen der Systeme, der Nachfrage, Nutzung und Bereitstellung von Energie zusammengeführt. In dieser Gutachterphase sind 16 Einzelgutachten entstanden, die als Arbeitsberichte publiziert wurden.[1] Auf der Grundlage dieser Einzelgutachten wurden dann im wissenschaftlichen Diskurs der Fachgutachter die unterschiedlichen Maßnahmen, Leitbilder und Strategien für die jeweiligen Szenarien en detail entwickelt.

Mit der Konzeption und der konkreten Ausgestaltung der drei von den heutigen Trends abweichenden Szenarien sollten wesentliche Diskussionsstränge und Standpunkte abgebildet werden, wie sie in den Debatten der Öffentlichkeit immer wieder aufeinander treffen. Die jeweiligen Leitbilder wurden szenariospezifisch ‚beim Wort genommen', als optionale Energiewelten hinsichtlich ihrer Möglichkeiten umgesetzt, so daß sie sich nun systematisch einander gegenüberstellen lassen.

> „Bei der Auswahl und Festlegung der Leitbilder war es das Ziel, die beobachtbare öffentliche Diskussion, die in der heutigen pluralistischen Gesellschaft durch eine Vielzahl miteinander konkurrierender Leitbilder geprägt ist, in wenigen Leitbildern idealtypisch so zu erfassen und so zu beschreiben, daß einerseits Hauptlinien der gesellschaftlichen Diskussion um die Zukunft der Energieversorgung eingefangen werden, und andererseits die Breite des Spektrums der gesellschaftlichen Diskussion etwa abgedeckt wird."[2]

So sind die Leitbilder der einzelnen Szenarien jeweils von unterschiedlichen Werten, Normen und Leitbildern geprägt. Entscheidend ist im jeweiligen Szenario die zu erwartende Energienachfrage, die davon abhängigen Möglichkeiten zur Energieeinsparung und schließlich die jeweils leitbildspezifischen Systeme der Bereitstellung, Versorgung und Umwandlung von Energie. Die in den einzelnen Szenario–Welten möglichen Maßnahmen, die Optionen, vom Trend abzuweichen um eine $CO_2$–Reduktion von 25% im vorgegebenen Zeitraum zu erreichen, sind abhängig vom jeweiligen Leitbild, und bei der Entwicklung der voneinander abweichenden Energiepfade war stets die Konsistenz zum jeweiligen ‚Weltbild' aufrecht zu erhalten. Demnach gibt es stets mindestens eine nicht unwesentliche

[1]Eine Zusammenfassung der gesondert publizierten Einzelgutachten findet sich in: Diethard Schade (Hrsg.): Energiebedarf, Energiebereitstellung, Energienutzung. Möglichkeiten und Maßnahmen zur Verringerung der $CO_2$–Emission. Berlin, Heidelberg 1995.

[2]Diethard Schade, Wolfgang Weimer–Jehle: Energieversorgung und Verringerung der $CO_2$–Emission. Techniknutzung — Ressourcenschonung — Neue Lebensstile. Pfade in die Zukunft in Abkehr von einer Fortschreibung der Vergangenheitstrends; Berlin, Heidelberg 1996. S. 37.

gesellschaftliche Gruppe, die jeweils eines der Szenarien eindeutig präferieren würde. Ausgehend von unterschiedlichen Leitbildern ergeben sich — neben dem Trendszenario — drei mögliche szenariospezifische Wege, die je nach Programmatik von den heutigen Trends abweichen, um das Reduktionsziel zu erreichen.

**Szenario A:** *Heutige Trends*

**Szenario B:** *Techniknutzung*

**Szenario C:** *Ressourcenschonung*

**Szenario D:** *Neue Lebensstile*

In einem ersten *Szenario A* sind die gegebenen Trends fortgeschrieben worden, das politisch gesetzte Ziel der $CO_2$-Reduktion wird dabei allerdings nicht erreicht. Dieses Szenario fungiert zugleich als Referenzszenario, anhand dessen sich die Einsparpotentiale und Möglichkeiten zur $CO_2$-Reduktion identifizieren lassen. In den drei anderen Akademieszenarien wurden unterschiedliche Maßnahmen im Energiesektor miteinander kombiniert und so aufeinander abgestimmt, um das gesteckte Klimaschutzziel zu realisieren.

So kommen auch die Reduktionsszenarien *B, C* und *D* zunächst nicht umhin, beim Trend einzusetzen, dann aber müßte die Entwicklung einen anderen Verlauf nehmen und vom Trend abweichen, um das gesetzte Reduktionsziel zu erreichen. Die dabei eingeleitete ‚Energiewende‘ ist jeweils abhängig von den unterschiedlichen Maßnahmen, die im Sinne des jeweils spezifischen Leitbildes eingesetzt werden. Ziel war es, mit der Expertengruppe vor dem Hintergrund des Forschungsstandes, in Übereinstimmung mit dem wissenschaftlichen, technischen und ökonomischen ‚state of the art‘, unterschiedliche gleichermaßen in sich konsistente und realisierbare Szenarien zu entwickeln. Da im folgenden häufig auf diese als mögliche Zukunftsentwürfe miteinander konkurrierenden Szenarien Bezug genommen wird, erscheint es an dieser Stelle angebracht, die Spezifika zumindest in groben Züge zu charakterisieren.

Im *Szenario A* wird das Ziel einer Reduktion der Emissionen von $CO_2$ um 25% bis zum Jahre 2005 nicht erreicht. An unserer Art zu leben, Politik zu betreiben, Energie bereitzustellen, nachzufragen und zu verbrauchen, würde sich unter diesen Bedingungen kaum etwas ändern. Die Verhältnisse entwickeln sich in diesem Szenario — im Unterschied zu den anderen — gänzlich ohne spektakuläre Eingriffe. Aber obwohl in dieser möglichen Welt lediglich die vorherrschenden Trends fortgeschrieben werden, bleiben auch hier die Gegebenheiten nicht wie sie sind: Die technische Effizienz wird gesteigert, es werden Versuche unternommen Kosten zu sparen, wobei sich auch eine leichte Verminderung der $CO_2$–Emissionen einstellt. Aber dieses Leitbild impliziert (politische) Eingriffe im Energiesektor lediglich im bislang gewohnten Umfang. Demnach sind, so die Annahme, keine wesentlichen Veränderungen weder in der Politik noch im Bereich der Nachfrage und auch nicht in der Technik zu verzeichnen. So kann im Trend–*Szenario A* das gesteckte Reduktionsziel nicht einmal annähernd erreicht werden, was allerdings bei diesem Leitbild auch nicht intendiert ist.

Eine von den heutigen Trends abweichende Energiepolitik sieht sich mit Fragen der bewußten Gestaltung in Hinsicht auf Klimaschutzziele konfrontiert, die eine umfassende Beurteilung der Optionen und schließlich auch Entscheidungen abverlangen, und so stellt sich für jedes Reduktionsszenario immer auch die Frage nach dem Einsatz von Kernenergie. Mit den *Szenarien B* und *D* wird jeweils davon ausgegangen, daß in dieser Frage bereits entschieden worden ist; der Einsatz dieser Technologie ist in der Welt *B* ebenso vorauszusetzen, wie der rasche ‚Ausstieg' und eine dementsprechend deutliche Veränderung im Bereich der Stromerzeugung als Voraussetzung in der gleichfalls möglichen Energiewelt *D*.[1] Das *Szenario C* trägt in dieser Frage dagegen deutlich die Züge eines Moratoriums, hier wird eine allmähliche Substitution angestrebt, die endgültige Entscheidung aber bleibt zunächst offen. — *Szenario B* sucht die Trendwende vor allem durch technische und ökonomische Maßnahmen zu erreichen. Wann immer es geboten erscheint, werden in dieser Welt Probleme zunächst über Technikeinsatz gelöst, sowohl für die Seite der Energienachfrage, als auch für die Einsparung von Energie und bei der Energiebereitstellung. — In der Welt von *Szenario C* werden sowohl Maßnahmen beim Technikeinsatz als auch zur Veränderungen des Verbrauchsverhaltens eingesetzt, um das vorgegebene Ziel zu erreichen. Dieses Leitbild ist im Unterschied zu *Szenario B* von der Auffassung geprägt, daß Technik allein nicht hinreichend ist, daß wir mit Blick auf die Umweltproblematik willens und bereit sein müssen, auch unser Verhalten in einem gewissen Umfang zu verändern. — Das Leitbild von *Szenario D* ist schließlich geprägt vom

[1] Vgl.: Diethard Schade, Wolfgang Weimer–Jehle: Energieversorgung und Verringerung der $CO_2$–Emission. A. a. O. S. 108f.

Ansinnen auf eine an ökologischen Belangen orientierte Lebenswelt. Vor allem im Unterschied zu *Szenario B*, aber auch im Vergleich mit der Welt von *Szenario C*, sind in dieser möglichen Welt *D* die umfangreichsten Abweichungen im Verhältnis zu den heutigen Trends besonders zu erwarten von einem veränderten Verhalten in der Energienachfrage. Mit dem im Verhältnis zum Trend stark veränderten Lebensstil gehen in dieser möglichen Welt auch veränderte Wirtschaftsstrukturen einher, die sich allerdings als schwer prognostizierbar erweisen.[1]

Grundsatzdebatten über die Chancen, respektive über die Gefahren im Wechselwirkungsverhältnis von Ökologie, Ökonomie und Standortdebatten tun sich hier auf, und erst allmählich dürfte mit einer Versachlichung in der Auseinandersetzung über die arbiträren Leitbilder derartiger Szenarien optionaler Zukünfte zu rechnen sein; erst dann werden sich fundiertere Aussagen darüber machen lassen, ob mit dem allumfassenden Ansinnen auf Umweltschutz nicht eher Innovationsschübe einhergehen. Zunächst aber liegen Utopie und Ideologie in dieser Frage noch allzu eng beieinander.[2] So zeigt sich in diesem Zusammenhang die Notwendigkeit gesellschaftlicher Diskurse über Zukunftsfragen angesichts der konstitutiven Unmöglichkeit, in der wissenschaftlichen Politikberatung eine klare Trennung von Wissen und Bewertung vorzunehmen.

Im Sinne des Konzepts der Akademie für Technikfolgenabschätzung sollte die Bewertung und Beurteilung möglicher Maßnahmen zur Verringerung der $CO_2$-Emission der Projektphase III, dem gesellschaftlichen Diskurs vorbehalten bleiben. Es bot sich an, die Ergebnisse des Projektes ‚Energie und Ethik‘ in Fragen der Bewertung möglicher Optionen im Energiesektor in die Arbeit der Bürgerforen[3] einfließen zu lassen. Parallel zum Projekt ‚Klimaverträgliche Energieversorgung in Baden-Württemberg‘ wurde daher im Mai 1994 der hier dokumentierte Diskurs *‚Energie und Ethik — Entwicklung von Bewertungsmaßstäben auf der Basis ethischer und empirischer Werteanalysen‘* konzipiert, mit dem Ziel, die für den gesellschaftlichen Diskurs der Energieszenarien erforderlichen Bewertungskriterien zu entwickeln und operationalisierbar zu gestalten.

[1] Eine detaillierte Dokumentation der Leitbilder für die Szenarien findet sich im Anhang auf den Seiten 359–363.

[2] Siehe hierzu: Karl Mannheim: Ideologie und Utopie; Bonn 1929.

[3] Zu Konzeption, Durchführung und zur Auswertung der Arbeitseinheit ‚Entscheiden und Bewerten‘, siehe die Beiträge von Heinz-Ulrich Nennen (S. 299ff.) und Georg Hörning (S. 255ff.).

# Bürgerforen ‚Klimaverträgliche Energieversorgung'

Das Konzept der Bürgerforen geht auf das von Peter C. Dienel[1] methodisch und praktisch entwickelte Partizipationsverfahren ‚Planungszelle' zurück. Dabei werden die Teilnehmerinnen und Teilnehmer durch ein Zufallsverfahren ausgewählt und um Mitarbeit gebeten. In mehreren Gruppen arbeiten sie dann an der Beurteilung und Gestaltung konkreter Planungsprobleme, unterstützt durch Prozeßbegleiter und unter Hinzuziehung der zur sachkundigen Beurteilung erforderlichen Fachkompetenz. Die Ergebnisse dieser zumeist ganztägigen Veranstaltungen mit einer Dauer von zwei bis fünf Tagen werden abschließend in Form eines Bürgergutachtens zusammengefaßt.[2] Anders als bei herkömmlichen Verfahren der Demoskopie geht es bei derartigen Verfahren nicht darum, ‚Meinungen' lediglich zu erheben und zu rekonstruieren. Mit dieser Methodologie wird der Diskurs zum Erfahrungsraum, und dementsprechend stellt sich eine ausgesprochen komplexe, problembewußte und sachliche Atmosphäre der Interaktion ein, wo unter dem Eindruck der Sach- und Fachargumente die Arbeit an konsensfähigen Motiven der Bewertung aufgenommen wird, um von dort aus systematisch zur ‚Urteilsfindung' vorzudringen. Erst mit einem derart komplexen Verfahren läßt sich die Kluft zwischen dem Deskriptiven und dem Normativen durch den ‚öffentlichen Vernunftgebrauch' überbrücken, erst in dieser Praxis zeigt sich schließlich auch der Unterschied zwischen der nur subjektiven Überredung und der begründungsfähigen Überzeugung.

Im Unterschied zu herkömmlichen Verfahren der Demoskopie sind Bürgerforen ergebnisoffene Interaktions- und Verständigungsprozesse; sie erfordern Sachkompetenz und reflektiertes Urteilen, insbesondere dort, wo

[1] Peter C. Dienel: Die Planungszelle. Eine Alternative zur Establishment-Demokratie. 3. erw. Aufl., Opladen 1992.

[2] Siehe hierzu: Ortwin Renn, Thomas Webler: Der kooperative Diskurs: Theoretische Grundlagen, Anforderungen, Möglichkeiten. In: Ortwin Renn, Hans Kastenholz, Patrick Schild, Urs Wilhelm (Hrsg.): Abfallpolitik im kooperativen Diskurs. Bürgerbeteiligung bei der Standortsuche für eine Deponie im Kanton Aargau. (Polyprojekt Risiko und Sicherheit, Dokumente) Nr. 19; Zürich 1998. S. 1–103. — Elmar Wienhöfer (Hrsg.): Bürgerforen als Verfahren der Technikfolgenabschätzung. (Akademie für Technikfolgenabschätzung in Baden-Württemberg; Arbeitsbericht Nr. 67). Stuttgart 1996. Darin findet sich auch eine Auswahlbibliographie zu Verfahren der Bürgerbeteilignung. Siehe hierzu: Georg Mildenberger: Auswahlbibliographie. In: Ebd. S. 129–138.

es in partizipativen Planungsprozessen um kontroverse, schließlich aber mehr oder weniger einhellige Entscheidungen über Gestaltungsfragen geht. Wesentlich sind daher nicht so sehr ‚Einstellungen‘, sondern Formen der sachlichen Auseinandersetzung in Prozessen der systematischen und fachkundigen Beurteilung der jeweils konkret geltend gemachten Gründe. Das Prinzip diskursiver Verständigung, sich an die Stelle eines jeden anderen zu versetzen, auch und gerade wenn dieser als Repräsentant eines konkurrierenden Leitbildes auftritt, läßt sich durch derartige Verfahren ausgesprochen gewinnbringend wahrnehmen, nicht nur für die beteiligten Laien–Gutachter, sondern sowohl für die sachlich angemessene Lösung konkreter Probleme als auch für die Inkraftsetzung demokratischer Prinzipien bei der Abwägung von Vor– und Nachteilen unterschiedlicher Optionen in Fragen der Zukunftsgestaltung. So bilden die Diskussionen in den Bürgerforen

> „... exemplarisch die Konfliktlage der durch die Gesellschaftsstruktur dominierenden ökonomischen Interessen und das Aufbegehren der auf dem Hintergrund veränderter Werthierarchien sich entwikkelnden human–ökologischen Interessen ab. Die Thematisierung und Bearbeitung — nicht die Lösung — von Interessenkonflikten leitet bereits eine soziale Dynamik ein. Diese bildet unter demokratischen Vorzeichen letztlich die Voraussetzung für eine gesamtgesellschaftlich notwendige Konsensbildung. In der Makro–Perspektive leistet die Planungszelle sowohl Konsensformung als auch -mobilisierung; in der Mikro–Perspektive wird vom Konsens über Werte zum Konsens über Ziele, Mittel und Prioritäten vorangeschritten.“[1].

In den von der Akademie durchgeführten Bürgerforen im Rahmen des Projektes zur klimaverträglichen Energieversorgung in Baden–Württemberg konnten neben der Beurteilung der zuvor von den Fachgutachtern erstellten Szenarien auch eigene Energiewelten entwickelt werden. Erst durch ein solches Bewertungsverfahren kann transparent werden, welche der möglichen Maßnahmen voraussichtlich auf großen gesellschaftlichen Widerspruch und Widerstand stoßen, so daß sich aus diesen Gründen der Grad ihrer Realisierbarkeit vermindert, oder aber auch, im umgekehrten Fall, welche der möglichen Optionen auf eine hohe Zustimmung — höher

[1]Detlef Garbe, Anja Grothe–Senf (Hrsg.): Bürgerbeteiligung in der Verbraucherinformationspolitik. Künftige Kriterien für den Warentest. Teil 2: Bürgerbeteiligung in der Stiftung Warentest. Ein Bericht von Anja Grothe–Senf und Detlef Garbe mit den Beiträgen der Experten. Frankfurt am Main, New York 1986. S. 41–212. Zit. v. S. 50.

als gemeinhin erwartet — rechnen dürfen. In beiden Fällen wäre dann die Reformulierung von Handlungsoptionen und Umsetzungsstrategien sowohl in der Politik als auch in der Administration zu erwägen.

Aber nicht lediglich Akzeptanzforschung, sondern mehr als nur die Erhebung der Momente vorgefaßter Meinungen war intendiert. Im gesellschaftlichen Diskurs in der Technikfolgenabschätzung geht es dementsprechend auch nicht um eine Legitimation durch Verfahren oder um die Untersuchung von Akzeptanzverhalten. Es geht um Legitimität und Akzeptabilität vor allem in Fragen der Technikfolgenbewertung; dadurch werden konsensfähige Bereiche von solchen unterscheidbar, die weniger, kaum oder gar nicht konsensfähig sind. Insofern sind die Ergebnisse derartiger Verfahren alles andere als trivial, sondern wegweisend für die Politik und für die öffentlichen Debatten, für Wirtschaftsunternehmen und nicht zuletzt auch für die Bürger und die Verbraucher selbst.

## Technikfolgenabschätzung und Technikfolgenbewertung

Die Übergänge zwischen einer (wissenschaftlichen) Folgenforschung und einer (gesellschaftlichen) Folgenbewertung sind allerdings fließend, und im Unterschied zum Idealbild einer wissenschaftlichen Politikberatung zeigen sich die missing links zwischen dem Deskriptiven und dem Normativen in der Praxis erst dort, wo auch danach gefragt wird. Der vor 25 Jahren begonnene Diskurs der Technikfolgenabschätzung ist geprägt von einem ‚konstitutiven Dilemma'.[1] Die Unterschiede in den Sichtweisen und Erwartungen zwischen Politik und Wissenschaft, so Diethard Schade, lassen sich konfliktfrei nicht auflösen, wo wissenschaftliche Erkenntnisse in den politischen Entscheidungsprozeß eingebracht werden sollen. Wo man aus guten Gründen auf die unzulänglichen Alternativen einer politisierten Wissenschaft und einer verwissenschaftlichten Politik verzichten möchte, dort sind besondere Verfahren erforderlich, die es ermöglichen, beiden Seiten zu entsprechen.

Um jedoch den Anforderungen auf Wissenschaftlichkeit zu entsprechen, zugleich aber die politische Verantwortung und den gesellschaftlichen

[1] Diethard Schade: Technikfolgenabschätzung zwischen Wissenschaft und Politik: ein konstitutives Dilemma? In: Jahrbuch 1996/97, hrsg. v. d. Akademie für Technikfolgenabschätzung, März 1998. S. 98–111.

Diskurs über Zukunftsfragen in seiner Gestaltungsfreiheit offen zu halten, scheint es angebracht, daß sich die Technikfolgenabschätzung, abweichend vom ursprünglichen Konzept von Politikberatung und Techniksteuerung, mehr zu einem ‚Hilfsmittel öffentlicher Diskussion und Konsensbildung' entwickelt.[1] Wo neben der möglichst umfassenden ‚repräsentativen' transdisziplinären Expertise auch Elemente der Partizipation zum Prozeßbestandteil werden, dort stehen schließlich ‚wissenschaftliche Aussagen gleichberechtigt neben der Einschätzung und Überzeugung gesellschaftlicher Gruppen'.[2] Als spezifische Form wissenschaftlicher Politikberatung mit dem Anspruch auf wissenschaftliche Exaktheit würde Technikfolgenabschätzung jedoch in sich widersprüchlich, wo sie selbst berechtigterweise wiederum mit dem Vorwurf ihrer Parteilichkeit konfrontiert werden kann. Die geforderte ‚Neutralität', zweifelsohne wiederum ein Idealbild, läßt sich jedoch wahren, wo gerade die Bewertung von Technikfolgen durch methodisch reflektierte und thematisch abgestimmte Prozesse der Partizipation ermittelt wird, wo öffentliche Diskurse über gesellschaftliche Normen in Fragen der Technikgestaltung zum routinierten Bestandteil der Verfahren von Technikfolgenabschätzung zählen. Zugleich würde sich damit die Konstellation des zuvor noch konstitutiven Widerspruchs in der Doppelbindung zwischen den Anforderungen von Politik und Wissenschaft verändern; anstelle des Dilemmas entstünde ein Trilemma, denn mit der Bezugnahme auf einen bewußt ‚undefinierten Adressatenkreis' wie demjenigen ‚der' Öffentlichkeit wäre sie selbst nicht mehr im Zentrum, sondern vielmehr das Zentrum der Auseinandersetzung einander widerstreitender Interessen und politischer Kalküle.

Zur Beurteilung unterschiedlicher Optionen der Technikgestaltung im Verlaufe von Verfahren der Technikfolgenabschätzung sind Fakten- und Sachkenntnisse über voraussichtliche Entwicklungen und mögliche alternative Optionen sowie Voraussagen über deren Auswirkungen, Folgen und mitbedingte Nebenwirkungen erforderlich. Aber naturwissenschaftliche Erkenntnisse, ingenieurtechnische Optimierungen und sozioökonomische Aussagen über Grenzwertnutzen allein genügen nicht, wo Fragen berührt werden, die in ihrer gesellschaftlichen und historischen Tragweite weit in die Belange gesamtgesellschaftlicher Zukunftsgestaltung eingreifen. Ohnehin folgt aus einer Aussage über Fakten in der Regel nicht ohne weiteres, ob überhaupt etwas und wenn ja, was ggf. zu tun sei. So ist bereits die

[1]Vgl. ebd. S. 101.
[2]Vgl. ebd.

Feststellung von Handlungsbedarf mehr als nur eine Behauptung über die Gegebenheit von Fakten, vielmehr handelt es sich bereits um den Ausdruck einer bestimmten Überzeugung. Zum einen ist offen, inwiefern überhaupt Handlungsbedarf vorliegt; so könnte beispielsweise ein Anhänger der Szenariowelt *A* die Klimadiskussion insgesamt als ‚weniger dramatisch' bewerten, so daß aus dieser Perspektive keine Veranlassung zum Klimaschutz gegeben ist. Zum anderen ist ebenfalls offen, welche der verschiedenen Alternativen die angemessene Konsequenz wäre, wenn ein Handlungsbedarf nicht bestritten wird. So mag die Behauptung, nach Lage der Fakten sei — möglicherweise ein bestimmter — Handlungsbedarf geboten, dargestellt werden, als läge eine lückenlose Kette kausaler Bedingungen und rekonstruierter Wirkungsverhältnisse vor, deren letztes Glied zu einer Überzeugung führt, der auch wir beipflichten sollen. Am Übergang von der Faktenanalyse und der anschließenden Deskription gegebener und möglicher Verhältnisse, von der Metaanlyse zur normativen Bewertung der gesamten Situation und schließlich bis zur Entscheidung über die angemessene Konsequenz, findet jedoch ein entscheidender Wechsel im Prozeß der Urteilsbildung statt. Waren es zuvor noch die komplexen Gefüge rekonstruierbarer Sachaussagen, so sind es nun Gesichtspunkte der Bewertung, die entscheiden. Genau an diesem Übergang gilt das Verbot des naturalistischen Fehlschlusses, wonach bei Ableitungen vom Deskriptiven zum Normativen zumindest zusätzliche Begründungspflichten entstehen und wahrzunehmen sind.

Die lückenlose Kausalkette der Bedingungsverhältnisse entspricht einem in der Praxis äußerst selten anzutreffenden Ideal praktischer Urteilsbildung; ohnehin sind Werte anders als Fakten zwar gleichermaßen analytisch rekonstruierbar, dennoch sprechen wir dann nicht von Ursachen, sondern zunächst von Motiven. Spätestens wenn die Bewertung verschiedener gleichfalls möglicher Alternativen ansteht, ergeben sich unterschiedliche ‚Konsequenzen'. Gerade die Bewertung sollte nicht lediglich subjektiv auf der Grundlage vorgefaßter oder ‚erhobener' Meinungen vonstatten gehen, sondern als systematischer und ergebnisoffener Prozeß einer überzeugenden Erwägung sämtlicher Optionen geführt werden. Für eine systematische Bewertung sind allerdings Kriterien erforderlich, Gesichtspunkte für die Belange dessen, worauf ‚Wert gelegt' wird, worauf man ‚achten sollte', wenn als letzte Konsequenz einer Beurteilung Entscheidungen anstehen. Es ist der Bereich des Hypothetischen, in dem sich die hierzu erforderliche Urteilsfähigkeit zu beweisen hat. Weniger die Entscheidung selbst steht dabei im Vordergrund, vielmehr der Weg sich ausdifferenzierender Erwägungsprozesse, die zu diesem Ziel führen. Es kommt darauf an, im Urteil ,sicher' zu gehen. Eine unverzichtbare Voraussetzung zur Sicherheit im Urteil beizutragen, ist daher zunächst die möglichst umfassende und vollständige Repräsentation sowohl des entscheidenden ,Faktenwissens' als auch der Motive des maßgeblichen ,Orientierungswissens'. In diesem Sinne war es die Aufgabe des Diskurses ,Energie und Ethik', die unterschiedlichsten Motive der Bewertungskriterien in die Verfahren der Bürgerforen einzubringen.

Zunächst war es erforderlich, die Komplexität der im Diskurs ,Energie und Ethik' entwickelten Bewertungskriterien transparent zu machen und auf eine Weise aufzubereiten, die es den Teilnehmern der Bürgerforen ermöglichen sollte, durch selbst formulierte Fragen die Dimensionen der Bewertung noch einmal zu reformulieren. Ein Blick auf die komplexe und diffizile Struktur der Grafik des Gesamtwertbaums auf Seite 314, der für die Beurteilung möglicher Optionen im Energiesektor erforderlichen Bewertungskriterien, mag genügen, um festzustellen, daß nach der Ausdifferenzierung wieder die Synthese der unterschiedlichen aber gleichermaßen relevanten Gesichtspunkte der Bewertung für die Bürgerforen erforderlich war.

Vor dem Hintergrund der hier vorliegenden Gutachten seitens der Fachvertreter der philosophischen Ethik und anhand des Gesamtwertbaums wurden schließlich neun Kategorien identifiziert: *Gesellschaft, Lebensqualität, Nachhaltigkeit, Natur, Politik, Technik, Verteilungsprinzip, Wirtschaft* und *Zukunftssicherheit.* Zu jeder dieser Kategorien wurden jeweils drei mögliche Standpunkte, stets in affirmativer Formulierung, vorgestellt; im Spektrum zweier ,extremer' sowie einer ,mittleren' Stellungnahme ließen sich die Grenzen des jeweils möglichen Bewertungsspektrums umschreiben, so wie sie sich im Diskurs ,Energie und Ethik' als Grenzen verallgemeinerbarer Urteile dargestellt hatten. Die zur Beurteilung möglicher Optionen zukünftiger Energiesysteme erforderlichen Fragen zur Bewertung wurden dann von den Teilnehmern wieder reformuliert, denn nicht nur die Beurteilung der Szenarien, sondern auch die Maßstäbe der Bewertung sollten den Teilnehmern überlassen bleiben. Anschließend wurden die erhobenen Fragen mit unterschiedlicher Relevanz in eine Rangfolge ihrer Wichtigkeit gebracht. Auf diese Weise war es den Teilnehmern möglich, bei der Bewertung systematisch vorzugehen, vor allem aber, mit dem Hinweis auf die unterschiedlichen Bewertungsaspekte eine Verständigung darüber zu erreichen, auf welchen Aspekt eine vorgebrachte Beurteilung jeweils abzielen sollte. Die Auswertung der von den Teilnehmern formulierten Fragen zur Bewertung zukünftiger Maßnahmen im Energiesektor, ausgehend von zentralen Bewertungsaspekten wie *Natur, Zukunftssicherheit, Technik* und *Verteilungsprinzip*, ergab die in Abbildung 2 auf dieser Seite dargestellte Rangfolge.

Die auf diese Weise selbst entwickelten Fragen zur Bewertung waren den Teilnehmern während der gesamten Veranstaltung präsent, so erst wurde der Bezug auf den komplexen Hintergrund von Fragen zur Technikfolgenbewertung im Für und Wider der Begründungen für einzelne Maßnahmen oder ganzer Konzepte möglich. Die Aspekte der Bewertung standen dann als Prüfkriterien wie Metaphern für die einzelnen und unterschiedlichsten Bewertungsperspektiven ein, als Ausdruck der Aufmerksamkeit für die gesuchte, möglichst umfassende Beurteilung und Bewertung auch der nur indirekt jeweils mitbedingten Folgen. Schließlich sollten auch mitbedingte Folgen vor allem dort, wo sie nicht oder keinesfalls beabsichtigt sein können, stets berücksichtigt worden sein in ihrer Eintrittswahrscheinlichkeit mit ihren gesellschaftlichen Folgen und Konsequenzen, wenn eine Entscheidung für die Auszeichnung dieser Option dennoch, wiederum im Verhältnis zu anderen Möglichkeiten, in Erwägung gezogen und schließlich gefällt werden soll.

REIHUNG DER MIT DEN PRÜFFRAGEN ANGESPROCHENEN ZIELE

1. Schutz von Mensch und Natur
2. Sparsamkeit, Gerechtigkeit, Flexibilität
3. Technologien, Wirtschaftsweise
4. Verteilungsmodus, Politik

*Abb. 2: Reihung der mit den Prüffragen* angesprochenen Ziele.*

Wenn sich nicht alle Perspektiven gleichzeitig einnehmen lassen, so ist es dennoch nicht ausgeschlossen, auf eine solche Weise sukzessive und systematisch vorzugehen, bis alle entscheidungsrelevanten Gesichtspunkte

*Entnommen dem Beitrag von Georg Hörning auf Seite 265.

erkennbar geworden sind. Hierin liegt das Prinzip der Szenario-Methode, die eingesetzt werden kann, um komplexe Wechselwirkungsverhältnisse in Hinsicht auf die in ihnen angelegten alternativen Enwicklungsmöglichkeiten zu simulieren, um dann vom Ergebnis und von den Erfahrungen mit und ,in' diesen möglichen ,Welten' das individuelle Urteil abhängig zu machen. Das Problem des gesellschaftlichen Diskurses über Technikfolgen und Zukunftsgestaltung unterliegt einer vergleichbaren Anforderung, ein Teilproblem so aus den Kontexten einer hyperkomplexen Welt herauszulösen, daß sich im Diskurs wieder umgreifende lebensweltliche Gesichtspunkte der Bewertung einstellen. Erst die intersubjektiv nachvollziehbare Integration aller entscheidender Perspektiven läßt ein hochgradig angemessenes Beurteilungsvermögen in der anstehenden Sache erwarten, das wohlmöglich allen Sphären, so wie es ihnen zukommt, gleichermaßen gerecht zu werden verspricht. Aber hierzu wäre es erforderlich, die versammelten Rationalitätskriterien durch Metaprinzipien in eine Rangfolge nach ihrem absoluten und relativen Stellenwert zu bringen. Die Wertbaumanalyse[1] bietet hierzu eine Methode, aber die Frage der Hierarchisierung und der gegenseitigen Verrechenbarkeit von Grundrechten, Werten und Interessen bleibt dabei offen;[2] die Differenzen ethischer Schulen tun sich auf, verbunden mit der Frage, ob und wenn ja, wie und inwieweit die Erfahrungen in der praktischen Ethik in diesem Diskurs weiter vermittelt werden können.

Im nachhinein zeigt sich eine bemerkenswerte Parallele zwischen den Beiträgen der Fachvertreter aus der Philosophie über die Dignität von Prinzipien praktischer Vernunft und den Ergebnissen im praktischen Urteil der Bürgerforen bei der Entwicklung ihrer Bewertungsgesichtspunkte.

---

[1]Siehe hierzu die Beiträge von Ortwin Renn zur Methodologie und von Ellen Tulickas zur Durchführung des Verfahrens in: Heinz-Hermann Peitz, Ortwin Renn (Hrsg.): Energieszenarien im Spiegel gesellschaftlicher Bewertung. A. a. O.

[2]„Unzweifelhaft berühren einzelne Äste des Gesamtwertbaums Rechte, wie sie von Nida-Rümelin analysiert worden sind. Sie zeigen aber auch auf, daß sie zu völlig unterschiedlichen Wertungen Anlaß geben können. Interpretiert man die Begriffe, die in den Ästen auftreten, als Fragestellung, ob eine bestimmte Technologie einen darin ausgedrückten Wert erfüllt oder nicht, hängt die Antwort nicht nur davon ab, welche Gewichtigkeit dieser Wert hat, sondern auch davon, ob dieser Wert vom Beurteilenden, der diesen Gesamtbaum benutzt, überhaupt geteilt wird. Die Hierarchisierung stellt also nur eine Subsumtionslogik dar, aus der keine Wichtungen oder Präferenzrelationen abgeleitet werden können." Siehe hierzu: Klaus Kornwachs S. 166 in diesem Band. — Zur Methode der Wertbaumanalyse siehe auch die Beiträge von: Julian Nida-Rümelin S. 101, Christoph Hubig S. 114, Konrad Ott S. 190 und Heinz-Ulrich Nennen S. 313ff.

Gemeinsamkeiten lassen sich sowohl in der Beurteilung einzelner Maßnahmen als auch in der abschließenden Entscheidung aufzeigen. Die erarbeiteten praktischen Urteile dieser gleichsam mit einem virtuellen Mandat ausgestatteten, sachkundig gewordenen Laiengutachter bewegen sich, insbesondere bei Zielkonflikten, im Spektrum der zuvor von den philosophischen Fachgutachtern umschriebenen Bereiche. Es zeigen sich bemerkenswerte Korrespondenzen zwischen den theoretischen Diskursen im Bereich der praktischen Ethik für moderne Industriegesellschaften nachmetaphysischer Zeit unter den Bedingungen einer wertpluralistischen Gesellschaft auf der einen Seite und diesen praktischen Diskursen auf der anderen Seite, wo sich Laiengutachter in Abwägungsprozeduren wie den Bürgerforen sehr wohl der notwendigen Kompetenz hinreichend zu versichern wissen und bei der Bewertung der möglichen Optionen einen Modus der abgestuften Wahl ermitteln, durch den die versierte Orientierung an der Verallgemeinerbarkeit des Urteils transparent werden kann. Beide Diskurse sind Ausdruck des Bemühens um metaethische Prinzipien, wobei sich allerdings die praktischen Diskurse der Alltagsvernunft im Unterschied zu einer Vielzahl theoretischer Diskurse, etwa utilitaristischer Schulphilosophie, weniger am konsequentialistischen Ideal reiner Rationalität, sondern eher am intuitionistischen Ideal von Gerechtigkeit orientieren. Diese Beobachtungen sind nur vorläufiger Natur und würden, wenn sie sich eingehender rekonstruieren ließen, ein verändertes Verständnis für eine neue Praxis praktischer Philosophie nahelegen. Was bislang noch fehlt, ist eine Weiterentwicklung dieser Verfahrensweise, vor allem sollten die Teilnehmer noch mehr um die genauen Begründungen für ihre Bewertungen, Beurteilungen und Entscheidungen gebeten werden. Die Korrespondenzen zwischen den Prinzipien praktischer Philosophie und der alltagspraktischen Vernunft lassen sich als ein erstes Anzeichen deuten, daß sich hier mehr Problembewußtsein einstellt als auf den Wegen herkömmlicher Prozesse öffentlicher Meinungsbildung unter den Bedingungen repräsentativer Demokratie.[1]

Idealerweise sollte Technikfolgenabschätzung ebenso die Analyse wie auch

[1]Heinz-Ulrich Nennen: Zwischen den Stühlen: Notizen zur Technikfolgenabschätzung im Spannungsfeld zwischen Wissenschaft, Politik, Wirtschaft und Öffentlichkeit. In: Elmar Wienhöfer (Hrsg.): Bürgerforen als Verfahren der Technikfolgenabschätzung. A. a. O. S. 17–57. — Ders.: Desiderat Diskurs: Verantwortung und Technikfolgenabschätzung. In: Matthias Kettner (Hrsg.): Angewandte Ethik als Politikum; Frankfurt (im Druck).

die Bewertung von Technikfolgen umfassen. In der Praxis sind derartige Verfahren allerdings von einer zunehmenden Komplexität gekennzeichnet. Mit dem wünschbaren Wechselwirkungsverhältnis zwischen dem wissenschaftlichen und dem gesellschaftlichen Diskurs gehen iterative Prozeßstrukturen einher. Zunehmende Anforderungen zeigen sich daraufhin nicht nur in der Konzeption und der Durchführung, sondern ebenso auch in der Rezeption. Der hier dokumentierte Diskurs ‚Energie und Ethik' sollte der Vermittlung zwischen multidisziplinärer Wissenschaft, kritischer Öffentlichkeit und den Entscheidern in Politik und Gesellschaft dienen. Nach wie vor aber haben derartige Verfahren Experimentalcharakter, sie sind nicht eingelassen in die festen Gefüge gewachsener institutioneller Strukturen, sondern sie erhalten gerade aus diesem Schwebezustand ihre besondere Eigendynamik, ihre Sachlichkeit und die Qualität eines Problembewußtseins, das sich bereits selbst als Ausdruck einer notwendigen reflexiven und zweiten Moderne deuten läßt. Schließlich ist nicht zuletzt auch die Technikfolgenabschätzung ein spezieller Anwendungsfall für diesen neuen Legitimationsmodus, wo sich Beschwichtigungsrituale und Akzeptanzförderungsmaßnahmen mehr und mehr als kontraproduktiv herausstellen, unzeitgemäß werden und eher hervorrufen, was vermieden werden sollte: Anlässe zur Skepsis und Motive der Zukunftsangst. Ohnehin ist der vormalige Konsens der ungeteilten Bewunderung technisch–ökonomischer ‚Errungenschaften' als Grundlage des Vertrauens obsolet geworden. Wo häufig zuallererst potentielle Risiken thematisiert werden, dort versagt auch die Rhetorik gegebener Sachzwänge zusehends ihre Dienste; es wird unglaubwürdig, allenthalben zu behaupten, man habe weder die Freiheit der Entscheidung noch die Gelegenheit zur Beurteilung und zur Abwägung der Alternativen.

# Julian Nida–Rümelin: Orientierung in Situationen des Risikos und der Unsicherheit — Entscheidungstheoretische Kriterien und ethische Aspekte



## Drei Vorbemerkungen*

Bevor ich zum eigentlichen Thema des Vortrages komme, möchte ich einige methodische Bemerkungen zur Ethik voranschicken:

---

*Dieser Text ist die redigierte Tonbandmitschrift eines Vortrages, den ich am 10. Mai 1994 vor der Akademie für Technikfolgenabschätzung in Stuttgart gehalten habe. Vorträge ähnlichen Inhalts habe ich am 15. Juni 1993 an der Universität Tübingen auf Einladung des Zentrums für Ethik in den Wissenschaften, am 3. Mai 1994 vor der Georg–von–Vollmer–Akademie in München und am 22. Oktober 1994 am Institut für Wissenschaft und Kunst in Wien gehalten.

a.) Es gibt eine offenbar noch immer sehr weit verbreitete Auffassung von Ethik, die ich für unangemessen halte, die aber auch bei konkreten Projekten der Technikfolgenabschätzung eine große Rolle spielt. Die Ursache für die weite Verbreitung dieser Auffassung liegt in einer Art *timelag:* In der Ethik werden allgemeine Erkenntnisfortschritte der Wissenschafts- und Erkenntnistheorie erst mit einer Verzögerung von einigen Jahrzehnten wirksam. Sie ist deshalb heute noch sehr stark an ein Begründungsmodell gebunden, das in den empirischen Disziplinen spätestens im Laufe des letzten Jahrhunderts aufgegeben wurde. Man kann es als *rationalistisches* Modell bezeichnen, als die Vorstellung, in der Ethik müsse so verfahren werden, daß man zuerst Axiome einführt und anschließend aus diesen Axiomen moralische Urteile für konkrete Fälle ableitet. Obwohl die analoge Auffassung von Theorie für die empirischen Disziplinen von niemandem mehr vertreten wird, hat sie sich in der Ethik nach wie vor gehalten.

S. Toulmin hat diesen Punkt in einem polemischen Artikel aufgespießt und behauptet, daß es höchste Zeit war, daß die Ethik durch ihre Hinwendung zu ethischen Problemen der modernen Medizin ‚gerettet' wurde. Diese hat in der Tat deutlich gemacht, daß das rationalistische Modell zur Entscheidung moralischer Probleme inadäquat ist. Statt dessen muß die Ethik mit konkreten Fällen beginnen, in denen sich unsere moralischen Beurteilungen als sehr zuverlässig erweisen und ein hohes Maß an Konsens beinhalten. Darauf aufbauend muß sie versuchen, diese verschiedenen Beurteilungen in einen kohärenten Zusammenhang zu bringen und gemeinsame Regeln zu formulieren. In dieser Hinsicht unterscheidet sich die Ethik nicht von anderen Theorien, und sie wäre genausowenig wie die Physik gescheitert, falls sich schließlich herausstellen sollte, daß man die Vielzahl von Phänomenen, hier die moralischen, dort die empirischen, nicht unter einer einzigen konsistenten Theorie vereinigen kann. Es gibt keine Naturwissenschaft, der dies gelungen ist, und es wäre verwunderlich, wenn es gerade der Ethik gelingen würde.

b) Wenn man die ‚herrschende' Auffassung zugrundelegt, die besagt, ethische Fragen seien letztlich subjektive Fragen, während natur- und sozialwissenschaftliche Fragen klar und präzise und für alle verbindlich geregelt werden können, ist es ein naheliegender Schritt zu meinen, die Ethik sei nichts anderes als eine Art *Widerhall subjektiver Einstellungen*, die die einen so haben und die anderen anders. Nach diesem Verständnis wird Ethik weitgehend aufgehen in etwas das heute vielfach Akzeptanzforschung heißt: Danach genügt es, um die ethische Dimension zu erfassen, herauszufinden, was Menschen als inakzeptabel *empfinden.* So wichtig diese Forschungen auch sind, so liegt hier meiner Ansicht nach dennoch eine ganz gefährliche Verkürzung der ethischen Dimension vor, eine Verkürzung, die übrigens nach wie vor auf dem europäischen Kontinent sehr viel weiter verbreitet ist als im angelsächsischen Raum.

c) Die Aufgabe, in ethische Kriterien im Umgang mit Risiken, speziell solchen Risiken, die durch Technik verursacht sind, einzuführen, wäre einfacher, wenn ich zustimmend referieren könnte, was in der laufenden Diskussion vorgeschlagen wird. Da ich aber der Auffassung bin, daß der *mainstream* dieser Diskussion ein — klar belegbares — Defizit aufweist, ist diese Vorgehensweise nicht möglich. Ich will deshalb versuchen, deutlich zu machen, daß wir in vielen Bereichen der Debatte um ethische Kriterien für den Umgang mit Techniken einen Paradigmenwechsel von einem konsequentialistischen zu einem nichtkonsequentialistischen Paradigma brauchen. Man erkennt die weite Verbreitung des konsequentialistischen Paradigmas zum Beispiel daran, daß, sobald von Ethik die Rede ist, auch von Werten die Rede ist. Dieser vermeintlich enge Zusammenhang zwischen Ethik und Werten ist jedoch nicht selbstverständlich. Es gibt einen bedeutenden Typus von Ethik, der kantische, der zudem die deutsche Debatte weitgehend beherrscht hat, nach dem sich die Frage von richtig und falsch nicht danach entscheidet, wie wir Weltzustände, Gesellschaftszustände oder anderes *bewerten,* sondern danach, ob das Kriterium unseres Handelns (Kants ‚Maximen'), nach dem wir uns ausrichten, als allgemeines Gesetz gedacht werden kann, d. h. ob man sich dieses Kriterium als allgemeine Handlungsanweisung in der Gesellschaft oder in der Menschheit insgesamt vorstellen kann. Das ist ein Prinzip, das — zunächst jedenfalls — von Wertungen unabhängig erscheint. Bei genauerer Betrachtung ist es nicht ganz unabhängig davon, aber es geht jedenfalls nicht auf in der Frage, welche Wertung man vertritt, da es sich hier primär um eine regelorientierte Ethikvorstellung handelt. Es ist verwunderlich, daß diese kantische Tradition in den Anwendungsdiskursen der Ethik eine so untergeordnete Rolle spielt. Vermutlich liegt das an der Wirkung sowohl des angelsächsischen Utilitarismus wie des deutschsprachigen und lateinischen Neuthomismus und Aristotelismus sowie der ökonomischen Prägung des Expertenwissens insbesondere in den staatlichen Bürokratien. Welche Konsequenzen für unser Thema sich aus meiner Forderung nach einem Wechsel zu einem nichtkonsequentialistischen Paradigma ergeben, wird im Laufe des Vortrages deutlich werden.

## Begriffsklärung: Risiko – Gefahr – Unsicherheit – Ungewißheit

Zunächst einige begriffliche Vorklärungen:

**Risiko und Gefahr:** Es empfiehlt sich, den Begriff des *Risikos* vom Begriff der *Gefahr* zu unterscheiden: Wo keine Gefahren sind, gibt es auch keine Risiken. Aber nicht jede Gefahr ist ein Risiko. Man kann sich die Trennung dieser beiden Begriffe folgendermaßen klarmachen: *Gefahren sind potentielle kausale Ursachen für Schäden.* Diese können vielleicht in bestimmten Fällen ausgeschlossen werden: Es mag irgendwo eine potentielle Kausalkette vorliegen, die aber durch entsprechende Sicherheitsmaßnahmen, Vorsichtsregeln und Vermeidungsstrategien nicht mehr eintreten kann. Dann wäre die Gefahr, wenn man so will, gebannt. Im Gegensatz zur Gefahr bezieht sich das Risiko (irreduzibel) auf Wahrscheinlichkeiten. Risiken bestehen dort, wo bestimmte Wahrscheinlichkeiten dafür vorliegen, daß Schäden eintreten.

**Risiko und Unsicherheit:** Ein weiterer Unterschied besteht zwischen dem Begriff des Risikos und dem Begriff der *Unsicherheit.* Ich kann unsicher sein im Hinblick darauf, was passieren wird. Wenn das, im Hinblick worauf ich unsicher bin, etwas ist, was ich nicht als Schaden wahrnehmen würde, sondern vielleicht als einen Vorteil, spricht man nicht von Risiken. Das heißt, sobald von Risiken die Rede ist, führt man implizit eine Art Nullpunkt ein, indem man zwischen guten und schlechten Folgen unterscheidet. Nur die letzteren stellen möglicherweise (d. h. wenn sie nicht ausgeschlossen werden können) ein Risiko dar. Während also der Begriff der Unsicherheit auf alle Folgen, gute wie schlechte, anwendbar ist, ist der Begriff des Risikos eingeschränkt auf schlechte Folgen. Ob der im Begriff des Risikos vorausgesetzte Indifferenzpunkt unproblematisch ist oder nicht, sei dahingestellt. Es gibt jedenfalls ein Modell, das Jeffrey-Modell, das über eine schöne Definition des Indifferenzpunktes verfügt.[1]

**Risiko und Ungewißheit:** Die dritte Unterscheidung ist die zwischen Situationen des Risikos und solchen der Ungewißheit. Diese Unterscheidung ist nicht für jede Wahrscheinlichkeitskonzeption sinnvoll, da sie aber weit verbreitet ist — insbesondere in der Ökonomie und Entscheidungstheorie —, will ich sie wenigstens kurz ansprechen. In *reinen Risikosituationen* verfügt die handelnde Person über Wahrscheinlichkeiten darüber, was passieren wird. Genauer gesagt: Die relevanten Folgen ihres Handelns haben *für diese Person* eine wohlbestimmte Wahrscheinlichkeit. In *Situationen der Ungewißheit* dagegen hat die Person keine Wahrscheinlichkeiten bzw. keine Informationsgrundlage, um Wahrscheinlichkeiten anzunehmen. Diese Unterscheidung ist nicht unproblematisch und steht im übrigen schon im Konflikt zu dem vorherigen Vorschlag, Risiko nur auf Schäden zu beziehen, da der hier verwendete Risikobegriff indifferent ist im Hinblick auf Vorteile oder Schädigungen und sich nur auf die Art der Ungewißheit bezieht. Zur Erläuterung sei an dieser Stelle auf einen Punkt hingewiesen, der in der Risikodebatte eine große Rolle spielt: Wenn die Welt streng nach kausalen, deterministischen Gesetzen regiert würde, so daß, wer einen Weltzustand kennt, auch den zeitlich darauffolgenden kennen würde, gäbe es — so scheint es zumindest — keine objektiven, sondern nur subjektive Wahrscheinlichkeiten. Anders ausgedrückt: Das Auftreten von Wahrscheinlichkeiten wäre in diesem Fall immer nur Ausdruck von Unwissen. Wahrscheinlichkeiten hätten nicht den Charakter einer Vermutung, sondern würden einen bestimmten subjektiven Zustand charakterisieren. Dieser subjektive Zustand läßt sich unter der Annahme vollständiger Rationalität durch die Zuordnung einer wohlbestimmten (subjektiven) Wahrscheinlichkeit repräsentieren — etwa durch das Verfahren der maximalen Wettquotienten. Die Unterscheidung von Risiko- und Ungewißheitssituationen wäre damit obsolet.

In der Literatur wird oft von subjektiven und objektiven Risiken gesprochen. Nach einem einflußreichen Vorschlag von Kaplan und Ger-

[1] Jeffrey 1967, S. 96f.

rig beziehen sich objektive Risiken auf die Häufigkeit, d. h. die objektive Wahrscheinlichkeit, mit der ein Ereignis (dessen Folgen man befürchtet, also Schäden, die damit verbunden sind) eintritt. Alle anderen Fälle sind Fälle von subjektivem Risiko. Kaplan und Gerrig gehen so weit zu behaupten, daß bei Häufigkeiten eine klare empirische Grundlage gegeben ist und sie daher wissenschaftlich erfaßbar sind, während dies beim subjektiven Risiko nicht der Fall ist, das deshalb als ‚weicher Begriff' aufgefaßt wird. Hier schlägt sich in anderer Gestalt die Dichotomie zwischen Objektivität im einen und weitgehender Subjektivität im anderen Bereich nieder.

Andererseits aber sind die meisten Ökonomen und Entscheidungstheoretiker der Auffassung, daß man, jedenfalls im Idealfall, einer rational handelnden Person relativ strenge Auflagen darüber machen kann, welche Rationalitätsbedingungen ihre subjektiven Wahrscheinlichkeiten erfüllen müssen. Z. B. kann es bei sich wechselseitig ausschließenden Umständen nicht sein, daß die Summe der subjektiven Wahrscheinlichkeiten 100% überschreitet. Die subjektiven Wahrscheinlichkeiten müssen vereinbar sein mit dem Wahrscheinlichkeitskalkül. Viele gehen noch einen Schritt weiter und behaupten: Zwei Personen, die beide rational sind und beide die gleichen Informationen bezüglich der Abschätzung eines Risikos haben, müssen zur gleichen subjektiven Wahrscheinlichkeit kommen, andernfalls ist mindestens eine von beiden irrational. Das heißt jedoch, daß die angeblich so naheliegende Zweiteilung in den weichen Begriff des subjektiven Risikos auf der einen Seite und den harten Begriff des über Häufigkeiten definierten objektiven Risikos auf der anderen Seite problematisch ist. Auch vom anderen Pol her ist diese Zweiteilung problematisch: Die objektive Wahrscheinlichkeit ist nämlich nicht über die gemessenen Häufigkeiten *definiert,* sondern die Häufigkeiten sind nur ein *Indikator* dafür, welche objektiven Wahrscheinlichkeiten zugrundeliegen. Die Bestimmung relativer Häufigkeiten setzt zudem voraus, daß von Fall zu Fall der gleiche Ereignistyp vorliegt. Dies kann aber in der Regel nur vor dem Hintergrund oft weitreichender theoretischer Annahmen beurteilt werden, so daß die vermeintliche unmittelbare empirische Beobachtung objektiver Wahrscheinlichkeiten Fiktion ist. Aus diesen Gründen scheint mir der vernünftigere Ansatz zu sein, daß man zwischen Ungewißheitssituationen und Risikosituationen eine Art Kontinuum annimmt. Es gibt in der Tat ein interessantes entscheidungstheoretisches Modell des Schweden P. Gärdenfors, das subjektive Wahrscheinlichkeiten als Abschätzung von objektiven Wahrscheinlichkeiten bestimmt — wie immer diese objektiven Wahrscheinlichkeiten zustandekommen.

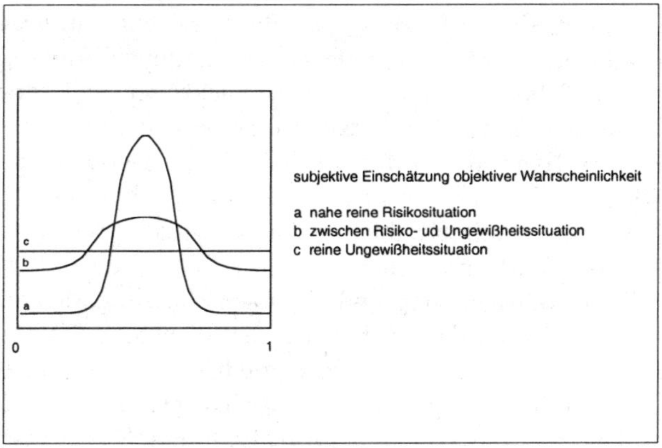


*Abb. 1: Kontinuum zwischen Risiko– und Ungewißheitssituationen.*

## Risikorealität und Risikowahrnehmung

Nach diesen begrifflichen Klärungen komme ich zum nächsten Schritt der Analyse, der Frage, wie sich das Risikobewußtsein äußert. Dabei liegt es natürlich nahe zu glauben, daß wir in der Befragung eine einfache Methode haben, um herauszufinden, wie Personen Risiken einschätzen. Wenn eine Person die Frage, für wie wahrscheinlich sie es hält, daß ein bestimmtes Ereignis eintritt, beantworten kann und darüber hinaus noch angeben kann, wie gravierend für sie der mögliche Schaden ist, haben wir ein klares Maß des subjektiven Risikos. Empirische Studien zeigen jedoch, daß diese Methode der Messung des subjektiven Risikos, verglichen mit einer anderen Methode, zu ganz unterschiedlichen Ergebnissen führt. Nach dieser anderen Methode berücksichtigen wir nicht, was Personen hinsichtlich ihrer Wahrscheinlichkeitsabschätzung *sagen,* sondern wie sie in bestimmten Situationen *handeln.* In der englischsprachigen Literatur heißt dieses Konzept ‚revealed preference': Die Person zeigt (‚offenbart') ihre Präferenzen in ihrem Entscheidungsverhalten. Wenn man der Person viele mögliche Alternativen mit unterschiedlichen Wahrscheinlichkeiten der

Konsequenzen anbietet und sie jeweils zwingt zu wählen, kann man, falls die Präferenzen kohärent sind, ihr eine subjektive Wahrscheinlichkeitsfunktion (d. h. die subjektiven Wahrscheinlichkeiten, die sie hat) sowie subjektive Bewertungen der möglichen Konsequenzen zuordnen. Bei der Anwendung dieses Verfahrens, das allerdings sehr schwierig umzusetzen und nur in bestimmten, vereinfachten Situationen durchführbar ist, ergibt sich, daß bezüglich der Wahrscheinlichkeiten und der Bewertungen der Konsequenzen die Einschätzung auf Befragung und die in Gestalt der vorliegenden Handlungspräferenzen offenbarte Einschätzung weit auseinanderklaffen. Es ergibt sich also eine doppelte Divergenz: die zwischen Risikorealität (soweit sie durch relative Häufigkeiten zu ermitteln ist) und Risikowahrnehmung einerseits sowie die Divergenz zwischen offenbarter Risikowahrnehmung und Risikoeinschätzung andererseits. Empirische Daten deuten darauf hin, daß die offenbarte Risikowahrnehmung zumindest bei längerfristigem Umgang mit vertrauten Risiken dem objektiven Risiko besser entspricht als die Risikoeinschätzung. Als ein Beispiel für die Divergenz zwischen Risikorealität und Risikoeinschätzung vergleiche man die Ergebnisse einer Umfrage unter amerikanischen College-Studenten mit den objektiven Risiken (siehe Abb. 2 auf dieser Seite).

| Todesursache (USA/1985) | Todesfälle p. a.: | Schätzung durch StudentInnen absolut: | prozentual: |
|---|---|---|---|
| Rauchen | 150 000 | 2 400 | 1,6% |
| Alkohol | 100 000 | 2 600 | 2,6% |
| Verkehr | 50 000 | 10 500 | 21% |
| Schußwaffen | 17 000 | 1 900 | 11% |
| Schwimmen | 3 000 | 370 | 12% |
| Eisenbahn | 1 950 | 210 | 10,7% |
| Priv. Flugverkehr | 1 300 | 650 | 50% |
| Kommerz. Flugverkehr | 130 | 650 | 500% |

*Abb. 2: Divergenz zwischen Risikorealität und Risikowahrnehmung.*

Aber auch innerhalb des Bereichs der Risikoeinschätzung ergeben sich erstaunliche Inkohärenzen je nach dem abgefragten Parameter. Wenn man etwa nach der durchschnittlichen Kfz-Kilometerstrecke fragt, nach der es zu einem tödlichen Unfall kommt, wird das tatsächliche Risiko entgegen der genannten Erhebung sogar um mehrere Größenordnungen überschätzt: Bei einem Bestand von ca. 30 Mio. Kfz in Deutschland mit einer durchschnittlichen Fahrleistung von 15 000 km pro Jahr ergibt sich bei ca. 8 000 tödlichen Verkehrsunfällen pro Jahr ein tödlicher Unfall alle 50 Mio. gefahrene Kilometer. Das generelle Unfallrisiko liegt in Deutschland bei etwa 3% pro Fahrer jährlich. Das Risiko eines Unfalls mit Verletzungen bei 0,7% und eines Unfalls mit Todesfolge bei 0,013 % (0,4 % aller Kfz–Unfälle). Befragungen nach diesen Risikoparametern ergeben in der Regel weit höhere Schätzungen. Wenn man den zeitlichen Anteil der Teilnahme am allgemeinen Straßenverkehr berücksichtigt, erhöht sich das durchschnittliche Risiko pro Zeiteinheit merklich nur für diejenigen Altersgruppen, die eine noch sehr niedrige Todesrate pro Jahr aufweisen. Die ausgiebige und nicht immer aus beruflichen und anderen Gründen erzwungene Beteiligung am Straßenverkehr müßte bei Schätzungen wie ‚ein tödlicher Unfall alle 500 000 km' als hochgradig irrational gelten.

Es gibt eine umstrittene Theorie von Starr, die wichtige Anstöße für die Risikodebatte gebracht hat. Als Maß zugrundegelegt wird dabei das Risiko pro Zeiteinheit. Das eigene Todesfallrisiko, das man einzugehen bereit ist, variiert im tatsächlichen Entscheidungsverhalten stark danach, ob die Risiken als freiwillige oder unfreiwillige empfunden werden — ein Unterschied, der einen Faktor von 1 000 ausmacht. Was sich hier außerdem zeigt ist, daß mit zunehmendem Nutzen die Bereitschaft, größere Risiken einzugehen, relativ kohärent steigt.

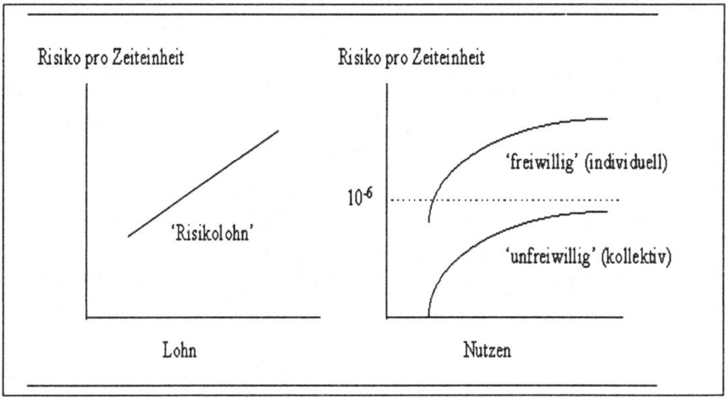

## Parameter der Diskrepanz zwischen Risikorealität und Risikowahrnehmung

Im wesentlichen sind es die folgenden Parameter oder Aspekte, aufgrund derer das beschriebene Auseinanderklaffen zwischen Risikorealität und Risikowahrnehmung zustandekommt.

1. **Räumliche und zeitliche Distanz:** Je weiter entfernt zeitlich oder räumlich die Ereignisse erscheinen, um so weniger risikobehaftet werden sie empfunden.

2. **Neuartigkeit:** Bei neuartigen Risiken kommt es eher zu einer systematischen Überschätzung, bei etablierten Risiken eher zu einer systematischen Unterschätzung des Risikos.

3. **Beeinflußbarkeit:** Risiken, die man glaubt selbst steuern zu können, werden als geringer eingeschätzt als Risiken, die man nicht glaubt steuern zu können.

4. **Konzentration des Risikos:** Auch die räumliche und statistische Streuung von Risiken beeinflußt ihre Einschätzung: So werden Risiken, die räumlich und zeitlich konzentrierter auftreten, systematisch in der Tendenz vergrößert, während Risiken, die verteilter auftreten, wie z. B. Rauchen, systematisch unterschätzt werden.

5. **Öffentliche Aufmerksamkeit:** Auch die Aufmerksamkeit, die durch öffentliche Diskussionen oder journalistische Interessen usw. entsteht, verändert das subjektive Risikobewußtsein.

6. **Normative Akzeptabilität:** Interessanterweise werden Risiken, die mit Tätigkeiten verbunden sind, die positiv bewertet werden (etwa die Aktivitäten der Freiwilligen Feuerwehr), systematisch unterschätzt.

7. **Vorrang des Schadensausmaßes vor der Eintrittswahrscheinlichkeit:** Nach einem versicherungsmathematischen Modell wäre Risiko einfach der Wert der Wahrscheinlichkeit multipliziert mit dem Wert des Schadens. Wenn man beide Werte variiert, so ist auffallend, daß sich das subjektive Risikobewußtsein stärker an der

8. Bilder die im Gedächtnis haften werden mit höherem Risiko assoziiert

Änderung des Schadens orientiert und weniger stark an den Veränderungen der Wahrscheinlichkeit. Die Wahrnehmung von Wahrscheinlichkeiten ist also offenbar nicht so genau wie die Wahrnehmung der Größe des Schadens.

## Entscheidungstheoretische Kriterien für den Umgang mit Risiken

Nach der Frage der Wahrnehmung von Risiken stellt sich die nach dem rationalen Umgang mit ihnen: Welche Kriterien sind vernünftig im Umgang mit Risiken und wie beeinflussen ethische Aspekte den rationalen Umgang mit ihnen? In der Entscheidungstheorie und Ökonomie werden folgende vier Kriterien zum Umgang mit Risiken gehandelt:

**Das Bayes–Kriterium:** Das Bayes–Kriterium besagt: Maximiere den Erwartungswert der Folgen deines Tuns, wobei der Erwartungswert definiert ist als der Wert der Folgen einer Handlung, jeweils gewichtet mit der subjektiven Wahrscheinlichkeit ihres Eintretens. Für eine hartnäckig subjektivistische Interpretation der Wahrscheinlichkeit gibt es, wie oben erläutert wurde, keinen Grund, zwischen Risiko– und Ungewißheitssituationen zu unterscheiden, und daher kann unter dieser Voraussetzung das Bayes–Kriterium als die universelle Handlungsorientierung angesehen werden. Probleme der Interpretation ergeben sich am ehesten im Zusammenhang mit dem *revealed–preference*–Konzept, da es die beiden voneinander prima facie unabhängigen Parameter Risikoaversion (bzw. Risikoneigung) und fallender (bzw. steigender) Grenznutzen in eins setzt. Zur Bestimmung der subjektiven Wahrscheinlichkeiten kann auf das Verfahren des maximalen Wettquotienten zurückgegriffen werden, das auch für Situationen, in denen mangels Information die Zuschreibung von Wahrscheinlichkeiten schwierig erscheint, anwendbar ist.

**Das Minimaxkriterium (Wald–Kriterium):** Das zweite Kriterium, das vorgeschlagen wird, gilt für Situationen der Ungewißheit, nicht des Risikos. Es besagt: Wenn ich keine subjektiven Wahrscheinlichkeiten für die möglichen zukünftigen Ereignisse habe, sollte ich diejenige Handlungsalternative wählen, deren schlechtestmögliche Folge besser ist als die schlechtestmöglichen Folgen der anderen offenstehenden Alternativen.

| | $\Theta_1$ | $\Theta_2$ | $\Theta_3$ | Max | |
|---|---|---|---|---|---|
| $a_1$ | 20 | 10 | 70 | 70 | |
| $a_2$ | 50 | 30 | 40 | 50 | ← Min |
| $a_3$ | 60 | 40 | 20 | 60 | |

*Abb. 3: Schadensmatrix.*

In der Schadensmatrix[1] bezeichnen die Zeilen ($a_1$–$a_3$) die offenstehenden Handlungsalternativen und die Spalten ($\Theta_1$–$\Theta_3$) die für die Folgen der Handlungen relevanten Umstände. Die einzelnen Zahlenwerte sind Bewertungen der Folgen, wobei sich die Folgen aus der Kombination einer Handlung mit einem Umstand ergeben. Gemäß dem Minimaxkriterium sucht man zuerst in jeder Zeile die für diese Zeile schlechteste Konsequenz, d. h. die Konsequenz, bei der der Schaden am größten ist, und wählt dann diejenige Handlung, bei der dieser größte Schaden am kleinsten ist. Das Minimaxkriterium ist also eine Katastrophenvermeidungsstrategie.

Es ist im wesentlichen dieses Kriterium, das Hans Jonas in seinem Buch *Das Prinzip Verantwortung* vorgeschlagen hat: Handle so, daß du den Fortbestand der Menschheit nicht gefährdest, vermeide den größtmöglichen Schaden, den man sich vorstellen kann, und versuche nicht, das gegenüber anderen Vorteilen abzuwägen. Obwohl es sein könnte, daß bestimmte Strategien extreme Vorteile beinhalten, darf dies gemäß dem Wald-Kriterium oder gemäß Jonas keine Rolle spielen.

**Das Hurwicz-Kriterium:** Oben hatte ich behauptet, daß es vernünftig ist, sich zwischen Situationen des Risikos und der Ungewißheit ein Kontinuum von Entscheidungssituationen vorzustellen. Diesem Kontinuum entsprechend kann man auch die Entscheidungskriterien abstimmen. Das Hurwicz-Kriterium beispielsweise unterscheidet sich vom Wald-Kriterium nur in der Frage, ob man immer empfehlen kann, sich nach der schlechtestmöglichen Konsequenz zu richten. Ist es nicht in manchen Fällen, in denen zum Beispiel keine Katastrophen zu erwarten sind, vernünftiger, auch zu berücksichtigen, was Positives bei einer bestimmten Strategie gewonnen werden kann? Warum soll diese Asymmetrie der ausschließlichen Berücksichtigung der negativen Folgen denn plausibel sein? Das Hurwicz-Kriterium schlägt deshalb (ziemlich willkürlich) vor, die bestmögliche und

[1]Falls das Entscheidungskriterium auf eine Nutzenmatrix angewendet wird, spricht man vom Maximinkriterium: maximiere den minimalen Nutzen! (Minimaxkriterium: minimiere den maximalen Schaden!)

die schlechtestmögliche Konsequenz herauszugreifen und anschließend zu gewichten. Das verwendete Gewicht heißt Optimismus–Pessimismus-Index: Während für die reinen Pessimisten nur das schlechtestmögliche Ergebnis relevant ist, halten die reinen Optimisten nur das bestmögliche Ergebnis für relevant. In Analogie dazu könnte man sich ein parametrisiertes Kriterium vorstellen, das bei Risikosituationen in das Bayes-Kriterium und bei reinen Ungewißheitssituationen in das Minimaxkriterium übergeht.

Die besprochenen Kriterien für Ungewißheitssituationen können nicht befriedigen, da sie willkürlich wirken. Situationen der Ungewißheit — wenn man dieses Konzept denn ernst nimmt — sind unterbestimmt. Sie liefern nicht die Informationen, die man braucht, um ein Kriterium plausibel anwenden zu können. Eine Möglichkeit, mit diesem Problem umzugehen ist, sich zunächst der anderen Methode zu bedienen und *alles*, also alle möglichen Konsequenzen einer Handlung zu berücksichtigen. Man kann dann um so stärker in Richtung Mini–Max, d. h. zur stärkeren Gewichtung der Katastrophenfälle, zurückgehen, je unsicherer die Wahrscheinlichkeiten und je diffuser die Kurven werden.

## Defizite der herkömmlichen konsequentialistischen Kriterien

Wie immer die entscheidungstheoretischen Kriterien aussehen, ihre gängige Anwendung hat ethisch inakzeptable Implikationen. Ich hoffe im folgenden Abschnitt deutlich machen zu können, daß die Argumente, die hierzu vorgebracht werden, von einer ähnlichen Härte sind, wie etwa Argumente, die dazu führen, daß man eine sozialwissenschaftliche Theorie aufgibt, weil sie nicht mit bestimmten empirischen Befunden übereinstimmt. Meine Kritik bewegt sich also nicht auf der Ebene des rein subjektiven Meinens, sondern bleibt auf einer Ebene, auf der Konsense nach wie vor möglich sind und man sich Schritt für Schritt an eine vernünftige ethische Theorie im Umgang mit Risiken herantasten kann. Zur Illustration wählen wir eine Anwendung des Bayes–Kriteriums. Dazu benötigt man eine uniforme Bewertungsfunktion, was die monetäre Skalierung unterschiedlicher Bewertungsaspekte nahelegt. Die Probleme, die bei der monetären Bewertung möglicher Schadensfolgen auftreten, können wir hier zur Explikation des etablierten Paradigmas der Risikoabschätzung vernachlässigen. Zur Vereinfachung nehmen wir als Maß des Gesundheitsrisikos, wie z. B. die Deutsche Risikostudie Kernkraftwerke, die zu erwartenden zusätzlichen Todesfälle (bei Bereitstellung einer Endenergieeinheit). Wir nehmen dabei an, es gäbe eine angemessene monetäre Bewertung eines menschlichen Todesfalles (diese wäre sicherlich nicht auf der Grundlage des noch zu erwartenden Beitrages zum Bruttosozialprodukt zu eruieren, wie es eine ADAC-Studie einmal vorgeschlagen hatte) und eine angemessene monetäre Bewertung des korrespondierenden Nutzens. Die Bewertungsfunktion steigt monoton mit sinkender Todesfallwahrscheinlichkeit.

Um deutlich zu machen, daß dieses Bewertungsaggregat zur ethischen Abschätzung von Risiken prinzipiell unzureichend sein muß, betrachte man einen sicherlich extremen und in der Realität selten auftretenden Fall: Man nehme an, die Gesundheitsrisiken insgesamt ließen sich dadurch senken, daß man einzelne Personen einer sicheren gesundheitlichen Schädigung mit der Folge eines frühzeitigen Todes aussetzt. Da das Aggregat der Todesfallwahrscheinlichkeit sinkt, steigt bei dieser Maßnahme die Bewertung an, d. h. eine solche Vorgehensweise wäre risikooptimierend. Diese Form der Risiko-Optimierung wäre aber moralisch und juridisch unzulässig, denn sie beinhaltete eine absichtliche Körperverletzung, je nach Situation sogar Totschlag oder Mord. In Notfallsituationen — man denke etwa an den Tschernobyl-Einsatz von Rettungsmannschaften — sind einzelne Personen bereit, ihr Leben zu riskieren oder zu opfern, um das Leben vieler anderer zu retten. Sofern dies freiwillig geschieht, ist das moralisch erlaubt und unter Umständen sogar moralisch geboten. Die Auferlegung solcher Risiken gegen den Willen der Betroffenen ist aber unzulässig.

Dieses Beispiel verweist auf ein grundlegendes Defizit des gängigen Risiko-Diskurses, das sich etwa so formulieren läßt: Risiko-Optimierung ist ethisch nur innerhalb bestimmter Einschränkungen zulässig, die durch individuelle Rechte und Gerechtigkeit gesetzt sind. Dieses Defizit ist unabhängig vom gewählten Optimierungskriterium. Die zentralen ethischen Aspekte dieses Defizits seien im folgenden skizziert.

**Nichtberücksichtigung der Unterscheidung zwischen Entscheider und Betroffenen:** Traditionelle Risiko-Optimierung macht keinen Unterschied zwischen der entscheidenden Person und den von dieser Entscheidung Betroffenen. Tatsächlich ist es aber ein fundamentaler Unterschied, ob ich *für mich* entscheide, etwa am Wochenende eine Bergwanderung zu unternehmen und damit ein höheres Risiko in Kauf zu nehmen, an diesen Tagen zu Tode zu kommen, als wenn ich zu Hause im Garten sitze, oder ob ich die gleiche Entscheidung *für eine andere Person* treffe, d. h. dieselbe Veränderung der Todesfallwahrscheinlichkeit für eine *andere* Person vornehme. Dieser Unterschied kann aber nicht berücksichtigt werden, wenn bei der Konsequenzenbewertung nur allgemeine Konsequenzen, wie die Anzahl der zu erwarteten Todesfälle, auftauchen. Der moralisch relevante Unterschied zwischen Entscheider und Betroffenem wird somit bei konsequentialistischen Kriterien dieser Art aufgehoben.

**Nichtberücksichtigung von Individualrechten:** In engem Zusammenhang mit dem ersten Defizit steht offensichtlich das Problem der Individualrechte. Unabhängig von welchen religiösen und moralischen Grundhaltungen wir ausgehen, sind wir fest davon überzeugt, daß Personen Individualrechte haben, die unter normalen Bedingungen nicht verletzt werden dürfen. Ich will an einem krassen Beispiel zeigen, daß Optimierungskriterien diese Individualrechte nicht ausreichend berücksichtigen: Angenommen, vier Personen liegen in einer Klinik und warten auf eine Transplantation, und diese vier Personen würden sterben, wenn sie nicht bald eine Organspende erhalten. Selbst in dieser Extremsituation ist es rechtlich und moralisch unzulässig, ein in die Klinik eingeliefertes Unfallopfer, das eine — wie die Ärzte das so schön nennen — infauste Prognose erhält (d. h. man weiß nicht, ob es überlebt), sterben zu lassen, um mit seinen Organen das Leben der vier Personen zu retten. Man muß sich die Härte dieses Arguments klarmachen. Es ist selbst dann unzulässig, das Unfallopfer sterben zu lassen, wenn die Konsequenzen mit Sicherheit eintreten, man also *weiß,* daß die vier Personen sterben werden. A fortiori gilt natürlich, daß man in einer solchen Situation nicht das Recht hat, jemanden zu kidnappen und ihm seine Organe zu entnehmen. Das erlaubt weder das Rechtssystem noch die Moral. Damit ist natürlich nicht ausgeschlossen, daß eine einzelne Person für sich entscheidet, jemandem z. B. eine Niere zu spenden und damit ihren eigenen Gesundheitszustand zugunsten einer anderen Person beeinträchtigt — ausgeschlossen ist nur, daß andere in dieser Weise über eine Person entscheiden.

Überträgt man dieses Argument auf die Technikfolgenabschätzung, so folgt daraus, daß es nicht genügt, abzuschätzen, welche Wahrscheinlichkeiten bestimmte Krankheiten für bestimmte Personen haben, z. B. das

Krebsrisiko bei bestimmten Technologien, sondern daß man darüber hinaus auch hier überlegen muß, ob Individualrechte verletzt werden. Es ist einfach unzulässig, für welchen ökonomischen Vorteil auch immer, einen Menschen zu opfern. Ebenso ist es unzulässig, für irgendwelche ökonomischen Vorteile anderer Personen wissentlich eine Person gesundheitlich schwer zu schädigen.

**Nichtberücksichtigung von Autonomie:** Ein drittes Defizit betrifft die Autonomie (wobei ich den Autonomiebegriff jetzt nicht in einem spezifisch kantischen Sinn verwende): Menschen sind für ihr Leben verantwortlich, und diese Verantwortung können ihnen andere Personen grundsätzlich nicht abnehmen. Das gilt jedenfalls für erwachsene und voll zurechnungsfähige Personen, es gilt dagegen nicht oder nur eingeschränkt für geistig Behinderte, Kinder usw. Das Gegenstück zur Autonomie ist das Paternalismusverbot: Selbst wenn ich mir ganz sicher bin, daß eine bestimmte Maßnahme für eine Person mehr Vorteile als Nachteile bringt, darf ich diese Maßnahme dann nicht verwirklichen, wenn die Person dies ausdrücklich ablehnt. Auch wenn es gute Gründe für die Annahme gibt, daß eine bestimmte Maßnahme für eine Person oder eine Gruppe von Personen bei Abwägung aller Risiken und Vorteile nützlich wäre, darf diese Maßnahme gegen den Willen der Betroffenen unter normalen Umständen nicht vorgenommen werden. Bei Auferlegung von Risiken gibt es einen individuellen Zustimmungsvorbehalt, den wir in Alltagsinteraktionen in der Regel streng beachten. Sicherlich gibt es Grenzen des Autonomiegebotes. Man denke zum Beispiel an Selbsttötungen, bei denen man doch glaubt, ein Eingriffsrecht zu haben. Trotz dieser schwierigen Grenzfragen bleibt Autonomie bzw. das Paternalismusverbot ein wesentliches normatives Kriterium, das unberücksichtigt bliebe, wenn wir bei unseren Abwägungen ausschließlich die (aggregativen) Folgen und ihre Wahrscheinlichkeit zugrundelegen würden.

**Nichtberücksichtigung der Gerechtigkeit (bzw. Fairneß) der Verteilung:** Ein viertes Defizit ist die Nichtberücksichtigung von Kriterien der Gerechtigkeit und Fairneß. Es macht für die ethische Beurteilung einen gewaltigen Unterschied, ob eine bestimmte Personengruppe selbst höhere Risiken in Kauf nimmt, um daraus einen Vorteil zu ziehen, oder ob sie diese Risiken einer anderen Personengruppe auflädt. Wenn man sich darauf beschränkt aufzulisten, wieviel Todesfälle, Erkrankungen usw. zu erwarten sind, geht bei der reinen Summe dieser verschiedenen Fälle die

*Verteilung* der Schädigungen unter in rein aggregativen Betrachtungen, wie sie den traditionellen Risikostudien zugrundeliegen.

Das durchschnittliche jährliche Todesfallrisiko hat die Größenordnung $10^{-2}$, bei gesunden jungen Menschen $10^{-4}$, bei kranken und alten $10^{-1}$. Eine Erhöhung dieses Risikos um Größen im Bereich $10^{-6}$ kann deshalb als unbedeutend, ja unterhalb der Relevanzschwelle angesehen werden. Die Wahrscheinlichkeit einer Kernschmelze wird charakteristischerweise in dieser Größenordnung geschätzt. Bei einer Population von 100 Millionen entspricht dieses Restrisiko aber immerhin 100 zu erwartenden Todesfällen pro Jahr. Der Einsatz einer Technik mit Risiken in der Größenordnung $10^{-6}$ oder jedenfalls $10^{-8}$ mag als legitimierbar gelten, wenn sie wesentliche Vorteile erwarten läßt. Nicht nur die Tötung, sondern auch die bewußte Inkaufnahme des Todes einer einzigen Person zur Erlangung dieser Vorteile wäre jedoch moralisch und juridisch unzulässig. Offensichtlich ist für die ethische Beurteilung die Verteilung der Risiken in hohem Maße relevant.

**Nichtberücksichtigung der Unvergleichbarkeit von Bewertungen:** Ein fünftes Defizit hängt zusammen mit dem Problem der Vergleichbarkeit, das auch in der Risikodebatte weithin anerkannt ist. Die oben vorgestellten Entscheidungskriterien lassen sich nur dann anwenden, wenn man ein wenigstens intrapersonell (kardinales) und möglichst auch kohärentes Maß der Bewertung hat. Ökonomen bezeichnen dieses Maß als Nutzenfunktion, wobei ‚Nutzen' nicht egoistisch oder ‚ökonomisch' verstanden werden muß, sondern als Zusammenfassung aller subjektiven Bewertungsaspekte angesehen werden kann. Es scheint aber so zu sein, daß bestimmte Kriterien der moralischen Beurteilung (ich spreche jetzt bewußt nicht von Werten) sich nicht auf ein solches Maß bringen lassen. Das vielleicht krasseste Beispiel ist die Abwägung zwischen Todesfällen und ökonomischen Vorzügen. Angenommen, es läßt sich zeigen (wofür auch entsprechende empirische Studien vorliegen), daß wir für uns persönlich jeweils bereit sind, um bestimmter ökonomischer Vorteile willen bestimmte Erhöhungen unserer Todesfallwahrscheinlichkeit in Kauf zu nehmen. Wenn unsere diesbezüglichen Präferenzen hinreichend kohärent sind, erhält man das Ergebnis, daß der eigene Tod je individuell einen bestimmten Wert in ökonomischen Einheiten bekommt, z. B. vier Millionen DM. Dieser Wert ist zunächst nur ein Maß für *meine* Bereitschaft, *meine* Todesfallwahrscheinlichkeit zu erhöhen, um bestimmte Vorteile zu erlangen. Der nächste Schritt wäre, ein uniformes Maß zu fordern, bei dem in irgendeiner Weise der Wert eines menschlichen Lebens als Mittelwert dieser subjektiven Werte bestimmt wird. Man kann sich natürlich komplexere Maße vorstellen, die das Alter der betreffenden Person einbeziehen, etc. Als Bewertungsgrundlage gilt wohlgemerkt immer noch die subjektive Risikobereitschaft der Person ihrem eigenen Leben gegenüber. Es ist insofern ein internes, kein externes Maß. Ein russisches Roulett, das mit 90% Wahrscheinlichkeit vier Millionen DM ausschüttet und mit 10% Wahrscheinlichkeit zum Tod der betreffenden Person führt, müßte dann — Rationalität und entsprechende Präferenzen vorausgesetzt — von der betreffenden Person gespielt werden. Nun ist dies noch ihre eigene Entscheidung. Für eine konsequentialistische Betrachtungsweise ist aber die Frage, *wer* einen Vorteil hat, für sich genommen nicht relevant. Es ist dann sogar moralisch geboten, ein entsprechendes Roulett zu spielen, selbst wenn der ausgeschüttete Vorzug nicht der Person zugute kommt, die das Risiko trägt, dabei zu Tode zu kommen. Die Werte-Terminologie gerät in ein schwer auflösbares Dilemma: Entweder sie führt inkommensurable Wertmaßstäbe ein (bzw. transfinite Werte), oder sie muß in Kauf nehmen, daß das einzelne menschliche Leben um ökonomischer oder sonstiger Vorteile willen geopfert werden darf bzw. soll. All diese Probleme lassen sich umgehen, wenn man zu einem im Kern deontologischen Ansatz der normativen Beurteilung zurückkehrt. Es gibt moralische Einschränkungen, die auch dann nicht überschritten werden dürfen, wenn ihre Überschreitung im Sinne der zugrundegelegten Wertmaßstäbe optimierend wäre. Die Übersetzung dieser deontologischen Einschränkungen in die Werte-Terminologie führt dann etwa zur Theorie der Unvergleichbarkeit menschlichen Lebens, was in der Konsequenz, wenn wir uns auch die anderen oben genannten Aspekte vor Augen führen, zu einer mehrdimensionalen Bewertungsmatrix führt, die Handeln im Sinne des Optimierungsparadigmas nur in engen Grenzen zuläßt.

## Eine nichtkonsequentialistische Ethik des Risikos

Läßt sich aus ethischer Sicht noch etwas mehr sagen als nur, daß konsequentialistische Kriterien unzureichend sind bzw. Defizite aufweisen? Mir scheint, die richtige Herangehensweise an die Ethik des Risikos besteht darin, daß man sich überlegt, welche einschränkenden Bedingungen der Risiko–Optimierung auferlegt werden müssen. Man hat zu prüfen, in welchem Bereich Optimierung, im Sinne der gängigen Studien der Technikfolgenabschätzung, zulässig ist. *Daß* eingeschränkt werden muß, ist jetzt schon gezeigt. Die Frage ist noch wie, in welcher Weise? Mein Vorschlag lautet, daß die ethisch zwingende (deontologische) Einschränkung der Risiko–Optimierung im wesentlichen nach dem Muster konzentrischer Kreise erfolgt:

**Lebensrecht:** Die erste Einschränkung besteht aufgrund eines Lebensrechts. Es gibt verschiedene Typen von Lebensrecht, insbesondere natürlich das individuelle genuine Lebensrecht einer Person, das einem niemand wegnehmen kann. Personen — Menschen — sind ausgestattet mit Rechten, und hier liegt, wenn man etwa an John Locke denkt, im Grunde auch die Wurzel der Entwicklung zu einem Typ der Demokratie, wie wir ihn heute haben. Locke ist sogar der Auffassung, daß jemand, der sich selbst das Leben nimmt, Unrecht tut, da er damit Gottes Eigentum zerstört. Aber jedenfalls darf es niemand anderes nehmen. Das heißt also, die intentional, die bewußt getroffene Entscheidung, eine Person — für welchen Vorteil auch immer — zu töten, ist moralisch unzulässig. Anders sieht es aus, wenn eine Person bereit ist, gemeinsam mit anderen Personen bei einer bestimmten Technik oder Technologie bestimmte zusätzliche Risiken in Kauf zu nehmen, um bestimmte Vorteile zu erreichen. Ich komme später dazu, wie dies operationalisiert werden kann.

Über dieses existentielle Lebensrecht hinaus gibt es ein humanes Lebensrecht. Jonas etwa spricht von einem genuin menschlichen Leben, das es auf diesem Planeten zu bewahren gelte, ein Leben, das bestimmten minimalen Bedingungen der Humanität genügen muß. So darf niemand absichtlich zu einem Leben unter menschenunwürdigen Bedingungen gezwungen werden, um welcher anderer Vorteile willen auch immer.

Weniger eindeutig zu beantworten ist die Frage, ob es darüber hinaus ein kollektives Lebensrecht gibt. Auch wenn Individuen Lebensrechte haben, wie ist es mit Kollektiven, im extremsten Fall mit *der Menschheit?* Ein einzelner Mensch hat ein Recht auf Leben, aber hat die Menschheit als solche ein Lebensrecht? Manche behaupten, das Lebensrecht der Menschheit wiegt sogar mehr als das individuelle Lebensrecht. Ich habe da meine Zweifel. Wenn die Menschheit zum Beispiel entscheiden würde, von heute auf morgen keinen Nachwuchs mehr zu wollen, und keine Frau mehr Kinder kriegen würde (vielleicht aus Angst, daß es den Kindern in der Zukunft schlecht gehen würde), wessen Recht würde dann verletzt? Ich würde sagen: Es ist niemandes Recht, auch nicht das potentieller Nachkommen, verletzt.

**Menschenrechte:** Die zweite Einschränkung betrifft Menschenrechte, die über das Recht auf Leben hinausgehen. Dazu zählt insbesondere das Recht, über bestimmte Grundgüter, wie z. B. Gewissensfreiheit, Religionsfreiheit und gewisse Freiheiten zur individuellen Lebensgestaltung, zu verfügen. In westlichen Verfassungen sind Menschenrechte in der Regel zugleich auch Bürgerrechte, aber das ist nicht zwingend und überall der Fall. Dennoch konstituieren Menschenrechte einschränkende Bedingungen für die Risiko-Optimierung. Erst wenn sichergestellt ist, daß Menschenrechte nicht verletzt werden, können Optimierungsgesichtspunkte eine Rolle spielen. Auf diesen einschränkenden Charakter der Menschenrechte kann man die in der Technikfolgenabschätzung betonte Asymmetrie zwischen negativen und positiven Folgen zurückführen (wobei für manche ökonomisch geprägte Risiko-Experten diese Asymmetrie nur ein Zeichen dafür ist, wie irrational die Öffentlichkeit mit Risiken umgeht).

**Bürgerrechte:** Einige der Menschenrechte werden zu Bürgerrechten. Hier meine ich mit Bürgerrechten speziell die über die üblichen Menschenrechte hinausgehenden Rechte, die wir in der Demokratie Partizipationsrechte nennen, aber auch individuelle Sozialrechte, die sich aus der Zugehörigkeit zu einem gesellschaftlichen Kooperationsgefüge ergeben. Diese, sowie auch Autonomierechte verschiedener Art, z. B. das Recht auf Meinungsfreiheit, dürfen ebenfalls nicht zugunsten einer aggregativen Risiko-Optimierung verletzt werden.

**Ökologische Rechte:** Ist es notwendig oder zwingend, nicht-menschlichen Entitäten moralische und juridische Rechte, d. h. Rechte, die auch über Rechtsvertreter wahrgenommen werden können, zuzugestehen? Im deutschen Tierschutzgesetz, wie es gegenwärtig formuliert ist, wird Tieren ein Status *zwischen* Sachen und Personen zuerkannt: sie sind keine richtigen Personen, aber sie sind auch keine reinen Sachen, da der Eigentümer über seine Tiere nicht frei verfügen kann. Es gibt moralische Grenzen im Umgang mit Tieren, so ist es z. B. moralisch und auch gesetzlich unzulässig, ein Tier mutwillig zu quälen. Kann man dies auch umformulieren zu der Behauptung, daß es ein (moralisches) Recht des Tieres gibt, nicht mutwillig gequält zu werden? Der Einwand, daß ein

Tier keine Rechte haben kann, weil es keine Pflichten haben kann, ist nicht zwingend. Die Reziprozität von Rechten und Pflichten bedeutet nur: Wenn jemand ein Recht *auf* etwas hat, habe ich die Pflicht, dieses Recht zu berücksichtigen. Wir stoßen hier allerdings auf einen Grenzbereich, bei dem es keine ‚harten' moralischen Fakten mehr gibt. Nach meiner Intuition haben empfindende Wesen minimale moralische Rechte. Sie haben m. E. tatsächlich ein Recht darauf, nicht gequält zu werden, außer unter bestimmten einschränkenden Bedingungen.

**Eigentumsrechte:** Der letzte der konzentrischen Kreise betrifft Eigentumsrechte im weiteren Sinne. Das Recht auf Eigentum, die Verfügbarkeit über bestimmte Güter, ist ein schwaches Individualrecht. Dennoch dürfen Rechte nicht ohne weiteres schon dann eingeschränkt werden, wenn sie mit Optimierungskriterien in Konflikt kommen.

Ich habe hier von konzentrischen Kreisen gesprochen, um deutlich zu machen, daß die einschränkenden normativen Kriterien untereinander nicht in einem Verhältnis der Abwägung, sondern der Vorordnung und Komplettierung stehen: Das individuelle Lebensrecht kann z. B. nicht gegen individuelle Freiheiten abgewogen werden. Mord ist — mit der möglichen Ausnahme des Tyrannenmordes und vergleichbarer Extremsituationen — unzulässig, unabhängig davon, welche positiven Wirkungen er im Einzelfall haben mag. Auch Besserstellungen im Hinblick auf andere individuelle Rechte sind nicht gegen das individuelle Lebensrecht abwägbar. Die Reihenfolge der Kriterien stimmt mit der natürlichen Gewichtung unserer moralischen Alltagsurteile überein. Damit soll nicht ausgeschlossen sein, daß eine ausgearbeitete Moraltheorie auch komplexere Abwägungen zulassen muß, die eine schlichte Vorordnung modifizieren würden.

## Einschränkung der Rechte durch kollektive Entscheidung

Folgt aus den bisherigen Argumenten, daß jede Technologie moralisch unzulässig ist, da alle Technologien risikobehaftet sind und Konsequenzen für unsere Gesundheit, unser Leben und die Verteilung von Leben und Grundgütern in der Bevölkerung haben? Wenn Personen Rechte haben und andere Personen korrespondierend Pflichten haben, diese

Rechte zu beachten, gilt, daß genau jene individuellen Handlungen, kollektiven Handlungen oder Technologien, die bestimmte Risiken mit sich bringen, zulässig sind, die die Zustimmung derjenigen Personen finden, deren Rechte in Frage stehen. Wenn es um mein Lebensrecht geht und *ich* sage, ich bin bereit, eine höhere Todesfallwahrscheinlichkeit für mich in Kauf zu nehmen um bestimmter Vorteile willen, dann ist die Person, der gegenüber ich das äußere, legitimiert, mir diese erhöhten Risiken aufzuladen. Nicht jede Person ist dabei ausschließlich egoistisch motiviert: Es kann Personen geben, die für sich erhöhte Risiken in Kauf nehmen, um ihren Kindern oder anderen Personen einen Vorteil zu verschaffen. Vorteil und Risiko müssen sich nicht auf die gleiche Person beziehen. Wichtig ist jedoch — jedenfalls im Prinzip — die Zustimmung der Person, deren Individualrechte in Frage stehen, zu dieser Maßnahme. Dies gilt vorrangig für die ersten drei Dimensionen, die die Optimierung des Risikos von außen einschränken: Lebensrecht, Menschenrecht und Bürgerrecht. Jedes dieser Rechte darf im Prinzip nur eingeschränkt werden unter Zustimmung der Betroffenen.

## Verfahren der Entscheidungsfindung

Nun kann nicht in jedem Einzelfall die geforderte Zustimmung eingeholt werden, und wir werden auch nie einen vollständigen Konsens finden. Dennoch glaube ich, daß dieser Ansatz tragfähig ist. Wie tragfähig er ist, sieht man, wenn man das tatsächliche Funktionieren demokratischer Institutionen betrachtet. Obwohl dort bei Entscheidungsprozessen darüber, ob eine bestimmte Maßnahme akzeptabel ist oder nicht, die Meinungen weit auseinandergehen, besteht in vielen Fällen Einigkeit darüber, *in welcher Weise* man über die Einführung oder Verteilung von Risiken entscheiden soll. Man kann sich das etwa so vorstellen, daß die Beteiligten eine Art Bündelvorstellung haben und man nicht über Einzelmaßnahmen, sondern letztlich immer über ganze Bündel von Maßnahmen, Techniken usw. entscheidet. Auch wenn jemand in diesem Einzelfall nicht einverstanden ist, ist er vielleicht in einem anderen Fall unbedingt dafür, daß bestimmte Risiken in Kauf genommen werden, weil er die damit verbundenen Vorteile gerne selber genießen möchte und auch möchte, daß die Gesellschaft sie genießt. Das heißt, er ist auch im inhaltlichen Dissens bereit, sich einem bestimmten *Verfahren* der Entscheidungsfindung zu unterwerfen, das (und insofern es) Rücksicht nimmt auf die eigenen individuellen Rechte und sich insgesamt in ein gerechtes Institutionengefüge einbetten läßt.

## Kriterien für Entscheidungsverfahren

Nach dieser Skizze sind wir in der Lage, zwei Formen der Subjektivierung zu unterscheiden, die unter keinen Umständen vermengt werden dürfen: In der Diskussion technischer Risiken wird oft von ‚Akzeptanzproblemen' gesprochen und das objektive Risiko der subjektiven Risikowahrnehmung, die häufig irrational sei, entgegengesetzt. Zweifellos trifft es zu, daß die Praxis des Umgangs mit Risiken, die Einschätzung von Risiken und die Häufigkeit auftretender Schäden oft divergieren. Diese Divergenz ist Ausdruck unvollständiger Information oder irrationalen Umgangs mit Informationen. Aufklärung mag hier in vielen Fällen Unstimmigkeiten beheben und einen rationaleren Risiko-Diskurs ermöglichen. Davon streng zu unterscheiden ist jedoch die normative Bindung an individuelle Rechte und Autonomie. Die von Risiken betroffenen Personen haben prinzipiell ein Recht darauf, selbst darüber zu entscheiden, welche Risiken sie in Kauf nehmen möchten. Diese Entscheidung ist unabhängig davon bedeutsam, ob die vorausgegangenen Abwägungen durchgängig rational waren oder nicht. Die subjektiven Einstellungen sind hier unmittelbar für die moralische Zulässigkeit von Risiken relevant.

**Primat der Schadensbegrenzung bei kollektivem Risiko:** Bei der Abwägung, ob bestimmte kollektive Risiken zumutbar sind, geht es nicht um die subjektive Voreingenommenheit vieler Menschen, sondern um die mögliche Einschränkung von Individualrechten, insbesondere des Rechts auf Gesundheit. Hier gilt das Primat der Schadensbegrenzung: Es muß alles dafür getan werden, daß Individualrechte möglichst nicht verletzt werden.

**Primat der Grundgüter bei kollektivem Risiko:** In einer entwickelten Gesellschaft, die nicht unter extremen Knappheitsbedingungen leidet und also prinzipiell jeden mit Grundgütern ausstatten kann, sind Grundgüter Rechtsansprüche. Das bedeutet, daß niemandem Grundgüter vorenthalten werden dürfen, um andere dadurch besser zu stellen, sowie daß bei allen Entscheidungen die mit Grundgütern weniger gut ausgestatteten Personen, d. h. Personen mit geringerer Lebensqualität, besonders berücksichtigt werden müssen. Dieses Primat der Grundgüter gilt nur für kollektive Risiken, eine Einzelperson kann für sich selbst natürlich beliebige Risiken in Kauf nehmen.

**Neuer Gesellschaftsvertrag für den Umgang mit kollektiven Risiken:** Der dritte Aspekt tritt hervor, wenn man sich an der Idee eines neuen ‚Gesellschaftsvertrages' orientiert. Man braucht einen Gesellschaftsvertrag nicht nur für die demokratische Institution, sondern auch für den Umgang mit kollektiven Risiken, insbesondere durch Technologien verursachten Risiken. Wenn man sich an diesem Modell orientiert und folglich der Meinung ist, daß es bei Entscheidungen *im Prinzip* eines Konsenses bedarf, auch wenn dies im Einzelfall nicht möglich ist und nur jeweils ganze Bündel zur Entscheidung anhängig werden, heißt das, daß man eine Legitimation von kollektiven Risiken durch Institutionalisierung für nötig erachtet, weil man ein kollektives Entscheidungsverfahren braucht, das von allen akzeptiert wird. Die Ergebnisse eines vernünftigen Entscheidungsverfahrens stellen eine Form des Konsenses dar, auch wenn man sich im Einzelfall mit seiner Auffassung nicht durchsetzen konnte. Wenn mehr oder weniger willkürlich mit zufälligen Mehrheiten entschieden wird, hat das Ergebnis eine viel schwächere Legitimation, als wenn strenge Vorsichtsmaßnahmen gegen die Verletzung von Individualrechten (Einspruchsrechte usw.) in das Entscheidungsverfahren eingebaut sind. Typischerweise bezieht sich unser Rechtssystem nur in ganz seltenen Fällen auf die schlichte Mehrheitswahlregel. Im allgemeinen muß bei kollektiven Entscheidungsfindungen genau abgewogen werden, welche Rechte möglicherweise verletzt werden und welche nicht verletzt werden dürfen. Institutionalisierung und Publizität müssen also hergestellt werden, um damit — jedenfalls potentiell — einen Konsens über kollektive Risiken zu erreichen.

**Marktförmiger Risikotransfer nur bei vollständiger Internalisierung und gerechten Ausgangsbedingungen:** Es wird gelegentlich die Auffassung vertreten, eine Institutionalisierung der Risiko-Steuerung sei unnötig, da der Markt ein effektives Entscheidungsverfahren liefert. Im Markt werden bestimmte Güterbündel angeboten, die mit Vorteilen und Risiken verbunden sind. Der Kauf und Verkauf von Gütern kommt nur zustande, wenn sowohl der Verkäufer als auch der Käufer sich damit besser stellt als ohne diese Transaktion. Jeder Transfer von Gütern auf dem Markt führt also zu einer pareto–optimalen Verteilung und gibt deshalb keinen Anlaß für moralische Bedenken gegen diese Verteilung. Darauf ist zu erwidern, daß solche marktförmigen Risikotransfers nur dann legitim sind, wenn nachweisbar keine Externalitäten bestehen, d. h., wenn wirklich nur die Interagierenden, zwischen denen dieser marktförmige Transfer zustandekommt, höhere Risiken in Kauf nehmen und auch die entsprechenden Vorteile genießen. Dies ist der seltene Ausnahmefall. Aber es kommt noch eine zweite notwendige Bedingung hinzu: gerechte Ausgangsbedingungen. Wenn schon die Ausgangsverteilung auf dem Markt extrem ungleich ist, perpetuiert sich die Ungleichheit, so daß sich die Ungerechtigkeit über marktförmige Transfers fortsetzt, sofern nicht Institutionen bzw. der Staat in irgendeiner Form intervenieren.

**Moralische Sensibilität und strukturelle Rationalität:** Der letzte Punkt, der natürlich sehr weit führen würde und deshalb hier nur angedeutet werden kann, betrifft die Frage, wie es überhaupt dazu kommt, daß sich Menschen auch tatsächlich in ihrem Verhalten an solchen Kriterien, wie der des hier skizzierten neuen Gesellschaftsvertrages, orientieren. Kann man diese Kriterien überhaupt praktisch umsetzen? In einem Rechtsstaat läßt sich ein Gutteil über Sanktionen, öffentliche Kontrolle und die Kontrolle der Politik realisieren. Aber zu einem wesentlichen Teil — gerade im Zusammenhang mit Ökologie und Techniken — spielt die eigene moralische Sensibilität im Umgang mit Risiken sicherlich eine wichtige Rolle. Jeder Verkehrsteilnehmer zum Beispiel verursacht durch seine Teilnahme ja nicht nur für sich Risiken, sondern auch für andere Personen. Diese Risiken für andere Personen sind nur zu einem kleinen Teil wirklich sanktioniert, da jeder Verkehrsteilnehmer bei Regelüberschreitung nur selten mit Strafen rechnen muß. Es bleibt Internalisierung und das, was ich ‚strukturelle Rationalität' nenne: Man verhält sich im Einklang mit befürworteten Strukturen der gesellschaftlichen Verhältnisse, des Umgangs miteinander, der Interaktionen allgemein gesprochen. Das scheint mir eine empirisch vorfindliche Handlungsorientierung zu sein, die in unserem Alltagsverhalten eine wichtige Rolle spielt und erklärt, warum Menschen sich häufiger als es Moralskeptikern lieb sein kann, an dem orientieren, was sie für moralisch richtig halten.

# Teil B.

# Ethische Analyse der Vorzugskriterien

# Julian Nida–Rümelin: Zur Rolle ethischer Expertise in Projekten der Technikfolgenabschätzung



Technikfolgenabschätzung kann man als ein im wesentlichen empirisches Projekt ansehen: die Abschätzung möglicher gesellschaftlicher, rechtlicher und politischer Folgen der Umsetzung technologischer Optionen. Die Erwartungen, die von Anbeginn an das *technology assessment*, wie es sich zunächst in den USA entwickelt hat, gestellt wurden, würden eine solche empiristische Auffassung als eine unangemessene Verkürzung erscheinen lassen. Hinzu kommt, daß sich die hochgesteckten Erwartungen an die prognostischen Leistungen von *technology assessment* der Gründerzeit nicht erfüllt haben. Die wirtschaftlich–gesellschaftlich–politisch–moralische Dynamik kann mit den Methoden der heute etablierten Sozialwissenschaften nicht hinreichend exakt erfaßt werden, als daß prognostisch relevante Ergebnisse in breiterem Umfang möglich wären. Damit rückt die Entwicklung von Szenarien, die in sich jeweils eine gewisse Kohärenz politisch–gesellschaftlicher Ziele aufweisen und die zugleich technisch–wirtschaftlich realisierbar erscheinen, in den Mittelpunkt der Analyse. Ein Verfahren, das auch für dieses Projekt der Akademie für Technikfolgenabschätzung, den Diskurs ‚Energie und Ethik', zugrunde gelegt wurde. Die ethische Dimension kommt dabei zum einen unter einer empirischen und zum anderen unter einer normativen Perspektive in den Blick: Die empirische Perspektive bezieht sich auf die Analyse der Konstituenten moralischer Grundorientierungen, ihre Verbreitung in der Gesellschaft, ihre mögliche Gruppierung (d. h. unter anderem die Bildung von moralischen Idealtypen) und damit auch die Akzeptanzdimension einzelner technologischer Optionen bzw. — in der umfassenderen Betrachtung — technisch-wirtschaftlich-gesellschaftlicher Szenarien. Zum anderen aber ist die ethische Perspektive konstitutiver Bestandteil der Technikfolgenabschätzung, sofern diese ihrer politikberatenden Funktion gerecht werden soll. Die ethische Perspektive in dieser zweiten Dimension ist nicht empirisch, sondern normativ. Es geht um die wohlbegründete, d. h. möglichst weitgehend rational fundierte normative Stellungnahme. Eine solche Stellungnahme weist in der Regel sowohl deontologische als auch axiologische Elemente auf. Damit einher geht eine Einschätzung der Rolle philosophischer und speziell ethischer Expertise, wobei erstere letzterer die normative Stellungnahme als solche zuschreibt. Diese — insbesondere in der Öffentlichkeit und in den Medien verbreitete — Auffassung beruht auf einem nicht nur für die philosophische Disziplin, sondern auch für das Projekt angewandter Ethik und das Projekt der Technikfolgenabschätzung im normativen Sinne als eines ihrer Teilbereiche nicht ungefährlichen Mißverständnis. Es ist deswegen gefährlich, weil es der philosophischen Expertise eine Kompetenz auflädt, die diese rationalerweise nicht beanspruchen kann. Zum anderen entlastet es den komplexen Diskurs Technikfolgenabschätzung von der genuin normativen Dimension und läßt diesen zur bloßen Akzeptanzforschung bzw. zur Aufdeckung empirischer Zusammenhänge verkümmern. Interessanterweise prägt dieses Mißverständnis nicht nur einen Gutteil der öffentlichen Diskussion, wobei dort die normative Stellungnahme überwiegend dem Expertenkreis der Theologen überlassen bleibt, sondern auch ein Selbstverständnis, das in einem Teil der akademischen Disziplin philosophischer Ethik verbreitet ist. Dieses Selbstverständnis hat wesentlich zu einer Polarisierung, etwa in der Diskussion um bio-ethische Normen, beigetragen, die in den Auseinandersetzungen um die Singer-Thesen im deutschen Sprachraum eskalierte. Es ist nicht ohne Ironie, daß bedeutende Proponenten beider Lager in dieser Auseinandersetzung dem gleichen Mißverständnis verhaftet sind. Mit den nachstehenden Überlegungen zur ethischen Methodologie — zur ethischen Erkenntnistheorie und zum Verhältnis theoretischer und angewandter Ethik — wird zugleich die Rolle der ethischen Expertise in Projekten der Technikfolgenabschätzung umschrieben.

## Was ist Ethik?

Den Ausgangspunkt der Ethik bilden moralische Überzeugungen. Moralische Überzeugungen beziehen sich darauf, was gut ist, welche Handlung moralisch unzulässig ist, welche Verteilung als gerecht gelten kann etc. Die ethische Theorie versucht, allgemeine Kriterien für gut, richtig, gerecht etc. zu entwickeln, die im Einklang sind mit einzelnen unaufgebbar erscheinenden moralischen Überzeugungen und die andererseits Orientierung in den Fällen bieten können, in denen unsere moralischen Auffassungen unsicher oder sogar widersprüchlich sind.

Ethische Kriterien sind normativ: Sie beschreiben nicht vorfindliche moralische Überzeugungen, sondern formulieren selbst eine moralische Überzeugung. Der Unterschied zwischen der beschreibenden Rekonstruktion vorfindlicher moralischer Überzeugungen und der Entwicklung einer ethischen Theorie besteht darin, daß diese Normen moralischen Urteilens und moralischen Handelns entwickelt, während jene sich der normativen Stellungnahme gerade enthält.

Ethische Kriterien dürfen aber auch nicht verwechselt werden mit einer Bedeutungsbestimmung moralischer Ausdrücke. Eine sinnvolle Diskussion über ethische Kriterien setzt voraus, daß die Diskutanten die moralischen Ausdrücke, von denen diese Kriterien Gebrauch machen, in etwa der gleichen Weise verwenden. Auch wenn die sich über Jahrzehnte hinziehende Diskussion um die Bedeutungsanalyse moralischer Ausdrücke von recht geringem Ertrag war, so ist dennoch die Frage, welche Bedeutungsanalyse moralischer Ausdrücke angemessen ist, für die ethische Theoriebildung nachrangig. Die zentralen normativen Prädikate wie gut, richtig, gerecht etc. sind in unserem Sprachgebrauch so tief etabliert und werden in so vielen Zusammenhängen erfolgreich angewendet, daß die Sorge, es würden unterschiedliche moralische Sprachen gesprochen, sicherlich unbegründet ist. Wir sprechen die gleiche moralische Sprache und verwenden die zentralen moralischen Ausdrücke in ungefähr der gleichen Bedeutung; daraus folgt jedoch nicht, daß wir uns in allen Situationen einig darüber sein müssen, was gut, richtig oder gerecht ist. Diese Uneinigkeit würde gegenstandslos, wenn wir in solchen Fällen die moralischen Ausdrücke in unterschiedlicher Bedeutung verwendeten.

Bisweilen wird unterschieden zwischen einer Ethik erster und einer Ethik zweiter Ordnung. Die Ethik erster Ordnung entwickelt Kriterien der moralischen Beurteilung, während die Ethik zweiter Ordnung sich mit

Fragen nach dem Status und der Begründbarkeit von Theorien erster Ordnung befaßt. In den Bereich der Ethik zweiter Ordnung fallen erkenntnistheoretische Fragen, aber auch die Bedeutungsanalyse moralischer Ausdrücke und ontologische Probleme. Eine andere Einteilung unterscheidet zwischen normativer Ethik, Metaethik und deskriptiver Ethik. Die deskriptive Ethik beschreibt moralische Haltungen und Überzeugungen, sie gehört damit überwiegend zur Moralpsychologie, Soziologie oder Ethnologie, während die normative Ethik Kriterien der moralischen Beurteilung entwickelt und die Metaethik als Metatheorie normativer Ethik verstanden wird. Das Verhältnis von Metaethik und normativer Ethik ist in etwa das gleiche wie zwischen Wissenschaftstheorie der Physik und der Physik selbst.

## Begründung in der Ethik

Gegenstand ethischer Begründungen sind moralische Urteile bzw. Überzeugungen, die in moralischen Urteilen ihren Ausdruck finden. Nicht alle moralischen Urteile scheinen allerdings begründungsfähig zu sein. Dies haben sie mit außermoralischen Urteilen gemeinsam. Wenn zwei Personen vor einem Baum stehen und die eine zur anderen sagt, ‚Dies ist ein Baum', dann bedarf die geäußerte Überzeugung wohl meist keiner näheren Begründung, wohl aber die Äußerung dieser Überzeugung. Die Äußerung könnte der Sprecher mit dem Hinweis begründen, er habe vermutet, der Hörer hielte den Baum für einen Strauch. In diesem Fall mag dann auch die Überzeugung selbst begründungsbedürftig werden. Der Hörer könnte nach den zugrunde gelegten Kriterien der Baumeigenschaft fragen. Unter normalen Bedingungen gehört die Proposition *(p)*, daß dort ein Baum ist, zu den gemeinsamen Überzeugungen zweier Personen, die vor einem Baum stehen: Jede der beiden Personen ist überzeugt, daß *p*, jede ist überzeugt, daß die andere Person überzeugt ist, daß *p*, jede *(x)* ist überzeugt, daß die andere Person überzeugt ist, daß sie *(x)* überzeugt ist, daß *p* etc. Die Äußerung dieser Überzeugung ändert an diesem epistemischen Zustand nichts und ist daher unter normalen Bedingungen nicht sinnvoll. Da unter normalen Bedingungen auch keine Informationen denkbar sind, die die subjektive Gewißheit, daß *p*, erhöhen, ist *p* (genauer: die Überzeugung, daß *p*, die Behauptung, daß *p)* nicht begründungsfähig und, da *p* ohnehin gewiß ist, auch nicht begründungsbedürftig. Zu den normalen Bedingungen gehört, daß keine der beiden Personen blind ist, daß die Szene ausreichend beleuchtet ist, daß niemand Plastikattrappen erwartet, daß niemand psychedelische Drogen genommen hat etc.

Unser Alltagswissen umfaßt einen hohen Anteil von Propositionen dieser Art. Dennoch ist auch dieser Anteil vor Revisionen nicht gefeit. Das geozentrische Weltbild gehörte über viele Jahrhunderte zu den Alltagsgewißheiten und konnte sich auf einen reichen Fundus von Erfahrungsdaten stützen; dennoch mußte es schließlich dem heliozentrischen Weltbild weichen. Das neue Weltbild konnte sich allerdings nur deshalb durchsetzen, weil es das Gros der Alltagserfahrungen nicht in Frage stellte, sondern nur neu interpretierte. Eine Theorie, die nicht im Einklang damit ist, daß ich jetzt vor meinem Notebook sitze und einen Text abfasse, oder bezweifelt, daß ich von vier Wänden umgeben bin etc., hat keine Chance, von mir akzeptiert zu werden, wie eindrucksvoll ihre sonstige Begründungsleistung auch sein mag. Unser Überzeugungssystem enthält weitgehend revisionsresistente Elemente. Zu diesen gehören neben empirischen auch normative und speziell moralische. Die Überzeugung, daß es moralisch unzulässig wäre, jetzt den nächstbesten Passanten zu erschlagen, gehört ebenso dazu, wie meine Überzeugung, daß dort ein Baum steht. Theorien müssen sich in der Regel an diesen Elementen bewähren, auch wenn sie unter bestimmten Bedingungen imstande sind, diese zu revidieren.

Moralische Überzeugungen werden in der gleichen Weise begründet wie außermoralische. Es ist daher sinnvoll, einen Blick auf die Struktur von Begründungen generell zu werfen. Ein Beispiel für eine Begründung mit einer schlichten Struktur: Jemand *(i)* ist überzeugt, daß *p*. Jemand anderes *(j)* bezweifelt *p*. *i* und *j* sind sich einig, daß *q*. Es gelingt *i* zu zeigen, daß *p* aus *q* logisch gefolgert werden kann. *j* akzeptiert die Gültigkeit der Ableitung und ist damit vor die Alternative gestellt, *q* und *p* zu akzeptieren (von *q* und *p* überzeugt zu sein) oder *p* weiterhin abzulehnen, aber nun im Gegensatz zur epistemischen Ausgangssituation auch *q* abzulehnen (überzeugt zu sein, daß *q* falsch ist). Im ersten Fall ist die Begründung von *p* durch *i* gegenüber *j* gelungen. Im zweiten ist sie in einem bestimmten, wir wollen sagen ‚diskurspragmatischen' (oder kurz ‚pragmatischen') Sinne mißlungen. Dies schließt nicht aus, daß *p* zutrifft und daß *i* über eine gute Begründung für *p* verfügt. Es könnte sogar sein, daß diese gute Begründung genau in der Ableitung von *p* aus *q* besteht, denn *q* könnte zum Beispiel eine Proposition sein, die vernünftige Menschen nicht bezweifeln — sei es, daß *q* seinerseits gut begründet ist oder daß $q$ auch ohne weitere Begründung gewiß erscheint. Die hier implizit postulierte Existenz einer guten, von der konkreten Diskurssituation unabhängigen Begründung setzt Kriterien epistemischer Rationalität voraus. Eine gute Begründung zeichnet sich dadurch aus, daß sie eine pragmatisch wirksame Begründung gegenüber einer (epistemisch) rationalen und wohlinformierten Person wäre. Komplexere Begründungen weisen ein höheres Maß an Theoriebeladenheit auf. Theorien verknüpfen Propositionen miteinander, die zuvor unabhängig voneinander schienen. Da Theorien universelle (in vielen Fällen mathematisch präzisierte funktionale) Abhängigkeiten formulieren, eignen sie sich zur Begründung all ihrer Implikationen, unter ihnen auch singuläre Propositionen. Der Logische Empirismus hatte zu Anfang angenommen, daß Theorien durch eine induktive (logische) Relation zwischen einer Menge von Einzeldaten (Protokollsätzen) und der betreffenden Hypothese begründet werden. Die singulären, in Protokollsätzen formulierten Propositionen hätten demnach einen begründenden und die Hypothese einen begründeten Status. Die letztlich vergebliche Bemühung, dieses Programm überzeugend auszuformulieren, hat den Blick geschärft für die Komplexität wissenschaftlicher Begründung. Die für das Gelingen des Projektes der rationalen Rekonstruktion im Sinne des Logischen Empirismus notwendige scharfe Trennung von Beobachtungssprache und theoretischer Sprache mußte zugunsten eines empiristischen *Gradualismus* aufgegeben werden.

Die für die Theoriebildung prägende Rolle impliziter und expliziter *Invarianzannahmen* ist heute unbestritten. Diese bilden einen Referenzrahmen, der Propositionen in Äquivalenzklassen einteilt und damit die Theoriebildung erst ermöglicht. Ein transzendentales Projekt der Begründung ist damit jedoch nicht abgesteckt, denn die Organisation von Propositionen durch Invarianzannahmen steht selbst nicht außerhalb jeder kritischen Prüfung. Hartnäckige Probleme der Theoriebildung sind in der Geschichte der Wissenschaften bisweilen erfolgreich durch Veränderung dieser Invarianzannahmen gelöst worden. Das prominenteste Beispiel hierfür ist die Entwicklung der speziellen Relativitätstheorie.

Eine Proposition zu begründen ist nur möglich im Rekurs auf andere Propositionen. Es ist unmöglich, das System unserer Überzeugungen zum Zweck der Begründung einzelner seiner Elemente zu verlassen. Begründung erfolgt durch Verknüpfung unter der Voraussetzung, daß es ein Gefälle der Gewißheit zwischen unterschiedlichen Propositionen gibt. Theorien bilden Netzwerke der Verknüpfung von Propositionen. Sie fügen einzelne Propositionen in einen systematischen Zusammenhang ein.

Ethische Theorien sind ganz normale Theorien, sie beruhen nicht auf selbstevidenten Vernunftwahrheiten, sie lassen sich nicht aus kritikresistenten Propositionen als Bedingung der Möglichkeit des normativen Diskurses ableiten, sie stellen aber auch nicht bloße Verallgemeinerungen unserer situationsbezogenen singulären moralischen Intuitionen dar, denn die einzelfallbezogene moralische Überzeugung läßt sich nicht lösen von theoretischen (normativen und deskriptiven) Annahmen und Begriffen. Es gibt kein besonderes Problem der ethischen oder moralischen Begründung. Das Ausgangsmaterial der Ethik sind unsere normativen Überzeugungssysteme, die sie kohärenter zu machen versucht und die sie damit in der Regel modifiziert. Eine normative Proposition wird in der gleichen Weise wie sonstige Propositionen begründet. Anhand ihrer Implikationen prüfen wir ihre Vereinbarkeit mit unaufgebbar erscheinenden Elementen unseres normativen Überzeugungssystems, und durch Verknüpfung mit anderen sicher erscheinenden Propositionen versuchen wir, sie in einen bewährten theoretischen Kontext einzubetten.

Wissenschaftliche Theorien spielen für unser Alltagswissen nur eine untergeordnete Rolle. Daraus darf man allerdings nicht schließen, daß unser Alltagswissen theoriefrei ist. Ein theoriefreies Überzeugungssystem bestünde aus isolierten Propositionen. Tatsächlich sind auch unsere Alltagsüberzeugungen in ein komplexes Netz von wechselseitigen Abhängigkeiten eingebettet. Schon der begriffliche Rahmen verbindet Propositionen miteinander. Das Prädikat ‚theoretisch' ist kein klassifikatorischer, sondern ein gradueller Begriff. Je höher das Maß an Verknüpfung und je geringer die Anzahl der Gesetzeshypothesen und Grundbegriffe ist, die für die Systematisierung eines Überzeugungssystems verwendet werden, desto stärker ist sein theoretischer Charakter. Die theoretischen Annahmen unseres Alltagswissens sind häufig von hoher Komplexität und Zuverlässigkeit. Die Alltagspsychologie mit ihren Theorierudimenten und ihrer Erfahrungsnähe ist ein leistungsfähiges und unverzichtbares Instrument für die alltägliche interpersonelle Koordination unserer Handlungen. Zur Alltagspsychologie gehören Annahmen darüber, wie sich bestimmte Gemütsstimmungen in Verhaltensweisen äußern, welche Charaktereigenschaften wesentlich für die Erfüllung bestimmter Aufgaben sind etc. Die charakteristische Tendenz der wissenschaftlichen Theoriebildung zur Reduktion stellt im Erfolgsfalle ein hohes Maß an Kohärenz sicher, schränkt jedoch zugleich ihre Orientierungsleistung in der unüberschaubaren Vielfalt von Alltagsphänomenen ein. Es wäre verwunderlich, wenn dies im Falle unseres normativen Wissens grundsätzlich anders wäre. Auch das moralische Alltagswissen ist nur zu einem kleinen Teil von ethischen Theorien geprägt. Theoretische Annahmen und Begriffe spielen dennoch eine wichtige Rolle.

Bisweilen wird unter Bezugnahme auf Aristoteles vom topischen Ansatz in der Ethik gesprochen. Der topische Ansatz beschränkt sich auf ein gewisses Maß an Systematisierung unserer moralischen Alltagsüberzeugungen, ohne den reduktionistischen Ansprüchen der ‚reinen' Theorie nachzugeben. Nach meiner Überzeugung darf die Ethik nicht bei der Topik stehenbleiben, aber angesichts der fundamentalistischen Überspanntheiten des Ethik-Diskurses ist ein gewisses Maß an Topik ein sinnvolles Korrektiv. Der Fundamentalismus tendiert in allen seinen Varianten zu einer radikalen Simplifizierung der Begründungsrelationen. Dies verlangt nach einer weitgehenden Revolutionierung unserer Überzeugungssysteme, gegen die diese jedoch resistent sind. Die Gründe für diese Resistenz sind in der Neurathschen Metapher vom Umbau des Schiffes schön veranschaulicht: Wir können aus unseren Überzeugungssystemen nicht aussteigen. Ausgangspunkt für jede Begründung ist das Gefälle subjektiver Gewißheiten und die partielle interpersonelle Übereinstimmung bezüglich Zentralität und Gewißheit von Propositionen.

Unsere moralischen Überzeugungen und Beurteilungen machen Gebrauch von einer Vielzahl von normativen Begriffen und Kriterien. Wir verweisen auf individuelle Rechte, auf eingegangene Verpflichtungen, auf soziale Pflichten und eine ganze Reihe von moralischen Prinzipien, um Handlungen als moralisch zulässig oder unzulässig zu qualifizieren. Daraus ergeben sich vier Typen alltagsmoralischer Begründung, die bestimmten Paradigmen normativer Ethik entsprechen, die jeweils eine dieser Begründungsweisen ins Zentrum rücken:

1.) Begründung unter Bezugnahme auf zugeschriebene individuelle Rechte. Z.B. Menschenrechte, d.h. Rechte, die Menschen unabhängig von allen sonstigen Bestimmungen zugeschrieben werden, oder Bürgerrechte, wie sie jede demokratische Verfassung garantiert (Rede-, Gewissens-, Versammlungsfreiheit; Partizipationsrechte; Abwehrrechte gegen den Staat und gegenüber Dritten etc.).

2.) Begründung unter Bezugnahme auf eingegangene Verpflichtungen. Verpflichtungen in dem hier gemeinten Sinne ergeben sich aus vorausgegangenen Handlungen der verpflichteten Person. Ein gegebenes Versprechen verpflichtet unter normalen Bedingungen, es einzuhalten. Ein unterzeichneter Vertrag verpflichtet die unterzeichnete Person, ihn zu erfüllen etc.

3.) Begründung unter Bezugnahme auf Pflichten. Unter Pflichten sind dabei normative Erwartungen gemeint, die mit bestimmten sozialen Rollen verknüpft sind bzw. zu den Konstitutionselementen sozialer Rollen gehören.

4.) Begründung unter Bezugnahme auf Prinzipien. Man soll Schwächeren in Not helfen etc.

Diese vier Kategorien moralischer Beurteilung sind nicht trennscharf, möglicherweise nicht vollständig und in komplexer Weise miteinander verknüpft. Die Zuschreibung individueller Rechte kann man als Ausfluß eines grundlegenderen moralischen Prinzips verstehen, etwa des Autonomieprinzips. Pflichten mag man auf Rechte, Prinzipien oder Verpflichtungen zurückzuführen versuchen etc. Pflichten, wie sie hier verstanden werden sollen, sind allerdings im Gegensatz zu Verpflichtungen nicht durch eigene Handlungen direkt und freiwillig auferlegt. Daher kann man zwischen Verpflichtungen und Pflichten unterscheiden, obwohl soziale Rollen häufig Folge bestimmter Entscheidungen und Handlungen sind. So sind die Pflichten, die mit der Elternrolle einhergehen, bisweilen unbeabsichtigte Nebenfolgen lustvoller Handlungen. Elternpflichten sind dennoch eine unmittelbare Konsequenz von Elternsein, unabhängig davon, auf welche Weise man zu dieser Rolle gelangt ist.

Während für unsere Alltagsmoral in den meisten Kontexten der Verweis auf, oder ggf. die Abwägung zwischen einzelnen normativen Bestimmungselementen der genannten vier Kategorien zur Begründung eines moralischen Urteils ausreicht, ist die philosophische Ethik dagegen ein primär theoretisches Projekt. In ihrem Zentrum steht nicht die Lösung konkreter moralischer Probleme, sondern die Interpretation, Diskussion und Revision ethischer Kriterien. Als ein primär theoretisches Projekt teilt sie mit anderen Projekten theoretischer Vernunft eine reduktionistische Ausrichtung. Nur dies kann, wenn es denn gelingt, das für eine theoretische Durchdringung erforderte Maß an (propositionaler) Kohärenz sicherstellen.

Die Haupttypen zeitgenössischer normativer Ethik können jeweils als Versuch der Reduktion der miteinander vernetzten Vielfalt moralischer Begründungen auf eine dieser vier Kategorien verstanden werden:

1.) Der *Libertarismus*, der individualrechtliche Ansatz normativer Ethik, reduziert die topische Vielfalt unserer moralischen Begründungen auf die Zuschreibung von Individualrechten (z. B. Nozick).

2.) Der *kontraktualistische* (oder vertragstheoretische) Ansatz reduziert die topische Vielfalt unserer moralischen Begründungen auf (in impliziter, expliziter oder fiktiver Weise) eingegangene Verpflichtungen (z. B. Rawls).

3.) Der *tugendethische* Ansatz traditionalistischer und feministischer Provenienz reduziert die topische Vielfalt unserer moralischen Begründungen auf die normativen Konstitutiva (Pflichten) sozialer Rollen und Lebensformen (z. B. MacIntyre und Foot).

4.) Die *kantische* Ethik reduziert die topische Vielfalt unserer moralischen Begründungen auf ein Prinzip, das des Kategorischen Imperativs. Die mit sozialen Rollen, Lebensformen und Entscheidungssituationen einhergehenden Pflichten werden auf ein fundamentales Kriterium zurückgeführt. Terminologisch erscheint diese Ethik als eine Pflichtenethik, die Pluralität von Pflichten ist aber hier nur eine scheinbare: Die topische Vielfalt unserer moralischen Begründungen wird auf ein normatives Prinzip reduziert (z. B. Kant).

5.) Der *utilitaristische* Ansatz führt ebenso wie der kantische die topische Vielfalt unserer moralischen Begründungen auf ein Prinzip zurück (z. B. Bentham, Mill, Sidgwick).

Die beiden bedeutendsten ethischen Paradigmen der Moderne haben also ein wesentliches Element gemeinsam, das in dieser Betrachtungsweise, die — ausgehend von vier unterschiedlichen Kategorien der moralischen Begründung — ethische Konzeptionen danach bemißt, welcher dieser Kategorien ein fundamentaler Status zugeschrieben wird unter einem gemeinsamen Typus, dem der prinzipienorientierten Ethik. Die teleologisch-deontologische Unterscheidung, die bei einigen notwendigen Differenzierungen nach wie vor für die Strukturierung des ethischen Diskurses sinnvoll ist, liegt allerdings mit den hier aufgeführten Kategorien lebensweltlicher Moralbegründung über Kreuz. In der Tat handelt es sich hierbei um eine Unterscheidung, die erst vor dem Hintergrund elaborierter ethischer Theorie sinnvoll ist. David Ross' einflußreiche Theorie der Prima–Facie–Pflichten ist dagegen ein wichtiger Repräsentant deontologischer Ethik, er zählt aber nicht zum prinzipienorientierten Typus. Diese Konzeption der Prima–Facie–Pflichten knüpft eng an lebensweltliche Begründungsrelationen an und läßt sich typischerweise daher auch keiner der hier aufgeführten reduktionistischen Theorievarianten zuordnen, die einzelnen Prima–Facie–Pflichten enthalten Bestimmungselemente aller vier oben genannten Kategorien lebensweltlicher Moralbegründung.

Die Erfolge der modernen exakten Naturwissenschaften lehren, daß selbst äußerst radikale reduktionistische Forschungsprogramme erfolgreich sein können. Keines von diesen ebnete sich jedoch den Weg dadurch, daß die vorgegebenen Überzeugungssysteme in toto zur Disposition gestellt wurden, auch wenn am Ende Kohärenz in einigen Fällen erst durch eine Revision auch derjenigen Systematisierungsversuche möglich wurde, die schon tief im System der vor– und außerwissenschaftlichen Überzeugungen verankert waren. Naturwissenschaftliche Theorien ordnen die vorgängigen Überzeugungssysteme neu, revidieren wo nötig und vereinfachen zum Zweck der Entwicklung eines theoretischen Kerns oder Paradigmas — Isolation und Konstruktion spielen dabei eine wichtige Rolle. Beobachtungsnähere und beobachtungsfernere Regularitäten, konkretere und abstraktere Propositionen werden miteinander verknüpft, einzelne — es kann sich um konkretere oder um abstraktere Propositionen handeln — werden, wenn sie sich einer systematischen Einbettung widersetzen, aufgegeben oder einem anderen theoretischen Kontext zugewiesen. Das Vorgehen ist nicht linear in dem Sinne, daß die Ableitungs– und Begründungsrelationen parallel verlaufen. Die Axiome einer naturwissenschaftlichen Theorie sind nicht die Fundamente, auf denen die Begründungsleistung der Theorie ruht. Die Axiome charakterisieren einen Teil des propositionalen Gehaltes einer Theorie, sie sind selbst begründungsbedürftig und werden in letzter Instanz durch die Systematisierungsleistung der Theorie insgesamt begründet.

Das reduktionistische Bestreben jeder theoretischen, auch der ethischen Analyse kann nicht dadurch befriedigt werden, daß man sich des Problems nach Art des rationalistischen oder empiristischen (die ethische Analogien stellen bestimmte, situationsbezogene intuitionistische Ethiken dar) Fundamentalismus entledigt. Die rationale Rekonstruktion (und Revision) unserer normativen Überzeugungen läßt sich weder aus der logischen Analyse der Moralsprache gewinnen, noch auf die Konstitutiva gelungener Kommunikation beschränken, und sie erfordert sicherlich mehr als die Auszeichnung einiger Elemente oder gar nur eines Elementes topischer Begründung als grundlegend. Es ist zu vermuten, daß viele ungelöste Streitfragen der zeitgenössischen Ethik Ausdruck der hohen und in einem gewissen Ausmaß irreduziblen Komplexität unseres normativen Überzeugungssystems sind. Fragen der Gerechtigkeit lassen sich nicht auf solche des Nutzenmaßes reduzieren. Die Rolle individueller Rechte ist für unsere topischen Begründungen zu zentral, als daß eine Ethik, die Rechtszuschreibungen nur einen instrumentellen Wert beimißt, adäquat sein könnte. Ebensowenig ist es plausibel anzunehmen, daß die Vielfalt moralischer Pflichten sich als bloße Anwendung eines Kriteriums der Maximierung des Gesamtnutzens rekonstruieren läßt. Auch wenn etablierte Rechtssysteme unter ethischen Gesichtspunkten oft genug Anlaß für Kritik geben, so kann man die komplexe Vielfalt rechtlicher Beurteilungsaspekte doch als Hinweis darauf ansehen, daß sich normative Fragen, jedenfalls auf dem heutigem Stand der normativen Theorie, nicht in Form der gängigen reduktionistischen Theorien (mit in der Regel fundamentalistischem Anspruch) angehen, geschweige denn lösen lassen.

Für die Ausprägung deskriptiver wie normativer Überzeugungen spielt die Theorie meist keine bedeutende Rolle. Die Theorie dient in erster Linie der Klärung von Propositionen, zu denen wir keine feste Meinung haben, und der Entdeckung von Zusammenhängen, die wir ohne theoretische Unterstützung nicht erfassen können. Es ist kein Grund erkennbar, warum es diesbezüglich einen wesentlichen Unterschied zwischen normativen und deskriptiven Überzeugungen geben könnte. Reduktionistische Theorien müssen mit der eingeschränkten Formbarkeit unserer deskriptiven wie normativen Überzeugungssysteme vereinbar sein.

## Ethische Erkenntnis

Die Unterscheidung von Tatsachen und Werten ist ein Charakteristikum der Philosophie der Moderne. Stilbildend für diese Unterscheidung waren sowohl David Hume wie Immanuel Kant. Während aber David Hume die Möglichkeit der Rationalität auf theoretische Rationalität beschränkte, die er in der Übereinstimmung von Überzeugungen und Tatsachen sah, unterschied Kant zwischen theoretischer Vernunft, die die Erkenntnis von Tatsachen ermöglicht, und praktischer Vernunft, die Handlungsmaximen auf ihre Universalisierbarkeit hin überprüft. Außerhalb des akademischen, innerphilosophischen Diskurses scheint mir jedoch bis heute eine Auffassung zu dominieren, die eine enge Verwandtschaft mit Max Webers Konzeption aufweist. Demnach ist Rationalität und damit die Wissenschaft auf Tatsachenurteile beschränkt. Da das eigentliche Erkenntnisziel zumindest der Sozialwissenschaften die Rationalität von Mitteln für Zwecke ist, ändern sich die Erkenntnisziele mit der historischen Wandlung von Wertideen, die immer neuen Gegenständen der Wissenschaft Kulturbedeutung verleihen. Die Wissenschaft und speziell die Sozialwissenschaft ist insofern durch Wertungen konstituiert: Wertungen stecken den Gegenstandsbereich wissenschaftlicher Forschung ab. Praktische Stellungnahmen, zu denen Wertungen, Zielsetzungen, Normbehauptungen gehören, sind der wissenschaftlichen Rationalität nicht zugänglich. Die wissenschaftliche Vertretung praktischer Stellungnahmen beschränkt sich auf die Erörterung der Mittel für vorausgesetzte Zwecke. Die Geltung eines praktischen Imperativs als Norm und die Wahrheitsgeltung einer empirischen Tatsachenfeststellung liegen in absolut heterogenen Ebenen. Dies gilt nach Weber unbeschadet dessen, daß Tatsachenwissen bei allen praktischen Imperativen, auch bei solchen, die moralische Dignität beanspruchen, eine Rolle spielt. Werturteile sind unter Absehung jeden Tatsachenwissens gar nicht formulierbar, und die meisten praktischen Imperative ergeben sich aus vorgeordneten Werturteilen unter Berücksichtigung bestimmten Faktenwissens. Wissenschaftliche Rationalität verlangt, diese schwierige Entflechtung von Wert- und Tatsachenurteilen möglichst weit voranzutreiben und sich damit dem Ziel wissenschaftlicher Objektivität anzunähern.

Diese Webersche Dichotomie der Wert- und Tatsachensphäre impliziert ohne weitere Annahmen keineswegs, daß sich wissenschaftliche Rationalität auf Tatsachenurteile beschränken müsse. Tatsächlich wird in diesem Zusammenhang von denjenigen, die Wertfragen außerhalb rationaler Begründbarkeit ansiedeln, schwereres Geschütz aufgefahren. In Webers Diktion folgt die Unmöglichkeit wissenschaftlicher Vertretung von praktischen Stellungnahmen — außer im Fall der Erörterung der Mittel für vorausgesetzte Zwecke — daraus, daß die verschiedenen Wertordnungen in unlöslichem Kampf untereinander stehen. Die verschiedenen Strategien der Rationalisierung wertender Stellungnahmen, etwa durch

Hierarchisierung von Werturteilen, durch Aufdeckung möglicher Nebenfolgen, durch Elimination impliziter Tatsachenannahmen etc., findet dort seine Grenze, wo die Begründung in einer weiter nicht zu rechtfertigenden Fundamentalnorm oder einem weiter nicht mehr zu rechtfertigenden Fundamentalwert enden. Da sich diese letzten Wertungen zwischen Personen, Kulturen, politischen Parteien usw. unterscheiden, können normative Stellungnahmen nur aus einer bestimmten Perspektive akzeptabel erscheinen, und gerade dies unterscheidet sie von wissenschaftlichen Stellungnahmen, die grundsätzlich kulturinvariante Geltung beanspruchen können. Die Geltung von Werturteilen ist daher Sache des Glaubens. Offen bleibt dabei, was sich für die Methodologie wissenschaftlicher Wertfreiheit ergäbe, wenn die Rationalisierung der wertenden Stellungnahmen durch Herausarbeitung der letzten innerlich konsequenten Wertaxiome, die Deduktion der Konsequenzen für die wertende Stellungnahme, welche aus bestimmten letzten Wertaxiomen folgen würde, und die Feststellung der faktischen Folgen, welche die praktische Durchführung einer bestimmten wertenden Stellungnahme einen weitgehenden Konsens im Bereich der fundamentalen Wertungen und Normen erbrächte. Die Entgegensetzung der der Rationalität zugänglichen Tatsachenurteile und der der Rationalität unzugänglichen Werturteile würde in diesem Fall ihre praktische Relevanz verlieren, und die Rationalitätslücke im Bereich der Normen und Werte wäre nur noch von theoretischem Interesse.

In den interdisziplinären Gesprächen der vergangenen Jahre, etwa um forschungsethische Kriterien, um ethische Aspekte der Gentechnik, der Energiesysteme, des Tierschutzes, habe ich den Eindruck gewonnen, daß zumindest außerhalb des akademischen Faches Philosophie und besonders unter Sozial- und Wirtschaftswissenschaftlern Auffassungen verbreitet sind, die derjenigen Max Webers weitgehend entsprechen. Das Projekt einer philosophischen Ethik muß selbstverständlich allen suspekt erscheinen, die diese Auffassungen teilen. Natürlich kann sich die philosophische Ethik auf Fragen der Rekonstruktion moralischer Überzeugungen, ihre Axiomatisierung, ihre kultur- und geistesgeschichtlichen Wurzeln, ihre Semantik und Pragmatik beschränken und damit in den Grenzen so verstandener wissenschaftlicher Rationalität bleiben; sobald diese aber zugleich Rechtfertigungen für wertende Stellungnahmen entwickelt, verließe sie diesen Rahmen und erhöbe damit einen Anspruch, den sie als wissenschaftliche Disziplin nicht erfüllen kann. Vor diesem Hintergrund erscheint es folgerichtig, daß die Theorie und Praxis etwa der Technikfolgenabschätzung die ethische Dimension weitgehend auf Akzeptanzfragen verkürzt und Wertungen nur insofern in den Blick nimmt, als diese gesellschaftlich wirksam und bei technologischen Entscheidungen zu berücksichtigen sind. Das Projekt einer handlungsleitenden Ethik muß sich daher dieser Herausforderung stellen oder ihren normativen Anspruch zurücknehmen.

Hier möchte ich mich darauf beschränken, einige Aspekte zu benennen, die die Suggestivkraft der Beschränkung (wissenschaftlicher) Rationalität auf Tatsachenurteile, verbunden mit einem Weberschen Subjektivismus und Dezisionismus bezüglich moralischer Überzeugungen, mindern.

1.) Diejenigen Tatsachenurteile, die für naturwissenschaftliche und sozialwissenschaftliche Theorien bedeutsam sind, an denen sich diese Theorien bewähren und die von diesen Theorien systematisiert werden, sind in unterschiedlichem Maße selbst wiederum abhängig von theoretischen Vorannahmen, die sich etwa in der Physik in bestimmten Invarianzbehauptungen, aber auch in ganz konkreten Theorien der Messung niederschlagen. Die unmittelbar, d. h. unabhängig von jeder theoretischen Vorannahme gegebene Tatsache ist nicht der Normalfall, jedenfalls nicht in der exakten Naturwissenschaft und der Ökonomie.

2.) Die empirische Welt, die von wissenschaftlichen Theorien beschrieben wird, ist nicht direkt zugänglich, sondern prägt die wissenschaftliche Theoriebildung über den Umweg propositionaler Überzeugungen. Diese Überzeugungen sind in der Regel nicht singulär, sondern enthalten selbst schon implizit und explizit Generalisierungen, stellen also schon Mini–Theorien dar. Auch für wissenschaftliche Theorien gilt, daß wir aus unseren Überzeugungssystemen nicht aussteigen und diese neu aufbauen können. Begründung findet jeweils innerhalb von Überzeugungssystemen statt mit dem Ziel der Systematisierung und dem Mittel der Modifikation.

3.) Wissenschaftliche Begründung darf man daher nicht im Sinne der klassischen Axiomatik verstehen. Es gibt weder selbstevidente Vernunftwahrheiten, aus denen sich der Korpus unserer wissenschaftlichen Theorien ableiten ließe, noch gibt es unmittelbar zugängliche, eindeutig entscheidbare Tatsachen, die von wissenschaftlichen Theorien induktiv verallgemeinert würden. Begründung in den Wissenschaften ist ein kohärentistisches Unterfangen — der erkenntnistheoretische Fundamentalismus ist nicht nur für die Ethik, sondern auch für die empirischen Wissenschaften inadäquat.

4.) Die ‚Rationalisierung der wertenden Stellungnahme', die in der Herausarbeitung der letzten Wertaxiome mündet, hat also eine Entsprechung für die empirischen Disziplinen. Auch dort ist eine ähnliche Axiomatisierung möglich, auch dort enden die Begründungsrelationen in nicht mehr näher begründbaren singulären Propositionen, Generalisierungen und impliziten Invarianzannahmen. Diese Merkmale sind daher kein Spezifikum der Ethik und können allein die Begründungslast des ethischen Subjektivismus nicht tragen.

5.) In der Regel werden wissenschaftliche Theorien objektivistisch und nicht instrumentalistisch oder gar subjektivistisch interpretiert: Sie versuchen, objektive Gesetzmäßigkeiten aufzudecken und auf grundlegendere Gesetzmäßigkeiten zurückzuführen. Wenn sich zeigen ließe, daß dieses Bemühen wegen seines kohärentistischen Charakters Grenzen in der jeweils verwendeten Sprache und der mit dieser Sprache verknüpften Kultur hätte, so könnte man zwar nach wie vor an einem wissenschaftlichen Objektivismus festhalten, die Aussichten, sich der Wahrheit mit den Mitteln wissenschaftlicher Rationalität anzunähern, stünden jedoch schlecht. Die Webersche Annahme des ewigen Kampfes der Wertordnungen würde dann wissenschaftliche Rationalität aus pragmatischen Gründen in der Tat auf den empirischen Bereich (‚die Tatsachensphäre') beschränken.

6.) Ob diese Vermutung zutrifft oder nicht, kann aber erst das Bemühen um die Entwicklung einer kohärenten, intersubjektiv und interkulturell überzeugenden ethischen Theorie klären. Erst im Verlaufe eines ernsthaften Bemühens dieser Art kann sich herausstellen, ob eine vergleichbare Rationalität der normativen Begründung erreichbar ist wie in den Wissenschaften. Die Standards dieser Rationalität sind jedoch angesichts der Rolle von unbewiesenen Vorannahmen, impliziten Invarianzbehauptungen, nicht mehr näher begründbarem Vertrauen auf unsere Sinne und lebensweltlichen Erfahrungen gegenüber naiv–szientistischen Idealen abzuschwächen. Begründung nutzt sowohl im ethischen wie im empirischen Bereich das Gefälle subjektiver Gewißheiten und versucht, die Systeme propositionaler Überzeugungen zu systematisieren. Erfolg hat wissenschaftliche Rationalität nicht erst dann, wenn dieser Versuch in eine umfassende, hochgradig reduktionistische Theorie mündet, die mit einigen wenigen Grundbegriffen auskommt und den gesamten Bereich propositionaler Überzeugungen abdeckt. Auch schwächere Systematisierungsleistungen können Orientierung für unsere deskriptiven und normativen Überzeugungen bieten.

## Ist Ethik eine Wissenschaft?

Unser Leben ist von Überzeugungen und Wünschen unterschiedlichster Art geprägt. Wir sind nicht völlig frei in der Wahl unserer Überzeugungen und Wünsche. Es gibt Fälle, in denen man sich wünscht, bestimmte Überzeugungen nicht zu haben, ohne daß dieser Wunsch dazu führen würde, daß man die betreffenden Überzeugungen aufgibt. Aufgrund einer medizinischen Untersuchung mag jemand zu der Überzeugung gekommen sein, an einer unheilbaren Krankheit bald zu sterben. Vielleicht wünscht sich diese Person, ihre letzten Lebensmonate ohne dieses Bewußtsein eines nahen Todes zu erleben. Sie mag sich wünschen, diese Überzeugung (dieses Wissen) nicht zu haben. Sie kann sich jedoch nicht einfach entscheiden, dieses Wissen aufzugeben, auch wenn es eine breite Vielfalt von Strategien der Selbsttäuschung und der Verdrängung gibt. Gleiches gilt für unsere Wünsche. Manche Wünsche hätten wir lieber nicht, etwa den Wunsch, demnächst erneut eine Zigarette anzuzünden. Dies allein — ein entgegengerichteter Wunsch zweiter Ordnung — reicht oft nicht aus, um den Wunsch erster Ordnung verschwinden zu lassen. Ich mag der Überzeugung sein, daß bestimmte meiner Wünsche irrational seien; dies allein ist ebenfalls nicht immer geeignet, diese Wünsche zu beseitigen. Andererseits sind Wünsche und Überzeugungen aber auch nicht schlicht gegeben. Wir modifizieren sowohl Wünsche wie Überzeugungen gelegentlich aufgrund von Argumenten und Erfahrungen. Wenn jemand z. B. die logische Unvereinbarkeit zweier Überzeugungen erkannt hat, wird er vielleicht eine Zeitlang dennoch an ihnen festhalten in der verzweifelten Hoffnung, daß sich doch noch irgendein Ausweg auftut. In den meisten Fällen wird er jedoch über kurz oder lang eine oder beide Überzeugungen aufgeben. Analoges gilt für konfligierende Wünsche.

Wünsche und Überzeugungen stehen nicht vollständig zu unserer Disposition, sie sind andererseits auch nicht unbeeinflußbar. Erst die Formbarkeit von Überzeugungen und Wünschen macht die Auseinandersetzung um vernünftige Gründe sinnvoll. Es gibt Gründe, die eine Überzeugung rechtfertigen, und es gibt Gründe, die Wünsche rechtfertigen. Manche Überzeugungen erscheinen begründungsbedürftig, andere nicht. Ebenso gilt, daß manche Wünsche nicht begründungsbedürftig sind, während andere nach einer näheren Begründung verlangen. Bezüglich der Begründungsbedürftigkeit gibt es jedoch keine strikte Dichotomie von nicht begründungsbedürftigen und begründungsbedürftigen Überzeugungen bzw. Wünschen. Angemessener ist die Vorstellung eines Kontinuums von mehr oder weniger begründungsbedürftigen Überzeugungen und Wünschen — Begründungsbedürftigkeit ist ein gradueller Begriff. Darüber hinaus ändert sich die Begründungsbedürftigkeit von Überzeugungen und Wünschen im Laufe der Zeit — gelegentlich gibt es sogar dramatische, ja revolutionäre Umbrüche, die bislang Selbstverständliches in Frage stellen und Fragwürdiges zur Selbstverständlichkeit werden lassen.

Bisweilen wird Begründbarkeit und Rationalität auch in der philosophischen Diskussion verwechselt. Diese Verwechslung hatte weitreichende Folgen in der Entwicklung des philosophischen Denkens, insbesondere seit Beginn der Neuzeit, und kulminierte in hypertrophen rationalistischen Systementwürfen, die im deutschen Sprachraum erst durch Immanuel Kant an Wirksamkeit einbüßten. In der Ethik ist ihr Einfluß — meist ohne jeden Bezug zu ihren historischen Quellen — bis heute noch auffallend stark. Auf die damit verbundenen erkenntnistheoretischen Probleme in der Ethik werden wir im letzten Abschnitt zurückkommen.

Wenn Sie in der Frühe aus dem Fenster sehen und feststellen, daß die Sonne scheint, und später beim Frühstück erhalten Sie einen Anruf aus einer fernen Stadt und werden gefragt, ob bei Ihnen ebenfalls die Sonne scheint, und Sie antworten ‚ja', dann genügt zur Begründung dieser Antwort, daß Sie soeben einen Blick aus dem Fenster geworfen haben. Weitergehende Begründungen, etwa derart, wie zuverlässig der bloße Augenschein sei etc., erübrigen sich unter normalen Bedingungen. Ihre Überzeugung, daß draußen die Sonne scheint, ließe sich durch skeptische Einwendungen, die Zuverlässigkeit Ihrer Sinneswahrnehmungen etc. betreffend (wiederum: unter normalen Bedingungen), nicht erschüttern. Es ist keineswegs irrational, diese Überzeugungen zu haben oder ihrer Sinneswahrnehmung zu vertrauen, auch dann nicht, wenn es keine Begründung für die Zuverlässigkeit des bloßen Augenscheins gäbe. In der Philosophie hat es eine bis in die Gegenwart andauernde Diskussion über die Begründbarkeit des Induktionsprinzips gegeben, die einige in der Tradition Humes dazu gebracht hat, anzunehmen, daß ein Großteil unserer (‚induktiv' gebildeten) Überzeugungen nicht begründbar und daher irrational seien. Ihre Überzeugung am Frühstückstisch, daß draußen die Sonne scheint, ist jedoch auch dann nicht irrational, wenn Sie nicht mehr als den bloßen Augenschein zu seiner Begründung anführen können. Unzureichend begründete Überzeugungen sind nicht notwendigerweise irrationale Überzeugungen. Die Gleichsetzung von Rationalität und Begründbarkeit ist schon deswegen irreführend, weil wir das System unserer Überzeugungen nie verlassen können. Die Begründung einer Überzeugung stützt sich auf andere Überzeugungen, Überzeugungen stützen sich gegenseitig, sie stehen gelegentlich zueinander in einer begründenden Relation oder lassen sich auf grundlegendere Überzeugungen qua Theorie zurückführen, die auf diese Weise eine wechselseitige Stützung zuvor isolierter Überzeugungen erlaubt.

Szientisten meinen, daß wohlbegründete Überzeugungen nur in den exakten Naturwissenschaften möglich seien. Dies scheint nicht nur insofern falsch zu sein, als es gesichertes Wissen auch außerhalb naturwissenschaftlichen Wissens gibt, sondern es stellt die tatsächliche epistemische Struktur unserer Überzeugungen geradezu auf den Kopf. Wir stützen uns in unserem Alltagsleben auf eine große Vielfalt fester und selbst durch wissenschaftliche Revolutionen nicht zu erschütternder Überzeugungen. Diese bilden das Fundament der lebensweltlichen Verständigung, ohne die Wissenschaft, auch exakte Naturwissenschaft, nicht möglich wäre.

Generell gilt: Theorien stützen sich auf gemeinsame Überzeugungen und sind von diesen abhängig, auch wenn sie, auf diese rückwirkend, sie am Ende modifizieren. Dies gilt für jede Theorie, auch für ethische Theorien. Erfolgreiche wissenschaftliche Theorien dienen nicht nur dazu, neues Wissen zu ermöglichen, sondern sie verknüpfen Überzeugungen miteinander, die zuvor nichts miteinander zu tun zu haben schienen. Theorien können nur in begrenztem Maße mit lebensweltlichen Überzeugungen in Konflikt geraten. Vielmehr bewähren sich Theorien gerade darin, daß sie Überzeugungen systematisieren, die selbst nicht begründungsbedürftig erschienen, sondern nun der (regressiven) Stützung von Theorien dienen. Die Begründungsleistung wissenschaftlicher Theorien beruht darauf, daß sie einen systematischen Zusammenhang zwischen zuvor isolierten

Propositionen herstellt. Dies erlaubt erst Begründungen von unsicheren Überzeugungen durch sicherere. Ein Gefälle der Gewißheit ist Voraussetzung für Begründung, und Begründung ist erfolgreich, wenn dieses Gefälle durch Systematisierung überwunden werden kann.

Diese zentralen Merkmale sind im Bereich unserer moralischen Überzeugungen und der ethischen Theorienbildung, die sich auf diese bezieht, fraglos erfüllt. In diesem schwachen Sinne ist Ethik eine Wissenschaft. Wer bei einer wissenschaftlichen Theorie zusätzlich einen von der betreffenden wissenschaftlichen Gemeinschaft geteilten paradigmatischen Kern und eine etablierte Methodik voraussetzt oder gar experimentelle Prüfungsverfahren, der kann die Ethik guten Gewissens aus dem Bereich der Wissenschaft ausschließen, mit ihr zusammen dann allerdings auch andere systematisierende Bemühungen, die gemeinhin als Wissenschaft gelten.

## Zum Verhältnis von Theoretischer und Angewandter Ethik

Aus diesen Überlegungen ergibt sich ein besonderes Verständnis der Disziplin Angewandte Ethik. Das traditionelle und von Richard Mervyn Hare und Peter Singer repräsentierte Verständnis steht in der Theorie des frühneuzeitlichen erkenntnistheoretischen Rationalismus. Demnach gibt es ein ethisches Prinzip, das selbstevident ist oder sich aus den logischen Merkmalen der Moralsprache deduzieren läßt, das in Anwendungsfragen unter Heranziehung empirischer Daten zu konkreten normativen Kriterien richtigen und falschen Handelns führt. Diese Auffassung angewandter Ethik teilt mit dem erkenntnistheoretischen Rationalismus das Problem, das Fundament zu bestimmen, auf dem sich das deduktive Gebäude der Gesamttheorie erheben kann. Descartes hatte das Fundament im ‚Cogito' gesucht, Hare sucht es in der Logik der Moralsprache. Beide beabsichtigen, die rationale Begründung deskriptiver oder normativer Urteile von lebensweltlichen Überzeugungen und Intuitionen unabhängig zu machen. Diese Strategie scheitert aus Gründen, die im vorausgegangenen Kapitel skizziert wurden. Würde sie nicht scheitern, so wäre angewandte Ethik tatsächlich eine bloße Anwendung normativer Theorie. Angewandte unterschiede sich von theoretischer Ethik darin, daß sie sich auf die empirischen Bezüge einläßt, die konkrete moralische Verpflichtungen aus der schon vorgegebenen normativen Theorie abzuleiten gestatten. Analog zum Hempel–Oppenheim–Schema wissenschaftlicher Erklärung, wonach das zu Erklärende (das Explanandum) aus Gesetzeshypothesen und Antezedenzbedingungen deduktiv ableitbar ist, wäre die singuläre moralische Verpflichtung aus dem normativen Prinzip (etwa der Gesamtnutzenmaximierung) und den empirischen Randbedingungen, die die kausalen Wirkungen der offenstehenden Handlungen auf die Nutzensumme näher charakterisieren (Anwendungsbedingungen), ableitbar.

Ganz offensichtlich trägt dieses einfache Modell einen Gutteil der Praxis der Technikfolgenabschätzung. Die Handlungsoptionen beziehen sich hier auf die Wahl unterschiedlicher technologischer Möglichkeiten, und die Anwendungsbedingungen werden durch Technikfolgenabschätzung — z. B. in Form von Szenarien — charakterisiert. Bei einem hinreichend weiten Nutzenbegriff lassen sich die unterschiedlichen gesellschaftlichen und politischen Zielsetzungen in Form von Nutzenwerten charakterisieren. Das Verfahren der Wertbaumanalyse paßt sich gut in das utilitaristische Paradigma angewandter Ethik ein. Gegenüber dem klassischen, auf Zufriedenheitsniveaus abzielenden Utilitarismus hat dieses Verfahren den Vorzug, daß es mit einer Pluralität unterschiedlicher Wertauffassungen vereinbar ist und, ganz im Sinne Max Webers, die inneren Verhältnisse unterschiedlicher Wertbestimmungen und die empirischen Nebenfolgen herausarbeitet. Das Webersche Wertfreiheitspostulat der Wissenschaft schlägt sich in dem Bemühen nieder, die Werthaltungen als externe empirische Daten in die Technikfolgenabschätzung einzuspeisen und die wissenschaftliche Analyse auf die Konstruktion von Szenarien als moderne Variante der Analyse von geeigneten Mitteln für gegebene Zwecke zu modellieren. Dieses verbreitete Verfahren ist implizit auf das konsequentialistische Paradigma normativer Ethik festgelegt, da Handlungen und strategische Optionen generell, hier insbesondere die Wahl technologischer Optionen, unter dem Aspekt der Optimierung vorgegebener Werte betrachtet werden. Während der klassische Utilitarismus mit dem ihm selbstevident erscheinenden Prinzip der universellen Nutzenmaximierung den Anspruch einer moralischen Erkenntnis formulierte, der in den zeitgenössischen Varianten in unterschiedlicher Ausprägung fortlebt (bis hin zu naturalistischen Utilitarismusvarianten wie der von David Brink), tendiert diese Methode der Technikfolgenabschätzung gegen eine weitgehende Subjektivierung und Entrationalisierung des normativen Urteils. Im Ergebnis stehen sich Idealtypen moralischer Weltanschauungen gegenüber, die gelegentlich mit sozialen Konstellationen in Verbindung gebracht werden. Die in der empirischen Sozialforschung der Gegenwart verbreitete Theorie gesellschaftlich-kultureller Milieus verbindet sich hier mit der Weberschen Konzeption vom ewigen Kampf moralischer Weltanschauungen. Das hohe Maß der Übereinstimmung in normativen Grundfragen wird bei dieser Methode systematisch verdeckt. Tatsächlich läßt sich ein Gutteil vermeintlicher Wertungsdifferenzen auf divergierende Überzeugungen in empirischen Fragen zurückführen. Wer — um ein Beispiel zu nennen — ein dezentrales Energiesystem einem zentralisierten vorzieht und damit in der Methode der Wertbaumanalyse den Wert der Dezentralität offenbart, der wird in der Regel dezentrale Energieversorgungssysteme deswegen vorziehen, weil er der Überzeugung ist, sie seien weniger fehleranfällig, erlaubten eine effizientere Nutzung der Abwärme oder setzten keine umfangreiche, hierarchisch strukturierte und von außen schwer kontrollierbare Planungsbürokratie voraus. Ohne diese empirischen Annahmen scheint der ‚Wert' der Dezentralität unbegründet zu sein. Die vermeintliche Werthaltung entpuppt sich also als eine auf fundamentalere Normen und Werte zurückführbare Folge bestimmter empirischer Annahmen, die grundsätzlich auch empirisch-einzelwissenschaftlich überprüfbar sind. Aber selbst für den Fall, daß es um diese empirische Überprüfbarkeit aus pragmatischen Gründen schlecht bestellt ist, wäre es doch eine Verzerrung der tatsächlichen Diskussionslage, diese empirischen Überzeugungsunterschiede in Wertungskonflikte zu übersetzen und sie damit gemäß der subjektivistischen Interpretation moralischer Überzeugungen zu entrationalisieren.

Der Konsensbereich moralischer Überzeugungen betrifft jedoch nicht universelle Optimierungsprinzipien (ob sie sich nun auf die Summe der Befriedigungen oder auf die Summe der Präferenzenerfüllungen beziehen), sondern in erster Linie bestimmte Arten generischer Handlungen. So besteht ein weitgehender Konsens darüber, daß die bewußte Tötung einer unschuldigen Person unter fast allen Umständen moralisch unzulässig ist. Es besteht Einigkeit darüber, daß Personen individuelle Rechte haben, die man zum Teil unter das Selbstbestimmungsrecht fassen kann, die nur in extremen Situationen verletzt werden dürfen. Es besteht ein Konsens über bestimmte Pflichten, die man gegenüber Schwächeren und Abhängigen hat. Dazu gehören insbesondere die Pflichten von Eltern gegenüber ihren Kindern und der Gesellschaft insgesamt gegenüber denjenigen, die unverschuldet in Not geraten. Bildlich gesprochen werden die Meinungsunterschiede oben und unten größer. Oben auf der Ebene der abstrakten

Prinzipien, die nach der im vorausgegangenen Kapitel skizzierten kohärentistischen Methodologie nur aufgrund ihrer Beziehung zu anderen Elementen unseres normativen Überzeugungssystems gerechtfertigt werden können, gibt es — wie die Diskussion der philosophischen Ethik der Gegenwart deutlich macht — große Meinungsunterschiede, die sich in der Regel als theoretische rekonstruieren lassen, d. h. die Meinungen gehen darüber auseinander, welches dieser Prinzipien die bessere Systematisierungsleistung erbringt. Ebenso gibt es in konkreten Entscheidungssituationen häufig Divergenzen in der Einschätzung der Anwendungsbedingungen der mittleren moralischen Regeln der benannten Art, wobei dieser Dissens meist weniger theoretischer als empirischer Natur ist. Der normative Konsens bezieht sich aber nicht nur auf Prima–Facie–Regeln individueller Rechte und Pflichten, sondern auch auf sehr abstrakte Invarianzannahmen und konkrete Handlungsalternativen in lebensweltlichen Situationen. Wer im Sinne eines kognitivistischen Ethikverständnisses das Rationalitätspotential normativer Überzeugungen möglichst vollständig ausschöpfen möchte, wird an diese konsensualen Elemente anknüpfen und versuchen, sie sowohl im Hinblick auf die theoretische Verallgemeinerung als auch im Hinblick auf die Anwendungsdimension auszubauen.

Wenn ethische Urteilsfähigkeit darauf beruht, zentrale Bestandteile unseres moralischen Überzeugungssystems zu rekonstruieren und zu systematisieren und auf diesem Wege Kriterien zu schaffen, die in solchen Situationen, in denen unser moralisches Urteil nicht eindeutig ist, Orientierung bieten, dann ist das ‚top–down'–Vorgehen der traditionellen Methode angewandter Ethik unangemessen. Wenn wir zusätzlich die Annahme aufgeben, daß uns ein leicht zu rekonstruierendes System normativer Kriterien zur Verfügung steht, dann erhält die Anwendungsdimension der Ethik einen völlig neuen Status. Konkrete anwendungsorientierte Probleme der moralischen Beurteilung sind dann konstitutiver Bestandteil der ethischen Theoriebildung selbst. Feste moralische Überzeugungen, die sich auf die Zulässigkeit eines konkreten Verhaltens beziehen, müssen sich dann im Rahmen der ethischen Theorie angemessen rekonstruieren lassen, wenn wir nicht schließlich bereit sind, diese Überzeugungen aufzugeben. Das, was von erkenntnistheoretischen Rationalisten philosophischer Ethik gern diskreditiert wird, nämlich unsere moralischen Intuitionen, bildet das Material, aus dem das Gesamt der moralischen Urteilsfähigkeit entwickelt werden muß. Dies heißt nicht, in den Fehler traditioneller Intuitionisten zu verfallen, den moralischen Intuitionen einen Status der Unantastbarkeit und Revisionsresistenz zuzuschreiben. Unsere moralischen Intuitionen sind selbst theoriebeladen, wandlungsfähig und in vielen Fällen widersprüchlich. Da jedoch die Idee, ethische Prinzipien als selbstevident der Kritik zu entziehen oder diese allein mit Mitteln der deduktiven Logik hervorzuzaubern, auf einem falschen Verständnis von Evidenz bzw. von Logik beruht, haben wir nichts anderes als ‚Intuitionen', wenn man diesen problematischen Sprachgebrauch beibehalten will. Man sollte besser von ‚moralischen Überzeugungen' sprechen, denen wir in unterschiedlichem Grade Gewicht beimessen, wobei sich das relative Gewicht danach bestimmt, welche dieser moralischen Überzeugungen wir im Konfliktfalle aufzugeben bereit sind. Konflikte zwischen moralischen Überzeugungen treten jedoch häufig erst im Verlaufe der Theoriebildung auf, da diese moralische Überzeugungen in Beziehung setzt, die vordem unvermittelt nebeneinander standen. Systematisierung moralischer Überzeugungen heißt Subsumtion moralischer Überzeugungen unter allgemeinere, womit legitimerweise eine Reduktion der großen Vielfalt von Beurteilungskategorien, moralischen Begriffen, Regeln und Werten einhergeht. Nach diesem Verständnis kann es Ethik ohne Anwendung nicht geben. Die ethische Theorie bewährt sich an ihren Anwendungen. Theoretische und praktische Fragen der Ethik bilden nicht zwei disjunkte Klassen, sondern ein Kontinuum, und die Begründungsrelationen verlaufen weder von der Theorie zur Praxis noch von der Praxis zur Theorie, sondern richten sich nach dem Gewißheitsgefälle unserer moralischen Überzeugungen. Es gibt moralische Überzeugungen von hoher Allgemeinheit, die wir nicht aufzugeben bereit sind, ebenso wie es konkrete Verhaltensweisen gibt, die wir als unmoralisch charakterisiert sehen wollen.

Die Parallele zur angewandten Mathematik ist daher, zumindest für die meisten wissenschaftsphilosophischen Auffassungen von Mathematik, irreführend. Nach dem üblichen Verständnis von Mathematik ist diese unabhängig von empirischen Daten und insofern als Theorie ‚selbstgenügsam'. Ihre Anwendung erfolgt dann über die empirische Interpretation einzelner Begriffe und bewährt sich aufgrund der logischen Konsistenz mathematischer Theorien. Eher schon entspricht die Situation in der Ethik dem Verhältnis von theoretischer und angewandter (oder experimenteller) Physik. Die theoretische Physik entwickelt empirische Theorien, die darauf abzielen, schon gut bewährte Theorien und Regularitäten mathematisch zu verallgemeinern und neue Theorien zu entwerfen. Experimentelle Physik legt ihr Augenmerk auf konkrete empirische Datenerhebungen, allerdings in Hinblick auf die Fortentwicklung oder das Testen von Theorien. In vielen Fällen beschränkt sich die experimentelle Physik darauf, sogenannte phänomenologische Theorien zu entwickeln, die sich noch nicht in das Theoriengefüge der Physik einbetten lassen, von denen aber erwartet wird, daß dies im Laufe der Zeit geschieht.

Manche physikalische Theorien haben sich erst im nachhinein als phänomenologisch herausgestellt, wenn es der theoretischen Physik gelungen war, diese als eine Spezialisierung aus einer allgemeineren Theorie abzuleiten. Dies gilt etwa für die Theorie der elektromagnetischen Wechselwirkung, die im wesentlichen auf Elektrostatik und spezielle Relativitätstheorie reduziert werden kann.

Im Bereich unserer empirischen Kenntnisse haben sich die großen reduktionistischen Programme seit der Vorsokratik als Fehlschläge erwiesen. Die jeweiligen Prinzipien ließen sich entweder empirisch nicht überprüfen oder waren für die Organisation unseres empirischen Wissens unzureichend. Auch der letzte große Versuch im 20. Jahrhundert einer physikalistischen Einheitswissenschaft, dessen Rückzugsgefechte die analytische Philosophie bis in die vergangenen Dekaden hinein prägte, ist gescheitert. In der Ethik besteht die Zielsetzung einer einheitlichen und einfachen, d. h. möglichst mit einem Prinzip und wenigen Grundbegriffen auskommenden Theorie fort. Die Erfahrungen im Bereich unseres empirischen Wissens lassen es aber angeraten sein, diesem reduktionistischen und einheitswissenschaftlichen Programm nicht voreilig nachzueifern, jedenfalls nicht zu Lasten einer sorgfältigen und differenzierten Analyse moralischer Überzeugungen. Eine objektivistische Erkenntnistheorie legt sich weder im Bereich des Empirischen noch im Bereich des Normativen auf ein reduktionistisches und einheitswissenschaftliches Erkenntnisideal fest. Die empirischen und normativen Phänomene könnten zu komplex sein, als daß sie durch ein einziges Prinzip und eine einzige systematische Begrifflichkeit erfaßbar sind. Diese Komplexität anzuerkennen und damit zumindest pragmatisch Grenzen für das reduktionistische Wissenschaftsprogramm zu setzen, darf nicht mit Theoriefeindschaft verwechselt werden. Die theoriefeindlichen Äußerungen einiger — gelegentlich als ‚Neo-Aristoteliker' bezeichneten — Ethiker der Gegenwart lassen sich mit der Ablehnung einer reduktionistisch einheitswissenschaftlichen Methode in der Ethik allein nicht rechtfertigen (z. B. MacIntyre, Foot, Broadie). Es könnte eben sein, daß die ethische Theorie, um adäquat zu sein, unterschiedliche Anwendungsbereiche normativen Urteils zu unterscheiden hat und für diese Anwendungsbereiche je spezifische Begrifflichkeiten und Kriterien zu entwickeln hat. Die weitere Vereinheitlichung bliebe dann immer noch regulative Idee, die aber nicht um den Preis einer adäquaten Erfassung normativer Zusammenhänge angestrebt werden darf.

Aufgrund dieser erkenntnistheoretischen und methodologischen Überlegungen ist es nicht ausgeschlossen, daß für verschiedene Bereiche menschlicher Praxis unterschiedliche normative Kriterien angemessen sind, die sich — sei es aus Gründen der Begrenztheit menschlichen Erkenntnisvermögens oder sei es aus tieferliegenden systematischen Gründen — nicht auf ein einziges System moralischer Regeln und Prinzipien reduzieren lassen. Zumindest erscheint es heuristisch zweckmäßig, größere Komplexe menschlicher Praxis, denen jeweils spezifische Charakteristika gemeinsam sind, einer eigenständigen normativen Analyse zu unterziehen. Statt von ‚angewandter Ethik mit ihren unterschiedlichen Fokussierungen' sollte man daher besser von ‚Bereichsethiken' sprechen.

## Zusammenfassung

Die Technikethik fokussiert auf denjenigen Bereich gesellschaftlicher Praxis, der auf die Entwicklung neuer technischer Optionen und ihre wirtschaftliche Umsetzung bezogen ist. Die Rationalisierung der normativen Stellungnahme muß auch hier auf den gleichen kohärentistischen, auf interpersonelle Begründung, Rekonstruktion gemeinsamer Hintergrundannahmen (Invarianzbedingungen) und Systematisierung zentraler moralischer Intuitionen abhebenden Verfahren beruhen. Wenn dieser Diskurs mit der nötigen Vorurteilsfreiheit, mit Offenheit für die empirischen Implikationen und argumentativer Sorgfalt vorgenommen wird, dann läßt sich in einem arbeitsteiligen, unterschiedliche wissenschaftliche Expertisen und gesellschaftliche Gruppen und Repräsentanten umfassenden Diskurs-Prozeß das normative Element der Technikfolgenbewertung entwickeln. Die spezifisch philosophische Expertise bezieht sich nicht auf das Element der moralischen Intuition und ebensowenig auf die empirischen Implikationen der Realisierung bestimmter normativer Überzeugungen, sondern ausschließlich auf begriffliche Präzisierung, logische Relationen und die Kenntnis unterschiedlicher Theorieansätze. Die normative Stellungnahme zu technologischen Optionen und technisch-wirtschaftlich-gesellschaftlichen Gesamtszenarien kann sich daher niemals allein auf die philosophische Expertise stützen. Die philosophische Expertise ist konstitutiver Bestandteil der Rationalisierung wertender Stellungnahme. Die Philosophen haben weder eine Sonderkompetenz für singuläre moralische Überzeugungen (moralische Einzelintuitionen), noch gar für eine umfassende oder resümierende wertende Stellungnahme zu einzelnen Szenarien. Ihre moralischen Einzelintuitionen und resümierenden Gesamtbewertungen haben die gleiche Dignität wie die Stellungnahme jedes anderen Beteiligten an einem solchen Diskurs. Die Abgrenzung zwischen Kompetenzbereichen der eigenen wissenschaftlichen Expertise und der Stellungnahme als Bürgerin und Bürger ist ein wesentliches Element einer rationalen Wissenschaftsauffassung. Die Philosophie hat in der Vergangenheit all zu häufig die Grenzen ihrer wissenschaftlichen Expertise überschritten, sie sollte sich nun — nachdem sich das Fach von dem daraus resultierenden Niedergang im späten 19. und frühen 20. Jahrhundert erholt hat — nicht wieder zu neuen Grenzüberschreitungen verführen lassen. Auch und gerade wenn Ethik die wesentlichen Merkmale einer Wissenschaft eigen sind, sind die Warnungen Max Webers in ihrer Substanz unvermindert aktuell.

## Zur Übertragung des ‚Gesamtwertbaums' in ein deontologisch geprägtes System normativer Beurteilung

Wenn die Zielsetzung des Diskurses ‚Energie und Ethik' in der Erhebung normativer Orientierungen und die Verknüpfung dieser normativen Orientierungen mit bestimmten Einstellungen zu technologischen Optionen — im Rahmen unterschiedlicher Energieszenarien — einhergeht, so kann es sich nur um eine im wesentlichen empirische Untersuchung handeln. Der Beitrag philosophischer Ethik müßte sich dann darauf beschränken, einzelne Paradigmen ethischen Denkens in den Äußerungen der Diskursteilnehmer aufzuspüren und so ggf. einen Beitrag zur Systematisierung des im übrigen heterogenen Feldes von Wertungs- und Normenaspekten leisten.

Das Ziel einer möglichst weitgehenden Rationalisierung und Versachlichung der öffentlichen und politischen Auseinandersetzung um technologische Optionen, hier speziell Energiesysteme, läßt sich aber nur erreichen, wenn normative und empirische Konsense auf ihre Tragfähigkeit hin geprüft werden. Wissenschaft generell beruht darauf, daß eine hinreichend große Übereinstimmung über Methoden, Hintergrundannahmen und Theorien besteht, um Auffassungsunterschiede dingfest und für die gesamte Scientific Community verständlich zu machen. Wenn die gesprochenen Sprachen allzu weit differieren, findet keine Verständigung mehr statt, und Auffassungsunterschiede lassen sich nicht mehr diskutieren. So paradox es klingt: Meinungsunterschiede setzen ein hohes Maß an Konsens voraus. Wenn dieser Konsens nicht besteht, handelt es sich nicht um Meinungsunterschiede, sondern um differierende Sprachen und Lebensformen, die miteinander nur noch eingeschränkt interagieren können.

Im Diskurs ‚Energie und Ethik' geht es also darum, die Tragfähigkeit eines normativen und empirischen Konsenses zu prüfen und auf dieser Grundlage Auffassungsunterschiede zu eruieren und in Szenarien zu übersetzen. Dieses Ziel kann nur bei einer behutsamen Vorgehensweise erreicht werden, d. h. es verlangt, sich von geteilten Überzeugungen zu nicht geteilten voranzutasten. Ich bin mir natürlich bewußt, daß die Knappheit zeitlicher und personeller Ressourcen diesem Verfahren enge Grenzen auferlegt. Das Diskursprojekt bezieht sich auf die Thematik ‚Energie und Ethik'. Das Schwergewicht liegt hier also nicht auf den empirischen, sondern auf den normativen Bestimmungsgründen von Präferenzen bezüglich Energiesystemen.

Es liegt daher nahe, von denjenigen normativen Bestimmungsgründen auszugehen, die die Grundlage nicht nur unserer Alltagsmoral, sondern auch unseres Rechtssystems bilden. In der Diskussion des Philosophen-Workshops wurde folgerichtig auch rasch eine Einigung darüber erzielt, daß grundlegende deontologische Aspekte, insbesondere die Beachtung individueller Rechte, Ausgangspunkt der ethischen Beurteilung von Energieszenarien sein müssen. Ein — sicherlich in seiner Gestalt gegenüber der tatsächlichen normativen Komplexität unzulässig vereinfachendes — Verfahren besteht darin, normative Constraints zu entwickeln, innerhalb derer dann erst die Optimierung bezüglich bestimmter Wertungen (das im eigentlichen Sinne teleologische bzw. axiologische Vorgehen) stattfinden kann. Die deontologischen Constraints grenzen den Bereich moralisch zulässiger Optimierung ein. Tatsächlich besteht, wie ich an anderer Stelle zu zeigen versucht habe (*Kritik des Konsequentialismus,* 1993, § 51), ein komplexeres Verhältnis zwischen Regeleinhaltung und Optimierung, das sich etwa in der Weise äußert, daß die rationale moralische Stellungnahme Ramsey-kompatibel sein sollte, d. h. den grundlegenden Axiomen der modernen Entscheidungstheorie nicht widersprechen sollte. Diese Ramsey-Kompatibilität verlangt nach einer konsequentialistischen Abschwächung der Einhaltung deontologischer Regeln. Es kann also Konflikte zwischen (deontologischen) moralischen Constraints und Optimierungsaspekten geben — das gilt selbstverständlich auf für einzelne Energieszenarien.

Die Wertbaumanalyse, die auch diesem Diskurs ‚Energie und Ethik' zugrunde gelegt wurde, hat den Vorzug, die weite Komplexität der wertenden Stellungnahme in ihren Verästelungen formal erfassen zu können. Sie hat den Nachteil, daß sie — zumindest implizit — auf ein axiologisches Abwägungsverfahren festlegt und Beurteilungsdifferenzen, die auf empirischen Meinungsunterschieden beruhen, mit Beurteilungsdifferenzen, die auf einer genuin normativen Meinungsverschiedenheit beruhen, vermengt.

Um ein Beispiel zu nennen: Im Wertbaum[1] tauchen Wertungsunterschiede wie Zentralität, Dezentralität auf. Die Grundlage für diesen Wertungsunterschied bildet nach meiner Vermutung weitgehend ein empirischer Auffassungsunterschied bezüglich der Effizienz von zentralen bzw. dezentralen Energiesystemen. Es ist ein Topos in einem Teilbereich der ökologischen Expertokratie, daß dezentrale Systeme grundsätzlich weniger fehleranfällig und letztlich effizienter seien. Dies kann man im Detail empirisch zu prüfen versuchen, und dementsprechend würde Zentralität vs. Dezentralität als Wertungsdifferenz vermutlich entfallen und in eine wissenschaftlich-empirische Frage transformiert. Dennoch gibt es einen interessanten Wertungsaspekt; ich habe ihn unter dem Gerechtigkeitskriterium aufgeführt: Es macht einen Unterschied aus, ob diejenigen Personen ein höheres Risiko in Kauf nehmen, die zugleich den höheren Nutzen von einer technologischen Option haben, oder ob dies unterschiedliche Personen sind. Dies gilt für jede einzelne technologische Option. Selbstverständlich kann man sich Bündelverfahren vorstellen, bei denen bestimmte Risiken bestimmten Bevölkerungsgruppen bezüglich bestimmter technologischer Optionen aufgeladen werden (obwohl alle davon einen Nutzen haben) und andere Risiken anderer technologischer Optionen anderen Gruppen mit dem Ziel, daß im anzustrebenden Endzustand eine gleichmäßige Verteilung der Risiken im großen und ganzen gewährleistet ist — und wo dies nicht erfolgen kann, entsprechende Kompensationen stattfinden. Dezentralität kann also unter dem Aspekt der gerechten Verteilung von Risiken unmittelbar normative Relevanz haben.

[1] Anm. d. Red.: Der Gesamtwertbaum findet sich in der Dokumentation im Anhang S. 371–391.

Ein von normativen Konsensen ausgehendes Verfahren eines Ethik- und Energiediskurses kann dabei durchaus zu konkreten Problemen der Szenarienbewertung vordringen. Wenn man etwa das Recht auf körperliche Unversehrtheit als eines der Constraints anerkennt, und daran führt schon dann kein Weg vorbei, wenn man sich innerhalb der bundesdeutschen Rechtsordnung halten möchte, dann stellt sich die Frage nach den Schwellenwerten. Welches zusätzliche Risiko einer Gesundheitsschädigung (oder gar eines Todesfalles) ist mit der korrespondierenden moralischen und juridischen Pflicht verträglich? Dazu gibt es interessante empirische Studien, die die Bereitschaft, freiwillig Risiken auf sich zu nehmen, analysieren. Eine gewisse Kohärenz zwischen alltäglichem Risikoverhalten und technologischer Risikoakzeptanz sollte bestehen. Hier muß über Schwellenwerte gesprochen werden, unterhalb derer nicht mehr von einer bewußten gesundheitlichen Schädigung von Personen gesprochen werden kann. Diese Schwellen müssen dem entsprechen, was in der Rechtsprechung und im alltäglichen moralischen Urteil als akzeptabel gilt. Wenn das Risiko auch nur einer einzigen Person bei Einsatz einer entsprechenden technologischen Option deutlich oberhalb dieser Schwelle liegt, dann ist diese Option moralisch und juridisch unzulässig, wie immer auch die aggregative Betrachtung von Risiken und Nutzen aussehen mag. Das nur vermeintlich paradoxe Ergebnis, daß aus diesem Grund unter Umständen eine technologische Option akzeptabel erscheint, die mehr Todesfälle de facto induziert, zeigt nur, daß eine konsequentialistische Betrachtung unzureichend ist und nicht, daß der Maßstab, der von Menschen- und Bürgerrechten angelegt wird, aufgegeben werden müsse.

Auch in einem — im wesentlichen ‚deontologisch' geprägten — Diskursverfahren käme man an komplexen Abwägungsprozessen nicht vorbei. Insbesondere stellt die tatsächliche Akzeptanz ein wesentliches Kriterium (aus normativen Gründen, die ich in meinem Vortrag angedeutet habe) dar, unabhängig davon, wie diese Akzeptanz jeweils individuell begründet ist. Der ‚neue Gesellschaftsvertrag' bezüglich technologischer Risiken und Optionen (vgl. meinen Beitrag ‚Orientierung in Situationen des Risikos und der Unsicherheit — Entscheidungstheoretische Kriterien und ethische Aspekte', S. 45ff.) macht einen öffentlichen Diskussionsprozeß nötig, den man zum Teil in einem Diskursverfahren wie dem der TA-Akademie modellieren kann. Dabei wird es zu Verhandlungsprozessen kommen, d. h. unterschiedliche Werte und Normen müssen zu einem Konsens bezüglich technologischer Optionen gebündelt werden, was von einzelnen Personen und Gruppen verlangt, von ihren Idealvorstellungen zugunsten einer gemeinsamen Lösung Abschied zu nehmen. Dabei wird es erneut zu komplexen Abwägungsprozessen kommen. Die harten Constraints der normativen Konsensbasis kann man als Fallbeilkriterien verstehen: sie schließen bestimmte Verhaltensweisen und (technologische) Optionen aus. Innerhalb des dann verbleibenden Bereiches gibt es noch einen weiten Spielraum für Wertungsdifferenzen und konsequentialistische Betrachtungen. Die gesamte Vielfalt des jetzt erarbeiteten Wertbaums kann dabei eine Rolle spielen. Dissensmanagement in dem Bereich, in dem ein solcher normativer Konsens nicht erreichbar scheint, wird damit zu einer wesentlichen Aufgabe, wozu Christoph Hubig in seinem Beitrag ‚Entwurf eines Systems von Regeln der Güterabwägung für Energieversorgungssysteme und spezifische Umsetzungsmaßnahmen' Stellung genommen hat.

Der Wertbaum läßt sich in eine von normativen Konsensen ausgehende, im wesentlichen zunächst deontologische Vorgehensweise nur schwerlich übersetzen, da die einzelnen Dimensionen des Wertbaums jeweils unterschiedliche Kategorien von Rechten und Pflichten tangieren, so daß eine hinreichend eindeutige Zuordnung nur in wenigen Ausnahmefällen möglich ist. Der Diskurs ‚Ethik und Energie' kann in beiden Verfahrensweisen, der des Wertbaumes und der auf deontologische Einschränkungen und normative Konsense abhebenden Verfahren, durchgeführt werden. Das erste Verfahren ist dabei eher einem teleologischen Verständnis normativer Ethik verpflichtet, während das zweite deontologische Aspekte ins Zentrum rücken wird. Die terminologische Akzentsetzung auf Werte (im Falle des Wertbaumverfahrens) und auf (individuelle) Rechte (im Falle des konsensorientierten Verfahrens) ist nicht zufällig. Im Nachhinein läßt sich eine Übersetzung des Gesamtwertbaumes in eine deontologische Struktur nicht mehr befriedigend leisten, dies sei im Nachstehenden noch illustriert.

Wenn wir hier aus der — in meinem Vortrag ‚Orientierung in Situationen des Risikos und der Unsicherheit — Entscheidungstheoretische Kriterien und ethische Aspekte' (S. 45ff.) skizzierten — komplexen Struktur normativer Beurteilung einmal die fünf wichtigsten Kategorien von Rechten herausgreifen, dann könnte die Übersetzung für einzelne Elemente des Gesamtwertbaums etwa folgendermaßen erfolgen:

Zunächst übernehmen wir die fünf Klassen von Rechten:

A Lebensrecht (existentielles, humanes)

B Menschenrechte (vgl. auch Grundgüterschutz)

C Bürgerrechte (demokratische Partizipationsrechte, individuelle Sozialrechte, Autonomierechte)

D Ökologische Rechte

E Eigentumsrechte

Die ‚Übersetzung' des Wertbaums müßte wo möglich nach folgendem Prinzip erfolgen: Wenn W ein Wert ist, so ist zu fragen, welches Recht/welche Rechtstypen unter Umständen dann verletzt wurden, wenn die Verwirklichung von W nicht angestrebt wurde. Bei dem Versuch, diese Transformierung durchzuführen, fällt auf, daß (selbst unabhängig von den verschiedenen möglichen Umständen) keine eindeutige Zuordnung zu erreichen ist. So ist etwa der Wert 1.3.4 (‚Langfristige Sicherheit') im genannten Sinn relevant für Rechte aller fünf Sparten: Langfristige Sicherheit sollte angestrebt werden, um Leben zu schützen, um die Bereitstellung von Grundgütern (Energie kann als ein solches angesehen werden) zu sichern, um individuelle Autonomie zu ermöglichen, um Umweltkatastrophen zu vermeiden und um Eigentumsrechte zu schützen, die etwa verletzt werden könnten, wenn aus Sicherheitsgründen Enteignungen vorgenommen werden. Diese Mehrdeutigkeit der Zuordnung deutet darauf hin, daß es die Rechte sind, um derentwillen bestimmte Werte angestrebt werden sollten, daß also erstere fundamentaler sind. Weiterhin wird deutlich, daß die Gründe, die für bestimmte Werte angegeben werden, ihrerseits sehr vielschichtig sind, aber unter Rekurs auf einen etwa in oben vorgeschlagener Weise strukturierten Begriff individueller Rechte systematisiert werden können.

Die Zuordnungen könnten etwa folgendermaßen aussehen (die Bezugnahme auf einzelne Elemente des Wertbaumes erfolgt durch Angabe der entsprechenden Gliederungsnummer des Gesamtwertbaumes):

**1.1.1** **B** Wenn es um die Bereitstellung eines Mindestbedarfes geht, der als Grundgut formuliert werden kann.

**A** Wenn es um die Bereitstellung in einem Maße geht, das für die Erhaltung individuellen Lebens notwendig ist, etwa in kalten Klimazonen.

**C** Wenn eine bestimmte Grenze unterschritten ist, kann es sein, daß individuelle Autonomie beschränkt wird.

Die Berücksichtigung der feineren Untergliederung legt etwa folgende Zuordnung nahe:

**1.1.2.1 C** Einschränkung der Konsumentensouveränität kann demokratische Partizipationsrechte verletzen.

**1.3.1 B, C, D** Generell wird es bei Erwägungen der Versorgungssicherheit darum gehen, sicherzustellen, daß die für den Grundgüterschutz erforderliche Energiemenge längerfristig bereitgestellt werden kann (B). Fragen der politischen Abhängigkeiten (1.3.1.3) haben auch zu tun mit der Sicherung der außenpolitischen Unabhängigkeit und damit der Möglichkeit demokratischer Partizipation (C). Ressourcenfragen sind auch relevant für Fragen ökologischer Rechte (D).

**1.3.2 bis 1.3.3** Es gilt hier Entsprechendes zu 1.3.1.

**1.4** Entsprechend. Detailliertere Untersuchungen legen nahe, 1.4.1.1 etwa eher mit C–Rechten zu verbinden und 1.4.1.2 in starkem Maße mit D–Rechten.

**1.5** Auch hier ist ein weites Spektrum an Rechten einschlägig: Da Konsequenzen, die Sicherheit der Volkswirtschaft und damit auch die langfristige Versorgungssicherheit relativ zu Minimalniveaus betreffen, sind sowohl Lebens– als auch Grundgüterschutz– und demokratische Partizipationsrechte relevant (A, B, C). Der Punkt Folgekosten (1.5.2) hat selbstverständlich auch ökologische Implikationen (D).

**1.6** Mit Bezug auf volkswirtschaftliche Auswirkungen gelten dieselben Bemerkungen wie zu 1.5. Alle Rechtskategorien sind betroffen.

**2 (‚Schutz von Umwelt und Gesundheit')** Sämtliche der hier aufgeführten Punkte sind direkt relevant für Rechte vom Typ A und D. Daß auch hier eine sehr viel weitergehende Differenzierung stattfinden müßte, zeigt etwa 2.1.5 (‚Abfallaufkommen und Entsorgung'): Auch Eigentumsrechte werden unter Umständen betroffen (E). Insbesondere die Punkte unter 2.5 (‚Gesundheitsrisiken') sind relevant für A–Rechte.

**3.1 A, B** Die Zuordnung ist hier problemlos möglich, da dem Wertbaum in diesem Punkt schon eine Bezugnahme auf Rechte zugrunde liegt (‚Rechtsschutz als Wert'). 3.1.1.1 entspricht A–Rechten, 3.1.1.2 entspricht B–Rechten, 3.1.2 ist relevant für Rechte der Typen B und C, und die Bürgerrechte 3.1.3 entsprechen Rechten vom Typ C.

**3.2** Durchgängig einschlägig sind Rechte vom Typ C, jedoch sind auch hier sehr viel weitergehende Zuordnungen zu machen. 3.2.1.3 und 3.2.1.4 etwa hängen zusammen mit B–Rechten, und bei 3.2.4 sind auch D–Rechte betroffen, usw.

# Christoph Hubig: Entwurf eines Systems von Regeln der Güterabwägung für Energieversorgungssysteme



## Einleitung

Bei der Suche nach einem System von Regeln der Güterabwägung ist jeder mit dem Problem des ethischen Pluralismus konfrontiert. Innerhalb der praktischen Philosophie ist in neuerer Zeit verstärkt die Tendenz zu beobachten, unterschiedliche Rechtfertigungsstrategien dahingehend zu prüfen und ihres Konfliktpotentials zu entkleiden, daß sie in Bedingungs–, Komplementaritäts- und Konvergenzbeziehungen verortet werden. Diese Verortung ihrerseits kann entweder im Blick auf eine universelle Basis (z. B. Hierarchisierung von *Grundregeln* oder Grundrechten) vollzogen werden, oder sie wird lediglich durch einen *Verfahrensmodus* legitimiert, wie ihn z. B. die verschiedenen Vertreter der konsensorientierten *Diskursethik* oder — alternativ hierzu — eines *Dissensmanagements* vorschlagen.

Diese unterschiedlichen Orientierungen ließen sich möglicherweise zusammenführen in einem Modell, das anhebt mit einer

- deontologisch begründeten Hierarchisierung von Grundregeln (Lenk) oder Grundrechten (Nida-Rümelin), daraus Beurteilungskriterien gewinnt für eine

- Gewichtung der Werte des Gesamtwertbaumes unter dem Gesichtspunkt der Schadensverhinderung, Nutzensermöglichung und gerechter Risikoverteilung und schließlich diese wiederum in Anschlag bringt für eine

- Beurteilungsstrategie der Szenarien B–D der ‚Pfade in die Zukunft'.

Dieser Zusammenhang würde ein ‚System von Regeln der Güterabwägung' ausmachen. Allerdings stehen diesem Versuch einige Schwierigkeiten im Wege, insbesondere, was die *Hierarchisierung* betrifft.

Sicherlich ist die naheliegendste Weise, das geforderte System zu strukturieren, der Versuch einer Hierarchisierung. Der einfachste und prominenteste Ansatz, der vielerorts zitiert wird, ist wohl derjenige von Patricia Werhane in der Ergänzung durch Hans Lenk. Er soll nachfolgend zunächst als Ausgangspunkt und Folie für eine Kritik genommen werden, was sinnvoll erscheint, weil er bereits eine Hierarchisierung von *Regeln* enthält. Dabei wird deutlich, daß einige Probleme dieses Ansatzes auch in dem weiteren Modell, das, ausgehend von *Rechten*, Güter/Werte und Strategien ihrer ‚Gewichtung' gewinnen will, auftreten werden. Auf der Basis einer kritischen Prüfung dieses Ansatzes sollen pragmatische Regeln der Güterabwägung eruiert werden, die auf Strategien eines ‚Dissensmanagements' basieren.

## Ein hierarchisches System von Regeln: der Ansatz von Werhane/Lenk

### a. Werhane/Lenk modellieren zehn Schritte

**Erster Schritt:** „Moralische Rechte jedes betroffenen Individuums abwägen"; diese gehen vor Nutzenüberlegungen; es sind prädistributive (Grund-)Rechte. Das Recht auf Freiheit und Unantastbarkeit kann nur relativiert werden, *wenn seine eigenen Bedingungen in Gefahr sind.*

**Zweiter Schritt:** „Kompromiß suchen, der jeden gleich berücksichtigt" — im Falle eines unlösbaren Konflikts „zwischen gleichwertigen Grundrechten".

**Dritter Schritt:** „Erst nach Abwägung der moralischen Rechte jeder Partei darf und sollte man für die Lösung votieren, die den geringsten Schaden für alle Parteien mit sich bringt.“ (‚Negativer Utilitarismus‘)

**Vierter Schritt:** „Erst nach ‚Anwendung‘ der Regeln 1, 2 und 3 kann man Nutzen gegen Schaden abwägen.“

Es gilt also, daß nichtaufgebbare moralische Rechte vor Schadensabwendungen und –verhinderung und diese vor Nutzenerwägungen stehen.

**Fünfter Schritt:** Bei praktisch unlösbaren Konflikten sollte man faire Kompromisse suchen. (Faire Kompromisse sind z. B. annähernd gleichverteilte oder gerechtfertigt proportionierte Lasten– bzw. Nutzenverteilung).

Hans Lenk hat nun hinsichtlich der möglichen Bezugsinstanzen der Verantwortungsübernahme folgende weitere Schritte vorgeschlagen:

**Sechster Schritt:** „Allgemeine (höherstufige) moralische Verantwortung geht vor nichtmoralischen beschränkten Prima–facie–Verpflichtungen.“

**Siebter Schritt:** „Universalmoralische Verantwortung geht in der Regel vor Aufgaben– bzw. Rollenverantwortung.“

**Achter Schritt:** „Direkte primäre moralische Verantwortung ist meistens vorrangig gegenüber indirekter Fern– oder Fernstenverantwortung (wegen der Dringlichkeit; aber: Abstufungen nach Folgenschwere und –nachhaltigkeit).“ Dies kann daher überleiten in die institutionelle Verantwortungswahrnehmung, in die Individuen eingebunden sind. Daher gilt

**Neunter Schritt:** „Das öffentliche Wohl, das (nichtregionalisierte) Gemeinwohl soll allen anderen spezifischen und partikularen Interessen vorangehen“ (gerade in deren Interesse).

Und schließlich ist Rahmenbedingung für die Konkretisation

**Zehnter Schritt:** „Bei der sicherheitsgerechten Gestaltung ist derjenigen Lösung der Vorzug zu geben, durch die das Schutzziel technisch sinnvoll und wirtschaftlich am besten erreicht wird. Dabei haben im Zweifel die sicherheitstechnischen Erfordernisse den Vorrang vor wirtschaftlichen Überlegungen." (Für technische Regelwerke nach DIN 31 000.)

Diese Schrittfolge ist aber immer noch so allgemein formuliert, daß für die Konkretisation weiterführende Überlegungen notwendig sind.

## b. Regelsysteme in der Praxis

Beim Versuch, ein solches Regelsystem in die Praxis umzusetzen, entstehen drei Problembereiche, auf die bereits Aristoteles hingewiesen hat:

**Interpretierbarkeit** In den einzelnen Schritten sind Schlüsselbegriffe vorfindlich, die *unterschiedlich interpretierbar* sind bzw. für die allgemein anerkannte Interpretationen nicht vorliegen:

**Schritt 1:** *‚Freiheit'/‚Unantastbarkeit';*

**Schritt 3:** *‚Schaden';*

**Schritt 4:** *‚Nutzen';*

**Schritt 5:** *‚fair';*

**Schritt 9:** *‚öffentliches Wohl';*

**Schritt 10:** *‚sicherheitsgerecht'.*

Die Unsicherheiten sind erstens darin begründet, daß auf *unterschiedlichem kulturellen Hintergrund* die Basisbegriffe unterschiedlich faßbar sind (‚Freiheit'/‚Unantastbarkeit') und zweitens darin, daß die Fassung der Begriffe in Abhängigkeit von den jeweils die *Anerkennung vollziehenden Individuen* variieren kann (Lessing: ‚Was ist der Nutzen des Nutzens?').

**Probleme der Gewichtung** In den einzelnen Schritten werden Begriffe verwendet, deren Bezug zu den von ihnen erfaßten Kandidaten (Sachverhalte, Sachlagen, Personen) unklar ist und *graduell gewichtet werden kann*, je nachdem, wie hoch die Erfordernisse für das Zusprechen einer ‚Ähnlichkeit' (Aristoteles), also einer hinreichenden Menge spezifischer Merkmale angesetzt werden:

**Schritt 1:** *‚betroffene Individuen'*;

**Schritt 2:** *‚gleich berücksichtigen'*;

**Schritt 5:** *‚annähernd gleich verteilt'*;

**Schritt 6:** *‚Prima–facie–Verpflichtungen'*;

**Schritt 8:** *‚Folgenschwere und –nachhaltigkeit'*;

**Schritt 9:** *‚spezifische Interessen'*;

**Schritt 10:** *‚technisch sinnvoll'*.

**Regelkonflikte** Selbst innerhalb einer solchen — auf den ersten Blick streng gebauten — Hierarchisierung werden *Regelkonflikte* ersichtlich, die die Hierarchie ins Wanken bringen können:

**1. Schritt zu 3. Schritt:** im Blick auf die Bedingungen von Freiheit (z. B. Befriedigung von Grundbedürfnissen);

**2. Schritt:** Konflikte zwischen gleichwertigen Grundrechten (z. B. Frieden/Unversehrtheit — Freiheit);

**1. Schritt zu 4. Schritt:** Konflikt zwischen negativer und positiver Freiheit;

**5. Schritt:** die hier erwähnten Konflikte können die gesamte Hierarchie zu Fall bringen;

**1. Schritt zu 8. Schritt:** Konflikt zwischen Freiheitserhalt und institutioneller Herrschaft; dasselbe gilt für das Verhältnis von 1. Schritt zu 9. Schritt.

## Ein hierarchisches System von Rechten (Nida–Rümelin)

Ein hierarchisches System von Rechten als Grundlage der Beurteilung anzunehmen, hat auf den ersten Blick den Vorteil, daß solcherlei ‚Grenzmoral' aus unterschiedlichster ethischer Perspektive als konsensfähig erscheint und lediglich Spielräume für individuelles Optieren festgelegt werden. Bei Konflikten würde dann ein jeweils übergeordnetes Recht die Orientierungsinstanz abgeben können. Allerdings finden wir auch hier die drei erwähnten ‚aristotelischen Problemfelder' wieder. Nida–Rümelin hat folgende Hierarchie vorgestellt:

### a. Lebensrecht, differenziert in existentielles Lebensrecht und humanes Lebensrecht

*Interpretationsprobleme* ergeben sich bezüglich der Begriffe ‚Leben', ‚Person', ‚human', etc., *Anwendungsprobleme* — daraus folgend — auf die Gattung und/oder Individuen und/oder menschenähnliche Tiere einschließlich ihrer Existenzbedingungen und/oder diejenigen zukünftiger Generationen. *Konflikte* können auftreten im Blick auf die Validierung von Existenzbedingungen im Verhältnis zu humanem Lebensrecht, unterschiedlichen Aspekten von Menschenwürde sowie Gegenwartspräferenz im Verhältnis zu Zukunftspräferenz. Im wesentlichen werden hier Aspekte negativer Freiheit als Freiheit von... (existentieller Bedrohung, Krisenzwang, Determination zu quasi tierischer Lebensweise etc.) thematisiert. Alle Einschränkungen sind daher notwendigerweise zustimmungspflichtig, was Probleme mit sich bringt für diejenigen Fälle, in denen diese Zustimmung paternalistisch vorgenommen werden müßte (zukünftige Generationen, defizientes Personsein, kognitive Defizite Betroffener etc.).

### b. Menschenrechte

Hier stehen die erwähnten Probleme an im Blick auf die Validierung der entsprechenden positiven Freiheiten (Freiheit zu...) in ihrer Abstufung (vgl. die Diskussion um ein ‚Recht auf Arbeit'). Insbesondere stößt die gut begründete Priorisierung von Schadensverhinderung vor Nutzenoptimierung hier auf Einschätzungsprobleme in der Anwendung, denn je nach

Anerkennungsbasis kann, was von einer Partei bereits als Nutzenoptimierung charakterisiert wird, von der anderen hinsichtlich positiver Freiheiten noch als Schadensverhinderung erachtet werden (z. B. eine Einschränkung der Handlungsspielräume bei der Wahl von Mitteln und Zwecken).

## c. Bürgerrechte

Es finden sich hier wesentliche Partizipations-(Teilnahme-)Rechte sowie *sozial* begründete Teilhaberrechte (die z. B. im Rahmen des Generationenvertrages entstehen). Auf diese Rechte bezog sich das Gutachten der KFA Jülich in der Begründung der Ablehnung des Plutoniumkreislaufes unter den notwendigen Sicherheitsbedingungen. Da Bürgerrechte durch einen kollektiven oder als kollektiv unterstellten Anerkennungsakt konstituiert werden, entstehen Probleme hinsichtlich ihrer möglichen Einschränkung relativ zur Durchsetzung von Lebens- und Menschenrechten einerseits sowie hinsichtlich von deren Einschränkung durch kompromißlos reklamierte Bürgerrechte, da die Einschränkung der ersten beiden nur auf der Basis *individueller* Anerkennung, der Bürgerrechte aber nur *kollektiv* vollzogen werden kann (‚Gesellschaftsvertrag'). Diese Asymmetrie belastet die Grundrechtsdiskussionen, die Asylgesetzgebung, den Einbezug der ‚Dritten Welt' in den Energiediskurs etc.

## d. Ökologische Rechte

Unter diesem Titel wird das Anwendungsproblem auf empfindende Wesen ausgedehnt, soweit sie durch bestimmte Charakteristika ‚menschenähnlich' sind. Einschränkende Bedingungen für diese Ausdehnung leiten sich aus den drei übergeordneten Rechtsbereichen her, wobei deren Unsicherheit weitertransportiert wird (z. B. in der Beurteilung von Tierversuchen). Rechtfertigt eine höherrechtlich begründete Nutzenoptimierung das Absehen von Schadensverhinderung im ökologischen Rechtsbereich?

## e. Eigentumsrechte

Hier finden sich *individuell* begründete Teilhaberrechte als schwache Individualrechte, die dann mit Bürgerrechten als *sozial*en Teilhaberrechten kollidieren können, wenn durch die Organisation ihrer Realisierung zuallererst die wirtschaftliche Basis für die Realisierung jener geschaffen wird (vgl. die Kontroversen über die Internalisierung externer Kosten, die immer wieder für den Ökologiebereich plausibilisiert wird, nicht jedoch in diesem Maße z. B. für den Bereich der Krankenversorgung und Altersvorsorge).

Versuchen wir, unter diesen Rechten den *Gesamtwertbaum*[1] zu validieren, so zeigt sich schnell, daß der Gesamtwertbaum von seiner Architektur her kaum erlaubt, daß das angedeutete Konfliktpotential im Bereich der Rechte bruchlos auf entsprechende Konflikte in der Bewertung von *‚Gütern'* abgebildet wird, Konflikte, die dann im Blick auf übergeordnete Rechte aufgelöst werden könnten:

Die Reklamierung von *Lebensrecht* würde zunächst bedingen, daß die Güterkomplexe unter ‚2.' generell priorisiert werden. Hier finden sich jedoch auf den ersten Blick solche der Schadensverhinderung vermengt mit solchen der Nutzenoptimierung (die wiederum als Schadensverhinderung für zukünftige Generationen etikettiert werden könnte). Akzeptiert man die Priorität von Schadensverhinderung vor der Nutzenoptimierung, so erhebt sich sofort die Frage, ob die Nutzenoptimierung im Bereich eines übergeordneten Rechtes Vorrang hat vor der Schadensverminderung im Bereich eines untergeordneten. Dies wird für den Bereich ökologischer Rechte in bestimmten Fällen konzediert, kaum jedoch für das Verhältnis von Lebensrecht zu Menschenrecht (und macht ja, bezogen auf das Verhältnis von Menschenrechten zu Bürgerrechten und Eigentumsrechten, die Liberalismusdebatte aus).

*Menschen- und Lebensrechte* werden im Wertbaum unter ‚3.1' thematisiert, wobei für einige dieser Rechte bestimmte Werte aus dem Bereich 2. als Existenz- und Realisierungsbedingungen erscheinen — also übergeordnet sind, andere jedoch unter das Primat der Präferenzbildung (Werte aus 3.) gestellt werden können. Rahmenbedingungen für Präferenzbildung wiederum finden sich unter ‚Bürgerrechten' thematisiert, was dazu Anlaß geben könnte, solcherlei zu priorisieren im Blick auf die Menschenrechte als solche einer ‚Freiheit zu ...', weil sonst die Realisierung von Menschenrechten keinen Definitionsbereich finden könnte. Überdies enthalten die Bereiche 1.2 und 1.3 eine ganze Reihe von Werten, die der Schadensverhinderung auf allen Rechtsebenen verpflichtet sind.

Der Gesamtwertbaum[2] erscheint also unter den vorgestellten Kriterien

[1] Anm. d. Red.: Der Gesamtwertbaum findet sich im Anhang S. 371–391.

[2] Siehe ebd.

einer Hierarchisierung als *kategorial inhomogen* und relativ *ungeordnet,* was überhaupt den Versuch betrifft, die Konfliktpotentiale zu systematisieren. Dabei wird deutlich, daß der Versuch, ein Regelsystem in Form einer Hierarchie zu begründen, bei der Umsetzung vor enormen Schwierigkeiten steht. Ein System von Regeln steht und fällt erstens mit seiner eigenen *Anerkennungsbasis* und zweitens mit der zu fordernden immanenten Eigenschaft, eine *flexible Regelfortschreibung* in Abhängigkeit von den Kandidaten der Anwendung zu ermöglichen (so wie das Richterrecht die Gesetzgebung fortschreibt). Diese Forderungen gelten auch für Regelsysteme nichthierarchischer Struktur, wie sie beispielsweise in der *VDI-Richtlinie 3780 (‚Technikbewertung')* vorfindlich sind.

## Priorisierungsregeln als Metaregeln: Hubig

Sowohl hierarchische (Lenk, Nida-Rümelin) wie auch nichthierarchische Regelsysteme (VDI-Richtlinie Technikbewertung) bergen durchgängig Konflikte, die durch die Systemarchitektur nicht auflösbar sind. Allerdings finden sich auch augenfällige Gemeinsamkeiten, die sich als Priorisierungsregeln formulieren lassen:

- Primat der Gewährleistung von Existenz- und Handlungs*bedingungen* vor Existenz- und Handlungs*optimierung* (Primat der Erhaltung negativer Freiheit vor der Gewährleistung positiver Freiheit),
- Primat der *Schadensminimierung* vor der *Nutzenerhöhung,*
- Primat *fairer Verteilung* vor *individueller Gratifikation.*

Blenden wir zunächst das Anwendungsproblem aus und fragen nach der gemeinsamen Intention der Anerkennung solcher Regeln, so wird ersichtlich, daß sie sich dem Interesse am Erhalt der *Möglichkeit des Entscheidens* überhaupt verdankt:

Diese Möglichkeit gründet in der Identität des *Handlungssubjektes* sowie in der weitestmöglichen Erhaltung eines Spielraumes von *Optionen.* Ist beides gegeben, sprechen wir von einer (relativen) ‚Freiheit von...' (externer Determination, Zwang) und einer ‚Freiheit zu...' (Optionenwahl/Optionenänderung). Ersteres ist Konsequenz des Befundes, daß jede konkrete Regel ihrer *Anerkennung* bedarf, letzteres ergibt sich aus der

Forderung nach der Möglichkeit, Optionen zu *ändern* sowie Regeln *fortzuschreiben*, zu modifizieren etc.... Im Blick hierauf kommt Werten, die jenes *Vermächtnis*, den Erhalt der Identität des Handelnden, garantieren, den sog. *Vermächtniswerten*, eine besondere Bedeutung zu. Gleiches gilt für diejenigen Werte, deren Berücksichtigung ein weitestmögliches Offenhalten von Entscheidungsspielräumen und flexiblem Reagieren bedingt, die sog. *Optionswerte*.

Die Orientierung an Vermächtniswerten kann somit als Metaregel formuliert werden, diejenigen Bedingungen *weitestmöglich* zu erhalten, die die Herausbildung der Identität eines Handlungssubjekts zuallererst ermöglichen (Sozialisation, Heimat, Tradition, Kommunikation etc.), somit seinen Umgang mit Regeln. Die Orientierung an Optionswerten führt zur Metaregel, den Spielraum für Regelkandidaten, unter denen die Identifizierung von Handlungsmitteln und Handlungszwecken erfolgt, möglichst weit zu halten (planning for diversity and choice). Unter diesen beiden Metaregeln lassen sich dann konkret weitere Regeln in Abhängigkeit von den zu bewertenden Kandidaten jeweils unterschiedlich gewichten und im Blick auf ihre Anwendung fallbezogen priorisieren.

## a. Vermächtniswertperspektive und Optionswertperspektive

Die beiden Metaregeln können allerdings ihrerseits in einer Konfliktbeziehung doppelter Art stehen:

Es können Konflikte bestehen zwischen ihrer Konkretisation aus der *Ist-Perspektive* und derjenigen aus der *Kann-Perspektive*, wenn es z. B. darum geht, konkrete Auffassungen individueller Personalität im Rahmen gewohnter Sozialisation gegenüber Projekten, die auf eine Veränderung von Lebensgewohnheiten abzielen, zu gewichten, oder wenn es darum geht, die Erweiterung von Optionen zum Ist-Zeitpunkt abzuwägen zur Möglichkeit ihrer Erweiterung in der Zukunft bei gegenwärtiger Einschränkung.

Weiterhin können Konflikte zwischen der *Vermächtniswertperspektive* und der *Optionswertperspektive* insgesamt entstehen, wenn ein Vermächtniserhalt eine Optioneneinschränkung erfordert oder eine Optionenerweiterung die Aufgabe bestimmter Vermächtnisse verlangt.

In solchen Fällen sind höherstufige Priorisierungen notwendig, die sich ebenfalls auf eine Analyse der Handlungsbedingungen stützen können:

Im Fall einer Kollision zwischen einer gegenwartspräferierenden mit einer zukunftspräferierenden Bewertung ist die zukunftspräferierende vorzuziehen, weil jeder Gratifikation in der Gegenwart implizit deren Anerkennung zugrunde liegt, die ihrerseits auf den Akt der Anerkennung, somit Freiheit verweist, die als Vermögen durch Zukunftsverengung beschädigt würde. Dies hat insbesondere Konsequenzen gegenüber der Einschätzung des von Organisationen getragenen Lobbyismus, der wesentlich der Gratifikation der Organisationsmitglieder verpflichtet ist, gegenüber der Orientierungsleistung, die durch Institutionen erbracht wird (Arnold Gehlen: Ferngratifikation).

Im Falle einer Kollision zwischen Vermächtniswerten und Optionswerten ist die *Vermächtniswertperspektive zu favorisieren.* Dieser auf den ersten Blick konservativ erscheinenden Lösung liegt die handlungstheoretische Überlegung zugrunde, daß ein Entscheidungsträger ohne Identität (die ja durch konkrete Vermächtnisse gewährleistet wird) auch bei einer Vielzahl von gegebenen Handlungsoptionen nicht entscheidungsfähig ist und angesichts der Überforderung kapituliert, umgekehrt aber ein Subjekt mit gesicherter Identität im Bedarfsfalle in der Lage ist, sich Optionen zu schaffen, indem es seine kurzfristigen Interessenerfüllung zugunsten langfristiger Gratifikation zurückstellt.

Die Anerkennung dieser Regeln begründet jedoch noch nicht für sich ein System von Regeln der Güterabwägung. Die Wertkonflikte können in ihrer konkreten Gestalt so unterschiedlich sein, daß schwerlich abstrakte Prinzipien für ihre Lösung direkt in Anschlag gebracht werden können. Ich schlage daher vor, eine Reihe von *Verfahrensregeln beim Umgang mit Dissensen*, die oft nichts anderes sind als konfligierende Einschätzungen der Wertproblematik im konkreten Fall, zu berücksichtigen, die *Metaregeln* also in *Verfahrensregeln* umzusetzen.

## b. Dissensmanagement im Blick auf die Szenarien B, C, D

Ziel eines solchen *‚Dissensmanagements‘* ist es, ‚im Falle unauflösbarer Konflikte‘ nicht den Diskurs an einer zu harten Konsensforderung scheitern zu lassen, einer Forderung, die auch schwierig zu operationalisieren ist, weil der Kreis der Betroffenen im Blick auf seine Abgrenzung das größte Rechtfertigungsproblem darstellt (das auch nicht durch kontrafaktische oder paternalistisch geführte Advokatendiskurse gemildert werden kann).

**(1) Strategie der Reindividualisierung** Der Priorisierung der Vermächtniswertperspektive entspricht es, diejenigen Lösungen zu favorisieren, die die individuellen Entscheidungen im Umgang mit Energie am wenigsten einschränken, soweit nicht eine Grenze berührt wird, die die Bedingungen der Existenz dieses Vermächtnisses zerstört. Der Dissens soll also so weit wie möglich ‚ausgehalten' werden. Das Problem liegt in der Beurteilung der Frage, wann eine Reindividualisierungsstrategie an ihre Grenzen stößt. Dies wird besonders beim *Szenario B* deutlich, das seine Hypotheken im wesentlichen bezüglich der Folgen des Einsatzes von Kernkraft mit sich führt. Unsicherheiten bezüglich der Gewährleistung von Existenzbedingungen und negativen Freiheiten können dabei der Individualisierungsstrategie den Rechtfertigungsgrund entziehen. Gleiches gilt im Blick auf ungelöste Fragen der *Risikoverteilung*, weil jeder, der für Reindividualisierung eintritt, deren Grundbedingungen anerkennt (Internalisierung, Risikoproporz entsprechend den Gratifikationen etc.).

**(2) Strategie der Problemrückverlagerung** Wenn solche Grenzen erreicht sind (Endlagerungsproblem, Klimakatastrophe), sollten Konfliktlösungen angestrebt werden, die angesichts der bei allen Energiebereitstellungsstrategien gegebenen problematischen Umweltverträglichkeit das Problem auf seine Wurzel *verlagern*, nämlich diese, daß wir bestimmte Energie*dienstleistungen* benötigen. Hier eröffnet sich ein weites Feld von Optionen, bis hin zur Optimierung der fiskalischen Voraussetzungen für die notwendigen personalintensiven Beratungsleistungen. Aus der Sicht dieser Strategie spricht einiges für das *Szenario C*, das jedoch hinsichtlich der Ressourcenbasis, auf die hin es orientiert ist, nicht zukunftsfähig ist, und daher, was die Konsequenzen des gewählten Ansatzes angeht, *doch nach D hin tendieren müßte*.

Es müßte also um eine deutliche Option *erweitert* werden, die auf die Anerkennung der leitenden Regeln von *D* hinausläuft, sobald die für *C* tragende Ressourcenbasis erschöpft ist.

**(3) Strategie der Problemlösungsverschiebung (Moratorium)** Wenn wegen fehlender Abschätzungsmöglichkeit Optionskonflikte bestehen, ist eine *Verschiebung* der Problemlösung einem Optionenerhalt eher dienlich als eine vorschnelle Festlegung auf einen einzigen Pfad mit den einschlägigen Folgelasten. Auch diese Strategie spricht auf den ersten Blick für *C*, scheint jedoch für den Bereich der Energiebereitstellung (im Unterschied etwa zur Gentechnologie) wegen des hohen Zeitdrucks für die zu entwickelnden Problemlösungen nur bedingt akzeptabel. Im Falle von Konflikten, für die keinerlei Harmonisierung ersichtlich ist (z. B. Unzugänglichkeit der Endlagerungsstätten versus Zugänglichkeit/Reparabilität der Deponien) bleibt allerdings nur die Möglichkeit, auf die Problemlösungskompetenz zukünftiger Generationen zu setzen, insbesondere, wenn beide Alternativen den gleichen Rechtfertigungsgrund in Anspruch nehmen (Freiheitsermöglichung) und unter dem gleichen Rechtfertigungsgrund kritisierbar sind (Freiheitseinschränkung).

Dieses Dilemma entlastet *C* von dem Vorwurf, nicht nachhaltig zukunftsfähig zu sein, sondern nur in einem begrenzten Zeithorizont. In das Leitbild für *C* müßte aber andererseits die bewußte Inkaufnahme von Krisenmanagement nach Ablauf des Moratoriums für prohibitive Maßnahmen mit aufgenommen werden.

**(4) Prohibitive Maßnahmen** Im Falle von Konflikten unter Entscheidungsdruck sind nur im äußersten Falle prohibitive Maßnahmen anzuraten, da diese im Gegensatz zu Anreizsystemen die Innovationstätigkeit behindern und allenfalls Anlaß zur Entwicklung von Umgehungsstrategien geben. Daraus kann eine differenzierte Beurteilung von *D* resultieren: Angesichts der bestehenden Krise erscheint das Szenario konsequent. Die in dem entsprechenden Leitbild allerdings enthaltene Verabschiedung auch eines modifizierten Einsatzes von Kernkraft bedeutet eine deutliche *Optionswertverletzung* (auch im Blick auf die Forschung). Angesichts der Möglichkeit, daß unter den Bedingungen steigender Bevölkerung die entsprechenden Prohibitionen verschärft werden müssen, finden negative Bewertungen aus der Sicht der Vermächtnisse Bürgerrecht und Eigentumsrecht einen Ansatzpunkt.

Das Szenario *D* wäre daher um *Elemente aus C* (beschränkte Kernkraftoption/Entwicklungslinie kleiner Reaktoren mit geschlossenem Brennstoffkreislauf, Kernfusion, Rubbia-Reaktor[1] etc.) zu ergän-

[1] Anm. d. Red.: Ein Rubbia-Reaktor soll langlebige radioaktive Isotope durch Rückführung in den Brennkreislauf in kurzlebigeres Spaltmaterial umwandeln. Das Verfahren selbst ist noch im Stadium der physikalisch-technischen Grundlagenforschung.

zen. Darüber hinaus zählen *pragmatische* Argumente: Prohibitive Maßnahmen sind nur als *globale* Maßnahmen wirksam. Ein Regional–Szenario, das prohibitiv geprägt ist, provoziert sofort Umgehungs- und Auslagerungsstrategien und ist unter konsequentialistischen Gesichtspunkten nicht begründbar (z. B. angesichts des zu erwartenden $CO_2$–Ausstoßes in China). Ein moderates Szenario wie $C$ könnte hingegen auch als globales Leitbildsignal wirksam werden.

**(5) Kompromisse** Die problematischste Art des Dissensmanagements besteht in der — wie wohl aus pragmatischen Gründen oft gebotenen — Findung von Kompromissen (Energiemix), weil solche Kompromisse eine Lösung bloß vorgaukeln und das eigentliche Problem in immunisierter Form fortschreiben, wobei sich die negativen Folgen der am Kompromiß beteiligten Kandidaten akkumulieren. Dies wird besonders deutlich im Blick auf das Szenario $C$. Es ist tolerabel als Szenario ‚schlechten Gewissens', eine Anerkennung der Regeln von $D$ explizit offenzuhalten und sich selbst nur als Übergangsmodell einzuschätzen.

## c. Testfragen

Die Frage, welche Strategie des Dissensmanagements in Anschlag zu bringen ist, kann sich an Testfragen orientieren, wie sie sich für die Technikgestaltung stellen. Solche Testfragen können das Feld der Antwortfindung eingrenzen. Ich hatte seinerzeit vorgeschlagen, im Rahmen einer sukzessiven Problemvertiefung vier Testfragen zu berücksichtigen:

**Wie weit soll eine Optimierungsstrategie fortgesetzt werden?** Bei der Beantwortung dieser Frage wird als allgemeines Regulativ das Prinzip des abnehmenden Grenznutzens (bzw. Grenzertrages) berücksichtigt. Dies wirkt sich aus z. B. bei der Frage nach der Zulässigkeit von Restrisiken. In bestimmten Grenzen kann im Bereich der Energiebereitstellung hier durchaus für die Findung entsprechender Wege der Erhöhung des Wirkungsgrades ein Spielraum individueller Problemlösungen offen gelassen werden. Allerdings werden bei der Zumutbarkeit von Restrisiken bzw. Folgelasten aus Ökobilanzsicht Grenzen ersichtlich, die der beliebigen Disposition durch Individuen nicht mehr unterliegen. Dies insbesondere hinsichtlich der Nutzung endlicher Ressourcen, der Internalisierungsnotwendigkeit externer Kosten sowie der Bindung von ökonomischen Ressourcen (Amortisationsdruck) zuungunsten alternativer Lösungen, wie sie beispielsweise durch entsprechenden Technologietransfer in die ‚Dritte Welt' realisiert werden könnten. Das Optimierungsproblem für Blockheizkraftwerke läßt sich unter dieser Testfrage anderen Strategien des Dissensmanagements zuführen als die Optimierung der Sicherheit großer Reaktoren (Problemrückverschiebung vs. Kompromiß).

**Ist es zu befürworten, daß ein bestimmter technischer Nutzen erkauft wird durch einen Abbau von Handlungskompetenz?** Jegliche Nutzung von Technik schränkt Handlungskompetenzen ein infolge der Notwendigkeit, die jeweiligen Folgelasten zu bewältigen. Dieser Konflikt gehört sicherlich zu den ‚unlösbaren' Konflikten. Soweit möglich sollte diese Frage im Rahmen der Dissensmanagementstrategie (vgl. S. 118) behandelt werden, was für das Energieproblem bedeutet, daß die Frage nach Energiedienstleistung oberste Priorität bekommt und das gesamte Spektrum der Möglichkeit, solche Leistungen (Wärme, Licht, Kommunikation etc.) zu erbringen, ausgeschöpft wird. Erst beim Scheitern dieses Versuches bzw. beim Erreichen seiner Grenzen, würde das Leitbild des Szenarios *D* möglicherweise rechtfertigungsfähig, allerdings unter der Hypothek, die alle prohibitiven Maßnahmen begleitet.

**Sollen bestimmte Systeme der Technik bzw. des Wirtschaftens weiter ausgebaut werden? Wollen wir diese Systeme?** Bei der Fortschreibung bestimmter Systementwicklungen wie bei dem Neueinstieg finden wir uns immer wieder vor der ‚falsifikatorischen Asymmetrie' (Walther Ch. Zimmerli), daß systembedingte Folgelasten zu spät erkannt werden und Gesamtsysteme sich dann nur noch schwer handhaben lassen. Dies berücksichtigen die Dissensmanagementstrategie (3) (vgl. S. 118), indem sie in bestimmten Fällen eines beabsichtigten Neueinstiegs Begründungen für ein Moratorium prüft, und die Dissensmanagementstrategie (4) (vgl. S. 119), indem durch prohibitive Maßnahmen die Entwicklung alternativer Systeme mit geringerer Eingriffstiefe (Energieeinspartechnologien) begünstigt werden.

**Identifizieren wir unsere Subjektivität, gewinnen wir unser Selbstbild zu sehr über eine bestimmte Technik?** Unter dieser existentiellen Testfrage, die im Energiebereich einschlägig ist im Blick auf die Versuche einer ‚Ökobilanzierung des Menschen', die diesen unter thermodynamischen Gesichtspunkten lediglich als ‚Energie- und Stoffdurchlaufmodell' begreift, kann eine Relativierung der Abwägungsstrategien und ein begründeter Rückverweis auf die Strategie (1) (vgl. S. 118) gefordert werden, weil die Möglichkeit zu einer qualitativen Selbstidentifikation des Menschen nicht durch dogmatische Modelle einschränkbar ist. Dies bedeutet, daß nicht unter Verwendung des Kollektivsingulars die Frage ‚Wieviel Umwelt darf *der* Mensch verbrauchen?' Prohibitionen rechtfertigungsfähig werden, die sich einem technisch-induzierten Menschenmodell verdanken. Wird hingegen die Ebene der Existenzbedingungen menschlichen Handelns überhaupt berührt, so kann unter Gattungsgesichtspunkten der ‚Umweltverbrauch' der Menschheit zum Gegenstand des Disponierens werden und Szenarien wie *D* rechtfertigen. *Diese sind als Regionalszenarien dann aber nicht mehr sinnvoll.*

## Zusammenfassung

- Ein hierarchisch geordnetes System von Regeln der Güterabwägung scheint mir nicht realisierbar.

- Direkt konsensorientierte Diskurse vermögen m. E. die Konfliktpotentiale nicht zu lösen.

- Dissensmanagement kann unter Berücksichtigung anerkannter Bedingungsgefüge Konfliktpotentiale mildern, indem die Spielräume für das Bestehenlassen von Dissensen jeweils fallbezogen eingegrenzt werden.

- Dissensmanagement kann nicht ‚in einem Kopf' stattfinden. Insofern kann eine Beurteilung der Szenarien nur hypothetisch vorgenommen werden. *Das Szenario C könnte wohl, ergänzt um etliche Optionen aus D, aus der Sicht der meisten Dissensmanagementstrategien am günstigsten abschneiden, weil es im relativ höchsten Maße Options- und Vermächtniswertperspektiven zusammenführt.*

Klaus Kornwachs:

# Versuch einer ethischen Bewertung der Szenarien zur klimaverträglichen Energieversorgung in Baden–Württemberg



## Einleitung

Die Akademie für Technikfolgenabschätzung, Stuttgart, hat im Rahmen ihres Projekts: ‚Klimaverträgliche Energieversorgung in Baden–Württemberg' vier Szenarien entwickelt und der Fachöffentlichkeit vorgestellt (Schade, Weimer–Jehle 1996). Im Kontext der Phase III dieses Projektes ‚Gesellschaftlicher Diskurs' wurde ein Dialog mit Fachvertretern der praktischen Philosophie und der Ethik eröffnet. Der vorliegende Beitrag ist ein Reflex auf diese Diskussion und vermittelt zugleich, so die Absicht, eine ethische Einschätzung der Szenarien.[1]

Nach dem Selbstverständnis der Akademie für Technikfolgenabschätzung stellen jegliche Bewertungen von existierenden oder geplanten technisch–organisatorischen und soziotechnischen Systemen, auch solche, die aus ethischen Gesichtspunkten vorgenommen werden, einen Beitrag zu einer Diskussion dar, die die Akademie initiiert, moderiert und deren Ergebnisse für weitere Diskussionen distribuiert. Ethische Beurteilungen sind daher keine *ex cathedra* Instrumente zur Verkürzung energiepolitischer,

[1]Anm. d. Red.: Die Szenarien sind im Anhang S. 359–363 dokumentiert.

ordnungspolitischer oder technologiepolitischer Diskussionen, sondern „... es kommt darauf an, daß sich die Wissenschaft im institutionellen Sinne wieder stärker als ein die Welt nicht nur erforschendes, sondern auch klug beratendes Subjekt begreift ... “ (Mittelstraß, Gethmann 1992). Dies entbindet nicht davon, Verantwortungsbeziehungen wahrzunehmen, die bei einem solchen Beratungsprozeß entstehen. Auch wenn die Beurteilungen, Gewichtungen und Interpretationen von Sachverhalten bei verschiedenen Beratungsprojekten unterschiedlich ausfallen und der Adressat gutachterlicher Tätigkeit um die Notwendigkeit dieser Divergenzen weiß, setzt die ‚kluge Beratung‘ ein Vertrauensverhältnis voraus, das darauf basiert, daß sich alle Beteiligten um ein bestmögliches Ergebnis bemühen und nach bestem Wissen zu beraten und zu verstehen versuchen. Insofern hat auch der Beratende eine Mitverantwortung an der Anwendung des Ergebnisses seiner Beratung, auch wenn er nicht die politische oder sachliche Entscheidungslast trägt.

Philosophen und Ethikfachleute sind in den seltensten Fällen Energiefachleute und auch ein naturwissenschaftlicher Hintergrund ist nicht hinreichend, die oftmals feingesponnene Mixtur von quantitativ aufbereiteten Fakten, Wunschzahlen und aus unterschiedlichen Sichtweisen vorgenommenen unterschiedlichen statistischen Bewertungen zu entwirren und Kriterien des Zuträglichen oder des noch Hinnehmbaren zu entwickeln.

Es wurde von Nida-Rümelin (1996, S. 807ff.) vermutet, daß Konfliktfelder sich eher an der unterschiedlichen Wahrnehmung von sachlichen Inhalten als in der Divergenz moralischer Vorstellungen festmachen ließen. Man muß zum einen bei diesem Argument bedenken, daß die unterschiedliche Interessenlage der bei einem energiepolitischen Diskurs Beteiligten sich bereits bei der Wahl der verwendeten Begriffe, bei der Festlegung der Rahmenbedingungen für qualitative, quantitative und statistische Betrachtungen[1] und in der Abgrenzung des Untersuchungsfel-

[1] Quantitative Betrachtungen setzen einen Begriff für die entsprechende Variable, ein Meß- bzw. Bestimmungsverfahren, eine Skala, eine Maßeinheit und einen Nullpunkt voraus. All diese Bestimmungsstücke werden, obwohl historisch gewachsen, auch durch Zweckmäßigkeitsüberlegungen, nicht nur allein durch naturwissenschaftliche Gesetzmäßigkeiten festgelegt. Man muß sich also des konventionellen Charakters scheinbar objektiv quantitativer Größen klar sein. Statistische Behandlungen von Energieproblemen kranken meistens an dem Umstand, daß die Basis für die Angaben entweder unvollständig oder nicht transparent angegeben ist und daß sie unbemerkt während der Darstellung im Verlaufe der Argumentation wechselt. Diese Bemerkungen bedeuten nicht, daß bei den vorliegenden Studien über die Szenarien über eine klimaverträgliche

des niederschlägt. *Daß* Interessen vertreten werden, ist moralisch sicher unstrittig, *welche* Interessen aber für vertretbar gehalten werden sollen, berührt unmittelbar moralische Vorstellungen. Aus diesem Grunde ist auch eine unterschiedliche Wahrnehmung sachlicher Inhalte nicht völlig frei von normativen Gehalten[1]. Zum anderen scheint mir der Konsens in moralischen Beurteilungen nicht so weitgehend zu sein, wie ihn z. B. Nida–Rümelin sieht. Für den Bereich der rechtlichen Vorstellungen würde ich zustimmen; das Grundgesetz bietet hier in der Tat eine sehr breite Basis. — Die Divergenzen von moralischen und rechtlichen Vorstellungen, die zu Normenkonflikten führen können, führen jedoch zur Vermutung, daß bei gleichen Auffassungen über die graduelle Unantastbarkeit und Nichtverhandelbarkeit von Rechten Unterschiede über moralische Auffassungen bestehen können, die durch den Gleichklang der Übereinstimmung in rechtlichen Beurteilungen überdeckt werden.

Ich halte die Diskussion über ethische Probleme und moralische Belange nicht nur für einen Reflex von augenblicklich gepflegten ethischen und moralischen Vorstellungen, die es *als* subjektive Vorstellung bei den Diskussionspartnern gibt, sondern für ein Unterfangen, das der Vernunft zugängliche, mitteilbare, verstehbare und kritisierbare Argumente für die Bevorzugung oder Ablehnung bestimmter Handlungen, Regularien und Haltungen bis hin zu Verfahrensweisen für ihre Begründung erarbeitet und anhand aktueller Probleme und neuer Situationen auch immer wieder überprüft, in Frage stellt, weiterentwickelt und gelegentlich modifiziert. Deshalb ist auch der Verbindlichkeitsgrad eines in einer solchen Diskussion erarbeiteten Arguments, das sich der ungeteilten Zustimmung erfreut, höher als nur bei einer Auflistung dessen, was — vielleicht im Gegensatz zu dem, was tatsächlich von einer Mehrheit akzeptiert wird — für akzeptabel oder inakzeptabel gehalten wird.

---

Energieversorgung so vorgegangen worden wäre.

[1]Die übliche Unterscheidung zwischen einem Satz mit normativem Gehalt und ohne normativen Gehalt lautet: Jeder Satz, der ein Ver– oder Gebot explizit oder implizit beinhaltet, ist ein Satz mit normativem Gehalt. Daraus folgt, daß Anweisungen und Regeln bis hin zu Rechenvorschriften (im Rahmen eines Algorithmus) Sätze mit normativem Gehalt darstellen. Der Begriff ist also sehr weitgehend. Der naturalistische Fehlschluß wird so gekennzeichnet: Wenn man versucht, aus einem Satz ohne normativem Gehalt einen Satz mit normativem Gehalt abzuleiten, schließt man vom Sein auf das Sollen. In der analytischen Philosophie ist ein solcher Schluß verpönt — es ist allerdings umstritten, ob man in der ethischen Debatte einen solchen naturalistischen Fehlschluß prinzipiell vermeiden kann, wenn man z. B. Letztbegründungen für ethische Prinzipien oder Wertevorstellungen sucht.

Aus diesem Selbstverständnis ergibt sich die auf Seite 132ff. dargestellte präferierte Ethiktheorie. Nach einer kurzen Skizze der Aufgabenstellung auf der nächsten Seite folgt dann eine mehr synoptisch gehaltene Charakterisierung der vier zu beurteilenden Szenarien, wobei besonders auf die Analyse der Kohärenz der Szenarieninhalte mit den möglichen Folgen und den jeweils vorangestellten Leitbildern Wert gelegt wird. Nach der auf Seite 132ff. dargestellten präferierten Ethikauffassung wird auch auf die Bewertungsmethode durch den Gesamtwertbaum, den die Akademie erarbeitet hat,[1] kurz eingegangen, ebenso auf die in der Diskussion erörterten Regeln des Dissensmanagement.

Es wird bei der Wahl der Bewertungskriterien davon ausgegangen, daß es — nicht immer explizit benennbare — Präferenzrelationen auf der Menge von bewußten oder in Diskussion stehenden Werten und Gütern gibt, die in verschiedenen Kulturen und Diskurswelten unterschiedlich sind und sich auch geschichtlich verändern. Das schließt Normenkonflikte ein. Das Gewinnen ethischer Vorstellungen und möglichst universalisierbarer Regeln geschieht in der geschichtlichen Praxis nicht a priori, sondern durch soziale Erfahrungen der Praktikabilität von Regeln, die sich jedoch — zum Teil wenigstens — als invariant gegenüber kulturellen und geschichtlichen Kontexten erweisen.

Die didaktisch präferierte Darstellungsweise der Ethik geht so vor: Aus ethischen Prinzipien und Werten wird als Ausgangspunkt versucht, Normen, Handlungsregulative, Sitten und Gebräuche abzuleiten und zu rechtfertigen.[2] Dies setzt voraus, daß man über eine materiale Werteethik die Werte und ihre Präferenzen rechtfertigen kann. Bei einer Letztbegründung versucht man sogar, die ethischen Prinzipien (mittels anderer, bereits akzeptierter Prinzipien) zu begründen, (mittels formaler Schlüsse) zu beweisen oder (mittels Werten, die schon als allgemein akzeptiert gelten können) zu rechtfertigen. Selbst wenn man eine solche Letztbegründung nicht für möglich hält, darf dies nicht dazu verleiten, den Spieß gänzlich umzudrehen und nur noch aufgrund von Fallsammlungen Beurteilungen zu fällen, die sich zwar eines hohen Maßes an Konsens erfreuen, aber letztlich nur noch intuitive moralische Beurteilungen darstellen.

Es ist unstrittig, daß man aus der Validität solcher Beurteilungen ‚empirisch' zu Regeln gelangen kann, so wie man in den Wissenschaften

[1]Anm. d. Red.: Der Gesamtwertbaum findet sich im Anhang S. 371–391.

[2]Vgl. auch Abb. 1: Formaler Aufbau einer Ethik. S. 136.

durch Beobachtungen und Experimente zu Theorien gelangen kann. Wir wissen aber aus der Wissenschaftstheorie, daß die Theoriegeladenheit empirischer Begriffe dazu führt, daß ‚erst die Theorie bestimmt, was beobachtbar ist‘[1]. Dies dürfte auch für die Ethik gelten — intuitive moralische Vorstellungen sind ebenfalls ‚theoriegeladen‘, nämlich in Abhängigkeit davon, was man von vornherein für sittlich gut hält und welche Begriffe man überhaupt zur Verfügung hat. So sind in einer Tugendethik (z. B. bei Aristoteles) bestimmte ethische Probleme gar nicht formulierbar.

Aus dieser Überlegung heraus empfiehlt sich ein iteratives Vorgehen, das konsequentialistische und nichtkonsequentialistische Teilschritte enthält. Auf Seite 171ff. schließlich wird die Bewertung der drei Szenarien vorgenommen, wobei auf das Schalenmodell der unveräußerlichen Rechte und Güter (Nida-Rümelin 1995) ebenso eingegangen wird, wie auf die von Hubig vorgeschlagenen Metaregeln (1993).[2] Leitende Idee für die Bewertung ist das Prinzip der Bedingungserhaltung, das auf Seite 132ff. eingeführt wird.

## Die Aufgabenstellung

Die Akademie für Technikfolgenabschätzung hat vier Szenarien vorgestellt, die im Laufe des Projektes ‚Klimaverträgliche Energieversorgung in Baden-Württemberg‘ erarbeitet worden sind (Schade, Weimer 1995). Aufgabe ist es, einen Entwurf für ein System von Regeln der Güterabwägung für Energieversorgungssysteme und dazugehörender spezifischer Umsetzungsmaßnahmen zu leisten. Referenzfall hierfür sind die oben genannten Szenarien. Es wurde gewünscht, daß die Regeln der Güterabwägung anschlußfähig zu den Werten, Normen und Einstellungen eines der vier Alternativszenarien formuliert werden.

### a. Der Diskussionsstand

Neben der Darstellung der vier Szenarien *A, B, C* und *D* (Schade, Weimer 1995) waren dem Verfasser das Energiememorandum der Deutschen

[1]So hat sich A. Einstein im Gespräch mit W. Heisenberg geäußert. Vgl. Heisenberg 1969, S. 92). Zum Problem der empirischen und theoretischen Terme vgl. Zoglauer 1993.

[2]Vgl. auch die Beiträge von Nida-Rümelin und Hubig in diesem Band.

Physikalischen Gesellschaft (1995), Beiträge des Diskussionsteilnehmer (wie Hubig 1993, Nida-Rümelin 1995, 1996) ein Vorpapier von Christoph Hubig und die Aufzeichnungen aus der Diskussion am 17. Juli 1995 über die Energieszenarien in Stuttgart verfügbar.

Der damalige Diskussionstand ließ sich nach meiner Wahrnehmung wie folgt umreißen:

- Die Leitbilder, die in den Szenarien jeweils explizit vorgestellt werden, stellen keine Leitbilder im Sinne von Dierkes (1991) dar, sondern sind eher idealtypische Vorstellungen (in Anlehnung an den Weberschen Begriff).
- Die Vorgaben der TA-Akademie bezüglich des Einsparungsziels um 25% der heutigen $CO_2$-Emission beziehen sich auf das Jahr 2005, das Einsparziel um 45% auf das Jahr 2020 und orientieren sich, obwohl szenarientechnisch gesprochen nur Baden-Württemberg als Referenz vorgegeben wurde, am globalen Ziel, wie es bei der Umweltkonferenz von Rio und dem Beschluß der Bundesregierung vom 11. Dez. 1991 angedeutet worden ist.[1]
- Es besteht Einigkeit darüber, daß das Schalenmodell eines Katalogs von Rechten und Pflichten (als ‚right based morality' vorgestellt, vgl. auch Nida-Rümelin 1995), als Ausgangspunkt dienen kann. In einem zweiten Schritt soll dann eine Übersetzung in eine Theorie der Grundgüter möglich sein.
- Diskutiert wird auch, ob man zu einem System von Wertepräferenzen kommen kann, die sich dann bündeln lassen. Dabei ist klar, daß sich kohärente Begründungsfiguren in Abhängigkeit von bestimmten weltanschaulichen und moralischen Grundeinstellungen für gegebene energiepolitische Präferenzen nicht konstruieren lassen, weil

[1] Man vergleiche hierzu die Vorgabe von einer Reduktion auf 20% des heutigen Wertes beim Energiememorandum der Deutschen Physikalischen Gesellschaft (DPG 1995), bezogen auf das Jahr 2050. Daraus ergibt sich, daß, die Zielvorgabe der TA-Akademie im Jahre 2050 zu einer Reduktion auf 30-35% des heutigen Ausstoßes extrapoliert werden könnte. Anders ausgedrückt: Die Forderungen der traditionell eher industriefreundlichen DPG führen zu einer um 15-20 Jahre früheren Erreichung des letzteren Reduktionsziels. Da die Bezugsbasis der TA-Akademie Zielvorgabe bei der Angabe der 45% das Jahr 1987 ($\cong$ 100%) angibt, sind die Zielvorgaben nicht genau vergleichbar. Voß, Friedrich (1994, S. 430) geben eine Reduktion um 25% für das Jahr 2005 und 75% für das Jahr 2050 an.

es sie so nicht gibt. Energiepolitische Divergenzen in moralische Divergenzen abbilden zu wollen, wird deshalb als wenig sinnvoll angesehen.

- Erwartet man von der Diskussion einen Aufschluß von seiten der Philosophie darüber, wie Bürger mit Entscheidungsdilemmata umgehen (vorausgesetzt sie haben keine formalen, sondern nur Moderationshilfsmittel zu Verfügung), könnte das sog. Dissensmanagement wichtige Hinweise geben: Reindividualisierung, Problemreduktion, Problemverschiebung, prohibitive Maßnahmen, Kompromiß (Hubig 1993) werden genannt.

Vom methodischen Gesichtspunkt werden zwei verschiedene Herangehensweisen diskutiert: Man kann sich bei der ethischen Diskussion der Szenarien in die dort beschriebene Welt hineinfühlen, man beurteilt dann aus einer Endo–Sicht. Die mehr rational orientierte Diskussion, anhand von externen Kriterien zu einer Güterabwägung zu gelangen und danach die Szenarien zu beurteilen, entspräche dann einer Exo–Sicht. Der vorliegende Beitrag wird einen Mix von beiden benutzen, aber versuchen kenntlich zu machen, wann eine Exo–Sicht und eine Endo–Sicht vorliegt[1].

## b. Fragestellung

In der Diskussion wurde dann einvernehmlich beschlossen, daß die Beiträge auf folgende Fragestellungen eingehen sollten:

> *Der Katalog der unverzichtbaren Rechte und Güter soll eine gewichtige Rolle spielen. Dabei sollten auch die Ansprüche künftiger Generationen formuliert und mit berücksichtigt werden. Formuliert man hypothetische Imperative, so sind sicher Konflikte vorstellbar, die unerwünschte Konsequenzen haben, welche aber noch akzeptierbar sein sollen. Dabei ist sicher wünschenswert, wenn die empirischen Komponenten der hypothetischen Imperative, d. h. das, was man an sachlichen Voraussetzungen formulieren kann, mit Rücksicht auf*

[1]Eine konsequente wissenschaftstheoretische Umsetzung des Endo–Exo–Unterscheidung in der Ethik steht wohl noch aus. Eine Zusammenstellung bisheriger Überlegungen findet sich in Atmanspacher, Dalenoort (1994).

*die Leitbilder der einzelnen Szenarien formuliert werden. Die Erarbeitung von Umsetzungsmaßnahmen bei den präferierten Szenarien wurde ebenso gewünscht wie der Versuch, normative Kriterien an die Szenarien anzulegen.*

Ein einzelnes Gutachten und ein einzelner Gutachter kann diesem Wunschkatalog sicher nicht voll entsprechen. Ich habe mir daher erlaubt, die Fragestellung für die vorliegenden Ausführungen dahingehend zu präzisieren, daß

- der Katalog der Rechte und der Güter ausgeführt wird. Dabei wird auch auf den Gesamtwertbaum Bezug genommen — ebenso wird es unvermeidlich sein, einen materialen Wertekatalog mit Präferenzrelationen anzugeben. Daraus ergeben sich dann auch die möglichen Ansprüche künftiger Generationen,

- als Imperativ das Prinzip der Bedingungserhaltung und als hypothetische Imperative die Prinzipen der Mehrwertigkeit und der Interkontextualität formuliert werden,

- Umsetzungsmaßnahmen für zu präferierende energiepolitische Optionen nicht formuliert werden — dies sollte nicht Aufgabe der vorliegenden Überlegungen sein, und

- weitere normative Kriterien sich aus der Beantwortung der vorstehenden Probleme ergeben.

## c. Konsequenzen einer ethischen Bewertung

Die Szenarien sollen öffentlich diskutiert werden, und wenn ich den Diskursansatz im Projekt ‚Energie und Ethik' richtig verstanden habe, geht der ethische Ansatz mit seinen Werten und Orientierungsmaßstäben (für den Einzelnen, für die Gesellschaft) zusammen (gleichgewichtig?) mit dem empirischen Ansatz der Wertbaumanalyse in die Phase III des gesellschaftlichen Diskurses ein.[1]

Da ein Wertbaum sicher nicht unabhängig von moralischen Einstellungen hierarchisiert werden kann und damit implizit mit dem vorgegebenen Gesamtwertbaum auch ein normativer Konsens der daran Beteiligten

[1] Anm. d. Red.: Siehe hierzu die Projektskizze auf Seite 24.

vorliegt, wäre es möglich, zwischen Wertbaum und ethischen Präferenzen Beziehungen zu ermitteln. Dies soll jedoch nicht getan werden, um, wie von den Projektinitiatoren wohl gewünscht, die gesellschaftliche und die ethische Komponente der Bewertung zur Vorbereitung des gesellschaftlichen Diskurses und zu dessen Beginn entkoppelt zu halten. Dies ist theoretisch sicher nicht ganz befriedigend, aber ein meiner Ansicht nach praktikables Vorgehen, weil es die Komplexität des Bewertungsprozesses zunächst niedrig halten kann.

Da für die Diskussion das sich ergebende Spektrum der erarbeiteten Bewertungen (darunter seien sowohl transparente Kriterien sowie die Anwendung dieser Kriterien zur Beurteilung verstanden) für die verschiedenen Handlungsoptionen bereitgestellt werden soll, kann die Konsequenz einer ethischen Bewertung der Handlungsoptionen, ausgehend von den Szenarien (die in der Diskussion nicht notwendigerweise stabil bleiben müssen) durch folgende Überlegungen umrissen werden:

- Die Funktion einer Bewertung (im obigen Sinne) ist
  - Orientierungsleistung,
  - Entscheidungsunterstützung und
  - Handlungsrechtfertigung.
- Bei der angestrebten Meinungsvielfalt ist bereits die Rezeption einer Bewertung ein Beitrag zur Konsensbildung eben im Rahmen ihrer Orientierungsleistung. Alle am Konsens Beteiligten sind für seinen Inhalt, aber auch für die möglichen Folgen bei der Umsetzung verantwortlich. Deshalb ist jeder Beitrag zur Konsensbildung unter diesem Gesichtspunkt zu sehen. Es liegt nahe, hier zu einem Konsens beizutragen, dessen Umsetzung zukünftige, jedoch nicht absehbare Optionen so wenig wie möglich einschränkt.
- Die Rezeption einer Bewertung im Rahmen der Entscheidungsunterstützung verstärkt die angedeutete Verantwortungsrelation beträchtlich — der Entscheidungsunterstützer ist noch mehr für die Folgen der Umsetzung der von ihm als favorisierten Entscheidungslösung verantwortlich, und zwar gegenüber dem Entscheider. Inwiefern die ethische Bewertung in der Phase III des Projekts ‚Klimaverträgliche Energieversorgung in Baden-Württemberg' letztlich in

eine Entscheidungsunterstützung eingebettet ist, ist nicht nur mir noch weitgehend unklar.

- Die Benutzung einer erarbeiteten Bewertung für eine vorgängige oder nachträgliche Rechtfertigung, Begründung und Durchsetzung einer zu fällenden bzw. schon gefällten Entscheidung führt auch in der Regel zur einer Verantwortungsdelegation bei negativen Folgen an den Urheber dieser Bewertung. Dieser ist aber nur soweit verantwortlich zu machen, insofern er die Handlungsmächtigkeit vorher hatte, seine Bewertung davor zu schützen oder zu verhindern, daß sie im Nachhinein zur mißbräuchlichen Begründung, Rechtfertigung und Durchsetzung von als Übel angesehenen Folgen und Maßnahmen herangezogen werden kann.

Daraus folgt, daß der von der TA-Akademie eingeleitete Diskurs nur auf der Basis des Vertrauens möglich ist, daß alle Argumente, die für oder gegen eine bestimmte energiepolitische Vorstellung oder Realisation erarbeitet worden sind, bei der Präsentation der Handlungsoptionen im Rahmen des öffentlichen Diskurses streng kontextbezogen dargestellt werden und dem Erarbeiter einer Bewertung bei der Gefahr einer mißbräuchlichen Verwendung seiner Argumentation die Möglichkeit zur Richtigstellung in der öffentlichen Diskussion eingeräumt werden muß.

## Präferierte Ethiktheorie

Um die geforderte Bewertung der vier Szenarien transparent werden zu lassen, ist es erforderlich, daß der Bewertende seine präferierte Ethiktheorie explizit nennt bzw. seinen methodischen und ethiktheoretischen Ausgangspunkt darlegt. Dabei werden dann auch die Gemeinsamkeiten und Divergenzen mit den anderen Beiträgen deutlich und nachvollziehbar.

### a. Vorläufige Klassifizierung

Angeregt durch Kutschera (1982), nach dessen Auffassung ethische Sätze aus nachvollziehbaren Erkenntnisakten entstanden sein müssen, halte ich das Betreiben von Ethik (d. h. ethisch argumentieren, bewerten, Konsequenzen entwickeln, herrschende Moralen beschreiben, kritisieren und weiterentwickeln) für ein rationales, d. h. Vernunftgründen zugängliches und von ihnen geleitetes Unterfangen. Intuitive sittliche Einsichten können eine Quelle der ethischen Argumentation sein und sie bereichern, es ist aber zwischen begründeten und intuitiven Argumenten im Sinne der Nachvollziehbarkeit zu unterscheiden.

Die Ethiktheorie, die ich präferiere, ist insofern reduktionistisch, als sie gestatten soll, aus ethischen Prinzipien weitere Normen und Handlungsregulative abzuleiten. Sie geht zwar nicht davon aus, daß es ein vom menschlichen Bewußtsein unabhängig existierendes, universales Sittengesetz gibt und dieses nur durch ethische Reflektion ‚entborgen' werden müßte, sondern daß man durch Diskurs, Erforschen von gelebten Moralen zu verschiedenen Zeiten und Kulturen, eine *minima moralia* finden kann[1], die einen invarianten Bestandteil ethischen Argumentierens darstellt. Ein sichtbarer Niederschlag sind die, wenngleich nicht überall praktizierten, aber von breitem Konsens getragenen Menschenrechte als ihr kodifizierter Ausdruck. Ähnliches dürfte für die Berufs– und Standesethiken gelten, die in diesem Jahrhundert als Partikular– oder Regionalethiken entwickelt und kodifiziert worden sind und die sehr große Gemeinsamkeiten untereinander aufweisen.

Der angesprochene invariante normative Gehalt ist erforschbar und wird zu verschiedenen Zeiten verschieden formuliert, wobei die verschiedenen Formulierungen auch unterschiedlichen methodischen Zugängen entsprechen können. Insofern entspricht dies einem deskriptiven ‚naturalistischen' Ansatz in der Ethik, da moralische Regeln und Sätze auf ‚natürliche Grundbedürfnisse' der Menschen, die jedoch zu allen Zeiten unterschiedlich formuliert worden sind, zumindest pragmatisch zurückgeführt werden können. Moralische Wert–Erfahrungen, die nicht empirisch zu erfassen sind, die nicht mitteilbar sind und die sich dem rational geführten Diskurs entziehen, sind als Überzeugungen zwar zu respektieren, können aber nicht Gegenstand der Ethik als einem rationalen Unternehmen sein. Die von mir präferierte Ethiktheorie geht davon aus, daß es eine Zurückführung aller moralischen Sätze auf subjektive Präferenzen gibt, auch wenn im Einzelfall dieser Nachweis in der Praxis schwierig oder noch nicht möglich ist. Insofern wird der objektivistische Ansatz abgelehnt, der Sätze, die als universalmoralisch angesehen werden können, nicht mit subjektiven Wertrangordnungen vermitteln kann.

Die Unterscheidung in eine teleologische, deontologische und intentio-

[1]Vgl. das Projekt Weltethos (Küng 1990).

nalistische Ethiktheorie ist insofern etwas irreführend, weil wir bei der Gewinnung ethischer Erkenntnisse (besonders dann, wenn man konstruierte oder tatsächliche Fälle dazu benutzt, die Tragfähigkeit ethischer Prinzipien zu testen) immer sowohl hinsichtlich der Folgenverantwortung, der Pflichten wie der leitenden Absicht prüfen, ob ein moralisches Urteil, dem wir zustimmen könnten, gefunden werden kann.

Mit Kutschera verorte ich die Imperative zwischen einer Gesinnungs- und Pflichtenethik. Eine strikte Trennung ist auch deshalb nicht möglich, weil eine reine Verantwortungsethik zu inakzeptablen Konsequenzen bei normativen Konflikten führen kann. Es bedarf also eines Minimums an normativen Überzeugungen, die ich als Werte bezeichnen möchte. Man kommt wohl nicht umhin, eine pluralistische Ethiktheorie zu präferieren, die davon ausgeht, daß es wohl unmöglich ist, durch ein einziges ethisches Prinzip (oder was damit gleichwertig ist, einem Satz von mit ‚und' verknüpften, voneinander unabhängigen Axiomen) zu Konsequenzen zu gelangen (Normen, Handlungsregulativen, moralischen Bewertungen), die in allen denkbaren Fällen zu einem moralisch konsensfähigen Urteil zwingend führen müßten.

Eine formale Ethik reicht allerdings auch nicht aus — lediglich extensionale Prinzipien wie der kategorische Imperativ von I. Kant, der mehr ein Prüfungsverfahren hinsichtlich gewisser Verallgemeinerungsfragen darstellt und mehr oder weniger frei von expliziten Wertebestimmungen ist, geben zwar gute Hinweise für eine prozedurale Bewältigung ethischer Diskurse, aber ersetzen die notwendigen materialen Bestimmungen nicht.

Auf die Frage, wie Werte selbst entstehen und begründet werden können, kann hier, auch aus Umfangsgründen, nicht eingegangen werden. Diese Frage setzt nicht nur eine Auseinandersetzung mit der Geschichte von Werten, sondern auch eine Auseinandersetzung mit den in verschiedenen Kommunikationsgemeinschaften üblichen verschiedenen Methoden der Begründung von Werten und der Art und Weise, wie Werte im allgemeinen Verhalten etabliert und durchgesetzt werden können, voraus. Ich gehe deshalb davon aus, daß Werte immer von Beteiligten vertreten werden und als Ausgangspunkt für ethische Diskurse ohne weitere Begründungspflicht zulässig sein sollen.

## b. Unterscheidungen

Für den eigentlichen Vorgang der Bewertung kann man methodisch, analog zur formalen Logik, in zwei Richtungen argumentieren:

**Ableitung:** Gegeben sei ein Szenario, das implizit Wertevorstellungen und Leitbilder[1], Handlungsoptionen und mögliche Folgen enthalte. Man kann nun versuchen, aus ethischen Prinzipien und Wertepräferenzen Handlungsregulative abzuleiten, die mit den im Szenario unterstellten Handlungsregularien konvenieren oder kollidieren. Entsprechend wird man die Handlungsoptionen, die ein solches Szenario enthält, bewerten. Das Vorgehen setzt die Möglichkeit einer Deduktion aus ethischen Prinzipien, die als gegeben oder angenommenen vorausgesetzt werden können, und den Präferenzrelationen auf Werte voraus.[2]

**Folgerung:** Gegeben sei ein Szenario wie oben. Aus der Analyse des Szenarios werden Wertevorstellungen, Präferenzen und ggf. ethische Prinzipen ‚destilliert', die dann mit den als geltend oder verbindlich vorausgesetzten Prinzipien und Werterelationen verglichen werden. Dieses Vorgehen setzt die Möglichkeit zur Explizierung des normativen Gehalts eines Szenarios voraus.[3]

Es ist leicht zu sehen, daß hier, im Gegensatz zur herkömmlichen (klassischen) Logik, der Folgerungsbegriff nicht identisch mit dem Ableitungsbegriff ist und daß beide Verfahren unter Umständen zu verschiedenen Ergebnissen führen können.

---

[1] Leitbilder enthalten ebenfalls Wertvorstellungen, wenn auch mit einer normativen Dignität, die von den Teilnehmern des Diskurses nicht überbewertet werden soll (Heinz–Ulrich Nennen, Schreiben an die Teilnehmer vom 1. August 1995).

[2] Das logische Analogon hierzu ist: Ein Satz ist innerhalb eines Kalküls logisch wahr, wenn er aus den Axiomen und Definitionen des Kalküls unter Verwendung der Regeln des Kalküls abgeleitet, d. h. deduziert werden kann.

[3] Das logische Analogon hierzu ist die Folgerung: Ein Satz ist logisch wahr, wenn er sich durch Benutzung der Kalkülregeln auf eine als wahr festgelegte Aussage (Axiom oder Definition) zurück umformen läßt. In den herkömmlichen Kalkülen der Aussagenlogik oder des Syllogismus, die vollständig und widerspruchsfrei sind, fällt der Folgerungsbegriff mit dem Ableitbarkeitsbegriff zusammen.

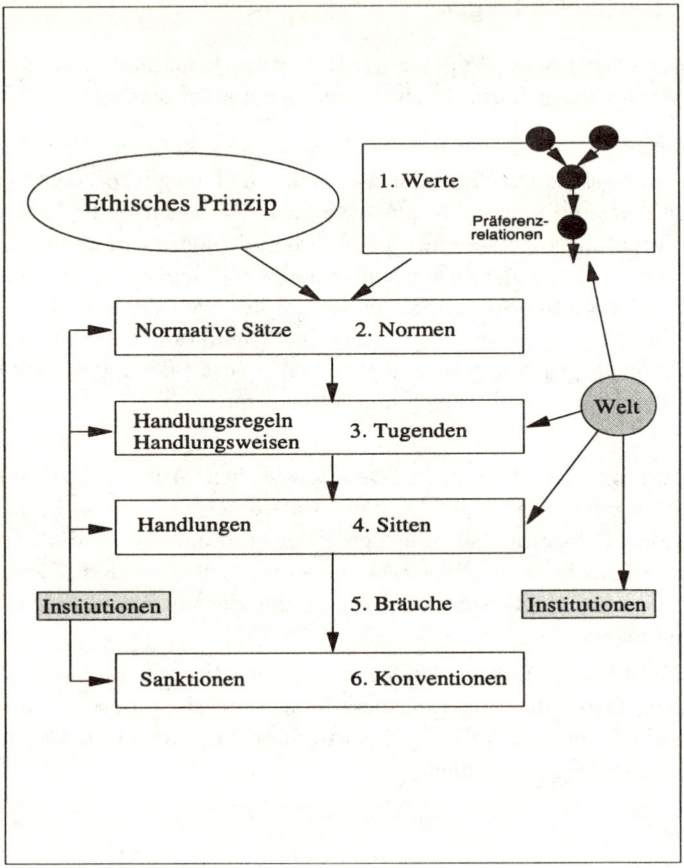


*Abb. 1: Formaler Aufbau einer Ethik.*

In Abbildung 1 auf dieser Seite ist der formale Aufbau einer Ethik skizziert: Aus einem ethischen Prinzip und den material gegebenen Werten sowie den darauf festgelegten Präferenzrelationen (die nicht unbedingt eindeutig sein müssen — d. h. schon hier können Konfliktbeziehungen bestehen) lassen sich normative Sätze (Ge– und Verbote) formulieren. Diese enthalten Normen. Daraus ergeben sich im Falle eines idealen Aufbaus einer Ethik[1] Handlungsregulative und Handlungsweisen — ein historisch

[1]Schon aus der Formulierung ersieht man, daß ich einen idealen Aufbau einer Ethik

geronnenes Destillat solcher Handlungsweisen findet man bei der Diskussion der Tugenden wieder. Handlungen und Handlungsmuster (Sitten und Gebräuche) selbst sind per Institutionen Sanktionen unterworfen. Diese Sanktionen sind eine Folge der normativen Sätze, die von einer Institution als geltend angesehen und daher durchgesetzt werden. Werte, deren Präferenzrelationen und daraus folgende normative Sätze sind insofern welthaltig, als sie auf der Ebene einer deskriptiv betriebenen Ethik über tatsächliches soziales Verhalten Auskunft geben: In Institutionen herrschen Normen. Ethische Prinzipien hingegen sind der Versuch, theoretische Begriffe zur Verfügung zu haben, unter die sittliche und moralische Erfahrungen fallen und damit geordnet werden können. Sie stellen damit eine Bedingung der Möglichkeit dar, moralisches Handeln erfahren und begrifflich fassen zu können. Ob sie auch prozeduralen Charakter für die Prüfung haben können, hängt davon ab, ob sie operationale Definitionen beinhalten.

Folgerung und Ableitung kennzeichnen im Rahmen des formalen Aufbaus einer Ethik dann die Richtung der Argumentation (die nicht immer identisch mit logischem Schließen sein muß): Die Folgerung schließt von unten nach oben, die Ableitung von oben nach unten.

**Prinzipien:** Der kategorische Imperativ soll bekanntlich unter allen Umständen gelten, allerdings schließt er durch sein Prüfverfahren partikuläre Privatmoral nicht aus. Hypothetische Imperative können als ethische Prinzipien durchaus herangezogen werden — sofern die Voraussetzungen (formal: Antezedenzbedingungen) hinreichend scharf sind und konsensfähige Absichten, Ziele oder Zwecke beinhalten.

Als Beispiel einer kategorialen Bestimmung, wenn auch nicht so allgemein wie der kategorische Imperativ, sei der Versuch von Dietmar Mieth genannt:

> *Handle im und am Gemeinwesen so, daß die Probleme, die Du lösest, keine weiteren Probleme aufwerfen, die schwieriger als das gelöste Problem werden können.*[1]

nicht für möglich halte, ebenso wenig wie es eine Gesamttheorie der existierenden physikalischen Teiltheorien gibt, da diese bisher noch untereinander inkommensurabel sind.

[1]Mündliche Mitteilung, Tübingen 1991. Vgl. auch Wils, Mieth (1991).

Solche kategorialen Bestimmungen stellen für bestimmte Bereiche eingegrenzte, aus dem kategorischen Imperativ ableitbare Imperative dar, die in gewisser Weise einen Bestandteil des Prüfungsverfahrens darstellen, ob die gewollte Maxime auch allgemeines Gesetz werden könne.

In der Praxis der ethischen Bewertung wird man eher solche eingeschränkten kategorialen Bestimmungen verwenden oder hypothetische Imperative, die dann eine auf eine bestimmte ‚Welt' zugeschnittene regionalisierte Ethik induzieren. In der von mir präferierten Ethik gilt zwar der kategorische Imperativ, er wird aber spezifiziert durch das Prinzip der Mehrwertigkeit, der Interkontextualität und der Bedingungserhaltung (vgl. S. 146f. und S. 132f.).

**Werte und Güter:** Indem bestimmte Güter oder Vermächtnisse in einzelnen Entscheidungsakten präferiert oder zurückgestellt werden, ergibt sich eine Wertung dieser Güter nach Wertevorstellungen, kurz Werte genannt. In seiner materialen Wertethik hat M. Scheler eine Reihe von solchen Werten genannt, differenziert nach Wertkreisen.[1] Die Ermittlung von Wertevorstellungen kann deskriptiv geschehen, indem man z. B. die Betroffenen befragt, und man wird mehr oder weniger eine große Gemeinsamkeit bei der freien Nennung von Werten feststellen. Divergenzen treten im allgemeinen bei Präferenzrelationen auf, d. h. die Reihenfolge, welcher Wert entscheidende Bedeutung bei der Lösung des einen oder anderen ethischen Problems haben soll.[2] Man spricht in diesem Sinne auch von Wertewandel — nicht daß sich der Gesamtkatalog der Werte im wesentlichen geändert hätte, sondern daß sich die Wichtigkeit der Werte untereinander verschoben hat und heute andere Werte wichtiger erscheinen als noch vor 50 Jahren.

In seiner Richtlinie (Nr. 3780) zur Technikbewertung hat der VDI (1991) explizit solche möglichen Werte genannt und auch die Konfliktrelationen (vgl. Abbildung 2 auf der nächsten Seite) aufgezeigt.

---

[1]Scheler (1954) unterscheidet Werte des Angenehmen, des Edlen, des Schönen, des Rechten, der Wahrheiterkenntnis und des Heiligen. Es wird ein Apriorismus des Emotionalen vertreten, d. h. die Rangordnung unter den Werten ist nach Aufassung Schelers *a priori* einsichtig (vgl. 2. Band, S. 10).

[2]Formal gesehen könnten die Präferenzrelationen als eine Ordnung auf einer Menge von distinkten Werten definiert werden. Das schließt aber Konflikte zwischen Werten aus. Somit wäre z. B. ein Vorranggraph ein geeignetes Darstellungsmittel.

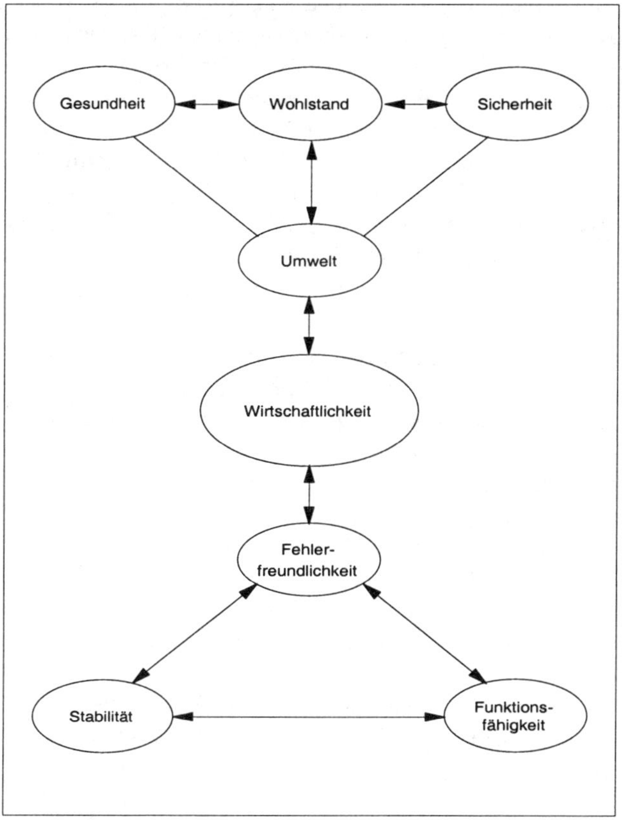


*Abb. 2: Konfliktrelationen zwischen Werten (nach VDI 3780), erweitert um die Werte Fehlerfreundlichkeit und Stabilität. Der Wert Persönlichkeitsqualität ist zur Vereinfachung weggelassen worden. Er steht potentiell mit allen anderen Werten in Konflikt.*

Eine solche Struktur könnte — im Sinne eines praxeologischen Vorgehens — am Beginn eines Diskurses stehen, ihn begleiten und von ihm im Laufe der Zeit modifiziert werden. Die Werte lauten in alphabetischer Reihenfolge: *Funktionstüchtigkeit, Gesellschaftliche Qualität, Gesundheit, Persönlichkeitsqualität, Sicherheit, Umwelt, Wirtschaftlichkeit, Wohlstand.*

Den Konfliktbeziehungen zwischen den Werten, die an anderer Stelle häufig diskutiert worden sind, entsprechen ungelöste Entscheidungen bei den Präferenzrelationen. Diese sind in der Regel deshalb ungelöst, weil jeder Versuch, diese Präferenzrelation eindeutig zu machen, für jede Lösung zu (mindestens partiell) inakzeptablen Konsequenzen führt. Die im Ethikunterricht so beliebten Fallbeispiele sind dafür bekannt, daß sie in moralische Dilemmata führen, gleichgültig welcher Wert nun als leitend oder untergeordnet angesehen wird. Deshalb liegt der Schluß nahe, daß Wertekonflikte kein zu behebendes Übel in einer Ethik, sondern mit eines der eine konkrete Ethik konstituierenden Elemente darstellen.[1]

Daß Wertekataloge erweiterbar sind, habe ich anhand der neu eingeführten Werte Stabilität und Fehlerfreundlichkeit zu zeigen versucht[2]: Fehlerfreundlichkeit, ein Begriff, der ursprünglich in der Biologie von E. U. von Weizsäcker (1984) eingeführt worden ist, impliziert Kompatibilität mit anderen Technologien, Qualifikationen und anderen organisatorischen Strukturen, Flexibilität in örtlicher, zeitlicher und struktureller Hinsicht, Fehlertoleranz und Zuverlässigkeit, Substituierbarkeit durch andere Technologien, Dezentralisiertheit und Kompartimentierbarkeit (Zerlegbarkeit) bei Funktionserhalt. Der Begriff Stabilität, ursprünglich aus der Regelungstheorie entnommen[3], impliziert die organisatorische Stabilität von Betrieb, Markt und Gesellschaft, der Lebensgestaltung, der Arbeitswelt und der Zeitverhältnisse: Die unvermeidlichen Veränderungen sollen nicht schneller ablaufen, als eine dafür hinreichende Bewältigungsstrategie entwickelt werden kann.

Eine Präferenzrelation zu den von mir selektierten Werten der Technikbewertung gebe ich erst weiter unten (S. 164ff.) an, wenn die Prinzipien und kategorialen Bestimmungen formuliert sind, die ich als Ausgangspunkte einer ethischen Überlegung ansetzen möchte.

---

[1]Hubig (1993, 1995) spricht in diesem Zusammenhang von Inkonsequentialismus, der als pragmatisch gangbarer Weg anzusehen sei. Der Begriff ist mir sehr sympathisch.

[2]Kornwachs, Niemeier 1991, S. 1560, Tabelle 17.

[3]Systemverhalten kann dann als stabil bezeichnet werden, wenn bei einem gegebenen Input für $t \to \infty$ der eingenommene Systemzustand innerhalb eines endlichen Gebiets (Attraktor oder Stabilitätsbereich) bleibt. Stabile Systeme sind im allgemeinen besser, instabile Systeme so gut wie nicht steuerbar.

**Normen:** Normen[1] sind auf soziale Verbindlichkeit und Vereinheitlichung angelegte Verhaltensregeln, die unter Bezug auf Werte in einer gesellschaftlichen Gruppe oder in der Gesamtgesellschaft Verhaltenserwartungen und Handlungsanweisungen bestimmen. Verstöße gegen Normen ziehen in der Regel Sanktionen nach sich, die von der Mißbilligung über die Bestrafung bis zum Ausschluß aus der Gemeinschaft führen können.

Normative Sätze enthalten Ge- oder Verbote. Sie schreiben Handlungen oder Handlungsweisen vor, billigen oder mißbilligen sie. Sie hängen eng mit den Wertvorstellungen, deren Präferenzrelationen und locker mit den ethischen Prinzipien zusammen, sind aber nur in seltenen, einfachen Fällen aus ihnen ableitbar.

Normen haben einen deontologischen Charakter, d. h. sie verpflichten zu bestimmten Handlungen (einschließlich Unterlassungen), während Werte Handlungsziele festlegen. Durch die ‚Welthaltigkeit' von Normen, insbesondere, wenn ein konkreter, institutionalisierter Normgeber benannt werden kann und die Norm einen Adressaten hat, haben sie einen stärkeren Verpflichtungscharakter als Werte. Zoglauer (1996, S. 19) weist darauf hin, daß Normen- und Wertekonflikte jedoch die gleiche logische Struktur haben: Jeder Wertekonflikt läßt sich auch als Normenkonflikt formulieren. Normen können als institutionelle Tatsache angesehen werden.[2] Eine Konsequenz daraus ist, daß jeder Konflikt dieser Art es unmöglich macht, Handlungsanweisungen abzuleiten.

Man unterscheidet moralische und juristische Normen. Letztere gelten aufgrund einer legitimierten Instanz und sind räumlich wie zeitlich von beschränkter Geltung, sie werden begründet, verkündet und instandgesetzt. Die Sanktionsmöglichkeiten sind institutionalisiert. Moralische Normen hingegen gelten überindividuell und über den Instanzen stehend.

**Regulative und Rechte:** Regeln stellen Handlungsanleitungen für eine Klasse von Handlungen dar, die innerhalb eines bestimmten Kontextes ausgeführt werden können oder müssen. Dieser Kontext kann sehr eng

[1] Davon zu unterscheiden sind technische Normen wie DIN, die Handlungsanleitungen dafür geben, wie bestimmte Produkte herzustellen, Verfahren durchzuführen und technische Begriffe (im Sinne von Definitionen) zu handhaben sind.

[2] Die Unterscheidung zwischen institutionellen und natürlichen Tatsachen geht auf J. R. Searle zurück (1971). Ein Beispiel macht den Unterschied deutlich: Man kann nicht mehr Münzen aus der Geldbörse herausholen als darin sind (natürliche Tatsachen), aber man kann sein Konto überziehen (institutionelle Tatsache).

sein (z. B. im Spiel), in der Regel wird er gesellschaftlich, ökonomisch oder sozial bestimmt sein.

Unter Regularien verstehe ich den lockeren Zusammenhang von Regeln und Normen: Die Einhaltung von Normen kann durch das Befolgen von Regeln unterstützt, beziehungsweise erst ermöglicht werden.

Juristische Normen können durch Regularien unterstützt werden, die sich auf Rechte beziehen: Rechte sind im subjektiven Sinne Ansprüche, etwas zu tun, zu fordern oder zu besitzen, die jemandem durch das Recht im objektiven Sinne zuerkannt werden. Recht im objektiven Sinne stellt der Inbegriff von juristischen Normen dar, die zu einer bestimmten Zeit für eine bestimmte Gesellschaft als verbindlich anerkannt worden sind. Rechte formulieren Ansprüche, die, von den tatsächlichen Machtverhältnissen abstrahierend, bei gleichen Voraussetzungen durch jedes Mitglied der Rechtsgemeinschaft geltend gemacht werden können und deren Durchsetzbarkeit prozedural ebenfalls durch Rechtsvorschriften geregelt ist. Ob nicht–menschliche Subjekte (Tiere, Bäume, Ökosysteme) Rechte haben können, ist umstritten — eine verneinende Position findet sich bei Vischer (1993).

Grundrechte sind die jedem Menschen in jeder Rechtsgemeinschaft zustehenden Rechte, die er nicht aufgrund seiner Zugehörigkeit zu einer Rechtsgemeinschaft und deren rechtskonstituierenden Akte beanspruchen kann, sondern aufgrund seines Menschseins. Diese Begründungsfigur kommt ohne ein Minimum an naturrechtlichem Gehalt nicht aus. Da naturrechtliche Begründungen aber selbst normativen Gehalt haben, was bedeutet, daß jede Bestimmung der Natur des Menschen ohne normative Setzung nicht auskommt, ist auch kein naturalistischer Fehlschluß zu befürchten.

Im Zusammenhang mit kategorialen Prinzipien, hypothetischen Imperativen, Normen und Rechten sei noch erwähnt, daß es als hypothetischer Imperativ gelten kann, daß man zugunsten eines gedeihlichen Zusammenlebens Grundrechte nicht verletzen darf und sie, gestaffelt nach Wichtigkeit, nur mit Zustimmung der Betroffenen für konsensfähige Zwecke einschränken darf. Die Befolgung positiver (rechtlicher) Gesetze kann mit höherrangigen Werten und Rechtsgütern kollidieren (Widerstandsrecht, übergesetzlicher Notstand und dergleichen).

## Grundrechte

**1. Freiheitsrechte**

*a.) Persönlichkeitsrechte*

- Recht auf Entfaltung der Persönlichkeit (2.1)
- die Freiheit der Person (2.2)
- Recht auf Freizügigkeit (11.2)
- Recht auf informationelle Selbstbestimmung (BVG–Urteil)
- Recht am eigenen Bild und am gesprochenen Wort

*b.) Kommunikationsrechte*

- Meinungsfreiheit (5.1)
- Pressefreiheit, Freiheit der Berichterstattung (5.1)
- Freiheit von Wissenschaft und Kunst (5.3)
- Glaubens- und Gewissensfreiheit (4)
- Versammlungsfreiheit (9.1,2)
- Petitionsrecht (17)

*c.) ökonomische Rechte*

- Berufsfreiheit, freie Berufswahl (12)
- Koalitionsfreiheit (9.3)

**2. Unverletzlichkeitsrechte**

- Recht auf Leben und körperliche Unversehrtheit (2.2)
- Brief-, Post und Fernmeldegeheimnis (10)
- Unverletzlichkeit der Wohnung
- Recht auf Eigentum

**3. Sachgarantien**

- Schutz der Ehe und Familie (6.1)
- ungestörte Religionsausübung (4.2)
- Religionsunterricht (7.3)
- Rechtsweggarantie (19.4)
- Recht auf einen gesetzlichen Richter (101.1)

**4. Gleichheitsrechte**

- Gleichheit vor dem Gesetz (3.1)
- Gleichberechtigung von Mann und Frau (3.2)
- Diskriminierungsverbot (3.3)
- Gleichstellung unehelicher Kinder (6.5)
- gleicher Zugang zu öffentlichen Ämtern (33.2)
- Wahlrechtsgleichheit (38.1)

**5. Soziale Grundrechte**

- Recht auf Arbeit, Bildung, Gesundheit und soziale Sicherung (zum Teil in den Landesverfassungen, z. B. BB)
- Elternrecht (6)
- Recht auf Einrichtung privater Schulen (7.4)
- Verbot der Ausbürgerung (16.1)
- Auslieferungsverbot (16.2)
- Asylrecht (16.2)
- Sozialstaatsprinzip (20.1)

*Tab. 1: Grundrechte nach Zoglauer (1996).*

In Vorbereitung auf die auf Seite 171 zu leistende Analyse sind die wichtigsten Grundrechte in der Tabelle 1 auf der vorherigen Seite zusammengestellt (vgl. auch Zoglauer 1996, S. 87ff.). Die in Klammer angegebenen Ziffern beziehen sich auf die Artikel und die jeweiligen Absätze des Grundgesetzes der Bundesrepublik Deutschland.
Einschränkungen der Grundrechte sind möglich, wenn es um die Wahrung höherrangiger Werte geht. So ist z. B. die Wahrnehmung des Rechts auf Entfaltung der Persönlichkeit nur zu verwirklichen, wenn dies nicht gegen Rechte anderer, gegen die verfassungsmäßige Ordnung oder gegen das Sittengesetz verstößt (GG 2.1). Eine hierarchische Bewertung der Grundrechte untereinander ermöglicht eine Differenzierung, jedoch ist diese Hierarchisierung selbstredend wieder eine Bewertung, also normativ:

- An oberster Stelle stehen Menschenrechte und Grundfreiheiten, deren Verletzung als schwerwiegend gilt, wie Völkermord, Sklaverei, willkürliche Verhaftung oder Apartheid,
- danach folgen die notstandsresistenten Grundfreiheiten, d. h. solche, die auch in einem Notstandsfall nicht außer Kraft gesetzt werden dürfen wie Diskriminierungsverbot, *‚nulla poena sine lege‘*, Gedanken–, Gewissens– und Religionsfreiheit,
- danach die übrigen personalen Grundfreiheiten,
- die politischen Freiheiten,
- und schließlich die wirtschaftsbezogenen Freiheiten (vgl. Kriele 1988, S. 15).

Freiheitsrechte, Unverletzlichkeitsrechte, Sachgarantien, Gleichheitsrechte und soziale Grundrechte sind nur insofern intangibel (absolute, uneingeschränkte Geltung), als sie in einem Bewertungsfall jeweils als oberster Wert angegeben werden können. Dies schließt nicht aus, daß es Konflikte zwischen Grundrechten untereinander, die gleichrangig sind, geben kann. Lösungsstrategien für solche Konflikte diskutiert Zoglauer (1996).[1] Eine etwas andere Anordnung findet sich aus dem Beitrag von Nida–Rümelin (1995) in Tabelle 2:

[1] Als Beispiel mögen die juristischen Grundsätze dienen: *‚lex superior derogat legi inferiori‘*, *‚lex specialis derogat legi generali‘*, *‚lex posterior derogat legi priori‘* (Vorrang der höheren Norm, der allgemeineren Norm und der jüngeren Norm). Auch diese Regelung schließt Konflikte nicht vollständig aus (vgl. Zoglauer 1996).

| Grundrechte | |
|---|---|
| **Lebensrechte** | **Bürgerrechte (Teilnahmerechte)** |
| • individuelle Lebensrechte | • Partizipation |
| • Kollektive Lebensrechte (humanes Lebensrecht) | • Sozialrechte |
| • Recht der Menschheit auf Fortbestand | • Autonomierechte (z. B. Meinungsfreiheit) |
| • Recht auf körperliche Unversehrtheit | **Ökologische Rechte** |
| **Menschenrechte (Grundgüter)** | **Eigentumsrechte (Teilhaberechte)** |
| • Gewissensfreiheit | • Recht auf Eigentum |
| • Religionsfreiheit | • Verfügbarkeit über notwendige Güter |
| • individuelle Lebensgestaltung | • Recht auf Lohn bei Arbeit |

*Tab. 2: Grundrechte nach Nida–Rümelin (1995).*

Nida–Rümelin schlägt eine Priorisierung vor, die als Ordnungsrelation so gedeutet werden kann:

*Lebensrechte > Menschenrechte > Bürgerrechte >*
*Ökologische Rechte > Eigentumsrechte*

‚>' bedeutet, daß bei Gültigkeit der Präferenz ‚X > Y' Rechte aus Y zugunsten der Verwirklichung von Rechten oder Wahrung von Gütern aus X eingeschränkt werden können. Eine Folge aus dieser Präferenz ist die Priorisierungsregel bei kollektivem Risiko:

*Primat der Schadensbegrenzung,*
*danach Erhalt Grundgüter.*

Hubig schlägt hingegen vor (1993, 1995), die von Werhane (1985) stammende und von Lenk (1992) erweiterte Hierarchisierung von Regeln zu übernehmen: Nichtaufgebbare moralische Rechte gehen vor Schadensabwendung, diese vor Nutzenerwägungen. Da auch hier Konflikte nicht ausgeschlossen werden können, plädiert Hubig für zwei Metaregeln, die allerdings in einem antagonistischen Verhältnis stehen können:

*Durch bestimmte Strategien der Technikgestaltung darf die Möglichkeit der Anerkennung von Präferenzen durch Individuen nicht irreversibel eingeschränkt werden.*
*(Erhalt der Vermächtniswerte)*

*Der Spielraum freien Entscheidens und flexiblen Reagierens soll weit möglichst offen gehalten werden.*
*(Erhalt der Optionswerte)*

Auch hier sind Kollisionen möglich, da es Fälle gibt, bei denen ein Vermächtniserhalt mit Optionseinschränkung erkauft werden muß oder solche Fälle, bei denen die Optionserweiterung nur durch eine Vermächtniseinschränkung zu haben ist.

Solche Konflikte werden gerade bei der Diskussion zeitlich weitreichender Folgen von Technologien virulent: Verbauen wir mit unseren jetzigen Entscheidungen zukünftige Möglichkeiten? Hubig priorisiert dahingehend, daß Vermächtniswerte vor Optionswerten rangieren sollen und legt Wert darauf, daß eine zukunftspräferierende Bewertung einer gegenwartspräferierenden vorzuziehen sei (Fern– versus Nahgratifikation, Hubig (1995)).

## c. Prinzip der Mehrwertigkeit und Kontextualität

Technische Gestaltung reicht weiter als nationale oder kulturelle Grenzen und überdeckt damit auch unterschiedliche ethische Argumentationswelten. So ist die Präferenz bei der Güterabwägung innerhalb des europäischen Kulturkreises nur wenig umstritten, eine Reihenfolge der verschiedenen Rechte sieht im Islam oder in China jedoch anders aus.

Gerade energiepolitische Entscheidungen führen zur Installation von großen soziotechnischen und organisatorischen Systemen (vgl. Kornwachs 1994), die über die territorialen und zeitlichen Grenzen legislativer Institutionen und auch über Diskursgrenzen hinweg sich entwickeln und Folgen zeitigen.

Für eine Bewertung von Szenarien einer ‚Klimaverträglichen Energieversorgung in Baden-Württemberg' mögen solche Rechtskataloge vergleichsweise unstrittig sein — Ansprüche auf Energieversorgung und die möglichen Folgen einer Klimaveränderung durch zu langsame Drosselung des anthropogenen $CO_2$–Eintrags gehen aber über den westeuropäischen

Kultur- und Argumentationskreis hinaus. Wir müssen also davon ausgehen, daß es Bereiche von betroffenen Personen gibt, die dem westlichen ethischen Diskussionskreis nicht angehören und andere Prinzipien, Werte, Präferenzrelationen, Normen und Rechtsvorstellungen vertreten. Die Diskussion um die Menschenrechte und wirtschaftlichen Möglichkeiten in China zeigt dies sehr deutlich.

Geht man also davon aus, daß es unterschiedliche ‚Ethiken' gibt, im Sinne unterschiedlich formulierter, aber begründeter Moralen, deren formale Strukturen aber nach Abbildung 2 auf Seite 139 in etwa vergleichbar sind, so daß man — deskriptiv — Prinzipien, Werte, Präferenzrelationen, Normen und dergleichen für jede dieser ‚Ethiken' angeben kann, und läßt man bei der Ausgestaltung der Präferenzrelation überwiegend von westlicher Logik geprägte Eindeutigkeitsvorstellungen weg, kommt man zu zwei Prinzipien, die zum invarianten Kern (man könnte auch unverzichtbarer Kern sagen) der ethischen Prinzipien gehören sollten:

**Prinzip der Mehrwertigkeit:** Es gibt keinen einzelnen, primären Wert, dem sich alle anderen Werte unterordnen müßten. Es kann Werte geben, die gleichrangig sind. Es kann Werte geben mit einer in der Zeit veränderlichen Präferenzrelation.

**Korrelat der Kontextualität:** Was in einer Kommunikationsgemeinschaft einen Wert darstellt, ist nicht unbedingt für eine andere Kommunikationsgemeinschaft ein Wert.

**Korrelat der Interkontextualität:** Zwischen den Werten, den Präferenzrelationen und den Diskursregeln verschiedener Kommunikationsgemeinschaften müssen Transformationsregeln erarbeitet werden. Das Erarbeiten solcher Transformationsregeln wird als Bedingung der Möglichkeit von ethischen Diskursen zwischen den Kommunikationsgemeinschaften zur Pflicht.[1]

Daraus folgt, daß eine Technikfolgenabschätzung, die in Eigenforschung, durch eine ‚Inszenierung des Wissens' durch Einbeziehen eines Netzwerkes, d. h. anderer Institutionen und Wissensquellen und durch

[1] Anders wäre ein vernünftiges Gespräch zwischen Befürwortern und Gegnern einer bestimmten Technologie nicht möglich — man denke an die Auseinandersetzung um Umweltbelastung, Toxizität oder Kernenergie.

die themengeleitete Organisation des Diskurses, auch in der Lage ist, Konsens verhandelbar zu machen und Konsens zwischen Handlungsobjekt und Instanz zu stiften, als ein ‚ethisches Projekt' legitimierbar ist (Kornwachs 1994).

## d. Prinzip der Bedingungserhaltung

Der schon angedeutete Konflikt zwischen Vermächtniswerten und Optionswerten, vor allem dann, wenn eine zukunftspräferierende Bewertung vorzuziehen ist (Hubig 1995), ist vielleicht vermeidbar, wenn man den folgenden Imperativ formuliert:

*a.)* Handle im Gemeinwesen so, daß Du und alle Betroffenen Entfremdung, Enteignung, Entwürdigung, Entmündigung nicht erfahren und erleiden müssen. (Priorität der Schadensvermeidung)

*b.)* Handle im Gemeinwesen so, daß Du die Prinzipien der pluralistischen Ethik (Mehrwertigkeit, Kontextualität, Interkontextualität) und die Regeln des Diskurses so befolgst, daß Dir und den Betroffenen die Möglichkeit zu verantwortlichem Handeln erhalten bleibt.

Dies könnte man zusammenfassen zum Prinzip der Bedingungserhaltung:

*Handle so, daß die Bedingungen der Möglichkeit des verantwortlichen Handelns für alle Beteiligten erhalten bleiben.*

Diese Bedingungen sind:

- Das Subjekt[1] muß Subjekt der Verantwortung sein können. Das bedeutet u. a. (vgl. auch Lenk 1987):
  - Es muß fähig sein, zwischen dem für es sittlich Guten und sittlich Verwerflichen zu unterscheiden,

[1]Ob dies nun nur der Mensch oder auch Kollektive oder die ganze Menschheit sein können, möchte ich an dieser Stelle nicht ausführen, da die Diskussion (Zimmerli-Hubig) in diesem Punkt wohl noch nicht abgeschlossen ist.

  - es muß Bewußtsein haben,
  - es muß Selbstbewußtsein haben,
  - es muß sich an die eigene Geschichte erinnern können,
  - es muß physisch wie psychisch sanktionsfähig sein,
  - es muß wahrnehmen können, wo Verantwortung übernommen werden kann.

- Autonomie des Subjekts.
- Die Instanz muß existieren, sie muß anrufbar sein, und sie muß fähig sein, Sanktionen durchzusetzen.
- Handlung, Absicht und Folgen müssen in geeigneter Weise zeitlich proportioniert sein (vgl. Kornwachs 1994).
- Über Handlung, Absicht und Folgen muß fehlendes Wissen prinzipiell und praktisch erwerbbar sein.
- Uneingeschränkte Handlungsmächtigkeit.
- Hinreichende Erkenntnisse über die Handlungsfolgen müssen vorhanden sein oder erworben werden können.
- Die Werte und ihre Präferenzrelationen müssen zur Bewertung der Handlungsfolgen den Subjekten bewußt sein — sie müssen im Dialog explizit gemacht und sprachlich mitteilbar sein.
- Der Kreis der Betroffenen muß bestimmbar sein und mittelbar oder unmittelbar erreichbar sein.
- Bei der Interessenvertretung muß das Delegationsprinzip begründet sein.

Zu den einzelnen Bedingungen gibt es von der ethiktheoretischen Seite noch erheblichen Forschungsbedarf (vgl. Kornwachs 1995). Es wird aber bei der Auflistung klar, daß die Gefährdung der Bedingung der Möglichkeit verantwortlichen Handelns von drei Ursachenkreisen ausgehen kann:

1. Aufgabe des Prinzips der Mehrwertigkeit und Interkontextualität durch Fundamentalismus oder totalitäre Ideologie. *(Diskursentzug)*

2. Verlust von Wissen. *(Wissensentzug)*

3. Änderung der Randbedingungen des menschlichen Handelns durch Existenz und Wachstum großer technisch–organisatorischer Systeme. *(Optionsentzug)*

Bezüglich der Fragestellung nach der ‚Klimaverträglichen Energieversorgung in Baden–Württemberg' begrenze ich mich im wesentlichen auf die Prüfung, ob die in den einzelnen Szenarien geschilderten Möglichkeiten und idelatypischen Vorstellungen:

- das Prinzip der Bedingungserhaltung durch Optionsentzug verletzen,
- das Prinzip der Mehrwertigkeit und Interkontextualität durch technologischen Fundamentalismus verletzen (Diskursentzug),
- die in Tabelle 1 auf Seite 143 und Tabelle 2 auf Seite 145 genannten Rechte tangieren.

## Die vier Szenarien

### a. Kurzbeschreibung und Charakterisierung (synoptisch)

Eine erneute Beschreibung der Szenarien, die in Schade, Weimer–Jehle (1996) vorgelegt worden sind, ist wohl nicht erforderlich.[1] Ein Vergleich in Tabellenform (Tabelle 3 auf der nächsten Seite) erleichtert aber, anschließend Bezug zu nehmen. Durch die Rubrizierung zum Ausdruck kommende, schon in der Beschreibung implizite Wertung ist nicht vermeidbar und geht zu Lasten des Verfassers.

[1] Anm. d. Red.: Siehe hierzu den Beitrag von Heinz–Ulrich Nennen S. 31ff., sowie die Dokumentation der Szenarien *A*, *B*, *C* und *D* im Anhang (S. 359–363).

**Synoptische Zusammenstellung der Szenarien**

| | Szenario A | Szenario B | Szenario C | Szenario D |
|---|---|---|---|---|
| Leitbilder | Treibhausproblematik nicht so bedeutend, keine unlösbaren ökologischen Probleme | Lösung durch innovative Technik, Umwelt- und Ressourcenprobleme sind prinzipiell lösbar | Lösung durch Ressourcenschonung, begrenzte Verhaltensänderungen in Kombination mit Technikverbesserungen ohne Verzicht | global ökologisch und politisch konsequente Verhaltensveränderung erforderlich, Konsumverzicht |
| **Schlagwort** | **‚weiter so'** | **‚innovative Technik'** | **‚Schonung'** | **‚Verzicht'** |
| Verhalten | Selbstverwirklichung, Schutz von Individualrechten (SSI). Ökologie hat geringe Bedeutung | Selbstverwirklichung, Schutz von Individualrechten (SSI). Keine Änderung erforderlich | (SSI), aber Bereitschaft zur Verhaltensänderung im privaten Konsum | Solidarität mit Natur, Erhaltung geht vor (SSI), nachhaltige Veränderung im Verhalten erforderlich |
| Konsum | unverminderte Ansprüche, Nutzenoptimierung dominiert | Kein Verzicht, Bevorzugung ökologischer Produkte, wenn sie effizient sind | Begrenzter Verzicht auf Komfort, Präferenz von ökologischen vor ökonomisch orientierten Produkten | Verringerung des Lebensstandards, wirtschaftliche Nachteile werden akzeptiert |
| Wirtschaft | reine ökonomische Kriterien | Ökologie da, wo sie ökonomisch ist. Schaffen geeigneter Rahmenbedingungen | Trend zur Kreislaufwirtschaft, marktliche Durchsetzung von ressourcenschonenden Techniken | Veränderte Marktordnung, mehr oder weniger regulierte Kreislaufwirtschaft |

*Fortsetzung auf der nächsten Seite.*

*Fortsetzung der vorangegangenen Seite.*

| | Szenario A | Szenario B | Szenario C | Szenario D |
|---|---|---|---|---|
| Staat | Ordnungspolitisch keine Änderung, keine Ökosteuern | Ordungspolitische Änderungen möglich, Fördern und/oder Sponsern von energieeffizienten Technologien | Fördern von ressourcenschonender Technologie, Steuerungsversuche des Verhaltens durch Steuern | Umweltschutz, 3. Welt, Ressourcenschonung, Nachhaltigkeit werden prior, Nutzen der Umwelt wird reguliert und Verhaltensweisen werden durch Steuern gesteuert |
| Energiebedarf | Effizienzsteigerung trotz Wirtschaftswachstum, kein Wachstum des Energiebedarfs, Emission bleibt | Emission sinkend, durch technische Verbesserungen, Reduktion des $CO_2$ von 40% für 2020 | sinkend durch moderaten Verzicht auf Verkehr und Konsum, Reduktion des $CO_2$ um 40% für 2020 | sinkend, Verkehrsverzicht im Fern– und Kurzbereich, Rückgang Industrieproduktion, Reduktion des $CO_2$ von 40% für 2020 |
| Effizienzsteigerung | (= 1 von A) (Bleibt entspr. 0%) | (=2 von A) 20% Steigerung | (= 1.5 von A) 10% Steigerung | (=1.25 von A) 6% (d. h. Verzicht). Keine weitere Zunahme von beheizten Flächen |
| Verhalten | keine Veränderung | keine Veränderung | Energiekostenerhöhung für Haushalt, KFZ, partikulare Ökosteuern, Zugangsbeschränkungen, Radwegenetze, ÖPNV | zusätzlich zu B: Fahrgemeinschaften, Verkehrsbewirtschaftung, ggf. Zwangsmaßnahmen |

*Fortsetzung auf der nächsten Seite.*

*Fortsetzung der vorangegangenen Seite.*

| | Szenario A | Szenario B | Szenario C | Szenario D |
|---|---|---|---|---|
| Gebäude | wie bisher, weitere Technologie entwickelt sich | Wärmeschutz, Investitionsförderung, Ausbildung | zusätzlich zu B.: Zwang zur Solartechnik, Steuererleichterungen | Zusätzlich zu B: Veränderte Bauordnung (höher, dichter), Anschlußzwang an Fernwärme |
| Energiedefizit | keines | Begrenzung des Energiebedarfes, Drosselung der Massenproduktion, Verbrauchsvorschriften | zusätzlich zu B: freiwillige Verpflichtungen auf Branchenbasis | wie C |
| Umwandlung von Energie | wie bisher | Verringerung von Kohle → Gas, Kernenergie, Wiederaufbereitung, Finanzielle Anreize zur Nutzung regenerativer Energien | dazu: Biomasse, Photovoltaik, Entsorgung | desgleichen wie C |
| Kernenergie | vermutlich keine Einschränkung | Kernenergie zur Gewinnung von $H_2$ | Langfristiger Ausstieg | Kurzfristiger Ausstieg |
| Technik | Technik, wie sie ist | Alle Möglichkeiten ausnutzen | Technik muß sich an Ressourcenschonung orientieren | Technik zur Unterstützung des Wertewandels heranziehen |
| Potential zur Reduzierung von $CO_2$ | Null | keine | wenige | große |

*Fortsetzung auf der nächsten Seite.*

*Fortsetzung der vorangegangenen Seite.*

| | Szenario A | Szenario B | Szenario C | Szenario D |
|---|---|---|---|---|
| Rahmenbedingungen | Demographische Entwicklung wie bisher, Entwicklung der Haushalte wie bisher, Energieträgerpreise bleiben absehbar, Wirtschaftsentwicklung erlebt keine überraschenden Verläufe. | | | |
| Bemerkungen | Nulloption, wird nicht ernsthaft als Szenario diskutiert | Optimierungsaspekt steht im Vordergrund | Charakter des Übergangsszenarios mit Optionen auf Entwicklung Richtung B oder D | eher rigides Szenario |

*Tab. 3: Synoptische Zusammenstellung der Szenarien A, B, C und D (nach der Rezeption von Schade, Weimer–Jehle (1996)).*

## b. Der normative Gehalt der gewählten Leitbilder

Obwohl die ‚normative Dignität' der als Leitbilder annoncierten Angaben nicht zu hoch anzusetzen ist[1], ist es doch interessant, anhand der gemachten Angaben eine vorläufige Analyse zu leisten, die ethische Wertmaßstäbe erkennen läßt.

Da das *Szenario A* davon ausgeht, daß die Treibhausproblematik nicht so bedeutend ist, so daß drastische Maßnahmen notwendig wären, kann man — immer bei Unterstellung des nichttaktischen Gebrauchs einer solchen Überzeugung[2] — davon ausgehen, daß hier eine Sachwahrnehmung geäußert wird. Der Schluß, daß keine besonderen Maßnahmen notwendig seien, minimiert hinsichtlich des zu erwartenden Schadens oder Gewinns den Aufwand. Das ‚Leitbild' in *Szenario A* ist deshalb vergleichsweise ethikinvariant, weil es bei gegebener Sachwahrnehmung innerhalb einer

[1] Vgl. Fußnote (1) auf Seite 135.

[2] Darunter ist zu verstehen, daß ein Argument gebraucht wird, wie es gemeint ist. Die Treibhausproblematik herunterzuspielen, weil man bestimmte politische Implikationen vermeiden möchte, wäre ein taktischer Gebrauch des Arguments, da seine Verwendung wider besseres Wissen erfolgt.

utilitaristischen, einer Folgen– oder auch einer deontologischen Ethik rational verteidigt werden kann. Die Priorisierung von Vermächtniswerten gegenüber Optionswerten dürfte hier zutreffen. Im Rahmen des Wertekanons, wie ihn die VDI–Richtlinie vorschlägt, könnte man unterstellen, daß die Verteidiger dieses Szenarios die Präferenzrelation

Wirtschaftlichkeit
$\Downarrow$
Stabilität $\Longleftrightarrow$ Wohlstand
$\Downarrow$
Funktionstüchtigkeit $\Longleftrightarrow$ Fehlerfreundlichkeit
$\Downarrow$
Gesundheit $\Longleftrightarrow$ Sicherheit
$\Downarrow$
Persönlichkeitsqualität $\Longleftrightarrow$ Gesellschaftliche Qualität
$\Downarrow$
Umwelt

befürworten könnten, es sind aber durchaus Varianten denkbar, die ebenfalls zustimmungsfähig sind. Deshalb ist eine solche Analyse niemals eindeutig.

Das mehr technikzentrierte *Szenario B* hält das als bestehend erachtete $CO_2$–Problem mit technischen Mitteln für lösbar. Dahinter kann man eine Sicht vermuten, die mit zureichenden Gründen für die Existenz einer Ziel–Mittel–Relation argumentiert. Im Rahmen einer Pflichtenethik wird, wenn ein technisches Mittel geboten erscheint, die Entwicklung und Anwendung eines solchen Mittels zur Pflicht, ähnlich kann man in einer Verantwortungsethik argumentieren: Sofern die Folgen des Nichteinsatzes technischer Mittel nicht verantwortbar erscheinen, muß man sich um eine technische Lösung bemühen. Hier ist eine Abwendung von Schaden in der Zukunft vorrangig, sie konstituiert die Ziel-Mittel-Relation. Eine mögliche Präferenzrelation bei diesem Szenario könnte sein:

Funktionstüchtigkeit $\Longleftrightarrow$ Sicherheit $\Longleftrightarrow$ Fehlerfreundlichkeit
$\Downarrow$
Wirtschaftlichkeit $\Longleftrightarrow$ Wohlstand
$\Downarrow$
Umwelt $\Longleftrightarrow$ Gesundheit $\Longleftrightarrow$ Stabilität
$\Downarrow$
Persönlichkeitsqualität $\Longleftrightarrow$ Gesellschaftliche Qualität

In *Szenario C* werden Verhaltensänderungen und damit auch Haltungsänderungen aufgrund von Einsichten (festzumachen an der Möglichkeit freiwilliger Verpflichtungen auf Branchenebene) als möglich angesehen. Diese Einsichten beziehen sich darauf, daß das Klimaproblem nur durch eine schonende Nutzung von Natur und Ressourcen möglich ist. Abwendung von Schaden rangiert vor Beibehaltung alter (Konsum-)Gewohnheiten, aber neue Verhaltensweisen müssen nicht die individuelle Selbstverwirklichung beeinträchtigen. Man könnte dem *Szenario C* eine Minimax-Strategie, aber ebenso das Prinzip von der Maximierung der Wohlfahrt aller unter Berücksichtigung nichttangibler Rechte (wie Individualrechte) unterstellen. Auch ist zu vermuten, daß Optionswerte vor Vermächtniswerten zu rangieren beginnen.

| | | | | |
|---|---|---|---|---|
| | | Umwelt | | |
| | | $\Downarrow$ | | |
| Persönlichkeitsqualität | | $\Longleftrightarrow$ | | Gesellschaftliche Qualität |
| | | $\Downarrow$ | | |
| Wirtschaftlichkeit | | $\Longleftrightarrow$ | | Wohlstand |
| | | $\Downarrow$ | | |
| Gesundheit | $\Longleftrightarrow$ | Sicherheit | $\Longleftrightarrow$ | Stabilität |
| | | $\Downarrow$ | | |
| Funktionstüchtigkeit | | $\Longleftrightarrow$ | | Fehlerfreundlichkeit |

*Szenario D* schließlich erweckt den Verdacht der gesinnungsethischen Orientierung, aber das muß nicht so sein. Die Analyse des Klimaproblems kann von der Sachwahrnehmung ja durchaus dazu führen, daß man eine Katastrophe nur dann für verhinderbar hält, wenn die Menschheit ihr wirtschaftliches und damit energiepolitisches Verhalten grundsätzlich an ökologischen Kriterien ausrichtet, und zwar rasch. Aufgrund dieser Überzeugung kann man sowohl im Rahmen einer Verantwortungsethik, aber auch einer Pflichtenethik zur Überzeugung gelangen, daß die Werte der Individualrechte geringer zu bewerten sind als die Überlebensrechte der Menschheit als Gattung und die Rechte zukünftiger Generationen auf unzerstörte Lebensbedingungen. Der Rigorismus, der diesem Szenario anhaftet, kommt also nicht aus einer besonders rigiden Ethik, sondern, wie vermutet, aus einer anderen Sachwahrnehmung als in den anderen Szenarios. Vermutlich dürfte die Präferenzrelation sicher von vielen Befürwortern dieses Szenarios geteilt werden — aber auch hier sind andere Varianten denkbar.

| | | |
|---|---|---|
| | Umwelt | |
| | $\Downarrow$ | |
| | Gesellschaftliche Qualität | |
| | $\Downarrow$ | |
| Gesundheit | $\Longleftrightarrow$ | Fehlerfreundlichkeit |
| | $\Downarrow$ | |
| Sicherheit | $\Longleftrightarrow$ | Stabilität |
| | $\Downarrow$ | |
| | Persönlichkeitsqualität | |
| | $\Downarrow$ | |
| Wirtschaftlichkeit | $\Longleftrightarrow$ | Funktionstüchtigkeit |
| | $\Downarrow$ | |
| | Wohlstand | |

## c. Kohärenzbetrachtungen

Zunächst ist festzustellen, daß die Szenarien *B, C* und *D* von der gleichen Reduktion der $CO_2$-Emmission als Zielvorstellung ausgehen. Man kann nun füglich fragen, ob sich z. B. eine Anstrengung wie der ökologische Umbau der Gesellschaft, wie er in *D* als harte Konsequenz wohl erscheinen mag, überhaupt lohnt, wenn mit *Szenario C* oder mit der technologischen Optimierung allein dieselbe Reduktion als Zielsetzung erreicht werden kann.

Die Annahme der Rahmenbedingungen, nach denen die demographische Entwicklung wie bisher verlaufen soll, die Annahme, daß die Entwicklung der Haushalte wie bisher verläuft, daß sich die Energieträgerpreise absehbar entwickeln und die Wirtschaftsentwicklung keine überraschenden Verläufe erlebt, konterkariert die Szenariomethode: Wenn für alle Szenarien diese Rahmenbedingungen gleich sind, kann sich kein Szenario auf eine zukünftige Variation dieser Größen einlassen. Mildere oder härtere Eingriffe, wie sie in *Szenario C* resp. *D* diskutiert werden, sind aber sehr wohl geeignet, die Energieträgerpreise zu verändern und die Wirtschaftsentwicklung (Umstellung auf Kreislaufwirtschaft) diskontinuierlich werden zu lassen. Auch das *Szenario B* dürfte Auswirkungen auf die Energieträgerpreise haben (z. B. durch eine überraschende Optimierung von (alternativen?) Technologien zur Energieumwandlung).

Bezüglich der Umsetzungsmaßnahmen gibt es Inklusionsbeziehungen zwischen den Szenarien, so daß sie sich in Strenge nicht disjunkt bewerten lassen.

Bezüglich der Folgen der in den Szenarien jeweils vorgeschlagenen Maßnahmen und Veränderungen bestehen die Vermutungen, daß sie sich in den folgenden genannten Auswirkungsfeldern[1] abschätzen lassen (Tabelle 4 auf dieser Seite).

Diese Tabelle 4 stellt auch den Versuch dar, sich intuitiv in die Szenarien einzudenken (Endo–Sicht) und mögliche Folgen und Auswirkungsfelder zu benennen. Es wird versucht, eine *prima facie* Bewertung schon an dieser Stelle vorzunehmen, die aber nur eine erste Orientierung haben kann — sie ist insofern unreflektiert, weil sie nichtbewußte Wertungen in die Kategorie der erwünschten und nicht erwünschten Folgen preßt und damit rational nachvollziehbare Kriterien durch die bloße Meinung oder das Zumutesein angesichts vorstellbarer Folgen ersetzt. Trotzdem erweist sich dieser Arbeitsschritt als vernünftig, weil er die Vorurteile der *prima facie* Reflexion zugänglich macht. Das Ergebnis eines ersten Bewertungsversuchs ist am Ende der Tabelle 4 aufgelistet.

**Folgenabschätzung der Szenarien und *prima facie* Bewertung**

| | Szenario A | Szenario B | Szenario C | Szenario D |
|---|---|---|---|---|
| Schlagwort | ‚weiter so‘ | ‚technizistisch‘ | ‚schwach ökologisch‘ | ‚stark ökologisch‘ |
| 0.) Folgen für das Klima | abschätzbar negativ. Keine Verlangsamung der anthropogenen Veränderungen | als lokaler Beitrag zu einer weltweiten Absenkung der Emission und damit zur Verlangsamung der anthropogenen Klimaveränderungen anzusehen. Sofern nicht auf weltweiten Maßstab übertragbar und durchsetzbar, ist keine Verlangsamung oder Umkehrung zu erwarten. | | |

*Fortsetzung auf der nächsten Seite.*

[1] Vgl. Kornwachs 1993, S. 34. Die dortige Tabelle bezieht sich eher auf Auswirkungsfelder der Informations– und Kommunikationstechnologie, ist aber *mutatis mutandis* für den vorliegenden Zweck modifizierbar.

*Fortsetzung der vorangegangenen Seite.*

| | Szenario A | Szenario B | Szenario C | Szenario D |
|---|---|---|---|---|
| a.) Folgen für die Demokratie | unter der Voraussetzung negativer Klimafolgen: Gefährdung bisheriger Territorialstaaten durch geologische Veränderungen, Migrationen, Verteilungskämpfe | Strukturen geraten unter Optimierungszwang durch Primat der Technik. Neue Formen der kommunikativen und partizipativen Demokratie sind durch I&K–Techniken zu erwarten | Neue Formen der kommunikativen und partizipativen Demokratie sind durch I&K–Techniken zu erwarten. Bildung neuer Interessengruppen, Parteien etc. sind zu erwarten | Sofern die Leitbilder dieses Szenarios von einem breiten Konsens getragen sind, wie C. Sofern der Konsens nur mühsam zustande kam, sind radikalisiertere Auseinandersetzungen zu erwarten, die auch die Demokratie gefährden könnten |
| b.) Verletzlichkeit des Individuums | Durch Folgen in a.) Auflösung der sittlichen Konventionalität | Individualrechte bleiben im wesentlichen unberührt | Individualrechte bleiben im wesentlichen unberührt — Einschränkung durch weithin akzeptierte Konventionen | Sofern Konsumverzicht als Einschränkung von individuellen Rechten und Entfaltungsrechten gesehen wird, die zugunsten einer Ökokratie entpriorisiert werden, ja |

*Fortsetzung auf der nächsten Seite.*

*Fortsetzung der vorangegangenen Seite.*

| | Szenario A | Szenario B | Szenario C | Szenario D |
|---|---|---|---|---|
| c.) Verletzlichkeit der Gesellschaft | Begünstigung totalitärer Strukturen | Gesellschaftliche Strukturen können intakt bleiben, werden technisch unterstützt | Konsensgetragener moderater Verzicht gefährdet keine gesellschaftlichen Strukturen | ggf. Befürchtungen totalitärer Strukturen (Ökofaschismus, Gaia–Fundamentalismus) |
| d.) Verletzlichkeit der kommunikativen Strukturen | siehe c.) | Durch Optimierung z. B. von kerntechnischen Sicherheitssystemen verändern sich Organisationsformen (Plutoniumstaat) | eher nicht zu erwarten | Worst–case: Gefährdungen durch political correctness, Wissensselektion, um eine Enttechnisierung zu erreichen |
| e.) Wirtschaftswachstum und Beschäftigung | Bei Klimakatastrophe langfristig nicht absehbar, Kurzfristig: Wirtschaftswachstum durch minimale Anforderungen | Bei Erschließung von Märkten mit effizienteren Energietechnologien sind Booms vorstellbar, keine Lösung des Problems der Arbeitslosigkeit | Übergang zur Kreislaufwirtschaft ist möglicherweise mit Krisen verbunden. Durch andere Verteilungsmodalitäten, u. U. eine Lösung des Arbeitslosigkeitsproblems, eher Entflechtung in kleinere wirtschaftliche Einheiten | Zu schneller Umstieg in die Kreislaufwirtschaft führt zu wirtschaftlichem Schock, ggf. gleich geringes Arbeitsaufkommen für alle, Verelendungstendenzen, falls keine neue Modalitäten für Verteilungsgerechtigkeit gefunden werden |

*Fortsetzung auf der nächsten Seite.*

Fortsetzung der vorangegangenen Seite.

| | Szenario A | Szenario B | Szenario C | Szenario D |
|---|---|---|---|---|
| f.) Internationale Arbeitsteilung | Durch Billighaltung der Energie und zunehmende Verteuerung der Arbeitskraft verstärktes Outsourcing (verlängerte Werkbank) | Verschärfung des Nord–Süd–Konflikts durch Vergrößerung des technologischen Gefälles | Gleichverteilung von Qualifikationsniveaus angestrebt — dies zieht erhöhte Konsumansprüche nach sich. Die internationale Arbeitsteilung gerät in Turbulenzen | Bei fehlender internationaler Kooperation Verschiebung der Techologieführerschaft auf andere Länder mit weniger ökologischem Bewußtsein, brain–drain |
| g.) Arbeitsorganisation | kurzfristig keine Veränderungen, zunehmende Mobilität | Verstärkung von Telearbeitsformen, ggf. Partikularisierung | Verschiebung der Grenze von Freizeit und Arbeitszeit/-ort, ggf. neue Formen unternehmerischer Gruppenarbeit | Kooperativere Formen des Arbeitens, Nahbereichsorientiert, Regionalisierungstendenzen |
| h.) Produktionstechnologie | Schneller, genauer, individuellere Produkte, weitere Verkürzung der Innovationszyklen | hohe Bedeutung, starker Innovationsdruck durch Ökologisierung von Produkten — wird aber noch mehr auf Ökonomisierung ausgerichtet | Verlangsamung der Innovationszyklen Umstellung auf ökologische Produkte mit ressourcenschonender Produktionsweise | Wie C, jedoch ggf. Stillstand von Innovationen bei Marktsättigung |
| i.) Bildung und Qualifikation | High–Tech orientiert | High–Tech orientiert | auf Sozial– und Methodenkompetenz orientiert — Trend zur Enttechnisierung der Bildungsinhalte | Enttechnisierung der Bildungsinhalte — ggf. Verlust von wiss.–techn. Wissen |

Fortsetzung auf der nächsten Seite.

*Fortsetzung der vorangegangenen Seite.*

| | Szenario A | Szenario B | Szenario C | Szenario D |
|---|---|---|---|---|
| k.) Formen des Zusammenlebens und Institutionen | zunächst weitere Partikularisierung (,Versingelung') der Gesellschaft, keine neuen Institutionen, später bei Klimaveränderung, Kampf aller gegen alle bis zu neuen Koalitionsbildungen | zunächst weitere Partikularisierung (,Versingelung') der Gesellschaft, keine neuen Institutionen, da keine Verhaltensänderungen erforderlich; ggf. geht Mobilität zugunsten von Telekommunikation zurück | Rückgang der Partikularisierung der Gesellschaft, Entstehen neuer Interessengruppen. Ressourcenschonung, Selbstbindung, moderater Verzicht entschleunigt das Lebensgefühl | Durch Bewirtschaftung von beheizbarer Fläche allgemeines ,Zusammenrücken'. Rückgang der Mobilität, lokale Orientierungen werden präferiert. Menschliche ,Nähe', aber auch Gefühl der sozialen Kontrolle |
| l.) Dienstleistungserbringung und Konsumtion | Tendenz, die Dienstleistungserbringung zum Dienstleistungsnehmer zu verlagern (bei hohen Kosten der Arbeit) | Optimierung, Rationalisierung, Informatisierung der Dienstleistung (z. B. statt Medizin Rezept) | Substituierbarkeit von Dienstleistungen durch andere bei gleicher Funktionalität wird zunehmen, z. B. statt Verkehr Kommunikation, statt Transport Fertigung vor Ort, statt Führung Selbstnavigation | Neue Überlegungen zur Verteilungsgerechtigkeit aufgrund von Dienstleitungen. Dienstleistungen als nicht monetäres Austauschsubstrat von Leistungen erhalten größere Bedeutung |

*Fortsetzung auf der nächsten Seite.*

*Fortsetzung der vorangegangenen Seite.*

| | Szenario A | Szenario B | Szenario C | Szenario D |
|---|---|---|---|---|
| m.) Schatten-wirtschaft | bleibt zunächst bei 20% des BSP, bei Klima-veränderung sprunghafter Anstieg | würde zurückgehen | würde vermutlich zunehmen, neue Kooperations-formen, die nicht monetären Lei-stungsaustausch aufweisen | Der größte Teil des BSP wäre über freiwirt-schaftliche Strukturen zu erwirtschaften |
| n.) Selbst-verständnis des Menschen | Wärmeperioden haben schon früher das Entstehen neuer Reiche begünstigt. Eine Veränderung des Selbstver-ständnisses ist zu erwarten → weg vom individuellen Subjekt als Ausgangspunkt | bleibt pluralistisch, da kommunikati-onsintensiv — Ideologien und Fundamentalis-mus bilden eine Grundgefahr, das Szenario enthält aber keine mögliche Förderung dieser Bestrebungen | durch die angedeutete beginnende Entschleuni-gung der Wirtschafts- und Lebensvollzüge eine Intensivierung einerseits der Reflexion, andererseits des Unterhaltungs-konsums | Rigorosere, vermutlich weniger pluralistische Sichtweisen, Abkehr vom Paradigma der Selbstverwirkli-chung, des Hedonismus und ggf. der Autonomie des Subjekts |
| *prima facie* Bewertung | | | | |
| Wünschbare Folgen | e.), g.), h.) | 0.), a.), c.), h.) | 0.), a.), b.), c.), d.), h.), i.), k.), m.) | 0.), g.), h.), i.), l.) |
| Uner-wünschte Folgen | 0.), a.), b.), c.), d.), i.), k.), n.) | d.), e.), f.), i.), k.), l.) | e.), f.), l.) | a.), b.), c.), d.) e.), f.), n.) |
| keine Ent-scheidung | f.), l.), m.) | g.), m.), n.) | g.), n.) | k.), m.) |
| es überwiegen die | negativen Folgen mit **3:8** | negativen Folgen mit **5:6** | positiven Folgen mit **9:3** | negativen Folgen mit **5:7** |

*Fortsetzung auf der nächsten Seite.*

*Fortsetzung der vorangegangenen Seite.*

| | Szenario A | Szenario B | Szenario C | Szenario D |
|---|---|---|---|---|
| Präferenz | (−5): nicht akzeptabel | (−1): nicht akzeptabel | (+6): akzeptabel | (−2): nicht akzeptabel |

*Tab. 4: Folgenabschätzung der Szenarien und prima facie Bewertung.*

Das Ergebnis ist sicher nicht überraschend, da durch die Inklusionsbeziehungen der drei Szenarien der Parameter der *‚ecological strength'* von *B* über *C* nach *D* zunimmt und durch eine Minimaxstrategie die Anzahl der unerwünschten Folgen minimiert und die Anzahl der erwünschten Folgen maximiert werden soll. Bei *C* findet man dann einen ziemlich breiten Sattelpunkt (spieltheoretisch gesprochen). Auch bei einer Wichtung der Folgen mit subjektiven Gewichtsfaktoren dürfte dieser Sattelpunkt vergleichsweise stabil sein, so daß die Präferenz von *C* fast trivial ist.

## Bewertungskriterien

### a. Gesamtwertbaum

Die folgenden Ausführungen beziehen sich auf den Gesamtwertbaum, der ungewichtet vorliegt.[1]

#### Zur begrenzten Brauchbarkeit

Solange die unter den Rubriken ‚1. Technische Effizienz und Wirtschaftlichkeit', ‚2. Schutz von Umwelt und Gesundheit', ‚3. Sozialverträglichkeit und politische Qualität' hierarchisch angeordneten Güter keiner Präferenzrelation unterliegen, eignet sich der Gesamtwertbaum nicht als diskriminerendes Instrument für Bewertungsentscheidungen. Da jedoch solche Präferenzrelationen in Widerspruch zur Hierarchisierung der Güter stehen können, würde dies auf eine Neukonstruktion des Gesamtwertbaumes hinauslaufen. Dieser Prozeß konvergiert vermutlich nicht.

Schematisch läßt sich die Kritik so vorstellen: Würde man alle Felder für den Gesamtwertbaum ausfüllen, wie dies in Tabelle 5 auf Seite

[1] Anm. d. Red.: Der Gesamtwertbaum findet sich im Anhang S. 371–391.

165 beispielsweise für zwei Äste getan worden ist, so bekäme man eine Prüfliste, deren Äste durch ein entsprechendes Szenario positiv oder negativ besetzt sind (der Wert wird erfüllt oder nicht erfüllt — evtl. wäre auch eine Skalierung möglich). Man kann dann die Spaltensumme pro Szenario bilden und erhält einen numerischen Wert, der etwas über die Erfüllung des Gesamtwertbaumes aussagt. Man könnte dann nach der Größe dieses Wertes die Szenarien diskriminieren, nur wäre dies lediglich auf den Gesamtwertbaum mit gleichgewichtigen Ästen bezogen. Diese Aussage ist vergleichsweise ‚verrauscht'[1], auch weil sie keine Präferenzen zwischen den Hauptfeldern des Gesamtwertbaumes berücksichtigt, die in der realen Diskussion immer gegeben sind.

| | Szenario A | Szenario B | Szenario C | Szenario D |
|---|---|---|---|---|
| Schlagwort | ‚weiter so' | ‚technizistisch' | ‚schwach ökologisch' | ‚stark ökologisch' |
| 1.) Techn. Effizienz Wirtschaftlichkeit 1.1.1 Flächend. Energiebereitstellung ⋮ | ist heute möglich, erfüllt das Kriterium ... | wird durch technische Anstrengungen möglich sein ... | wird eingeschränkt ... | wird eingeschränkt bis vielleicht hin zu Berechtigungsnachweis ... |
| 1.1.3.1 Wahlmöglichkeit für den Verbraucher ⋮ | gegeben | wird ermöglicht | wird eingeschränkt | wird anhand von Notwendigkeit geprüft |

*Tab. 5: Prüfen der Szenarios anhand von zwei Ästen des Gesamtwertbaums (schematisch).*

In den Überschriften ‚1. Technische Effizienz und Wirtschaftlichkeit', ‚2. Schutz von Umwelt und Gesundheit', ‚3. Sozialverträglichkeit und politische Qualität' finden sich in unterschiedlicher hierarchischer Tiefe und

[1] Ein Ausdruck aus der Informationstheorie. Gemeint ist mit dieser Metapher, daß sich die Ergebnisse der Bewertung für die unterschiedlichen Szenarien zwar unterscheiden können, die Differenz aber innerhalb der zu konzedierenden Variationsbreite (Fehlerbalken) liegen dürften.

verschiedener Ausprägung auch die VDI-Werte Gesundheit, Wohlstand, Sicherheit, Umwelt, Persönlichkeitsqualität, Gesellschaftliche Qualität, Wirtschaftlichkeit, Fehlerfreundlichkeit und auch die hinzugefügten Werte Stabilität und Funktionstüchtigkeit wieder.

**Kritik** Nun ist es bei einem Wertbaum vermutlich wie bei der betriebsinternen Erstellung von Bewertungskatalogen oder Funktionsgliederungen: Diejenigen, die nicht bei der Erstellung dabei waren, können damit relativ wenig anfangen oder können sich nicht damit identifizieren. Als Fragekatalog oder ‚Steinbruch' mögen solche Gesamtkataloge trotzdem Verwendung finden. Nach dem Gesagten ist es nicht verwunderlich, daß sich der Verfasser den Gesamtwertbaum nur schwerlich zu eigen machen kann, zumal eine ausführliche ethische Diskussion den Rahmen einer solchen Darstellung bei weitem sprengen würde.[1]

Unzweifelhaft berühren einzelne Äste des Gesamtwertbaums Rechte, wie sie von Nida-Rümelin analysiert worden sind (1995). Sie zeigen aber auch auf, daß sie zu völlig unterschiedlichen Wertungen Anlaß geben können. Interpretiert man die Begriffe, die in den Ästen auftreten, als Fragestellung, ob eine bestimmte Technologie einen darin ausgedrückten Wert erfüllt oder nicht, hängt die Antwort nicht nur davon ab, welche Gewichtigkeit dieser Wert hat, sondern auch davon, ob dieser Wert vom Beurteilenden, der diesen Gesamtbaum benutzt, überhaupt geteilt wird. Die Hierarchisierung stellt also nur eine Subsumtionslogik dar, aus der keine Wichtungen oder Präferenzrelationen abgeleitet werden können.

## b. Regeln des Dissensmangements

Bei dem in der Diskussion und bei Hubig (1993, 1995) vorgeschlagenen Dissensmanagement erlaubt das Prinzip der Bedingungserhaltung eine vereinigende Verallgemeinerung der Regeln der Vermächtniswerte und der Optionswerte. Das Erhalten der Bedingungen zu verantwortlichem Handeln für alle Beteiligten eröffnet nicht nur die Anerkennung von Präferenzen durch Individuen, sondern auch die Eröffnung eines möglichst weiten Spielraums für zukünftige Entscheidungen. Denn zur Bedingung der Möglichkeit verantwortlichen Handelns gehört, daß der so Handelnde

[1] Dies ist für einige Äste in einer Studie durchgeführt worden, allerdings mit Zielrichtung auf eine Operationalisierung; vgl. Kornwachs 1996.

überhaupt situationsmächtig bleibt und daß er selbst sich auf Kriterien berufen kann, die das Prädikat ‚verantwortlich' für ihn so festlegen, daß er sie im Diskurs mitteilen kann und diesbezüglich ein Konsens von allen Beteiligten mit vernünftigen Gründen angestrebt werden kann.

Der angesprochene Konflikt zwischen Vermächtniserhalt versus Optionseinschränkung bzw. Optionserweiterung versus Vermächtniseinschränkung kann gelöst werden, wenn Vermächtniswerte in Optionswerte und umgekehrt transformiert werden können: Die Anerkennung von Präferenzen durch Individuen setzt eine Wahlfreiheit voraus — d. h. es muß eine Situation existieren, in der die Präferenzen als ethische Optionen genannt werden können. Vermächtniserhalt ist bei dieser Definition Erhalt der ethischen Optionsbreite. Umgekehrt: Will man den Spielraum der freien Entscheidung in Zukunft möglichst offen halten, dann ist es eine Voraussetzung für die freie Wahl, daß Präferenzen gewählt werden können. Die Aberkennung von Präferenzen würde die Einschränkung aller künftigen Optionen auf die Sachzwänge reduzieren, die sich als logische Folge aus Entscheidungssituationen ergeben, die mit bereits festgelegten Präferenzen getroffen werden. Optionen sind daher an die Existenz von freien Präferenzen gebunden.

Das Prinzip der Bedingungserhaltung könnte sich als Metaprinzip der Vermächtnis- bzw. Optionsregel erweisen, wenn man zeigen kann, daß als Bedingung der Möglichkeit der Wahrnehmung von Verantwortung ein jeweils austariertes Verhältnis von Optionsbreite und Vermächtniserhalt bestehen muß.[1]

## c. Wertepriorisierungen und Präferenzrelationen

Für die nachfolgende Beurteilung der Szenarien stelle ich die von mir priorisierten Werte und die darauf so definierten Präferenzrelationen dar. Da es sich um eine ethische Entscheidung handelt, sind sie, unter Beachtung des Prinzips der Mehrwertigkeit, der Kontextualität und der Interkontextualität nicht letztbegründungsbedürftig. Einige nachfolgende Erläuterungen mögen Elemente von Begründungsfiguren enthalten, dies ist aber nicht ihre primäre Funktion.

[1] Ich hege die Vermutung, daß die Begriffe Vermächtniswert und Optionswert in einem komplementären Verhältnis zueinander stehen. Dann sind sie allerdings nicht vollständig interdefinierbar.

Oberstes Prinzip ist der kategorische Imperativ von I. Kant, der die Methode angibt, wie man die Verallgemeinerungsfähigkeit einer Handlungsmaxime prüfen kann. Modifiziert man den Begriff ‚Allgemeines Gesetz' im Sinne einer konsensualen Bestimmung, so daß alle Beteiligten einem solchen Gesetz ohne Vorbehalt zustimmen können, weil es dem Kern der für richtig gehaltenen sittlichen Grundüberzeugung entspricht, so ist die Anerkennung der Begründungen anderer Handlungsweisen ebenso verallgemeinerungsfähig und der Versuch, diese zu verstehen, eine Pflicht. Dies ist der Anschluß des Prinzips der Mehrwertigkeit und Interkontextualität an den kategorischen Imperativ.

Das Prinzip der Bedingungserhaltung fordert im Rahmen einer Verantwortungsethik, daß ich auch demjenigen, der eine völlig andere Wertüberzeugung vertritt, die Möglichkeit einräumen muß, gemäß dieser Überzeugung verantwortlich zu handeln. Ohne Interessenkollision ist dies koextensiv mit dem operativen Begriff der Toleranz. Bei Normenkonflikten und damit zusammenhängenden Interessenkonflikten fordert das Prinzip der Interkontextualität, daß die Beweggründe für die andere gelebte Norm in Beweggründe der eigenen Norm übersetzbar sein müssen (und umgekehrt). Da es kein allgemeines Verfahren zur Lösung von Konflikten, sondern nur spezielle Verfahren für bestimmte Typen von Konflikten gibt, ist das mutuelle Verständnis keine Konfliktlösung, sondern nur eine Voraussetzung hierfür. Jegliche Einschränkung, die sich aus einer möglichen Konfliktlösung ergeben könnte, ist danach zu prüfen, ob sie das Prinzip der Bedingungserhaltung nicht verletzt. Konfliktlösung kann also nur eine solche genannt werden, bei denen beide ‚Parteien' in einem Interessenkonflikt nach noch zumutbaren, aber nicht die Substanz ihrer Überzeugung angreifenden einschränkenden Modifikation ihrer Präferenzen noch verantwortlich handeln können, also noch oder wieder über die erforderlichen Optionen verfügen.

Unter diesen Prämissen müßte eine Technikentwicklung, insbesondere dann, wenn sie infolge ihrer Spezifik zeitlich wie räumlich ausgedehnte Auswirkungen hat und damit potentielle Ansprüche künftiger Generationen tangiert, die folgenden Werte in der angegeben Präferenz erfüllen.[1]

Die Pfeile zeigen an, daß der priore Wert eine notwendige (aber nicht hinreichende) Voraussetzung für den untergeordneten Wert darstellt. Einige Werte sind gleichrangig — daher sind Konflikte zwischen ihnen nicht

[1] Vgl. Abbildung 3 auf der nächsten Seite.

auszuschließen. Ein gewisser Inkonsequentialismus ist also wohl unvermeidlich.

Da ich der Überzeugung bin, daß die Sicherung der Lebensgrundlagen eine Voraussetzung für alles andere ist (man kann dies auch mit dem unveräußerlichen Recht auf Leben begründen), sind die Persönlichkeitsrechte einerseits und die Bewahrung der Gesundheit ein erst danach zu verwirklichendes Gut. Nur die Erfüllung von Persönlichkeitsrechten ermöglicht auch, eine gesellschaftliche Qualität ins Werk zu setzen, in der es sich zu ‚leben lohnt'. Die Erfüllung der Sicherheit, der Fehlerfreundlichkeit und der Funktionstüchtigkeit darf erst ‚optimiert' werden, wenn die Gesundheit in gewisser Weise schon vorher garantiert werden kann. Nur funktionstüchtige, sichere und letztlich auch fehlerfreundliche Technologie wird wirtschaftlich sein können — die Optimierung des ökonomischen Wertes liegt also vergleichsweise auf niedriger Hierarchie. Erst Stabilität der Verhältnisse und Wirtschaftlichkeit unserer Handlungsinstrumente führt zu so etwas wie Wohlstand.

| | | |
|---|---|---|
| | Umwelt | |
| | $\Downarrow$ | |
| Persönlichkeitsrechte | | Gesundheit |
| $\Downarrow$ | | $\Downarrow$ |
| Gesellschaftliche Qualität | | Sicherheit, Fehlerfreundlichkeit, Funktionstüchtigkeit |
| $\Downarrow$ | | $\Downarrow$ |
| Stabilität $\Longleftarrow$ | Wohlstand | $\Longrightarrow$ Wirtschaftlichkeit |

*Abb. 3: Wertepräferenzen des Verfassers auf den Werten, in Analogie zu den Präferenzrelationen von Seite 154f.*

Mögliche Ansprüche künftiger Generationen lassen sich mit dem Schema in Abbildung 3 vereinbaren, zur Ableitung ist — als These — das Prinzip der Bedingungserhaltung zusätzlich erforderlich.

Es gibt selbstverständlich zahlreiche Beziehungen von ‚unten nach oben' in diesem Schema — so weiß man, daß die Verwirklichung von Persönlichkeitsrechten vielfach an einen bestimmten Wohlstand geknüpft ist. Es gibt weitere solche Beziehungen, die dann auch iterativ (im Kreisgang von unten nach oben und zurück) bestimmt werden können. So lassen sich auch eine Reihe von Normen aus einem solchen Schema gewinnen, wenn man das Instrumentarium der Normenlogik benutzt.

Die Präferenzrelation ist nie ganz befriedigend zu erstellen, deshalb breche ich mit der Erläuterung an dieser Stelle ab und ziehe mich auf meine subjektive Überzeugung zurück, um den Text nicht zu lange werden zu lassen.

### d. Normenkonflikte

Normenkonflikte sind unvermeidlich in der Praxis der Ethik. Sie treten nicht nur zwischen Werten auf, z. B. die Konfliktstruktur bei den vom VDI vorgeschlagenen Werten (vgl. Abbildung 3 auf der vorherigen Seite), sondern auch zwischen gleichrangigen Grundwerten, z. B. im Grundgesetz. Zoglauer (1996) hat in einer bisher noch nicht veröffentlichten Arbeit gezeigt, daß es kein allgemeines Verfahren gibt, Normenkonflikte zu lösen. Auch Nida–Rümelin (1995) insistiert darauf, daß es keine abgeschlossene, vollständige und widerspruchsfreie Ethiktheorie geben kann, sondern daß man analog der empirischen Vorgehensweise nicht von generellen Prinzipien, sondern von moralischen Beurteilungen ausgehen soll, die sich eines hohen Grades an Konsens erfreuen.

Es wird deshalb im Folgenden sowohl deduktiv wie induktiv vorgegangen. Gerade weil man aus theoretischen Gründen wie den Normenkonflikten kein direktes Bewertungsverfahren durchführen kann und auch zur Vermeidung von *ex cathedra* Mißverständnissen auch nicht darf (!), wird ein iteratives Verfahren bevorzugt, das im nächsten Kapitel geschildert wird.

### e. Das iterative Verfahren

**Konsensualkriterien und Diskurs:** Unter einem Konsensualkriterium sei die Bedingung verstanden, die erfüllt sein muß, so daß man von einem Konsens über ein Prinzip oder eine Norm sprechen kann. Dieses Konsensualkriterium sehe ich operativ: Wenn alle am Diskurs Beteiligten den Konsens feststellen, dann ist das Kriterium erfüllt.

**Konsequentialistische und nichtkonsequentialistische Teilschritte:** Der konsequentialistische Teilschritt des Bewertungsverfahrens ergibt sich aus der Prüfung der Szenarien und der in Tabelle 4 (S. 158) aufgelisteten möglichen Folgen anhand der genannten Prinzipien, der Werte und der in Abbildung 3 (S. 169) gezeigten Präferenzrelation. Der nichtkonsequentialistische Schritt besteht darin, sich von den in den Szenarien implizit vertretenen moralischen Auffassungen belehren und inspirieren zu lassen — so schon auf Seite 154 durchgeführt — und nach Modifikationen der eigenen Bewertungskriterien zu fragen. Ergibt sich als Reflex auf diese Belehrung und Inspiration eine Modifikation der zur Bewertung herangezogenen Prinzipien, Werte und Normen, so wäre eine erneute Bewertung notwendig. Sollten nur Differenzen in der Sachwahrnehmung Auslöser von Konflikten und divergierenden Bewertungen sein, dann müßte aufgrund des ethischen Bewertungskatalogs, dem dann eine hochkonsensuale Zustimmung gebühren soll, das Verfahren rasch konvergieren. Konvergiert es nicht, liegt ein moralischer, kein Sachkonflikt vor.

## Bewertung der drei Szenarien

Nach den Vorarbeiten in den vorangegangenen Kapiteln kann nun die Bewertung vergleichsweise kurz durchgeführt werden. Der erste Schritt prüft die Szenarien nach den unveräußerlichen Rechten *(right based morality)* und ihrer potentiellen Gefährdung, der zweite Schritt nach den in Abbildung 3 auf Seite 169 vorgestellten Werten und Präferenzen. Danach werden die Szenarien hinsichtlich des Prinzips der Bedingungserhaltung geprüft. Der nicht-konsequentialistische Schritt ist mit Tabelle 4 auf Seite 158 bereits schon geleistet. Aufgrund dieser Tabelle werden noch einmal die Werte und das Prinzip der Bedingungserhaltung verfeinert. Die anschließende Prüfung, die hier nicht explizit wiedergegeben ist, dürfte das Ergebnis des ersten Schrittes bestätigen. Dieser zweite Schritt und diese Prüfung ist hier aus Platz- und Zeitgründen nicht mehr durchgeführt worden.

### a. Unveräußerliche Rechte[1]

#### Grundrechte nach dem Grundgesetz

Die folgende Tabelle listet auf, ob die genannten Grundrechte aus Tabelle 1 auf Seite 143 durch die Leitbilder, möglichen Folgen und inhalt-

[1] Nach einem Vorschlag der Diskussionsrunde.

liche Ausgestaltung der Szenarien tangiert werden (–), unberührt bleiben (0) oder in ihrer Wahrnehmung bestärkt und gefördert werden (+). Jedes Szenario erhält auf diese Weise in der (ungewichteten) Summe eine Anzahl von Grundrechten, die es tangiert oder fördert. Die Bewertung kann modifiziert werden, indem man mit Gewichtungsfaktoren (gewichtete Summe) arbeitet. Dies führen wir hier nicht durch, weil es sich bei der Prüfung herausstellt (auch wenn man in einzelnen Punkten vielleicht anderer Meinung sein kann), daß die meisten Rechte, so wie sie im Grundgesetz formuliert sind, bezüglich der energiepolitischen Szenarien ohne weitere Zusatzannahmen größtenteils unberührt bleiben. Jedes einzelne Feld kann heftige Diskussionen auslösen, da der Begriff ‚mögliche Beeinträchtigung' von Grundrechten sehr vage ist. Insbesondere ist deshalb bei der Betrachtung der Summe Vorsicht geboten — Minimum und Maximum haben höchstens den Charakter eines Hinweises.

Die Grundrechte ergeben nach der Tabelle 6 auf dieser Seite nur eine flache Diskriminierung zwischen $A$ und $B$, eine stärkere für $C$. Dies hängt auch damit zusammen, daß viele der aufgelisteten Rechtskreise aus dem Grundgesetz für die energiepolitischen Szenarien nicht einschlägig sind. Kommunikationsrechte, Sachgarantien und Gleichheitsrechte, aber auch überwiegend soziale Grundrechte werden *prima facie* so gut wie nicht tangiert. Die Präferenz von $C$ gegenüber $B$ ist also nur schwach über den Katalog der Grundrechte zu begründen.

**Bewertung nach Grundrechten**

| | Szenario A | Szenario B | Szenario C | Szenario D |
|---|---|---|---|---|
| **1. Freiheitsrechte** | | | | |
| a.) Persönlichkeitsrechte | | | | |
| Recht auf Entfaltung der Persönlichkeit (2.1) | + | + | + | – |
| die Freiheit der Person (2.2) | + | + | + | 0 |
| Recht auf Freizügigkeit (11.2) | + | + | + | – |
| Recht auf informationelle Selbstbestimmung (BVG–Urteil) | 0 | + | + | + |

*Fortsetzung auf der nächsten Seite.*

*Fortsetzung der vorangegangenen Seite.*

| | Szenario A | Szenario B | Szenario C | Szenario D |
|---|---|---|---|---|
| Recht am eigenen Bild und am gesprochenen Wort | 0 | 0 | 0 | 0 |
| b.) Kommunikationsrechte | | | | |
| Meinungsfreiheit (5.1) | 0 | 0 | 0 | 0 |
| Pressefreiheit, Freiheit der Berichterstattung (5.1) | 0 | 0 | 0 | 0 |
| Freiheit von Wissenschaft und Kunst (5.3) | 0 | 0 | 0 | 0 |
| Glaubens- und Gewissensfreiheit (4) | 0 | 0 | 0 | 0 |
| Versammlungsfreiheit (9.1,2) | 0 | 0 | 0 | 0 |
| Petitionsrecht (17) | 0 | 0 | 0 | 0 |
| c.) ökonomische Rechte | | | | |
| Berufsfreiheit, freie Berufswahl (12) | + | + | + | – |
| Koalitionsfreiheit (9.3) | 0 | 0 | 0 | 0 |
| **2. Unverletzlichkeitsrechte** | | | | |
| Recht auf Leben und körperliche Unversehrtheit (2.2) | – | – | + | + |
| Brief-, Post und Fernmeldegeheimnis (10) | 0 | 0 | 0 | 0 |
| Unverletzlichkeit der Wohnung | 0 | – | 0 | 0 |
| Recht auf Eigentum | + | + | + | – |
| **3. Sachgarantien** | | | | |
| Schutz der Ehe und Familie (6.1) | 0 | 0 | 0 | 0 |
| ungestörte Religionsausübung (4.2) | 0 | 0 | 0 | 0 |
| Religionsunterricht (7.3) | 0 | 0 | 0 | 0 |
| Rechtsweggarantie (19.4) | 0 | 0 | 0 | 0 |

*Fortsetzung auf der nächsten Seite.*

*Fortsetzung der vorangegangenen Seite.*

| | Szenario A | Szenario B | Szenario C | Szenario D |
|---|---|---|---|---|
| Recht auf einen gesetzlichen Richter (101.1) | 0 | 0 | 0 | 0 |
| **4. Gleichheitsrechte** | | | | |
| Gleichheit vor dem Gesetz (3.1) | 0 | 0 | 0 | 0 |
| Gleichberechtigung von Mann und Frau (3.2) | 0 | 0 | 0 | 0 |
| Diskriminierungsverbot (3.3) | 0 | 0 | 0 | 0 |
| Gleichstellung unehelicher Kinder (6.5) | 0 | 0 | 0 | 0 |
| gleicher Zugang zu öffentlichen Ämtern (33.2) | 0 | 0 | 0 | 0 |
| Wahlrechtsgleichheit (38.1) | 0 | 0 | 0 | 0 |
| **5. Soziale Grundrechte** | | | | |
| Recht auf Arbeit, Bildung, Gesundheit und soziale Sicherung (zum Teil in den Landesverfassungen, z. B. BB) | – | – | + | + |
| Elternrecht (6) | 0 | 0 | 0 | |
| Recht auf Einrichtung privater Schulen (7.4) | 0 | 0 | 0 | 0 |
| Verbot der Ausbürgerung (16.1) | 0 | 0 | 0 | 0 |
| Auslieferungsverbot (16.2) | 0 | 0 | 0 | 0 |
| Asylrecht (16.2) | 0 | 0 | 0 | 0 |
| Sozialstaatsprinzip (20.1) | – | 0 | 0 | + |
| Summe der Rechte, die gefördert werden könnten | 5 | 6 | 8 | 4 |
| Summe der Rechte, die tangiert werden könnten | 3 | 3 | 0 | 4 |
| Ungewichtete Bilanz | +2 | +3 | +8 | 0 |

*Fortsetzung auf der nächsten Seite.*

*Fortsetzung der vorangegangenen Seite.*

| | Szenario A | Szenario B | Szenario C | Szenario D |
|---|---|---|---|---|
| **Kommentar:** | | | geringste Beeinträchtigung der Grundrechte | maximale Beeinträchtigung der Grundrechte |

*Tab. 6: Bewertung nach Grundrechten.*

## Unveräußerliche Rechte (Nida–Rümelin)

Die Prüfung der Szenarios hinsichtlich der unveräußerlichen Rechte kann auf mehrere Weisen erfolgen. Man kann vorgehen wie im vorherigen Katalog der Grundrechte, allerdings wird man dadurch keine besonders scharfe Diskrimination erhalten. Da im Rahmen der Diskussion ein Schalenmodell vorgestellt wurde, das auf eine Priorisierung von Lebensrecht vor Menschenrecht vor Bürgerrecht vor Ökologische Rechte vor Teilnahmerechte hinausläuft, kann man diese Priorisierung entweder durch eine Gewichtung (in der Tabelle 7 auf der nächsten Seite angegeben) durchführen oder durch ein K. O.–System.

In beiden Verfahrensweisen wird angenommen, daß die Leitbilder und Annahmen in den Szenarien nichttaktischer Natur sind — so ist im *Szenario A* davon ausgegangen worden, daß durch $CO_2$–Ausstoß keine Klimagefährdung bestehe. Übernimmt man diese Annahme, dann ist auch hier kein individuelles Lebensrecht tangiert.

Bei der ungewichteten Summenbildung ist wohl $C$ vorzuziehen, da in diesem Szenario keine Rechte tangiert und die meisten unterstützt werden. Gibt man, um die Priorisierung auszudrücken, eine Wichtung mit linear abfallendem Verlauf (Lebensrechte erhalten das Gewicht 5, Eigentumsrechte nur das Gewicht 1), dann ergeben die gewichteten Summen ein anderes Bild: Eine so bestimmte Gütefunktion würde eindeutig das *Szenario D* präferieren. Dieses Ergebnis ist ziemlich stabil gegen eine Variation der Wichtung, sofern man sie monoton abfallen läßt.

| Bewertung nach unveräußerlichen Rechten | | | | |
|---|---|---|---|---|
| | Szenario A | Szenario B | Szenario C | Szenario D |
| **Priorisierung in der gegebenen Reihenfolge** | | | | |
| *Lebensrechte Wichtung W = (5)* | | | | |
| individuelle Lebensrechte | + | + | + | + |
| Kollektive Lebensrechte (humanes Lebensrecht) | 0 | 0 | 0 | + |
| Recht der Menschheit auf Fortbestand | 0 | + | + | + |
| Recht auf körperliche Unversehrtheit | 0 | 0 | 0 | + |
| *Menschenrechte (Grundgüter) W = (4)* | | | | |
| Gewissensfreiheit | 0 | 0 | 0 | 0 |
| Religionsfreiheit | 0 | 0 | 0 | 0 |
| individuelle Lebensgestaltung | + | + | 0 | – |
| *Bürgerrechte (Teilnahmerechte) W = (3)* | | | | |
| Partizipation | 0 | 0 | 0 | 0 |
| Sozialrechte | 0 | 0 | 0 | 0 |
| Autonomierechte (z. B. Meinungsfreiheit) | 0 | – | 0 | – |
| *Ökologische Rechte W = (2)* | | | | |
| | – | 0 | + | + |
| *Eigentumsrechte (Teilhaberechte) W = (1)* | | | | |
| Eigentum | + | + | + | – |
| Verfügbarkeit über notwendige Güter | + | + | + | + |
| Recht auf Lohn bei Arbeit | – | 0 | + | + |
| positive Bewertung Wichtung (1) | 11 | 16 | 15 | 24 |
| negative Bewertung | 3 | 3 | 0 | 8 |

*Fortsetzung auf der nächsten Seite.*

*Fortsetzung der vorangegangenen Seite.*

| | Szenario A | Szenario B | Szenario C | Szenario D |
|---|---|---|---|---|
| Kommentar | | | | zu präferieren |
| ungewichtet pos : neg. | 4:2 | 4:1 | 6:0 | 7:3 |
| nach K. O.-System: | | | zu präferieren | |

*Tab. 7: Bewertung nach unveräußerlichen Rechten.*

Das Ergebnis ist nicht verwunderlich, da die Lebensrechte sehr hoch gewichtet sind und *Szenario D* hier eine fördernde Ausprägung in der Bewertung erhält.

Drückt man die Priorisierung nicht durch Wichtungen aus, sondern geht nach dem K. O.-System vor, dann hat man folgende Regel: Tangiert ein Szenario ein höherwertiges Gut, das höher angesiedelt ist als ein Gut, das von einem anderen Szenario tangiert wird, so scheidet es aus oder rutscht in der Akzeptanzskala einen Punkt tiefer. Würde *Szenario A* als lediglich taktische Variante angesehen, so müßte wegen der Verletzung des Rechts auf Fortbestand der Menschheit dieses Szenario zuerst ausscheiden. Interpretiert man das Szenario nichttaktisch, wie wir es hier tun wollen, so scheidet es erst an dritter Stelle aus: *D* scheidet zuerst aus, da es das Recht auf individuelle Lebensgestaltung tangieren könnte, gefolgt von *B*, weil eine technikzentrierte Kultur unter Druck aus Sicherheitserwägungen die Autonomierechte des Individuums tangieren könnte (wie übrigens auch in *Szenario D*) und danach scheidet *A* aus, da es ökologische Rechte tangiert. *C* bleibt, weil es kein einziges Recht ernsthaft zu tangieren scheint.

## b. Bewertung aufgrund der Werte und Präferenzrelationen

Hier wurden die Werte gewichtet, um die in Abbildung 3 auf Seite 169 entschiedenen Präferenzrelation auszudrücken. Ein K. O.-System empfiehlt sich hier nicht, weil das Prinzip der Mehrwertigkeit gleichrangige Werte zuläßt.

| Bewertung aufgrund von Wertevorstellungen und Präferenzen | | | | |
|---|---|---|---|---|
| | Szenario A | Szenario B | Szenario C | Szenario D |
| *Die Zahlen in Klammern geben die Wichtungsfaktoren an* | | | | |
| Umwelt (20) | – | + | + | + |
| Persönlichkeitsrechte (10) | + | + | + | – |
| Gesundheit (10) | – | + | + | + |
| Gesellschaftliche Qualität (5) | – | – | + | – |
| Sicherheit (5) | – | + | + | + |
| Fehlerfreundlichkeit (5) | – | + | + | + |
| Funktionstüchtigkeit (5) | + | + | – | + |
| Stabilität (3) | + | + | – | – |
| Wirtschaftlichkeit (3) | + | + | – | – |
| Wohlstand (2) | + | + | – | – |
| positiv | 30 | 63 | 55 | 45 |
| negativ | 50 | 5 | 14 | 23 |
| Ergebnis | | min negativ max positiv | | |

*Tab. 8: Bewertung aufgrund von Wertevorstellungen und Präferenzen.*

Unter diesen Kriterien ergibt sich eine Bevorzugung des mehr technisch orientierten Szenarios B. Dies hängt mit der gewählten abfallenden Wichtung zusammen. Ändert man diese Wichtung, beläßt aber den monotonen Abfall, indem man z. B. den Persönlichkeitsrechten den gleichen Rang wie Umweltschutz verleiht, dann ergibt sich keine Änderung am Ergebnis, oder ändert man das Gewicht der gesellschaftlichen Qualität zu (10), dann ergibt sich immer noch keine Änderung — das Ergebnis ist also vergleichsweise stabil. Es ist allerdings bezüglich der Szenarien *B* und *C* recht flach. Ändert man etwas an den Bewertungen, so kann durchaus eine Präferenz für *C* herauskommen.

Es mag verwundern, daß diese Präferenzrelation, die vom Verfasser gewählt wurde, das mehr technisch orientierte Szenario mit den wenigsten Verletzungen und den meisten Erfüllungen der gewichteten Werte ergibt. Läßt man die Wichtungen weg, so ergibt sich immer noch eine Präferenz für *Szenario B*. Dies hängt auch damit zusammen, daß bei *Szenario C* die Werte Funktionstüchtigkeit, Stabilität, Wirtschaftlichkeit und Wohlstand verletzt zu werden drohen.

Man kann sicher sagen, daß die Wichtungen, die Präferenzen und Prioritäten ausdrücken sollen, die Schärfe der Diskriminierung nicht sonderlich unterstützen, die Ergebnisse sind gegenüber den Variationen der Wichtungen, sofern sie die monoton abfallende Grundstruktur beibehalten, vergleichsweise invariant.

## c. Bewertung aufgrund der gewählten Prinzipien

Die folgende Bewertung bezieht sich auf die Prinzipien der Mehrwertigkeit und der Interkontextualität. Zur Vervollständigung ist der kategorische Imperativ aufgeführt, der sich in diesem Falle aber als nicht diskriminationsfähig erweist.

**Bewertung nach den Prinzipien der Mehrwertigkeit und Interkontextualität**

| | Szenario A | Szenario B | Szenario C | Szenario D |
|---|---|---|---|---|
| Kategorischer Imperativ | alle vier Szenarien sind so, daß ihre Realisierung von ihren Befürwortern mit guten Gründen für nicht verwerflich gehalten werden können, weil die jeweilige Sichtweise im Eigenkontext als verallgemeinerbar gilt. Daraus folgt: Der KI diskriminiert hier nicht ausreichend. | | | |

*Fortsetzung auf der nächsten Seite.*

*Fortsetzung der vorangegangenen Seite.*

| | Szenario A | Szenario B | Szenario C | Szenario D |
|---|---|---|---|---|
| Prinzip der Mehrwertigkeit | Ist vermutlich verletzt, weil das Herunterspielen der Ökoproblematik die Anerkennung der Sorge verweigert | erfüllt | erfüllt | nicht erfüllt, da Berechtigung nichtökologischer Sichtweisen geleugnet werden |
| Korrelat der Kontextualität | Ökokontext wird für die Zukunft als nicht existent angesehen | offen für andere Kontexte | offen | nicht offen |
| Prinzip der Interkontextualität | Übersetzbarkeit kaum gegeben | möglich | möglich | nicht offen |
| Prinzip der Bedingungserhaltung | verletzt | ggf. durch technikzentrierte Maximen verletzt | als transientes Stadium von A nach B oder D offen | eingeschränkt |

*Tab. 9: Bewertung nach den Prinzipien der Mehrwertigkeit und Interkontextualität.*

Daraus ergibt sich zwanglos eine Abwahl von $C$ als zu präferierendes Szenario.

Aus den Wertevorstellungen und den oben genannten Prinzipien ist vergleichsweise einfach das Gebot abzuleiten, potentielle und berechtigte Ansprüche zukünftiger Generationen an intakte Lebensgrundlagen anzuerkennen und die Vermeidung von zukünftigen Gefährdungen durch heutige Technologien zu gebieten. Die Verjährung ist lediglich ein praktikables Mittel der Bewältigungsstrategie für juristische Institutionen, das Verursacherprinzip wird durch die Verjährung nicht aufgehoben.

Zukünftige Generationen haben noch keine Rechte, können von daher auch nicht ‚anwaltlich' im heutigen Diskurs vertreten sein, sie werden aber, wenn sie existieren, Rechte haben, auf deren Erfüllung sie Anspruch haben. Die Erfüllung setzt auch materielle Grundlagen voraus, z. B. intakte Lebensgrundlagen. Die Ansprüche beziehen sich dann auch auf die Belassung dieser Grundlagen, wenn dies möglich ist, ohne inferiore Rechte und Werte der vorhergehenden, sie ebenfalls gebrauchenden Generationen zu tangieren.

Setzt man, wie in den Szenarien *C* oder *D*, die auf Wirtschaftlichkeit und Ressourcenverschwendung basierende Werte von Wohlstand und Stabilität relativ niedrig an, so wird es aufgrund des Prinzips der Bedingungserhaltung zur Pflicht, die Lebensgrundlagen lebenswert zu bewahren, um den nachfolgenden Generationen, die Beteiligte sind, da sie die gleiche ‚Sache' gebrauchen wie wir, die Bedingungen zu erhalten, die erforderlich sind, daß sie noch verantwortlich handeln können. Dazu gehören neben der Situationsmächtigkeit auch die Wahlfreiheit (auch im Sinne von Optionswerten).

## d. Zwischenergebnis

Die bisherigen Bewertungen kommen zum Schluß, daß unter verschiedenen Bewertungsrastern unterschiedliche Szenarien als der Bevorzugung wert erscheinen. Tabelle 10 faßt diesen Ergebnisstand noch einmal zusammen.

| **Zusammenfassung der Bewertungsergebnisse** | | | | |
|---|---|---|---|---|
| | Szenario A | Szenario B | Szenario C | Szenario D |
| *prima facie* Tabelle 4 | | | präferiert | |
| Grundrechte | | | präferiert | |
| Unverzichtbare Rechte gewichtet, | | | | präferiert |
| nach K.O.–System oder ungewichtet | | | präferiert | |
| Vom Verfasser gewählte Werte und Präferenzrelationen | | präferiert | | |

*Fortsetzung auf der nächsten Seite.*

*Fortsetzung der vorangegangenen Seite.*

| | Szenario A | Szenario B | Szenario C | Szenario D |
|---|---|---|---|---|
| Prinzipien der Mehrwertigkeit, der Interkontextualität und der Bedingungserhaltung | | | präferiert | |
| Rücksicht auf zukünftige Generationen | | | präferiert | |
| Resümee | | | zu präferieren | |

*Tab. 10: Zusammenfassung der Bewertungsergebnisse.*

Man könnte nun, angesichts des angestrebten iterativen Verfahrens daran gehen, genauer zu untersuchen, woher die Präferenzunterschiede kommen. Man wird dann feststellen, daß die Bewertung in den einzelnen Feldern davon abhängt, wie man Tabelle 4 auf Seite 158 ausfüllt, d. h. welche Folgenabschätzung man macht. Die dortige *prima facie*-Beurteilung kommt dem überwiegenden Ergebnis der Beurteilung recht nahe.

Daraus folgt, daß man die in den Folgeabschätzungen implizit enthaltenen Wertevorstellungen noch besser analysieren müßte. Damit wäre dann das in Abbildung 3 auf Seite 169 gezeigte Wertesystem mit seinen Präferenzrelationen zu präzisieren.

Die überwiegende Zustimmung zu *Szenario C* aufgrund der durchgeführten Bewertungen hängt vermutlich auch mit der weichen Formulierung dieses Szenarios zusammen: Es ist als transiente Phase aufzufassen, um dann, je nach dem, ob man mehr über das Klimaproblem oder die technische Bewältigung des $CO_2$–Ausstoßes weiß, in *Szenario B* oder *D* überzugehen.

Insofern hält das *Szenario C* Optionen offen, es bewahrt aber die technologische Kompetenz und die Präferenzmöglichkeit zu technischen Lösungen. Da es dadurch Moratoriumscharakter annimmt, ist es unter dem ethischen Gesichtspunkt attraktiv, mehr Wissen zu erwerben, bevor man einschneidende Entscheidungen trifft, aber alles vorbereitet, um keine Option zu versäumen. Fast alle entscheidungstheoretischen Kriterien (spieltheoretisches Minimax, Bayes, Hurwics) würden, eine Analyse vorausgesetzt, zu *Szenario C* neigen. Diese These wäre zu untersuchen.

## e. Modifikation und ‚zweiter Durchlauf'

In einem zweiten Durchlauf müßten nun die Einträge in die Tabelle 4 auf Seite 158 modifiziert werden. Zur Kritik könnte man sich auf den Standpunkt stellen, daß die *prima facie*-Folgenabschätzung Befürchtungen enthalten, die aus einem nicht explizit gemachten Standpunkt des Verfassers herrühren. Dies ist sicherlich richtig, man kann aber zeigen, daß diese Einträge als ein Spezialfall angesehen werden können, der aus folgendem Vorgehen resultiert:

Versucht man, die Leitbilder, Folgen und deren (ethische) Beurteilung der Szenarien jeweils vom Standpunkt der anderen Szenarien aus abzuschätzen, kann man dies in der Absicht einer *Worst-case*-Analyse, einer wohlwollende Beurteilung und einer ‚sachlichen' Folgenabschätzung tun.

Um den Text nicht weiter anwachsen zu lassen, ist das Ergebnis schlagwortartig in der Tabelle 11 (S. 184) zusammengefaßt. Nimmt man in Spaltenrichtung pro Szenario die jeweils schlimmste Befürchtung unter allen Beurteilungsstandpunkten, dann erhält man den Ausgangspunkt, den der Verfasser für die ursprünglichen Einträge der Tabelle 4 (S. 158) (zunächst wohl unbewußt und intuitiv) gewählt hat. Würde man nun die Tabelle 4 nach dem wohlwollenden oder sachlichen Einträgen in Tabelle 11 gestalten — ebenfalls eine Übung, die wir hieraus Platzgründen nicht exekutieren können — würde sich an der *prima facie*-Beurteilung am Ende der Tabelle wenig ändern, auch hier würde *Szenario C* präferiert werden.

Die Einträge in Tabelle 11 auf der nächsten Seite sind insofern ebenfalls subjektiv, weil sie das Ergebnis einer Einübung des Verfassers in das jeweilige Denken, das den verschiedenen Szenarien zugrunde liegen könnte, darstellt. Ein anderer Verfasser muß also nicht notwendigerweise auf diesselbe Einschätzung kommen. Es bleibt aber zu vermuten, daß sich bei einer inszenierten Diskussion mit Vertretern der jeweiligen Szenarien die Einträge als gegenseitige Argumente ergeben könnten.

| **Mutuelle Bewertung der Szenarien bzw. deren Leitbilder vom Standpunkt der jeweils anderen Szenarien** | | | | |
|---|---|---|---|---|
| Beturteilung des ... | Szenario A | Szenario B | Szenario C | Szenario D |
| *vom Standpunkt des ...* **Szenario A** | | | | |
| wohlwollend | **weiter so** | Verant-wortungs-standpunkt, ggf. überzogen | viel zu idealistisch | gesinnungs-ethisch geprägt |
| kritisch | | mögliche Stand-ortgefährdung | falsches Menschenbild, mit Konsens kann man nicht alles lösen | Ökoterror, Fundamenta-lismus, Utopismus |
| neutral | | setzt auf Selbst-regulierung | Kreislauf-wirtschaft | führt zu einem anderen System |
| *vom Standpunkt des ...* **Szenario B** | | | | |
| wohlwollend | Kennt die Probleme nicht | **innovative Technik** | Steuerversuche könnten scheitern, läßt Optionen offen | rigoros |
| kritisch | Nimmt Gefährdungen bewußt in Kauf | | zuviel Regulierung, ggf. technikfeindlich | Ökoterror, Unfreiheit, Markt-gefährdung |
| neutral | Kann die zukünftigen Probleme nicht lösen | | überschätzt Gefährdung | setzt zu hohe Steuerbarkeit der Gesellschaft voraus |

*Fortsetzung auf der nächsten Seite.*

*Fortsetzung der vorangegangenen Seite.*

| Beurteilung des ... | Szenario A | Szenario B | Szenario C | Szenario D |
|---|---|---|---|---|
| *vom Standpunkt des...* **Szenario C** | | | | |
| wohlwollend | fördert Egoismen auf Kosten anderer | Technik und Markt sind kein Ethikersatz | **Schonung** | zu rigoros, freudlose Ökowelt |
| kritisch | verbrecherisch — nimmt offenkundige Gefährdung in Kauf | technizistisch, Rationalisierungsdruck auf Kosten des Menschen | | grundlegende Rechte sind tangiert |
| neutral | kann die zukünftigen Probleme nicht lösen | Die Technik reicht nicht aus | | überzogen, es wird weiterhin Wohlstand geben |
| vom Standpunkt des... **Szenario D** | | | | |
| wohlwollend | Nicht in der Lage, das Problem zu sehen | Technikeuphorie | halbherziges sowohl als auch | **notwendiger Verzicht** |
| kritisch | verbrecherisch — gefährdet zugunsten kurzfristiger Vorteile Klima und Zusammenleben | Technik rangiert vor dem Menschen, verstärkt technologisches Gefälle | kaschiert die Interessen von A und B, befördert sie aber | |
| neutral | kann zukünftige Probleme nicht lösen | Technische Lösungen alleine reichen nie aus | Freiwilligkeit reicht nicht | |

*Fortsetzung auf der nächsten Seite.*

*Fortsetzung der vorangegangenen Seite.*

| Beurteilung des ... | Szenario A | Szenario B | Szenario C | Szenario D |
|---|---|---|---|---|
| **Zusammengefaßt:** | | | | |
| *wohlwollendste* Beurteilung | sieht die Probleme nicht | verantwortungsorientiert und technikzentriert | idealistisch, Steuerversuche, läßt Optionen offen | Gesinnungsethisch rigoros |
| *negativste* Beurteilung | verbrecherische Lösung auf Kosten Dritter | Technik dominiert den Menschen | kaschiert Interessen von A und B | Ökoterror |

*Tab. 11: Mutuelle Bewertung der Szenarien bzw. deren Leitbilder vom Standpunkt der jeweils anderen Szenarien. In der Diagonale (fett) bewerten sich die Szenarien selbst — und dies ist als pro domo Argument immer eine wohlwollende Beurteilung.*

Die Abweichung der Beurteilung in Tabelle 10 auf Seite 181 aufgrund der vom Verfasser gewählten Werte und Präferenzrelationen (vgl. Abbildung 3 auf Seite 169) wäre ebenfalls in einem zweiten Durchlauf zu präzisieren. Behält man die Struktur in Abbildung 3 bei, da dies eine nicht ohne weiteres veränderbare Überzeugung darstellen soll, und läßt man die Wichtungen in Tabelle 8 auf Seite 178, ebenfalls unverändert, da sie die Schärfe der Diskriminierung nicht unterstützen, so wären die Bewertungen selbst, wie sie auf Seite 177 angedeutet sind, nochmals zu diskutieren. Im Sinne einer Worst–Case–Analyse, d. h. unter dem Blickwinkel, daß eine Reduzierung des $CO_2$–Ausstoßes nicht ausreicht, unsere Klimaproblematik nachhaltig zu lösen, ergibt der Wert Umwelt für *Szenario B* eine negative Größe. Das Ergebnis in Tabelle 8 liegt dann bei 43 positiv zu 25 negativ. Damit rangiert *C* vorne und wäre damit ebenfalls eine zu präferierende Vorstellung.

Aus diesem nur angedeuteten zweiten Durchlauf läßt sich erkennen, daß die Annahme des Beurteilungsstandpunktes einer erhöhten Befürchtungsbereitschaft im Zusammenhang mit der Vorstellung über zu bewahrende Werte und zu erfüllende Rechte zur Präferierung von Szenarien mit moratoriumsähnlichem Charakter führt.

Ob diese Aussage verallgemeinerbar ist, muß die zukünftige ethische Forschung anhand des Testfalls (Ethik prüft) und anhand ihres Testes am Fall (Ethik wird geprüft) zeigen.

# Konrad Ott: Argumente und Kriterien für eine rationale Wahl zwischen den Szenarien ‚B', ‚C' und ‚D'



## I. Einleitung

Im Rahmen des Diskurses über ‚Energie und Ethik' wurden *a)* vier einleitende Vorträge gehalten (Mieth, Neuhold, Nida-Rümelin, Ott[1]). Anschließend wurde *b)* von verschiedenen gesellschaftlichen Gruppen mittels der Methode der Wertbaumanalyse ein Gesamtwertbaum (GWB) erstellt.[2] Weiterhin wurden *c)* von der Akademie für Technikfolgenabschätzung diverse Studien über $CO_2$-Minderungspotentiale, geschätzte Bedarfsentwicklungen etc. angefertigt.[3] Daraufhin wurden, in der Sachdimension aus *c*) hervorgehend, aber um den ‚Leitbildansatz' (s. u.) erweitert, *d*)

[1] Dieser Vortrag wurde in einer überarbeiteten Form unter dem Titel ‚Energie und Ethik' in Ott (1996) publiziert. Dieser Aufsatz macht natürlich klar, daß der Autor zum Problem des Klimawandels eine bestimmte Position einnimmt. Die hier vorgelegte Analyse soll aber nicht nur ein Ausdruck dieser Position sein, sondern sich auf das Problem einer rationalen Wahl zwischen Szenarien beziehen.

[2] Anm. d. Red.: Die Dokumentation des Gesamtwertbaums findet sich im Anhang, S. 371–391.

[3] Vgl. etwa Weimer/Lünstroth (1993), Bonhoff/Fahl/Voß (1994), Bauer et al. (1994), Schade/Weimer-Jehle (1996).

drei (bzw. vier, wenn man ‚A' hinzunimmt) Energieszenarien der Öffentlichkeit vorgelegt, die mit Ausnahme von ‚A' das politisch vorgegebene Ziel der $CO_2$–Minimierung um 25% gegenüber 1990 für Baden–Württemberg auf unterschiedlichen Wegen erreichen (Schade/Weimer–Jehle 1996). Anschließend wurde *f)* der Diskurs mit der Öffentlichkeit geführt (Bürgerforen). Hierbei soll eine Bewertung der verschiedenen Optionen erfolgen.[1] Damit ist, ethisch betrachtet, das Problem der rationalen Wahl zwischen möglichen Welten aufgeworfen.

Auf einem Workshop zu dieser Frage wurde diskutiert, wie hierbei die Kompetenzen von Ethikern genutzt werden könnten. Eine dieser Möglichkeiten besteht darin, sich *1)* gleichsam in die möglichen Welten ‚B', ‚C' und ‚D' hineinzuversetzen, sie ‚von innen' zu beschreiben und sie hinsichtlich möglicher Inkonsistenzen, bislang unbeachteter Konsequenzen, ‚moralischer Kosten' (Kettner), ökonomischer und politischer Schwierigkeiten etc. zu untersuchen. Die zweite, anspruchsvollere Möglichkeit besteht darin, *2)* das bislang ungelöste (Kern)–Problem der ‚rationalen Wahl' zwischen den Szenarien ‚B', ‚C', ‚D' in Angriff zu nehmen.[2] Hierzu sind Kriterien und Vorrangregeln zu entwickeln. In *2)* liegt die eigentliche ethische Aufgabe, aber *1)* und *2)* schließen sich erstens nicht aus, und man muß zweitens die unter *1)* genannte Aufgabe gelöst haben, da jeder, der eine rationale Wahl zwischen ‚B', ‚C' und ‚D' treffen soll, wissen muß, was er da wählt. Wüßte man nichts über die Beschaffenheit der verschiedenen ‚Welten', wäre jeder indifferent hinsichtlich einer Wahl. Man war sich einig, daß es hinsichtlich *1)* nicht darum gehen könne, Utopien oder Kakotopien im Detail ‚auszumalen', sondern nur darum, eine Art hypothetischer ‚Leitbildverwirklichungsfolgenforschung' anzustellen.

Mein Beitrag zu dieser Diskurs–Etappe gliedert sich folgendermaßen. Ich möchte zunächst **(II.)** überlegen, ob, und, wenn ja, inwieweit sich der GWB zur Lösung von *2)* nutzen lassen könnte. Im Anschluß daran möchte ich **(III.)** anhand einiger naheliegender Fragen eine nähere Beschreibung der ‚Welten' im Sinne von *1)* vornehmen. Dabei liegt ein gewisses Schwergewicht auf Welt ‚D'. Danach werde ich **(IV.)** zentrale Punkte aus Schade/Weimer–Jehle (1996) diskutieren. Dabei werde ich

[1] Zu Durchführung und Verlauf der Bürgerforen sowie zu den Ergebnissen dieser Diskursphase vgl. die Beiträge in Wienhöfer (Hrsg.) (1996) sowie die Beiträge von Nennen auf Seite 299ff. und Hörning auf Seite 255ff. in diesem Band.

[2] Im folgenden werden die möglichen Welten immer mit ‚...' notiert, während ihre jeweiligen Anhänger einfach nur mit den entsprechenden Buchstaben bezeichnet werden.

u. a. über eine teils logische, teils psychologische Präferenzanalyse zeigen, daß sich Anhänger von ‚B' und ‚D' angesichts ihrer gegensätzlichen Auffassungen und unter Zugrundelegung der ‚Blockade'–These (s. u.) auf die Verwirklichung von ‚C' als Handlungsstrategie einigen sollten. Dadurch wird, angesichts bestehender Zeithorizonte, die Wahl zwischen ‚B' und ‚D' jedoch weder aufgeschoben noch aufgehoben. Man kann die Wahlsituation aber genauer beschreiben. Danach werde ich mich **(V.)** dem eigentlichen Problem, nämlich *2)* zuwenden. Der Schwerpunkt liegt auf einer Kriteriologie und auf der Frage, ob, und, wenn ja, wie einzelne Kriterien auf die Wahl zwischen ‚B' und ‚D' angewendet werden können. Es ergibt sich dabei **(VI.)** als Resultat, daß, wenn einige Prämissen und Kriterien akzeptiert werden, ‚D' als die langfristig gebotene bzw. ‚bessere' (in einem zu definierenden Sinn) Option zu wählen ist. Es wird also eine Schlußfolgerung angeboten, die beansprucht, das Problem der rationalen Wahl zwischen ‚B' und ‚D' zu lösen.

## II. Wertbaumanalyse und Leitbildansatz

Die Vorzüge des Diskurses über ‚Energie und Ethik' liegen in dem schrittweisen Vorgehen, das es erlaubt, Zwischenergebnisse festzuhalten. Der unter der Anleitung von Ortwin Renn entstandene GWB, dessen Endfassung einschließlich Präambel nunmehr vorliegt,[1] ist ein solches Zwischenergebnis, das man zwar hinsichtlich seiner Grenzen realistisch ein–, in seiner Bedeutung aber keineswegs unterschätzen sollte. Ich möchte *a)* einige kritische Punkte anmerken, um anschließend *b)* die Bedeutung des GWB für das Problem der rationalen Wahl festzuhalten. Zuletzt *c)* komme ich auf die Relationierung von GWB und Leitbild–Ansatz zu sprechen.

### a. Bedeutung des Gesamtwertbaumes

Im Rahmen der Wertbaumanalyse müssen die beteiligten Gruppen ihre Werte und Unterwerte zunächst angemessen formulieren, sie anschließend subsumtionslogisch ordnen und sie zuletzt bezüglich ihrer ‚Wertgeladenheit' gewichten. Die Wertbaumanalyse ist, unter Zugrundelegung

[1] Anm. d. Red.: Der Gesamtwertbaum findet sich im Anhang S. 371–391.

der logischen Differenz zwischen Extension (Umfang) und Intension (Bedeutung), extensionalistisch und daher indifferent gegenüber normativ-ethischen Intensionen (Pflichten, Grundrechten, Grundgütern etc.). Sie subsumiert umfangslogisch Unterwerte unter Oberwerte. Darin ähnelt sie der technischen oder formalen Kritik im Sinne Max Webers, die ‚in gleicher Art wie die Logik' gilt (Max Weber 1968, S. 249). Die Wertbaumanalyse ist also eine Verbindung aus empirischer Wert–Demoskopie[1] und extensional–logischer Wert–Ordnung. Sie ist ein Verfahren der empirischen Sozialforschung. Über die moralische Richtigkeit einer Entscheidung zu(un)gunsten eines Energieszenarios besagt dies Verfahren wenig. Der GWB ist nicht, wie dies immer wieder geschieht, mit einer materialen Werthierarchie zu verwechseln.[2]

Eine Gefahr der Wertbaumanalyse liegt darin, daß die kategoriale Differenz von Werten (Präferenzen) und Normen (Pflichten) verschwindet, da sie nur ‚Werte' kennt, die als ‚Konzepte des Wünschenswerten' definiert werden.[3] Fraglich ist daher, ob die Wertbaumanalyse normative Argumente und Gesichtspunkte adäquat integrieren kann. Aus der Einsicht in diese Schwierigkeit entstand der Konsens, dem GWB eine normativ gehaltvolle Präambel vorauszuschicken.[4]

Verschiedene Werte können in eine konsistente Präferenzordnung gebracht werden. Dabei zieht man Werte anderen Werten vor und setzt andere Werte zurück. Den einen sind niedrige Energiegestehungskosten wichtig, anderen ungeschmälerte Mobilität, wieder anderen die Interessen zukünftiger Generationen oder intrinsische Naturwerte. Jedem Beteiligten wird das Recht eingeräumt, Werte und Unterwerte je nach ‚Wertgeladenheit' unterschiedlich gewichten zu dürfen. Damit aber bringt man nur eine Präferenz für eine Präferenz zum Ausdruck, die kein anderer übernehmen muß. Was der eine zehnfach gewichtet, kann der andere mit einer sog. ‚Nulloption' eliminieren. Die Gewichtung bleibt für andere unverbindlich. Es ist möglich, niedrige Strompreise höher zu präferieren als

[1] Allerdings ist sie nicht repräsentativ, sondern auf aggregierte Gruppen (Kirchen, Gewerkschaften, Umweltverbände usw.) abgestellt.

[2] Deshalb wird die Wertbaumanalyse zu Recht unter den ‚empirischen Ansatz' subsumiert.

[3] Keeney/Renn et al. (1984, S. 18) greifen auf die Definition von Kluckhorn zurück: ‚A value is a conception (...) of the desirable which influences the selection for available modes, means, and ends of action'.

[4] Den Text dieser Präambel setze ich als bekannt voraus. (Anm. der Red.: Die dem Gesamtwertbaum vorangestellte Präambel findet sich im Anhang auf S. 371.)

den Schutz des Erdklimas. Die Wertbaumanalyse kann nicht sagen, ob eine solche Präferenz moralisch falsch ist.[1]

Die Herkunft der Wertbaumanalyse aus der utilitaristisch geprägten Entscheidungstheorie und ihr Ziel, Hilfestellung bei der Vorbereitung für eine formale Entscheidungsanalyse zu liefern, führt zu dem Versuch, die Werte der untersten Ebene in ‚Indikatoren' oder ‚numerische Skalen' zu übersetzen. Werte sollen in ‚Indikatoren übertragen werden, die eine Messung des zu operationalisierenden Begriffs ermöglichen'.[2] Zugleich gibt man zu, daß solch ein Operationalismus im Bereich der Normen und Werte kaum durchführbar ist. Das Ideal der Operationalisierbarkeit mußte in der Durchführung der Wertbaumanalyse abgeschwächt werden. Ortwin Renn verstand Indikatoren zuletzt nur noch als „Anweisungen an Experten, geeignete Informationen zu einem bestimmten Wert zu liefern, die für eine rationale Entscheidung relevant sein könnten".[3] Dies ist angesichts des bekannten Expertendilemmas (Uneinigkeit sachverständiger Wissenschaftler untereinander) ersichtlich etwas anderes als ein eindeutiger numerischer Zahlenwert.

Die Wertbaumanalyse ist demnach eine klärende Propädeutik in Richtung auf eine ethische Urteilsbildung. Sie überwindet jedoch das Problem des Wertpluralismus nicht. Deshalb darf der GWB nicht so verstanden werden, als repräsentiere er einen normativen Konsens hinsichtlich der ‚ausschlaggebenden' Werte und Kriterien. Er liefert vielmehr eine vollständige Bestandsaufnahme aller Werte, die man im Rahmen einer rationalen Wahl als Argumente verwenden kann. Jeder Teilnehmer einer Wertbaumanalyse erkennt durch seine Zustimmung zum GWB an, daß jeder der in den GWB aufgenommenen Werte eine legitime Thematisierungshinsicht in bezug auf Energiesysteme und -szenarien ist. Der Anspruch, der die politische Bedeutung der Wertbaumanalyse ausmachen soll, nämlich ‚eine Suprastruktur konsensfähiger Kriterien' zu sein, ist jedoch nicht einlösbar. Bereits die Transformation von Werten in Kriterien ist im methodischen Rahmen der Wertbaumanalyse nicht mehr zu leisten, sondern erfordert eigenständige Überlegungen.

---

[1]Dadurch kehrt (mutatis mutandis) das Problem Humes wieder, ob es unvernünftig ist, wenn man die Zerstörung der Welt einem Kratzer am Finger vorzieht.

[2]Dahinter steht eine operationalistische Lehre vom Begriff, die verlangt, zu jedem Begriff eine Meßanleitung bzw. eine Testoperation anzugeben. Vgl. zum Operationalismus Hempel 1977, S. 125–129.

[3]Das Zitat bezieht sich auf eine mündliche Äußerung von Ortwin Renn.

### b. K. O.–Kriterien

Die Bedeutung des GWB liegt also darin, daß er ein Vollständigkeitsideal erhebt und ggf. einlösen kann. Es ist davon auszugehen, daß alle inhaltlichen ‚Werte' (nicht aber alle Kriterien!), die zur Lösung des Problems einer rationalen Wahl zwischen ‚B', ‚C' und ‚D' herangezogen werden, sich im GWB wiederfinden lassen müssen. Es ist im Prinzip möglich, die im GWB enthaltenen Werte in das von Nida–Rümelin vorgeschlagene Modell ‚konzentrischer Kreise' zu transformieren, die, wie Nida–Rümelin es formuliert, eine ‚deontologische Einschränkung konsequentialistischer Optimierungen darstellen'.[1] Die Präambel des GWB und diese Einschränkungen sind nicht miteinander identisch, entsprechen einander jedoch inhaltlich.

### c. Zur Relation von Gesamtwertbaum und Leitbildern

Es ist zu überlegen, wie die Methode der Wertbaumanalyse und der Leitbild–Ansatz miteinander zusammenhängen. Man könnte sagen, daß sich sowohl Wertbaumanalyse als auch Leitbildansatz noch auf der Ebene der deskriptiven Ethik bewegen. Die Wertbaumanalyse sammelt und ordnet Werte, die irgendwer vertritt, während der Leitbildansatz Annahmen darüber macht, welche idealtypischen Leitbilder in der Gesellschaft vorfindlich sind, und, welche Werte je nach Leitbild wie gewichtet werden dürften, woraus sich (hypothetische) Präferenzen zu(un)gunsten von Szenarien ergeben. Falls die Ansicht zuträfe, daß beide Ansätze noch primär auf der Ebene der deskriptiven Ethik (Moralsoziologie) liegen, folgt zwingend, daß das Problem der rationalen Wahl zwischen den Szenarien noch unterbestimmt ist. Aus deskriptiv–ethischen Beschreibungen folgen zwar Prognosen, welche energiepolitischen Maßnahmen bei welchen Gruppen auf faktische (Nicht–)Akzeptanz stoßen werden, nicht jedoch, welche dieser Maßnahmen (nicht) akzeptabel sind (Differenz von Akzeptanz und Akzeptabilität).

Man kann die Relation zwischen dem GWB und den Leitbild–Szenarien von jeder Seite aus thematisieren. Wem bestimmte Werte des GWB viel bedeuten, der muß sich aus Konsistenzgründen für Szenario ‚B', ‚C' oder ‚D' entscheiden je nachdem, wie ein Szenario hinsichtlich

[1] Vgl. den Beiträge von Nida–Rümelin in diesem Band auf Seite 45ff. und 73ff.

dieser Werte (bei gewissenhafter Einschätzung) abschneidet. Bestimmte Gewichtungen der im GWB enthaltenen Werte schließen die Option für ‚B' oder ‚D' aus. Umgekehrt gilt gleiches. Wer eine Option zugunsten eines Leitbildes getroffen hat, der kann die GWB–Werte nicht mehr beliebig gewichten. Wenn ich will, daß der GWB–Wert W verwirklicht werden soll, und wenn dies eher in ‚B' als in ‚D' (oder umgekehrt) gelingt, dann muß ich in dieser Hinsicht das entsprechende Szenario wählen, um konsistent zu bleiben.

Man kann auch umgekehrt verfahren und von der Meta–Präferenz eines Leitbildes ausgehen. Dann muß man (bei gewissenhafter Einschätzung) einsehen, daß man entsprechenden Werten des GWB nur die und die Bedeutung beimessen darf, wenn man konsistent bleiben will. Wenn ich dem Leitbild ‚B' anhänge, dann darf ich nicht zugleich die Werte hoch gewichten, die in ‚B' (vermutlich) schlecht abschneiden (und umgekehrt). Wer den Wert der Unabhängigkeit von Energieimporten unbedingt realisiert sehen möchte, der kann kein Szenario präferieren, bei dem die Stromproduktion stark von importierten Energieträgern abhängig ist. Es könnte sogar sein, daß manche Werte mit einer Null–Gewichtung versehen werden müssen, wenn jemand an seiner Option für ‚B' oder ‚D' festhalten will. Wäre eine solche Null–Gewichtung moralisch unakzeptabel, müßte diese Option fragwürdig werden.[1]

*Sollte der Fall auftreten, daß man ein oder mehrere allgemein anerkannte(s) K. O.-Kriterien (etwa Individualgrundrechte) mit einer Null-Gewichtung (oder einer Gewichtung nahe Null) versehen müßte, um an einem Szenario festhalten zu können, gerät man in Begründungsnöte.* Wir wissen noch nicht, ob dieser Fall auftaucht, aber wir können dieses erste Kriterium festhalten.

## III. Zur Einschätzung der Welten ‚B' und (vor allem) ‚D'

Keine dieser möglichen Welten ‚B', ‚C' und ‚D' ist im schlechten Sinne utopisch. Gleichwohl enthalten ‚B' und ‚D' unrealistische Annahmen. Ob Welt ‚B' oder Welt ‚D' ‚radikaler' ist, hängt von der Bedeutung ab, die

[1] Auf das konfliktreiche Verhältnis zwischen präferierter Option (etwa für ‚D') und dem eigenen Verhalten als einer Offenbarung von Präferenzen (‚revealed preferences') komme ich zurück.

man diesem Terminus gibt. Aus der Perspektive von D ist ‚B' radikal (und umgekehrt). Die totale Technisierung der Haushalte, der ungebrochen wachsende Individualverkehr, der Ausbau der Kernkraft zur fast alleinigen Stromerzeugungsquelle usw. stellen für D eine sehr radikale Vision gesellschaftlicher Entwicklungen dar. Demgegenüber empfindet D ‚D' als gemäßigt.

In ‚B' werden Menschen leben, die ihren Lebensentwurf weiterhin an Leitbild ‚D' orientieren (und umgekehrt). Es wird nicht angenommen, daß alle Menschen zu B– oder D–Anhängern gleichsam konvertieren, sondern nur, daß B– oder D–Typen in ‚ihren' Welten sowohl die ‚kulturelle Hegemonie' (Gramsci) als auch stabile politische Mehrheiten haben werden, so daß sie die erforderlichen Maßnahmen durchsetzen können. Eine reine D– oder B–Population steht nicht zu erwarten, und die Verlierer werden auch nicht in großen Scharen auswandern. Es ist klar, daß gemäß unserer deontologischen Einschränkungen die jeweilige Minderheit nach demokratischen Spielregeln, gemäß rechtsstaatlicher Vorgaben und unter Beachtung aller anerkannten Menschen– und Bürgerrechte behandelt werden muß. Deren Mitglieder dürfen auch auf der informellen Ebene sozialer Anerkennungsprozesse nicht benachteiligt, verunglimpft, geächtet oder ihrer Selbstachtung beraubt werden. Die Welten ‚B' oder ‚D' müssen für die ‚Verlierer' erträglich sein. Dies setzen wir voraus. Allerdings ist ‚unerträglich' ebenso interpretationsoffen wie ‚unzumutbar'.

Ich möchte nunmehr die Welten ‚B' und vor allem ‚D' im Anschluß an einige Fragen näher bestimmen. Die Fragen und meine Antworten auf sie lauten:

a) Birgt ‚D' Risiken?
*Natürlich.*

b) Beruht ‚D' auf einem Bio– oder Ökozentrismus?
*Nicht notwendigerweise.*

c) Beruht ‚D' auf unrealistischen Annahmen?
*Teilweise schon. Aber ‚B' auch.*

d) Kann man sich in ‚D' selbstverwirklichen?
*Aber ja.*

e) Werden in ‚D' Individualrechte eingeschränkt?
Gibt es ein Recht auf Mobilität?
*Weder noch.*

### a. Risiken von ‚D‘ und ‚B‘

Es ist in der Risiko–Diskussion bekannt, daß alle Optionen hinsichtlich der Gestaltung von Zukünften riskant sind. Man hat nicht die Wahl, Risiken einzugehen oder sie auszuschließen. Natürlich gibt es Relationierungen zwischen Risiken und Sicherheit,[1] aber damit ist noch nicht gesagt, wogegen wir uns eher ‚versichern‘ wollen (Klimaschäden oder Versorgungsengpässe). Dies ist eine Wertentscheidung. Man kann nicht in allen möglichen Hinsichten gleichermaßen das erwünschte Ausmaß an Sicherheit erzielen. Schade/Weimer–Jehle (1996, S. 156) machen auf die Risiken aufmerksam, die ‚D‘ für die Wettbewerbsposition der Automobilindustrie Baden–Württembergs und anderer Industriezweige mit sich bringen könnte. Genannt werden die Probleme bezüglich Produktpalette, Energiekosten und Versorgungssicherheit. Diese Risiken sollen nicht in Abrede gestellt werden.

Natürlich ist es riskant, angesichts einer bestehenden industriellen und urbanisierten Infrastruktur auf eine Stromproduktion zu setzen, der um 2020 nur noch regenerative Energieträger und Erdgas zur Verfügung stehen (‚D‘).[2] Selbst wenn man annimmt, daß die Kombination aus Sonnen– und Windenergie eine gute Verfügbarkeit ergibt, wäre ein Fortfall der ‚zweiten Säule‘ Erdgas ein Problem hinsichtlich der flächendeckenden und kontinuierlichen Versorgungssicherheit. Diese aber ist gemäß des GWB ein Wert. Wir alle legen durch unser Verhalten eine starke Präferenz für eine gesicherte Stromversorgung an den Tag (‚revealed preference‘). Selbst wenn man den Stromverbrauch drastisch senkt, könnte in ‚D‘ Ver-

[1]Luhmanns Versuch, die Opposition ‚Risiko–Sicherheit‘ durch die Opposition ‚Risiko–Gefahr‘ zu ersetzen, ist gescheitert. Luhmann gibt zu, beim Schema Risiko und Gefahr ‚bleibt das Interesse an Sicherheit (oder Risikoaversion, oder Gefahrvermeidung) vorausgesetzt, aber es wird nicht ‚markiert‘, weil es sich von selbst versteht‘ (Luhmann 1991, S. 33). Die Unterscheidung Risiko/Gefahr beruht also auf einem allgemeinen Wert (Sicherheit), der daher in ihrem Gebrauch vorausgesetzt bleibt. Luhmanns Umgang mit dem Wertbegriff der Sicherheit ist wenig überzeugend. Er bezeichnet ihn (S. 134) einmal als ‚Leerbegriff‘, als ‚illusionären Gegenbegriff‘, als eine Bezeichnung für eine ‚soziale Fiktion‘, dann aber wieder als ‚Reflexionsbegriff‘, dann als ein Interesse, dann wieder als ‚Position, von der aus alle Entscheidungen unter dem Gesichtspunkt ihres Risikos analysiert werden können‘ (ebd.). Manchmal scheint Luhmann den Begriff der Sicherheit mit Unterlassungen, dann wieder mit einer, in der Tat illusionären, ‚absoluten‘ Sicherheit zu identifizieren.

[2]Ganz abgesehen davon, daß nun auch Erdgas als Energieträger identifiziert ist, der zum Verstromen und Verheizen eigentlich ‚viel zu kostbar‘ ist (Weizsäcker (Hrsg.) (1994), S. 163).

sorgungssicherheit nicht immer und überall gewährleistet sein. Jedes Energieversorgungssystem muß zudem mit der Richtung sozialen Wandels kompatibel sein. Stromausfälle, die nach Art und Ausmaß über sporadische Lücken hinausgehen, sind mit einer automatisierten Produktionsweise sowie einer Informations- und Dienstleistungsgesellschaft inkompatibel. Größere Stromausfälle sind Ereignisse, durch die die Akzeptanz für ‚D' rapide sinkt — dies ist keine waghalsige Prognose.[1] Daher kann sich D in dieser Hinsicht keine Naivität leisten. ‚D' wird mit weniger Reservekapazitäten auskommen müssen. Diese Risiken sind nicht dadurch vermeidbar, daß man die Struktur der EVUs verändert (Kommunalisierung etc.). Für ‚D' kann auch die Verstromung von Erdgas keine Dauerlösung sein, da Erdgas im Vergleich zur Kohle nur begrenzt verfügbar ist. Die Option für Erdgasverstromung eröffnet nur einen Zeitgewinn.

Erdgas muß in ‚D' angesichts politischer Unwägbarkeiten (GUS) möglichst diversifiziert importiert werden. Es müssen hohe Ansprüche an die Zuverlässigkeit der Lieferanten gestellt werden. Ähnliches gilt für den denkbaren Import von Solarenergie aus den Maghreb-Staaten (Algerien, Lybien). Nicht nur AKWs, sondern auch Pipelines sind anfällig für Sabotage. Erpresserische Embargos sind niemals auszuschließen. Insofern birgt die Verbindung des Verzichts auf die beiden ‚Säulen' Kohle *und* Kernkraft durchaus Risiken. Der Beitrag der Photovoltaik und der Windenergie zur Stromerzeugung wird allen Prognosen zufolge mittelfristig (bis 2020) begrenzt bleiben. Daß es für D unakzeptabel ist, größere Mengen Atomstrom zu importieren, ist offensichtlich, sofern ‚D' auf eigene AKWs verzichtet. Es ist für D auch unakzeptabel, Strom aus (französischen, slowakischen) AKWs zu beziehen, die nach dem novellierten Atomgesetz in Deutschland nicht mehr genehmigungsfähig wären. Alles andere wäre Heuchelei. Stromimporte sind für D keine Frage der Finanzierbarkeit, sondern der moralischen Glaubwürdigkeit. D lehnt es a fortiori ab, sich hier auf ‚Sachzwänge' herauszureden, da D Sachzwangargumente vom Grundsatz her ablehnt. Import von Atomstrom ist für D allenfalls als eine nach Menge und Dauer eng zu begrenzende Notlösung zulässig.

[1] Man sollte nicht die Möglichkeit a priori ausschließen, daß verbliebene ‚B'-Anhänger in den Energieversorgungsunternehmen (EVUs) geschickt arrangierte Stromausfälle gezielt als Mittel einsetzen könnten, um die Akzeptanz von ‚D' zu verringern. ‚B'-Anhänger werden womöglich bereits die Erwähnung dieser Möglichkeit als böswillige und beleidigende Unterstellung empfinden, aber damit erkennen sie nur an, daß solch ein Verhalten unmoralisch wäre, nicht aber, daß ‚D'-Anhänger solche Eventualitäten nicht mitbedenken dürften.

### b. Beruht ‚D' auf einem ‚Ökozentrismus'?

Man muß hier zwei Fragen unterscheiden: ‚Muß man ökozentrisch denken, um ‚D' zu wählen?' und: ‚Ist man in ‚D' verpflichtet, ökozentrisch bzw. holistisch zu denken?' Die Antwort lautet: weder noch. Daß es in ‚D' keinen Zwang geben darf, ein ökozentrisch-holistisches Weltbild zu übernehmen, ist klar. Solch ein Zwang wäre mit der weltanschaulichen Neutralität der Verfassung sowie mit etlichen Grundrechten unvereinbar (Meinungs-, Religions-, Lehr- und Forschungsfreiheit). Ich gehe deshalb nur auf die erste Frage näher ein. Meine These lautet: *Wer ‚D' wählt, muß nicht an objektive Naturwerte, Eigenrechte der Natur oder an die Werthaftigkeit des evolutionären Prozesses glauben. Es gibt kein Junktim zwischen der Option für ‚D' und dem Ökozentrismus.* Gäbe es ein Junktim, so läge hierin ein ernsthaftes Problem für *D*, da der Ökozentrismus ethisch nur schwer zu begründen ist.

Allzulange und -oft wurde in der Diskussion um eine ‚ökologische Ethik' der Gegensatz von Anthropozentrik und Ökozentrik in den Mittelpunkt gerückt. Das ‚anthropozentrische' Paradigma der Ethik sollte durch ein ‚bio- oder ökozentrisches' Paradigma abgelöst werden (Naess, Taylor, Rolston, Westra, Bosselmann). Viele Ethiker haben mit dem Ökozentrismus geflirtet, nur wenige sind ihm treu geblieben. Es gibt gute Gründe, warum es bei einer ‚Affaire' blieb. Ein konsequenter ethischer Paradigmenwechsel hin zu einem Ökozentrismus zieht ein Bündel von Folgeproblemen nach sich. Erhebt man den Ökozentrismus in den Rang einer ethischen Grundtheorie, so muß auch das höchste Moralprinzip ökozentrisch gefaßt werden. Nimmt man den berühmt-berüchtigten Satz von Aldo Leopold, eine Handlung sei moralisch richtig, ‚wenn sie dazu beiträgt, die Integrität, Stabilität und Schönheit der Natur zu erhalten' (Leopold 1992, S. 174), ernsthaft als höchstes Moralprinzip, so ergeben sich daraus ökodiktatorische Bedrohungen (Vertreibungen, Umsiedlungen, Rückverwandlung von Ackerland in Wildnis, Einschränkung von Grundrechten). Auch die Rede von den ‚objektiven Naturwerten' ist eine ethische Sackgasse, da dadurch die bekannten Probleme einer objektiven Wertlehre wieder aufbrechen.

Es gibt aber jenseits des Gegensatzes von Anthropozentrik und Ökozentrik eine Reihe von Argumenten, die begründen können, warum kollektive moralische Pflichten bestehen, Umwelt-, Natur- und Tierschutz eines bestimmten Ausmaßes und einer bestimmten Intensität zu betreiben. Das Ensemble der Argumente ergibt den Argumentationsraum der Umweltethik. (Die Argumente der Öko- und der Theozentriker sind der Vollständigkeit halber mitaufgenommen.)

| Argumentationsraum der Umweltethik | |
|---|---|
| 1. Pflichten gegenüber zukünftigen Generationen | 7. ‚Menschenrecht-auf-Natur'-Argumente |
| 2. Pflichten gegenüber Naturliebhabern und deren ‚gutes Leben' | 8. Pflichten zum Schutz kollektiver Güter |
| 3. Leib-, Gesundheits- und Wohlbefindens-Argumente | 9. pathozentrische Argumente |
| 4. Heimatargumente, Schutz vertrauter Landschaftsbilder | 10. ‚inherent-worth'- oder teleologische Argumente |
| 5. ‚intrinsic-value'-Argumente | 11. evolutionistische Argumente |
| 6. ‚transformative-value'-Argumente | 12. ‚objektive Naturwerte' |
| | 13. ‚naturam-sequi'-Argumente |
| | 14. theologische Argumente |

Die Ökozentriker werden gewiß ‚D' präferieren (und hinzufügen, ‚D' sei noch längst nicht radikal genug), aber um ‚D' zu präferieren, muß man nicht Ökozentriker sein. Deshalb kann B D nicht vorhalten, dessen Wahl beruhe zwangsläufig auf einer metaphysisch fundierten Wertlehre, einer Wiederverzauberung der Natur oder dergl. M. a. W.: Der Ökozentrismus hat die Wahl von ‚D' zur Konsequenz, aber die Wahl von ‚D' hat den Ökozentrismus nicht zur Voraussetzung. Somit kann man ‚D'-Anhänger nicht auf den Ökozentrismus festlegen, um von dessen Unhaltbarkeit darauf rückzuschließen, daß ein Vorrang für ‚D' nicht begründet werden könne.

Man kann von unterschiedlichen Argumentationsmustern aus, die innerhalb des Argumentationsraumes konsistent vertreten werden können, zu dem Resultat gelangen, daß ‚D' gegenüber ‚B' der Vorzug gebührt. Man kann davon überzeugt sein, ‚D' wählen zu sollen, wenn man als aufgeklärter Anthropozentriker nur die Gründe 1., 3., 6. und 8. vertritt. Umgekehrt darf D fragen, wie B über diesen Argumentationsraum denkt. Man darf, so scheint es D, nicht allzuviele dieser Argumente unterschreiben, wenn man ‚B' präferieren möchte.

## c. Ist ‚B' realistischer als ‚D' (oder umgekehrt)?

‚D' beruht auf Erwartungen hinsichtlich der Bereitschaft zu Verhaltensänderungen und einer breiten Akzeptanz verhaltensregulierender Maßnahmen, die prima facie unrealistisch scheinen. B kann sagen, die entsprechenden Einsichten mögen zwar in Diskursen der Bedingung der Akzeptabilität genügen, Diskurse aber seien ‚von Überschwemmung bedrohte Inseln im Meer der sozialen Welt' (so sagt es Habermas selbst), so daß aus Akzeptabilität faktische Akzeptanz (in der breiten Bevölkerung) so wenig folge, wie umgekehrt von Akzeptanz auf Akzeptabilität gefolgert werden dürfe. Der Schluß von Akzeptabilität (in einer idealen Diskurssituation) auf Akzeptanz (in der sozialen Realität) wäre eine Art ‚normativistischer Fehlschluß'. Allgemeine Einsichten in die Gebotenheit von Natur- und Umweltschutz setzen sich nicht bruchlos in die Akzeptanz gegenüber entsprechenden Regulierungen um, wie man an den Reaktionen auf viele Umwelt- und Naturschutzgesetze sehen kann.

Wenn man den Soziologen und Trendforschern glaubt, stabilisieren sich sowohl ökonomische Strukturen als auch Verhaltensmuster, die zu den in ‚D' geforderten Verhaltensänderungen konträr sind. Zu nennen sind stichpunktartig der sogenannte Individualisierungsschub, die Freizeit-, Erlebnis- und ‚Rund-um-die-Uhr'-Gesellschaft, die Lebensform der Singles, die fortschreitende räumliche Trennung von Wohnung und Arbeitsplatz, die Kompensation des Stadtlebens durch massenhafte Flucht ‚ins Grüne', die Migrationsbewegungen, die Imperative der ‚just-in-time'-Produktion und der sich verringernden Fertigungstiefe in den Unternehmen, die Abhängigkeit der Industriestandorte von der anonymen Logik eines weltweiten Standortmarktes, die die über Kapital verfügenden Investoren strukturell begünstigt und die Umwelt benachteiligt usw.[1] Ohne eingreifende Maßnahmen kann man den motorisierten Individualverkehr (MIV) nicht begrenzen. Die ‚Liebe zum Auto' ist zwar nicht mehr ungetrübt, aber die Mehrheit der Bevölkerung hält nolens volens an einem automobilen Lebensstil fest.

Am unrealistischsten erscheint in ‚D' prima facie die degressive Entwicklung des Verkehrsaufkommens, da alle Studien hier einen Zuwachs prognostizieren. ‚D' verlangt einen Verzicht auf weiten Zuwachs des MIV.

[1] Man kann mit einiger Aussicht auf Erfolg versuchen, die Logik der weltweiten Konkurrenz um Standorte spieltheoretisch nach dem Muster eines Gefangenen-Dilemmas zu konstruieren.

Aus dem Pressespiegel zu der Akademie–Präsentation am 28. 6. 1995 ging hervor, daß diesem Punkt besondere Bedeutung beigemessen wurde. Insbesondere der Freizeit– und Urlaubsverkehr scheint in ‚D' stark betroffen. Da sich eine diesbezügliche Formulierung in der Mehrzahl der Presseberichte findet (‚Verzicht auf Fernreisen im Urlaub, in großem Umfang auch auf die Benutzung von Autos'), darf angenommen werden, daß sie von seiten der Akademievertreter geäußert wurde. Das ‚Marterinstrument' von ‚D' betrifft eindeutig die 50% Reduzierung im privaten Fernverkehr im Vergleich zu ‚A' sowie die Reduzierung bei Strecken von 2–5 km. Wer keine besseren Informationen erhält als diese, wird vor ‚D' zurückschrecken. Allerdings geben Schade/Weimer–Jehle zu, daß die Verzichtsleistungen in ‚D' so gewählt wurden, „daß die durch das Leitbild D charakterisierte Welt möglichst schlüssig und plausibel beschrieben wird, und ohne daß in jedem Fall die Notwendigkeit dieser Verhaltensänderungen oder Einschränkungen in Hinblick auf das Reduktionsziel überprüft wurde". (Schade/Weimer–Jehle 1996, S. 198.) Dies ist eine bemerkenswerte Aussage.

Der Verkehrssoziologe Teschner (1995) begreift den Urlaubs– und Freizeitverkehr, der auf ca. 50% des gesamten Verkehrsaufkommens angewachsen ist, als einen ‚durch die bestehenden gesellschaftlichen Verhältnisse induzierten ‚Fluchtverkehr'. Das Massenphänomen, daß an sog. ‚langen Wochenenden' ein Gutteil der Bevölkerung kreuz und quer durchs Land fährt, ist für D natürlich ein Ausdruck von Wohn– und Lebensverhältnissen, die man bei jeder sich bietenden Gelegenheit hinter sich läßt. Andererseits würde sich D mit Aufforderungen des Typs, zu Hause zu bleiben, lächerlich vorkommen. Gewiß steckt in der Einschätzung Teschners eine Portion sozialpsychologischer Wahrheit. Das Auto verkörpert die Illusion, man könne jederzeit aufbrechen, wohin man will. Der Ausflug am Wochenende ist ein kleines ‚promesse de bonheur'. Deshalb kann man den Urlaubs– und Freizeitverkehr nicht einfach als ein Luxusbedürfnis hinstellen, auf das jeder verzichten können sollte. Er zählt vielmehr zu den ‚kleinen Fluchten', auf die keiner verzichten will. Er ist Luxus und psychische Notwendigkeit, überflüssig und unverzichtbar zugleich. Trifft diese Annahme zu, dann erzeugt die Behauptung, ‚D' bedeute ‚Verzicht auf Fernreisen im Urlaub, in großem Umfang auch auf die Benutzung von Autos' zunächst einmal Angst. Sie kann nur als Drohung und als drastischer Einschnitt in soziale Besitzstände und Lebensgewohnheiten interpretiert werden.

Wenn man aber die Entwicklung des Verkehrsaufkommens in ‚D' genauer analysiert, ergibt sich ein differenzierteres Bild. Auch in ‚D' behält der MIV „seine dominante Rolle bei der Verkehrsleistung" (Schade/Weimer–Jehle 1996, S. 99.). Da die Reduzierungen allesamt gegenüber ‚A' gelten, bleibt bei Berufs–, Einkaufs– und Geschäftsverkehr nahezu alles auf dem heutigen Stand. In ‚A' und ‚B' wird ja von einer starken Zunahme des Freizeit– und Urlaubsverkehrs ausgegangen, die in die ‚D'–Reduktion von 50% miteingerechnet werden muß. Dadurch relativiert sich die scheinbar horrende Zahl von 50%. Außerdem sind die prozentualen Zahlenangaben gegeneinander verrechenbar. Könnte man Berufs- und Geschäftsverkehr stärker durch Informationsübertragungen substituieren, so ergäben sich andere Zahlenwerte. Durch verbesserte ÖPVN–Verbindungen relativiert diese Zahl sich ebenfalls ein Stück weit usw. Schade/Weimer–Jehle errechnen einen Rückgang von 13,7% gegenüber 1990 bis 2020 (1996, S. 99.).

D muß eine Vision des künftigen Umgangs mit dem Automobil anbieten, die bei reiflicher Überlegung für die Mehrheit attraktiver ist als das Festhalten am Status quo mitsamt der Tendenz zum weiteren Anwachsen des MIV. Umfragen zufolge plädiert nur eine Minorität für eine Fortsetzung der herrschenden Automobilkultur, während eine sozialverträglich gestaltete Änderung dieser ‚Kultur', die keine Mobilitätseinbuße bedeutet, für eine Mehrheit der Verkehrsteilnehmer zustimmungsfähig ist.

D weiß, daß schon aus Kapazitätsgründen nur ein Teil des Verkehrs auf die Schiene etc. verlagert werden kann und daß eine Verlagerung von ‚nur' 10–20% des MIV große Aufwendungen im ÖPVN erfordert. D sieht ganz unnaiv die Grenzen der Verlagerbarkeit. In ‚D' wird allerdings im MIV–Sektor konsequent auf Kleinwagen umgestiegen. Während *B* an dem Verkehrsleitbild der ‚großen und starken Limousine' festhält, propagiert D nicht etwa den Abschied vom Auto, aber den von der Automobilkultur der Nachkriegszeit. In ‚D' werden sparsame Kleinwagen ruhig und gemächlich über die Straßen rollen; Verkehrssicherheit wird nicht nur durch die sicherheitstechnische Aufrüstung des einzelnen PKW (ABS, ABM, Airbag, Seitenaufprallschutz etc.), sondern auch normativ, d. h. durch Verkehrsregeln und Sanktionen erzeugt. Das Leitbild des ‚sportlichen Autofahrers' wird in ‚D' mißbilligt; entsprechendes Verhalten wird moralisch und rechtlich sanktioniert. Die generelle Freizügigkeit bleibt in ‚D' gewahrt. Die absoluten Kosten werden nicht exorbitant gesteigert. So kann der Benzinpreis von 1,60 DM auf 4,00 DM erhöht werden, wenn gleichzeitig der Verbrauch von 10 l/100 km auf 4 l sinkt. Entsprechende Wagen sind technisch machbar und zumutbar. Allerdings werden in ‚D' auch die steuerlichen Anreizsysteme umprogrammiert (Kilometerpauschale).

D ist keinesfalls bereit, durch neue AKWs die Fortsetzung der (aus seiner D–Perspektive) heutigen Un–Kultur des MIV zu ermöglichen. Wenn neue AKWs in ‚B' als Mittel zu dem Zweck eingesetzt werden, den heutigen MIV fortsetzen zu können, heißt dies ja für D auch, daß die übrigen unerwünschten Nebenwirkungen dieses Zwecks (Verkehrstote und — verletzte, Waldschäden[1], Zersiedlung, Sommersmog, Lärm, Streß, Flächenverbrauch und Zerschnipselung von Ökosystemen durch Straßenbau, Gebäudeschäden, kurzfristiges Aufbrauchen nicht–erneuerbarer Ressourcen usw.) in ‚B' akzeptiert werden. Für D ist die gesamte ‚B'–Struktur aus Mittel, Zweck und Nebenwirkungen unakzeptabel. Hier liegt ein hartnäckiger Dissens zwischen B und D. *D braucht nicht kategorisch gegen neue AKWs zu sein (s.u.), aber er ist kategorisch gegen neue AKWs als Mittel zum Zweck, den MIV in seiner bisherigen Form fortsetzen zu können.* D sieht keinen Grund, die Risiken der Atomkraft zu akzeptieren, nur damit die Praxis des MIV fortgesetzt werden kann, die D (seiner Meinung nach: aus guten Gründen) ebenfalls ablehnt.

‚D' und ‚B' haben ein gemeinsames Problem: die *Kohleverstromung*. B und D haben ein gemeinsames Interesse, daß keine neue Generation von herkömmlichen, im Wirkungsgrad leicht verbesserten Kohlekraftwerken installiert wird, deren Betriebsdauer bis ins Jahr 2040 und darüber hinaus reicht. Allerdings liegt in dieser Gemeinsamkeit eine Asymmetrie, da für *B* eine vorzeitige Stillegung von Kraftwerken eine unakzeptable ‚Kapitalvernichtung' darstellt, was für D nicht der Fall ist. B hat hinsichtlich der Kohle ein anderes Problem als D, sofern sich die Kohlelobby in den kommenden Jahren behaupten sollte. Wird es neue Kohlekraftwerke auf Stein– oder Braunkohlebasis geben, die ohne $CO_2$–Abtrennung arbeiten, sowie Betriebsgarantien für die bestehenden, dann muß B überlegen, wie er ‚B' modifizieren muß, wenn für ihn Kapitalvernichtung ausscheidet. Es wird vorausgesetzt, daß vorhandene Anlagen „über ihre wirtschaftliche Nutzungsdauer betrieben und eine Kapitalvernichtung vermieden werden sollte" (Schade/Weimer–Jehle 1996, S. 49). Solange Kohle in nennenswertem Umfang wie bisher verstromt wird, helfen B neue AKWs nicht

[1]Allein der Waldschadensbericht 1995 wäre für D bereits Grund genug, den MIV drastisch zu verändern.

weiter, da es dann neben dem Verkehrssektor, der in ‚B' zum Hauptemittenten von $CO_2$ wird, eine weitere größere Emissionsquelle gibt, wodurch das Reduktionsziel verfehlt wird und sich ‚A' einstellt. B muß also annehmen, daß die Kohlelobby in nächster Zeit das Feld räumt. Die Auseinandersetzung um Garzweiler II zeigt, wie unrealistisch diese Annahme ist. Insofern ist ‚B' keineswegs realistischer als ‚D'. *‚B' plus Kohle aber ergibt etwas ‚A'-artiges und ‚A' ist unakzeptabel.*

Wie stellt sich das Problem für D dar? Da ‚D' in den Verkehrssektor eingreift, kann D mit dem erwartbar langwierigen Ausstieg aus der Kohle eher leben. Selbst für die Kohle bestehen in ‚D' längerfristig noch Aussichten, da eine $CO_2$-Abtrennung bereits heute ‚potentiell technisch durchführbar'[1] ist. Im Teilgutachten Nr. 6 (Kurzfassung) wird durch diese avancierte Technologie eine Reduzierung der $CO_2$-Emissionen um 90% für möglich gehalten. Die Kosten der $CO_2$-Abtrennung sind zur Zeit auch für D prohibitiv hoch. Inwieweit sich diese Kosten senken lassen, vermag ich nicht zu beurteilen. Angesichts der weltweit ansteigenden Kohlenutzung könnte es eine sinnvolle F&E-Entscheidung sein, in $CO_2$-Abtrennungstechnologien ‚einzusteigen'. Dies könnte B natürlich genauso sehen.

Für B stellt sich ein weiteres Problem, da baldmöglichst ein Genehmigungsverfahren für ein neues AKW eröffnet werden muß, auf das B bereits 2005 angewiesen ist. Zwischen 2005 und 2020 wären in ‚B' 1–2 zusätzliche AKWs erforderlich (Schade/Weimer-Jehle 1996, S. 76). Wohlgemerkt: Allein für Baden-Württemberg. Aus dem Teilgutachten Nr. 7 (Kallenbach et al. 1994) geht hervor, daß in ‚B' der Zubau einer EPR-Doppelblockanlage geplant ist.[2] Dabei handelt es sich um cinen von Siemens und Framatome entwickelten Druckwasserreaktor, der nicht inhärent sicher ist und auch Evakuierungen nicht ausschließt, sondern sie ‚auf einen engen Bereich um das Kraftwerk begrenzt' (Teilgutachten Nr. 7, Kurzfassung, April 1994, S. 42.). Nach einer Bauzeit von 8 Jahren soll dieses AKW 2004/5 ans Netz gehen. Hierzu ist die Antragsreife des EPR erforderlich, das Genehmigungsverfahren müßte ‚durchgezogen' werden, da die Uhr im Grunde gegen ‚B' läuft. Verzögerungen, die darauf zurück-

[1] So die verklausulierte Formulierung im Teilgutachten Nr. 6 (Kurzfassung), April 1994, S. 39.

[2] Anm. d. Red.: Dabei handelt es sich um ein Kernkraftwerk mit zwei EPR-Reaktoren (European Pressurized Water Reactor). Ziel der Entwicklung dieses neuen Typs von Druckwasserreaktoren ist es, die Auswirkung etwaiger Kernschmelzunfälle auf die Anlage zu beschränken.

geführt werden könnten, daß der EPR-Reaktor ‚first of the kind' ist, müssen vermieden werden, ohne daß der Öffentlichkeit Anlaß gegeben werden darf, Sicherheitseinbußen einzuklagen. Von 1998 bis 2005 unter den Augen einer kritischen Öffentlichkeit und bei Einhaltung bestehender rechtsstaatlicher Standards ein solches ‚first-of-the-kind'-Projekt durchzuführen, ist, um das Mindeste zu sagen, ein sehr ambitioniertes Unterfangen. Schade/Weimer-Jehle (1996, S 75) halten in bezug auf ‚B' an der Zuschaltung eines neuen AKW im Jahre 2005 fest. Drei Seiten später ist sogar von 2004 die Rede. ‚B' verlangt einen schnellen Ausbau der Kernenergie und die dafür nötige Akzeptanz in der Bevölkerung. Für ‚C' und ‚D' ist ein rascher Zubau neuer AKWs hingegen nicht erforderlich.

Der Streit um einen derartigen EPR-Kernreaktor ist vorprogrammiert. Man darf annehmen, daß wieder die sattsam bekannten Pro- und Contra-Argumente bezüglich Kernreaktoren ausgetauscht werden. Wie wir von O. Renns Analysen hinsichtlich der Wahrnehmung und des Umgangs mit Risiken gelernt haben, macht es für überzeugte AKW-Gegner kaum einen Unterschied, ob die Eintrittswahrscheinlichkeit eines GAU von $10^{-6}$ auf, sagen wir, $10^{-8}$ abgesenkt wird. Ein modifizierter Leichtwasserreaktor mit einer normalen Laufzeit (von 2005–2045) ist für D unakzeptabel.[1] Die gegenseitige Handlungsblockade von B und D (s. u.) wird durch den Streit um einen solchen Reaktor zementiert.

Soweit ich die Diskussion um inhärent sichere bzw. katastrophenfreie Reaktorlinien überblicke, sind diese Linien konzeptionell noch nicht weit genug vorangeschritten, als daß der für ‚B' erforderliche neue Reaktor bereits ein solcher ‚katastrophenfreier' Reaktor sein könnte, wie ihn auch das novellierte Atomgesetz im § 7 fordert.[2] Es ist bekannt,[3] daß die F&E-Anstrengungen derzeit, grob sortiert, in drei Richtungen gehen:

1. Weitere Verringerung, aber kein völliger Ausschluß der Möglichkeit einer Kernschmelze (etwa durch Verwendung großer Wasserspeicher oder verbesserte Nachwärmeabfuhr). Hierunter fällt der EPR-

[1] Unakzeptabel ist natürlich für C und D ein Wiedereinstieg in eine Plutonium-Linie. Auf diese Option gehe ich nicht weiter ein, da sie auch für B offenbar nicht in Betracht kommt. Wäre dem anders, so müßte B dies sagen.

[2] Dieser Paragraph fordert, daß ‚auch Ereignisse, deren Eintritt (...) praktisch ausgeschlossen ist, einschneidende Maßnahmen zum Schutz vor der schädlichen Wirkung ionisierender Strahlen (...) nicht erforderlich machen würden'. (Siebentes Gesetz zur Änderung des Atomgesetzes, § 7, Absatz 2a, Bundesgesetzblatt, Bonn 28. Juli 1994.)

[3] Ich stütze mich hier auf ein ‚paper' von K. Kugeler (1995).

Reaktor. Er ist als eine ‚evolutionäre' Fortentwicklung bestehender LWR–Reaktortypen (Leichtwasser–Reaktor) zu bezeichnen.[1]

2. Reaktoren, bei denen die Auswirkungen einer Kernschmelze durch Berstschutz, Containment und ‚corecatcher' zurückgehalten werden können.

3. Reaktoren, bei denen Kernschmelzen bei Ausfall der aktiven Kühlung und bei totalem Kühlmittelverlust naturgesetzlich ausgeschlossen sind. Vor allem neue Varianten des HTR können dieser Kategorie zugeordnet werden. Der HTR wird ja immer wieder neu ins Spiel gebracht, sobald von inhärenter Sicherheit die Rede ist. Es gibt weitere Studien über mögliche Reaktortypen, die die Bedingung inhärenter Sicherheit erfüllen, aber kommerziell wenig attraktiv sind. Kugeler (1995) meint, die theoretischen, konzeptionellen und praktischen Nachweise für eine katastrophenfreie Kerntechnik müßten in den nächsten Jahren erbracht werden.[2] Lägen solche Nachweise vor, muß und kann die ‚Akzeptanzfrage' bezüglich der Kerntechnik neu gestellt werden.

Ich bin mit Christoph Hubig der Meinung, daß es auch im Interesse künftiger Generationen liegt, wenn wir sie mit der Technologie inhärent sicherer Kernreaktoren ausrüsten. Ich unterscheide dabei zwischen Technologie und (Real)–Technik. Selbst auf der Ebene der Realtechnik wäre es gegenüber dem hiesigen Status quo (von Osteuropa ganz zu schweigen) ein Zugewinn an Sicherheit, wenn es statt der gegenwärtig existierenden LWRs einige inhärent sichere AKWs auf HTR–Basis (Hochtemperatur–Reaktor) gäbe. Das Plädoyer für den Erhalt der Option ‚Kernenergie' führt natürlich auf das ‚Fadenriß'–Argument. Es besagt, daß man gegenwärtig in der Gefahr stehe, das nötige technologische Know–how einzubüßen, um inhärent sichere Reaktorlinien bauen und betreiben zu können. An den technischen Hochschulen wird der Studiengang ‚Reaktortechnik' kaum noch belegt bzw. angeboten. Auf den ersten Blick könnte D darüber frohlocken, auf den zweiten Blick hingegen muß er sich fragen,

[1] So zumindest der Atomkraft–Befürworter W. Kröger in seinem Artikel ‚Nullrisiko gibt es nicht' in: Die ZEIT vom 26. 5. 1995, S. 11.

[2] Lothar Hahn vom Ökoinstitut Darmstadt behauptet sogar (taz vom 18. 8. 1995, Beilage ‚Restrisiko'), ‚nach derzeitigem Wissensstand und mit heutiger Technik' seien inhärent sichere Reaktoren nicht erreichbar.

was der mögliche Verlust an Know-how bedeutet. Benötigte man in ‚D' einige wenige Kernreaktoren, so wäre man beim Eintreten des Fadenrisses auf den Import von Know-how angewiesen (Frankreich, USA, Japan), dessen Standards man nicht mehr beeinflussen könnte (Schwarz 1993).

Für D wäre ein F&E-Anschluß an die HTR-Linie vertretbar, während B hierauf, wenn ich recht sehe, nicht warten kann. Aber dies ist ein Problem für *B*, nicht für C und D. Ein Vorschlag lautet, das Auslaufenlassen der bisherigen AKWs mit dem Bau eines Prototyps eines inhärent sicheren HTR-Kernreaktors zu verbinden. Dies wäre für D akzeptabel bzw. sollte es bei reiflicher Überlegung sein. Dies wäre also eine ‚B'-Komponente, die in ‚D' mitaufgenommen werden könnte.[1] (Die Möglichkeit der Aufnahme von ‚B'-Komponenten in ‚D' besteht, s. u.)

Sollte sich in bezug auf solche Kernreaktoren das Argument erübrigen, daß der Betrieb von AKWs gefährlich sei, so könnte man in ‚D' solche Reaktoren zwischen 2020 und 2050 in Betrieb nehmen, um die weitergehenden $CO_2$-Minimierungsziele zu erreichen, da man dann die meisten Einsparpotentiale ausgeschöpft haben dürfte. Zu diesem moralisch legitimen Zweck, inhärent sichere AKWs zu betreiben, ist von der Intention her etwas anderes, als rasch neue LWRs zuzubauen, um den MIV beibehalten zu können. Die Maximen des Handelns (im Sinne Kants) unterscheiden sich grundsätzlich. Natürlich sind die übrigen Contra-Argumente gegen die Kerntechnik mit einem inhärent sicheren Reaktor nicht widerlegt (Uranabbau in den Gebieten indigener Völker, Transport, Zwischen- und Endlagerung, militärische Option, Schmuggel von waffenfähigem Uran, Abriß von AKWs, das Problem des HEU-Reaktors[2] in München etc.). Ich behaupte aber, daß nur dann, wenn wenigstens der Betrieb von AKWs katastrophensicher ist, diese Contra-Argumente nicht kategorisch gegen den Einsatz der Kerntechnik sprechen. B muß sich also kurzfristig auf einen politischen Konflikt einlassen, durch den eine moralisch (vielleicht)

[1] Vielleicht braucht man in ‚D' ein paar betriebsfähige AKWs neuen Typs lediglich als ‚nationale Notstromaggregate'. In ‚D' müßte also die Bereitschaft vorhanden sein, diese zu finanzieren und betriebsbereit zu halten, ohne sie im Grundlastbereich ständig einzusetzen. Dies ist gewiß eine Kostenfrage.

[2] Anm. d. Red.: Zur Zeit im Bau befindlicher Forschungsreaktor der Technischen Universität München. Dieser Kernreaktor dient nicht der Stromerzeugung, sondern als Neutronenquelle zu Forschungszwecken und zur — durchaus umstrittenen — Bestrahlung von Tumorpatienten. Um einen intensiven Neutronenfluß zu erreichen, soll hochangereichertes und damit waffentaugliches Uran (Highly Enriched Uranium) eingesetzt werden.

vertretbare Option auf Kernenergie weniger anstatt mehr Realisierungschancen erhält. B ist auf Kernkraft derart dringend angewiesen, daß er (vielleicht) die eigentliche Zukunft der Kernenergie verspielt.

## d. Aussichten auf ‚Selbstverwirklichung'

Ob man sich eher in ‚B' oder in ‚D', oder, stärker: nur in ‚B' oder nur in ‚D' selbstverwirklichen kann, hängt von unterschiedlichen Annahmen darüber ab, wodurch man einer authentischen Lebensführung nahe kommt. ‚D'–Anhänger werden ‚D'–Konzeptionen von Selbstverwirklichung haben, die nicht verächtlicher oder absonderlicher sind als die, denen ‚B'–Anhänger folgen. Diese ‚D'–Konzeptionen stehen den tradierten Lehren vom ‚guten Leben' nahe, wie sie in christlicher Religion sowie in Philosophie und Psychologie ausgebildet wurden, während ‚B'–Konzeptionen sich auf ökonomistische und präferenzutilitaristische Konzeptionen stützen können. Daraus folgt, daß Selbstverwirklichungsargumente keiner Seite sonderlich helfen. Ähnliches gilt für Argumente hinsichtlich der in ‚B' oder ‚D' erzielten ‚Lebensqualität'. Ich schlage daher vor, nicht über Konzeptionen von Selbstverwirklichung oder von Lebensqualität zu disputieren, da es sich hierbei um notwendigerweise strittige Begriffe handelt und man in fruchtlose Debatten über ‚Menschenbilder', ‚falsche Bedürfnisse', ‚manipulierte Interessen', ‚Rousseauismus versus Konsumismus' etc. hineingerät. Die rationale Wahl zwischen ‚B' oder ‚D' muß durch Kriterien erfolgen, die unabhängig sind von strittigen Annahmen über das ‚wahrhaft gute Leben'.

## e. Einschränkung von Individualrechten in ‚D'?

Schade/Weimer–Jehle behaupten, in ‚D' werde der *Schutz von Individualrechten* an Bedeutung verlieren (1995, S. 17).[1] Schade/Weimer–Jehle sagen aber nicht, welche Individualrechte gemeint sind, und sie geben auch keine Gründe für diese schwerwiegende Behauptung an. Schwerwiegend

[1] Anm. d. Red.: Die zitierte Schrift ist vergriffen, eine überarbeitet Version findet sich in Schade, Weimer–Jehle (1996) S. 41. Dort lautet die Textpassage wie folgt: „Für das gesellschaftliche Handeln stehen die Verantwortung für den Erhalt der natürlichen Umwelt, die Solidarität mit den Menschen in den unterentwickelten Regionen der Welt und mit den nachfolgenden Generationen so stark im Vordergrund, daß der Schutz von sekundären Individualrechten im Vergleich zur Vergangenheitsentwicklung an Bedeutung verliert."

ist diese Behauptung dann, wenn der Begriff des Individualrechtes in dem in Ethik und Rechtstheorie üblichen Sinn verstanden wird.

Die Behauptung ist Ausdruck des verbreiteten Bedenkens, das Ökologie–Thema sei gleichsam der Katalysator für eine Re–Moralisierung der Gesellschaft und für eine in ihrem Gefolge drohende Einschränkung individueller Freiheiten. Uwe Wesel sagt hierzu (1993, S. 225ff.), die Ökologie sei der Grund für eine repressive Re–Moralisierung der Gesellschaft. ‚Ich fürchte, es wird (...) auf Kosten unserer individuellen Freiheit gehen' (S. 226). Wesel geht sogar so weit, die Rettung von Umwelt und Natur und den Erhalt der bürgerlichen Freiheiten für unvereinbar zu erklären. Er befürwortet dabei die Einschränkung der bürgerlichen Freiheiten ‚in sehr beschränktem Maße' (1993, S. 231), wenn dies die Bedingung dafür sein sollte, daß größere ökologische Einbrüche vermieden werden könnten.[1] Es scheint, als läge für Wesel hier eine heikle Kollision zwischen moralischen Geboten und verfassungsmäßigen Rechten vor. Bevor man sich diese Sichtweise zu eigen macht, ist natürlich zu fragen, welche Rechte denn bedroht sein könnten.

Menschen–, Grund– und Bürgerrechte[2], wie sie im GWB unter 3.1.1.–3.1.3.3. aufgeführt sind, sind Grundrechtsnormen (im Sinne Alexys 1986), die zur Rechtfertigung oder Kritik von einfachen Gesetzen herangezogen werden können (Möglichkeit der Normenkontrollklage etc.). Mit Rechtsnormen teilen Individualrechte das Merkmal der Kodifizierung in einer Verfassung und teilweise, mit welcher Begründung immer, das der Beschränkung auf die jeweiligen Rechtsgenossen.[3] Mit Moralgeboten teilen Rechte den kategorischen Modus. Für die staatliche Ordnung ist ein Recht ein Optimierungsgebot. Der Staat duldet die Ausübung von Rechten nicht nur, sondern begrüßt und fördert sie (Hesse 1978). Individualrechte sind legitime Ansprüche gegenüber jedermann (einschließlich staatlicher Gewalten und Institutionen). Sie binden im Geltungsbereich des deutschen Grundgesetzes alle staatliche Gewalten als unmittelbar geltendes Recht. Rechte führen die Unterstellung mit sich, daß sie nicht von der staatlichen Ordnung gewährt worden sind. Sie stehen nicht zur Disposition von Erwägungen, ob ihre Gewährung oder Versagung günstiger wäre

[1]Wesel scheint (S. 228) insbesondere das Eigentumsrecht im Auge zu haben.

[2]Die verbreitete Rede von ‚Grundwerten' ist unglücklich.

[3]Das Recht auf Freizügigkeit und Versammlungsfreiheit ist auf deutsche Staatsbürger beschränkt; das Recht auf körperliche Unversehrtheit und auf die Unverletztlichkeit der Wohnung hingegen nicht.

in bezug auf das Erreichen kollektiver Ziele. Rechte sind Nutzenkalkülen vorgeordnet. Die Frage, ob, und, wenn ja, in welchem Sinne Rechte ‚angeboren' oder Ausdruck von ‚Menschenwürde' sind, würde tiefer in Traditionen und in das Verhältnis von Ethik, Anthropologie und Recht hineinführen, als dies hier möglich ist. Ich orientiere mich an Alexy (1986) und Dworkin (1984). Freiheitsrechte sind demnach als verallgemeinerte Erlaubnisse ‚Trümpfe' (Dworkin 1984, S. 14), die Individuen gegenüber Staat, gesellschaftlichem oder kulturellem Druck in Händen halten. Es besteht gewiß keine Pflicht, von einem Recht Gebrauch zu machen; es bestehen aber Unterlassungspflichten, sobald von ihm Gebrauch gemacht wird.

Würde die Behauptung von Schade/Weimer–Jehle zutreffen, in ‚D' würde der Schutz von ‚Individualrechten' (gemäß des verwendeten Plurals also mehr als nur eines, demnach mehrere, wenngleich wohl nicht alle) an Bedeutung verlieren, hätten die Anhänger von ‚D' ein nahezu unüberwindliches ethisches Problem zu lösen. Denn es dürfte, sofern nicht die Ausübung von Individualrechten, sondern deren Einschränkung begründungspflichtig ist, ethisch schwer zu begründen sein, warum bestehende Individualrechte eingeschränkt werden dürfen, nur um einen bloß befürchteten, also wahrscheinlichen künftigen Schaden (Klimawandel) abzuwenden, bei dem keine bestimmte Person identifizierbar ist, die ihn erleiden wird. Bestehende Freiheitsrechte einzuschränken, um Risiken betreffs zukünftiger potentieller Schäden zukünftiger und potentieller Personen zu verhüten, ist ethisch nur schwer zu begründen.[1] ‚D' käme zudem mit dem obersten Legitimitätsgrundsatz aller Technikbewertung in Konflikt, wie ihn Hastedt (1991, S. 252) im Anschluß an Rawls formuliert hat: ‚Eine Technik ist nur legitim, wenn sie vereinbar mit dem umfangreichsten System gleicher Grundfreiheiten für alle ist.'

Die ethische Grundentscheidung zugunsten eines ‚right–based–morality'–Ansatzes und die Option für ‚D' schließen einander genau dann aus, wenn ‚D' im Unterschied zu ‚B' Individualrechte einschränkt. Das Kriterium ‚Schutz von Individualrechten' wäre ein gewichtiger Grund, wenn es in bezug auf ‚B' und ‚D' zuungunsten von ‚D' diskriminierend wäre.

*Wenn 1) eine ‚right–based–morality' als ethische Grundlage gilt, und wenn 2) der Legitimitätsgrundsatz Hastedts das ‚größtmögliche System*

[1] Man kann ja auch das Recht auf Forschungsfreiheit nicht mit dem Argument einschränken, mögliche Forschungsergebnisse könnten irgendwann einmal zu möglichen Mißbräuchen führen.

*gleicher Grundfreiheiten' fordert, und wenn 3) ‚D' mit diesem System der Rechte derart massiv kollidiert, daß 4) die moralischen ‚D'-Gründe diese Kollision nicht aufwiegen (wettmachen) können, dann ist (conclusio), ‚D' keine akzeptable Option. Nennen wir dies das ‚B'-Argument.* Es wäre dann geboten, nicht ‚D' wählen zu dürfen. Dies wäre für ‚D' ein ‚Knock Out'. Aber D kann die Prämisse 3) zurückweisen, mit der das ‚B'-Argument steht und fällt.

Welche Individualgrundrechte könnten in ‚D' bedroht sein? Schade/Weimer-Jehle verwenden den Begriff des Individualrechtes nicht im strengen und schwerwiegenden Sinne, sondern verstehen darunter die Möglichkeit, Präferenzen zu realisieren oder Interessen zu verfolgen. Nun schränkt jeder Grundrechtsvorbehalt sowie die Rechtsordnung insgesamt die Realisierung von Präferenzen ein.[1] Dennoch würde niemand behaupten, Rechtsnormen oder etwa Steuern[2] kämen eo ipso Eingriffen in Rechten gleich. Keine einzige der in ‚D' notwendigen Maßnahmen (Schade/Weimer-Jehle 1996) scheint m. E. in Individualgrundrechte (oder in die im GWB aufgeführten Rechte) einzugreifen. Diese Behauptung wäre durch entsprechende Rechtsgutachten zu überprüfen; das Gutachten von Rupert Scholz (1995) zur Verfassungsmäßigkeit des Energieeinspeisegesetzes (Vereinbarkeit mit Art. 12 GG) dürfte in dieser Hinsicht ‚D'-Anhänger optimistisch stimmen.[3] Neuerdings sprechen Schade/Weimer-Jehle (1996, S. 41) nur noch davon, daß in ‚D' der Schutz von ‚sekundären Individualrechten' an Bedeutung verlieren werde. Der Begriff des sekundären Individualrechtes ist ungebräuchlich. Leider erläutern Schade/Weimer-Jehle diese Begriff nicht.

Es könnte nun aber der Fall sein, daß es ein bislang unbekanntes ‚Grundrecht auf Mobilität' gibt, aufgrund dessen die ‚D'-Maßnahmen unakzeptabel wären. Man könnte als B-Anhänger argumentieren, daß 1) der Legitimitätsgrundsatz Hastedts das ‚größtmögliche System gleicher Grundfreiheiten' fordert, daß 2) ein Recht auf Mobilität zu diesem ‚größtmöglichen System' zählt, daß 3) ‚D' mit diesem Recht massiv kollidiert und deshalb (conclusio), ‚D' innerhalb einer ‚right-based-morality'

---

[1] Eine klassische Diskussion dieses Punktes findet sich in Mills Essay ‚On Liberty'. Mill fragt, ob eine Steuer auf berauschende Getränke einen Eingriff in die persönliche Freiheit bedeutet. Mill gesteht der Gesellschaft das Recht zu, derartige Steuern zu erheben, allerdings nicht in einem Ausmaße, der für einen Großteil der Bevölkerung einer Prohibition gleichkäme.

[2] Sowie Abgaben, Gebühren, Bepreisungen u. dergl.

[3] Vgl. Scholz (1995).

keine akzeptable Option sein könne. Unter den genannten Prämissen ist der Schluß einwandfrei. Dies ist eine Variante des ‚B'–Arguments, auf die man zurückgreifen kann, wenn ‚D' nicht in *bestehende* Grundrechte eingreift. Ronellenfitsch (1992) behauptet, daß eine Reihe von bestehenden Grundrechten ein Grundrecht auf Mobilität (GM) implizieren. ‚Den meisten Grundrechten liegt implizit ein Grundrecht auf Mobilität zugrunde' (1992, S. 323). Da eine Implikation eine wenn–dann–Schlußfolgerungsrelation darstellt,[1] bedeutet dies, daß jemand, der die bestehenden Grundrechte bejaht, GM akzeptieren muß genau dann, wenn eine implikative Relation (Einschluß–Relation oder Präsupposition als Bedingung der Möglichkeit) besteht, GM also ein Implikat akzeptierter Grundrechte ist. Mit Ronellenfitsch teilt D die Prämisse von der fortzubildenden, ‚offenen' Verfassung des deutschen Grundgesetzes. Hätte Ronellenfitsch recht, müßte D als Verfassungspatriot GM beipflichten und könnte nicht mehr oder nicht mehr so leicht für ‚D' optieren.

Ronellenfitsch unterscheidet zwischen Mobilität im allgemeinen und im spezifischen Sinn. Mobilität im allgemeinen bedeutet nichts weiter als Beweglichkeit. Diese allgemeine Mobilität ist durch Art. 2, I. und Art. 11 GG bereits gesichert. ‚Mobilität' im spezifischen Sinn wird definiert als ‚Möglichkeit, sich fortzubewegen, Entfernungen zurückzulegen, Personen und Güter zu transportieren', kurz als ‚Verkehrsmobilität' (1992, S. 322). GM bezieht sich auf diese spezifische Verkehrsmobilität.

Ronellenfitsch sieht die Verkehrsmobilität allerorten als bedroht an. Hinter der Forderung nach dem GM steht mithin ein zeitdiagnostischer Befund, den man keineswegs teilen muß. Es ist in der Rechtshistorie bekannt, daß sich hinter verfassungsjuridischen Argumenten oftmals zeitdiagnostische Einschätzungen oder sozialpolitische Erwägungen verbergen, für die Juristen als solche nicht kompetenter sind als andere Zeitgenossen auch. D braucht die Diagnose Ronellenfitschs von der allerorten bedrohten Verkehrsmobilität nicht zu übernehmen. D könnte eine Reihe von Gegenbeispielen ins Feld führen (Bundesverkehrswegeplan, Transrapid, ICE–Trassen, Flughäfen, Wasserstraßen usw.). Nun spricht Ronellenfitsch nicht als ein politisierender Staatsbürger, der eine bestimmte Verkehrspolitik befürwortet; er argumentiert seinem eigenen Anspruch nach auf der verfassungsjuridischen Ebene.

[1] Diese Relation gilt nicht für die sog. ‚materiale Implikation', aber es ist klar, daß Ronellenfitsch nicht diese, sondern eine Art des Enthaltenseins (‚entailment') oder eine notwendige Präsupposition (‚Bedingung der Möglichkeit') meint.

Es ist auf dieser Ebene nicht klar, ob dies präsumtive GM primär ein Abwehr–, ein Teilnahme– oder ein Teilhaberecht ist, und, sollte letzteres der Fall sein, ob es sich um ein derivatives oder ein originäres Teilhaberecht handelt. Als derivatives Teilhaberecht besagt GM nur, daß niemand willkürlich von bestimmten staatlichen Leistungen ausgeschlossen werden darf. Wäre GM nur eine Art Einrichtungsgarantie, dann folgt nur, daß es ein Verkehrssystem geben muß, so wie es Universitäten und Krankenhäuser geben muß. Es gibt aber wohl kein subjektives Recht auf eine Autobahn, ein Krankenhaus, eine Universität oder einen Bahnhof in unmittelbarer Nähe der Wohnung. Individuelle Leistungsansprüche zur Ermöglichung oder Optimierung von Mobilität sind auch Ronellenfitsch zufolge nicht zu begründen (Null–Tarif im ÖPNV).

Ronellenfitsch zufolge kann man GM als Teilhaberecht verstehen. Es ist bekannt, daß gerade konservative Juristen die Einfügung von Teilhaberechten in das GG (Recht auf Wohnung, auf Arbeit, auf Bildung, auf gesunde Umwelt etc.) scheuen. Alexy meint (1986, S. 466), daß nur sehr wenige (minimale) soziale Grundrechte (Leistungs– bzw. Teilhaberechte) vom GG garantiert werden: Existenzminimum, Schulausbildung, eine einfache Wohnung, Mindestmaß ärztlicher Versorgung etc. Teilhabe– bzw. Leistungsrechte garantieren nur einen Minimalstandard, und dieser kann hinsichtlich der Verkehrsmobilität als erbracht gelten. Deutschland hat bekanntlich nach den USA das zweitlängste Autobahnsystem der Welt.

Welche Grundrechte sind es nun, denen GM ‚implizit' zugrundeliegt? Das Grundrecht auf Freizügigkeit (Art. 11, I.) kommt bei Ronellenfitsch weniger in Frage, da es zwar seinerseits Mobilität im allgemeinen Sinn garantiert, aber im Kern nur besagt, daß jeder Deutsche das Recht hat, frei über seinen Aufenthalts– und Wohnort zu befinden. Art. 11, I. impliziert kein spezifisches GM.

Ronellenfitsch ist sich nicht recht schlüssig, ob es nicht vor allem der Art. 2, I. GG sein könnte, dem GM implizit zugrundegeliegt. Einmal fungiert für Ronellenfitsch der Art. 2, I. als eine Art Joker. ‚Ist keines dieser speziellen Grundrechte einschlägig, so ist die Verkehrsmobilität in der allgemeinen Handlungsfreiheit enthalten' (S. 322). Das Verbum ‚enthalten' drückt die implikative Relation aus. Nun weiß auch Ronellenfitsch, daß Art. 2, I. ursprünglich nur auf die körperliche Bewegungsfreiheit, also auf die allgemeine Mobilität (gemäß seiner Definition) bezogen war. Art. 2, I. garantiert Schutz vor willkürlichen Verhaftungen usw. Es besteht also keine ‚entailment'–Relation zwischen Art. 2, I. und GM; vielmehr wird ein fallibler Interpretationsvorschlag angeboten. Ronellenfitsch meint hierzu nur, auch die Verfassung müsse ‚mobil' sein. Dies ist nur ein Wortspiel. Aus Art. 2, I. folgt nichts über Art und Ausmaß von Verkehrsmobilität.

An anderer Stelle heißt es jedoch: ‚Das Grundrecht auf Mobilität (fällt) nur zum geringsten Teil unter die allgemeine Handlungsfreiheit' (1992, S. 324). Der Grund für die Ambivalenz des Art. 2, I. ist offensichtlich. Der Joker sticht selbst in der Ronellenfitsch–Interpretation nicht, weil er mit der Schrankentrias sowie mit der Schrankenwirkung der gesamten Rechtsordnung verknüpft ist.

Ronellenfitsch muß andere Grundrechte heranziehen, um seine These einzulösen. Ohne Verkehrsmobilität kann, so das Argument, eine Reihe von Grundrechten nicht ausgeübt werden. Man muß zur Kirche (Art. 4, II GG), zur Demonstration (Art. 8 GG), zum Arbeitsplatz (Art. 12, I GG), zur Schule (Art. 7 GG) usw. gelangen können. Mobilität stellt für die Ausübung vieler Berufe mittlerweile eine Voraussetzung dar. Einverstanden, aber was folgt daraus? Folgt etwas über die Art und Weise, d. h. über die material ausgestaltete Verkehrsmobilität? Habe ich ein Recht darauf, daß Sonntags morgens ein Bus zur Kirche fährt? Gibt es ein subjektives Recht auf einen Autobahnzubringer oder auf Parkhäuser? Kann man vor dem BVerfG klagen, wenn irgendwo ein Bahnhof oder eine Bahnstrecke stillgelegt wird? Ronellenfitsch führt auch ein (seinerseits präsumtives) ‚Recht auf Erholung in der Natur' ein und schließt darauf auf die Forderung nach ‚Zufahrt (!) in die (...) Natur'. (Das Ausrufezeichen stammt von Ronellenfitsch.) Aber wie weit muß die freie Zufahrt reichen? Bis zu dem Punkt, wo man die Aussicht genießen will? Warum ist es dann verboten, mit dem Auto durch den Wald zu fahren? Muß man ständig zwischen der Staatszielbestimmung Umweltschutz und dem Grundrecht auf Mobilität abwägen, wenn irgendwo ein ‚Durchfahrt verboten'– Schild aufgestellt wird? Wird der Wesensgehalt des GM angetastet, wenn Naturschutzgebiete nicht beliebig betreten werden dürfen?

An diesen und ähnlichen Punkten windet sich Ronellenfitsch, da seine Argumentation ihm radikale Konsequenzen abnötigt, die wohl selbst die Mehrheit der Autofahrer nicht akzeptieren würden. Ob es sich bei diesen Konsequenzen um eine ‚reductio ad absurdum' handelt, ist unklar, da es von Hintergrundüberzeugungen abhängt, was (nicht) als absurd gilt.

Ronellenfitsch wäre m. E. in der Bringschuld, einen Formulierungsvorschlag betreffs GM vorzulegen. Eine Staatszielbestimmung scheidet wohl aus, da Ronellenfitsch beharrlich von einem Individualgrundrecht spricht.

Wie wäre es mit: ‚Jeder Deutsche hat das Recht, am Verkehr teilzunehmen. Der Staat unterhält ein Verkehrssystem. Das Nähere regeln die einschlägigen Gesetze.‘ Mehr als diese Trivialität würde nicht begründet und ich glaube nicht, daß sich implikativ mehr begründen läßt.[1] Dieses ‚Recht‘ ist in ‚D‘ gewahrt.

Weisen wir ein weitergehendes GM bis auf weiteres zurück und gehen wir von den geltenden Artikeln des Grundgesetzes aus. B hat daher kein Recht, sich gegenüber D auf GM zu berufen, um das ‚B‘–Argument durchzubringen. Es macht für keine der Parteien Sinn, ‚neue Rechte‘ einzuführen und dann zu zeigen, daß ‚B‘ oder ‚D‘ mit diesen neuen Rechten nicht vereinbar wären. Daraus folgt, daß ‚D‘–Anhänger nicht mit (ethisch problematischen) Eigenrechten der Natur, einem Menschenrecht auf heile Umwelt u. dergl. argumentieren dürfen, da ‚B‘–Anhänger die Einführung solcher Rechte wohl nicht akzeptieren werden.

## IV. Zur Vertiefung einiger Punkte

Schade/Weimer–Jehle (1996) greifen auf die Leitbild–Forschung zurück, wie sie von Dierkes et al. (1992) in den TA–Diskurs eingeführt worden ist. Die Beispiele für technikbezogene Leitbilder bei Dierkes sind: die Stromlinienform, das papierlose Büro, die ständige Erreichbarkeit, ‚small is beautiful‘ usw. In bezug auf die Nutzung von Energie wäre an den sportlichen Autofahrer, die wohlige Raumwärme und den vollelektrischen Haushalt zu denken.

### a. Begriff des Leitbildes

Leitbilder sind, ethisch betrachtet, ein Begriff, in den Verschiedenes fällt. Leitbilder sind keine Moralprinzipien (wie die Goldene Regel, der Kategorische Imperativ, das Diskursprinzip, das Utilitätsprinzip etc.); es sind keine moralischen Grundnormen im Sinne von Gert (1983) (nicht lügen, nicht täuschen, nicht töten, nicht stehlen etc.); und es sind m. E. auch keine ‚Wertaxiome‘ (im Sinne Webers). Es sind keine ‚klassischen‘ Staats– oder Sozialutopien. Da sie sich auf kollektive Zustände beziehen, sind es keine individuellen Ich–Ideale. Es handelt sich bei Leitbil-

[1] Eine ausführliche und systematische Kritik an dem Vorschlag von Ronellenfitsch findet sich in Ott (1997).

dern vielmehr um gebündelte und verhaltensprägende Wertvorstellungen, schichten- und generationsspezifische ‚Bilder' vom ‚guten Leben' sowie entsprechenden Einstellungen (Haltungen). Im Innern von Leitbildern müssen sich axiologische, habituelle und normativ-moralische Komponenten auseinanderhalten lassen. Leitbilder prägen Einstellungen zur inneren und äußeren Natur, zu anderen Menschen, zum Umgang mit Zeit, zu Risiken sowie zur eigenen Endlichkeit. Leitbilder sind, ethisch betrachtet, äußerst ambivalent. Geht man von dem Modell aus, daß Menschen eingespannt sind zwischen ihren vielfältigen Antriebsstrukturen (Neigungen, Interessen usw.) einerseits, legitimen moralischen Forderungen (Pflichten, Normen usw.) andererseits, so können Leitbilder diese Spannung nach der einen oder anderen Seite hin auflösen oder verstärken. Leitbilder müssen sich so anhand übergeordneter Normen und Prinzipien überprüfen lassen, wie in der Ethik Kants die Maximen (subjektive Grundsätze des Handelns) anhand des Kategorischen Imperativs auf ihre Tauglichkeit zum allgemeinen Gesetz hin überprüft werden sollen. Man kann Leitbilder in Analogie zu Maximen verstehen, so daß die Wahl zwischen ihnen nicht durch übergeordnete Leitbilder, sondern anhand leitbild-neutraler Kriterien zu treffen ist (s. u.).

Leitbilder führen implizit zu bestimmten Präferenzen hinsichtlich der Szenarien ‚B', ‚C' oder ‚D'. Wer unbeirrbar einem Leitbild folgt, für den stellt sich die Frage nach der rationalen Wahl zwischen Energieszenarien nicht. In der TA-Diskussion um Sinn und Zweck der bemannten Weltraumfahrt, wurde unlängst intensiv um die Bedeutung von ‚Visionen' (der Mensch im All, ‚Overview-Effekt' usw.) diskutiert.[1] Es wurde dabei ein Konsens erzielt, daß ‚Visionen' einer rationalen Kritik und einer diskursiven Beurteilung zugänglich sein müssen. Dieser Konsens läßt sich auf die Leitbilder ‚B' und ‚D' ummünzen. Leitbilder sind daher nichts Unhintergehbares, da ansonsten nur konstatiert werden könnte, daß sich gewisse Bevölkerungsgruppen hinter Leitbilder so sammeln, wie sich früher Heerhaufen hinter Fahnen und Standarten gesammelt haben. Der Begriff des Diskurses, den die Teilnehmer des Diskurses ‚Energie und Ethik' implizit voraussetzen müssen, ist aufgrund seiner impliziten Ausrichtung an einem rationalen Konsens aller Beteiligten mit dieser Auffassung unvereinbar.

Ich setze voraus, daß Diskurse nur dann Sinn machen, wenn alle Beteiligten einander unterstellen, daß sie bereit sind, aufgrund von Gründen

[1] Vgl. u. a. Grunwald/Sax (Hrsg.) (1994).

ihre Leitbilder zu modifizieren oder aufzugeben. Leitbilder dürfen also im Rahmen eines Diskurses nicht als etwas Unhintergehbares betrachtet werden. Diese Voraussetzung ist im Begriff des Diskurses pragmatisch impliziert, sofern man in performative Widersprüche gerät, wenn man sich auf Diskurse einläßt und gleichwohl unbeirrbar an all den Auffassungen, Idealen, Wertmustern, Leitbildern etc. festhalten will, die Gegenstand des Diskurses sind. Da dies widersprüchlich ist, dürfen alle Diskursteilnehmer voneinander erwarten, daß sie aufgrund von Gründen ihre vorgefaßten Leitbilder zu modifizieren oder aufzugeben bereit sind. Diese Unterstellung (gegenseitige Erwartung hinsichtlich der Bereitschaft eines jeden) ist für Diskurse unverzichtbar. Der Begriff des Diskurses stellt weiterhin klar, daß sich Überzeugungs- und Überredungsversuche begrifflich unterscheiden,[1] weshalb bestimmte Redeweisen unzulässig sind (Diffamierungen, Verzerrungen, Panikmache, Pauschalisierungen, Ins–Lächerliche–Ziehen, Drohungen etc.).[2] Da es sich bei den Leitbildern um idealtypische Konstrukte handelt und Szenariovarianten und Szenariokombinationen zulässig sind (Schade/Weimer–Jehle 1996), sind die Leitbilder bzw. Szenarien auch unter methodologischen Aspekten keine letzten Gegebenheiten.

## b. Abwägung und/oder rationale Wahl

Es macht für unsere Wahlsituation bereits einen Unterschied, ob man von einer *Nutzenkalkulation,* von einer *rationalen Wahl* oder von einer *Abwägung* ausgeht. Foster (1994) unterscheidet hinsichtlich von Entscheidungsfindungen zwischen einem ‚calculation'-Modell und einem ‚judgement'–Modell. Paradigmatisch für das ‚calculation'–Modell ist die Kosten–Nutzen–Analyse. Deren Hauptkriterium ist die Aufwand–Ertrags–Relation in verrechenbaren (Geld)–Einheiten. Eine Kosten–Nutzen–Analyse erbringt immer, daß es für keinen einzelnen Akteur ökonomisch rational ist, als einziger kostenaufwendige $CO_2$–Minierungsmaßnahmen zu ergreifen. Allerdings handelt es sich bei der Entscheidungssituation um ein ‚prisoner's

[1] Ohne die Unterscheidung zwischen ‚überreden' und ‚überzeugen' ist der Begriff des Diskurses nicht zu verstehen.

[2] Man überprüfe unter diesen Prämissen die verbale und visuelle Darstellung des Szenario ‚D' in dem Heft ‚Strom zuhaus', Kundenmagazin der Energieversorgung Schwaben, Nr. 6 — November/Dezember 1995. Die Verbindung eines Winterbildes aus dem Mittelalter in Verbindung mit der Textzeile ‚Weniger $CO_2$ — um welchen Preis' beweist, daß die ‚A'– und ‚B'–Anhänger suggestiv an Ängste appellieren.

dilemma'. Aus diesem Grund ist eine individuelle ‚cost-benefit'-Analyse (CBA) für komplexe und moralisch relevante Entscheidungsfragen unzulänglich (Broome 1992, O'Neill 1993, Foster 1994). Die Kalkulation wird zudem nur möglich, wenn verschiedenartige ‚Güter' (Wohlstand, Anerkennung, Mobilität, Gesundheit, ein gutes Gewissen usw.) in eine Verrechnungseinheit überführt werden. Dies Vorgehen ist bekannt als das ‚Kommensurabel-Machen' von Inkommensurablem. Das Inkommensurabilitäts-Problem scheint im Rahmen der CBA nicht lösbar zu sein. Schaber (1994) meint, dies zeige, daß die CBA kein adäquates Entscheidungsverfahren sein könne. Die Schwächen des (ökonomistischen) ‚calculation'-Modells sind es, die zunächst zugunsten des (aristotelischen) Abwägungsmodells sprechen.

Der Begriff der *Abwägung* zählt ungeachtet seiner Gebräuchlichkeit auf vielen ethisch relevanten Gebieten zu den unklarsten Begriffen überhaupt. Dies läßt sich nicht dadurch ändern, daß man ihn mit Attributen wie ‚sorgsam', ‚gründlich', ‚mit Augenmaß', ‚verantwortlich', ‚ernsthaft' usw. überhäuft. Er haftet zudem am Modell eines Souveräns, der eine Entscheidung zu treffen hat, die letztlich in seine Hände gelegt ist. Das im Begriff der Abwägung mitgeführte Bild der Waage, des Symbols der Gerechtigkeit, bedeutet, daß irgendwelche Gewichte auf Waagschalen gelegt werden und sich zuletzt die Waage nach einer Seite neigt. Dann ist in unserem Falle entweder ‚B' oder ‚D' gewogen und für zu leicht befunden worden. Daß eine Abwägung unparteilich und sorgsam sein sollte, sei vorausgesetzt, da beide Momente im Begriff der Abwägung impliziert sind. Was sind das aber nun für Gewichte, die in die Waage gelegt werden dürfen? Auf diese Frage gibt es mehrere Antworten: Güter, Interessen, Opportunitäten, Argumente, Normen. Man kann auch sagen, daß bei einer Abwägung all diese ‚Sorten' von Gewichten im Spiel sind. Gewiß sollten bei einer Güterabwägung nicht nur vorliegende Interessen, sondern auch Argumente in Anschlag gebracht werden.[1] Aber wieviel wiegt ein moralisches Argument im Vergleich zu einem ökonomischen Interesse? Was ist ‚schwerwiegender', wenn es nur in einem metaphorischen Sinn um ‚Gewichte' geht? Das spezifische ‚Gewicht' von Typen von Gründen variiert ja von Gruppe zu Gruppe. Das Gewicht von moralischen Gründen zu ökonomischen Interessen läßt sich nicht so bestimmen wie das spezifische Gewicht von Silber zu Blei. Insofern steht man bei der Abwägung

[1]Dies ist angesichts der verbreiteten Auffassung nicht unerheblich, bei Abwägungen müßten primär Ausgleiche zwischen vorhandenen Interessen geschaffen werden.

vor dem gleichen Problem wie bei der Indikatorbildung im Rahmen der Wertbaumanalyse. Der Wertpluralismus setzt sich insofern im Begriff der Abwägung insgeheim fort.

Der Begriff der Abwägung steht häufig in enger Verbindung mit einer besonderen Kompetenz (phronesis im Sinne von Klugheit, Erfahrenheit, Menschenkenntnis), auf die man sich zur Legitimierung einer Entscheidung berufen kann, ohne daß sich diese Kompetenz noch näher ausweisen könnte. Auch der Verweis auf Aristoteles hilft nicht weiter. Die maßgeblichen Aristoteles–Interpreten (Aubenque, Kenny, Urmson, Ebert u. a.) sind sich einig, daß der begriffliche Zusammenhang von Überlegung (bouleusis), der Entscheidung (prohairesis) und der praktischen Klugheit (phronesis) bei Aristoteles mehrdeutig und unklar ist.

Bereits hinsichtlich der Übersetzung der Begriffe eröffnen sich Spielräume: ‚bouleusis' kann als Überlegung, Erwägung, Willensbildung, Beratschlagung, Planung übersetzt werden, ‚prohairesis' als Entschluß, Entscheidung, Wahl, decision, choice usw. Beim Begriff der phronesis wird die Zahl der Übersetzungsvorschläge noch größer. Die Übersetzung von phronesis als ‚sittliche Einsicht' (Jäger) wird heute zumeist abgelehnt; es kursieren ‚praktische Klugheit', ‚Weisheit', ‚wisdom', ‚prudence', ‚practical intelligence' u. a. Kenny und Urmson verstehen bouleusis als eine Art ‚deliberation to achieve the best'. Der bouleusis ist das rationale Seelenvermögen bzw. die Tugend der phronesis zugeordnet. Beide beziehen sich auf Handlungssituationen, in denen kein Subsumtionsschematismus uns sagt, was zu tun ist, in denen es aber um ‚Mittel für das gute Leben insgesamt' geht. Die phronesis bezieht sich nicht auf Ziele, sondern auf etwas, das zum Ziele führt (ta pros ta tele).

Die phronesis ist weder epistemisch noch technisch, sondern ‚praktisch'. Der Unterschied zur episteme (im aristotelischen Sinne) ist sinnvoll, der Unterschied zur techne ergibt sich aus kategorialen Zwängen. Die phronesis wird der doxa zugeordnet (tu doxastikou) und bezieht sich auf Mittel–Zweck–Relationen. Sie wird aber auch dem logos zugeordnet, da Aristoteles sagt, sie sei eine Haltung, die auf Begründungen verweise. Viele Aristoteles–Kommentatoren sehen große Schwierigkeiten, die phronesis von der bloßen Gerissenheit bei der eigenen Interessenverfolgung abzugrenzen. Allerdings dürfe man diese Differenz von Klugheit und Gerissenheit nicht aufgeben, da andernfalls jede phronesis–Konzeption zu Konsequenzen führt, die mit der Idee der Abwägung nicht im Einklang stehen. Die phronesis wird an manchen Stellen von Aristoteles verstanden als ein Wissen von dem, was den eigenen Angelegenheiten dient. Wäre sie nur ein solches Wissen, so dürfte man sie aufgrund der Unparteilichkeitsbedingung bei keiner Abwägung zugrundelegen.

An einigen Stellen der Nikomachischen Ethik sagt Aristoteles, bei der phronesis ginge es um einen selbst als Individuum (1141). Die phronesis regelte dann nur das Verhalten des phronimos selbst, der sich klug um seine Angelegenheiten kümmert (dies ist mein Definitionsvorschlag). Phronesis bezöge sich demnach *nicht* primär auf Prozesse kollektiver Meinungs- und Willensbildung. Die Politiker wären nur dann phronimoi, wenn sie klug auf ihren Vorteil aus wären. Dann aber hätten sie sich im Grunde für Abwägungen diskreditiert, da eine Wahl zwischen Leitbildern bzw. Energieszenarien im Rahmen eines Diskurses nicht primär auf Klugheitsüberlegungen basieren darf, was für Politiker als Politiker kurzfristig das beste ist.

Abwägungsskeptiker haben aus all dem daraus geschlossen, daß Abwägungen ins Belieben des/der Abwägenden gestellt seien und Begründungsdefizite aufweisen. Das phronesis-Modell der Abwägung hat also den entscheidenden Nachteil, daß Willkür und Beliebigkeit, Strategie und Gerissenheit begrifflich nicht ausgeschlossen werden können (Ebert 1995). Eine Berufung auf phronesis zur Entscheidung zugunsten von ‚B‘ oder ‚D‘ wäre im Rahmen eines Diskurses ersichtlich unbefriedigend. Man darf innerhalb eines als Diskurs definierten Verfahrens keine konzeptionellen Begriffe einführen, die mit der Idee diskursiver Verfahren kaum kompatibel sind. Besonders skeptisch bin ich gegen Parolen wie ‚Freie Bahn der Abwägung!‘ und gegen ethisch krude Verbindungen aus CBA und phronesis, wie sie etwa H. M. Sass vertritt.

Im Rahmen eines Diskurses ist es angemessener, das Problem als ein Problem rationaler Wahl zu modellieren. *Ich versuche also, die Entscheidung zwischen ‚B‘, ‚C‘ und ‚D‘ als ein Problem rationaler Wahl anhand ausgewiesener normativer Kriterien, also weder als eine Nutzensummenkalkulation noch als eine intuitiv-kluge Abwägung zu verstehen.* Im Modell rationaler Wahl geht es darum, eine Schlußfolgerung aus Prämissen zu konzipieren, also um ein diskursiv überprüfbares Urteil. Dabei können beliebig viele Kriterien herangezogen werden, wenngleich die Anzahl griffiger Kriterien endlich ist (s. Abschnitt V. auf S. 239ff.). Die Anzahl der Prämissen ist beliebig hoch; man ist also nicht auf die klassische Form des Syllogismus beschränkt.

Der Begriff *rationaler Wahl* entstammt (außer der Ökonomie) der

Wissenschaftstheorie und bezieht sich dort auf das Problem, zwischen konkurrierenden empirischen Theorien wählen zu müssen. Geht man davon aus, daß keine Theorie in einem absoluten Sinne ‚wahr' ist, muß man feststellen, welche wahrheitsähnlicher ist (‚closer to the truth'). In der an Popper anschließenden Wissenschaftstheorie wird das Problem der Wahrheitsähnlichkeit (verisimilitude, truthlikeness) auf einem mathematisch–formal hohen Niveau diskutiert, wobei es vier oder fünf ‚approaches to truthlikeness' gibt.[1] Eine rationale Wahl erfordert immer, d. h. für jeder dieser ‚approaches' die Einführung von ‚Maßstäben' (Differenz–Funktionen, Kriterien innertheoretischen Fortschritts u. dergl.), durch die die Idee der Wahrheitsannäherung mit den konkurrierenden Theorien durch eine Art mittlere Ebene vermittelt werden kann. Die Funktion solcher Maßstäbe ist kriteriologisch. Eine rationale Wahl ist von einer Kompromißbildung zu unterscheiden. In bezug auf konkurrierende naturwissenschaftliche Theorien ist das offensichtlich.

Eine rationale Wahl in bezug auf die vorliegenden Energieszenarien muß daher nicht gleichbedeutend sein mit dem Finden eines tragbaren Kompromisses aller aktuell Beteiligten. Damit ist der Kompromiß–Gedanke nicht negiert, sondern nur klargestellt, daß ein Kompromiß zwischen gegenwärtig vorliegenden Interessen nicht notwendigerweise die ‚optimale Lösung' sein muß.[2]

Natürlich kann selbst unter idealen Diskursbedingungen eine rationale Wahl zwischen ‚D' oder ‚B' nicht ‚letztbegründet' werden. Sie soll zwar so rational wie möglich sein, aber Rationalität bedeutet nicht Unfehlbarkeit oder Allwissenheit. Die Rationalität bleibt immer an die Gründe und Informationen gebunden, über die wir zu dem Zeitpunkt verfügen, an dem eine Entscheidung ansteht (Rescher 1993). ‚Rationalität fordert also nicht mehr als das, was wir mit den uns zur Verfügung stehenden Mitteln erreichen können' (Rescher 1993, S. 10). Die alte Formel: ‚nach bestem Wissen und Gewissen' steht für diese ‚constraints' von Rationalität selbst. Aber aus diesen Grenzen von Rationalität ergibt sich kein Vorteil von ‚B' gegenüber ‚D' (oder umgekehrt).

[1] Vgl. hierzu Kuipers (Ed.) (1987).

[2] Diese Differenz erklärt, warum wir häufig sagen, es war ‚leider nur ein Kompromiß drin'. Wir setzen dabei die Möglichkeit einer besseren Lösung voraus, dergegenüber der Kompromiß ‚suboptimal' ist. Es kann natürlich auch Fälle geben, in denen ein Kompromiß das Optimale ist.

## c. Die ‚betterness'–Relation

Der Ausgangssatz bei jeder rationalen Wahl lautet, die beste Lösung sei zu bevorzugen. Dies scheint eine analytisch wahre Trivialität zu sein. Wie diese ‚betterness–relation' zu interpretieren ist, ist aber nicht trivial. Man kann ‚besser als' mit ‚ist mir lieber als' gleichsetzen. ‚Besser' bedeutete dann ‚besser für mich'. *Aber normalerweise bestehen wir auf einer Differenz zwischen ‚besser als' und ‚ist mir lieber als', obwohl beide Ausdrücke eine Vorzugs–Relation darstellen.*[1] Es gibt also zwei Arten der Vorzugsrelation.

Die ‚ist–mir–lieber'–Relation ist subjektiv, die ‚besser–als'–Relation meint einen Vorrang in einem allgemeineren, transsubjektiven Sinne: ‚besser für einen jeden von uns bzw. besser für uns alle'. In der Spieltheorie und der Ressourcen–Ökonomie hat man bewiesen, daß die einfache Übertragung der ‚ist mir lieber'–Relation hinsichtlich kollektiver Entscheidungen zu Ergebnissen führt, die suboptimal oder sogar widersprüchlich sein können (Arrow–Theorem).[2] Was mir lieber wäre, muß nicht besser für uns alle sein. Der sachliche Unterschied läßt sich sprachlich fassen, indem man zwischen ‚Vorliebe' und ‚Vorrang' unterscheidet. Nur unter der Voraussetzung dieser Differenz macht die Rede von rationaler Wahl überhaupt Sinn. Andernfalls kann man nur konstatieren, daß D ‚D' und B ‚B' am liebsten mag — aber das weiß man ohnehin. Nun ist das Zeichen > für die subjektive ‚ist–mir–lieber–als'–Vorzugsrelation üblich geworden, wohingegen ein Zeichen für die transsubjektive ‚besser–als'–Vorrangrelation bislang fehlt. Wählen wir hierfür das Zeichen !. Mit der ‚besser'–Relation erhebt man andere Ansprüche als mit der ‚lieber'–Relation. Wenn ich sage, eine Normänderung (etwa Steuersenkungen) wäre mir lieber, sage ich nichts darüber, ob diese auch besser (für alle) wäre.[3] Es geht bei einer rationalen Wahl zwischen ‚B', ‚C' und ‚D' daher um die Feststellung eines Vorrangs.

Daraus ergeben sich eine Reihe möglicher Positionen hinsichtlich unseres Problems. ‚B' könnte mir lieber sein als ‚D', während man mich

---

[1] Vgl. zu diesem Unterschied grundlegend, wenngleich vom utilitaristischen Standpunkt Broome (1991). Man kann die Unterscheidung aber akzeptieren, ohne zum Utilitaristen werden zu müssen.

[2] Zu Formen von sozialer Kontrafinalität und Suboptimalität bei der Aggregation von Präferenzen vgl. Elster (1981), bes. Kapitel 5.

[3] ‚Besser für meinen Geldbeutel' ist schließlich nicht gleichbedeutend mit ‚besser im Sinne distributiver Gerechtigkeit'.

— aufgrund der oben genannten Diskurs–Unterstellung — zur Einsicht bringen könnte, daß ‚D' besser ist als ‚B' (und umgekehrt). Im Extremfall könnten wir alle eine Präferenz zugunsten von ‚B' oder ‚D' haben und müßten dennoch der anderen Option den Vorrang einräumen.[1] Es könnte aber natürlich auch sein, daß meine subjektive Präferenz mit dem (im Diskurs herauszufindenden) transsubjektiven Vorrang einhergeht. ‚B' (oder ‚D') wäre mir lieber und wäre zugleich besser — und diese Konstellation (‚B' > ‚D' & ‚B' ! ‚D' — oder umgekehrt) wäre mir als Anhänger von ‚B' oder ‚D' am liebsten. Daß jeder Diskursteilnehmer ein Interesse daran hat, seine (‚B' > ‚D')–Präferenz in einen (‚B' ! ‚D')–Vorrang umzuwandeln, ist klar. Umgekehrt gilt gleiches. Der jeweilige Kontrahent hingegen will (erstens) zeigen, daß ein: ‚B' > ‚D' mit einem: ‚D' ! ‚B' kollidiert und (zweitens) gegenüber diesem zurücktreten muß. Beide Kontrahenten können nicht gleichermaßen erfolgreich sein.

Warum aber, so kann man fragen, muß die ‚ist–mir–lieber'–Relation gegenüber der ‚ist–besser'–Relation zurücktreten? Etwa, weil wir entsprechende Intuitionen haben? Oder, weil Gemeinnutz vor Eigennutz geht? Oder weil durch eine terminologische Festlegung (‚Vorrang' versus ‚Vorliebe') hier etwas erschlichen wurde? Oder, weil man zumindest in Diskursen an Transsubjektivität interessiert sein muß? Letzteres ist m. E. in dem Sinn der Fall, daß dieses Interesse pragmatisch impliziert ist,[2] sobald sich jemand auf Diskurse einläßt. Sofern ich mich auf die ‚ist–mir–lieber'–Relation versteife, kann ich nicht an Diskursen teilnehmen, da der Universalisierungsgrundsatz und das Diskursprinzip (Habermas 1983) mit der Haltung eines sich in seinen Präferenzen und Interessen versteifenden Egoisten unvereinbar ist.[3]

## d. Überzeugungen von ‚A', ‚B' und ‚D'

Die Leitbilder ruhen auf bestimmten *‚Überzeugungen'* (Schade/Weimer–Jehle 1996, S. 38–44.). Alle Überzeugungen, moralische wie empirische, sind im Prinzip fallibel. Sofern Überzeugungen sich auf empirische Probleme beziehen, muß man sie als fallible Basishypothesen behandeln. Hier

[1] Dieser Extremfall ist mit dem Begriff der rationalen Wahl allerdings nur dann vereinbar, wenn ein Primat moralischer Gründe akzeptiert werden muß (s.u.).

[2] In einem bestimmten Sinn von ‚pragmatischer Implikation' als ‚entitlement to infer' (Novell–Smith).

[3] Zur Begründung von Diskursprinzip und Universalisierungsgrundsatz vgl. Ott (1996).

läßt sich ein weiteres Kriterium rationaler Wahl formulieren: *Beruhte eines der Leitbilder zentral auf einer Überzeugung, die (emprisch) höchst anfechtbar und/oder mit anderen plausiblen Überzeugungen unvereinbar ist (Konsistenzdefizit), während dies bei den anderen Leitbildern nicht der Fall ist, so hat man einen Grund, von diesem Leitbild abzurücken.* Müßte ‚D' zwingend annehmen, daß Photovoltaik in 20 Jahren 75% des Stromverbrauchs decken könnte, wäre ‚D' (wahrscheinlich) erledigt. Nun sind die Szenarien aber so ‚realistisch' konstruiert worden, daß es scheint, als könne dies Kriterium nicht greifen. Aber vielleicht sind unhaltbare Annahmen irgendwo versteckt.

Die A–Überzeugung (‚Die Treibhausproblematik ist nicht sonderlich bedeutend.') dürfte diesem Kriterium wohl zum Opfer fallen. Fast alle Studien der vergangenen Jahre (Enquete–Kommission, IPCC–Studien, vgl. auch Hennicke/Müller 1989, Cansier 1991, Broome 1992, Lemons/Brown (Eds.) 1995, Kap. 7), kommen ja zu einer gegenteiligen Einschätzung. Wenn die A–Überzeugung wahr wäre, müßten all diese Einschätzungen, müßte also der sich stabilisierende Konsens der ‚scientific community' falsch sein — und dies ist unwahrscheinlich. Läßt sich die empirische ‚A'–Überzeugung nicht halten, bleibt A nur die Möglichkeit, die moralische Dimension des Klimawandels zu bestreiten oder offen zum ‚rationalen Egoisten' (im Sinne Birnbachers 1988) zu werden. Bei den übrigen Überzeugungen liegen die Dinge allerdings komplizierter.

Die B–Überzeugung lautet: ‚Die Treibhausproblematik und die dafür erforderliche Reduktion der $CO_2$–Emissionen kann gelöst werden, wenn eine entsprechend orientierte innovative Technik entwickelt und zum Einsatz gebracht wird' (Schade/Weimer–Jehle 1996, S. 38). Wir bezeichnen diesen Satz als ‚*B–ÜB*'. Die D–Überzeugung lautet: ‚Die Treibhausproblematik muß im Kontext der globalen politischen und ökologischen Probleme gesehen werden. Diese können nur insgesamt gelöst und damit die $CO_2$–Emissionen nur dann vermindert werden, wenn sich Verhalten und Techniknutzung konsequent an ökologischen Kriterien orientieren' (Schade/Weimer–Jehle 1996, S. 40). Wir bezeichnen diesen Satz als ‚*D–ÜB*'. Da sich D–ÜB nur unwesentlich von C–ÜB unterscheidet, genügt es, den Unterschied von B–ÜB und D–ÜB zu diskutieren. D–ÜB in der Formulierung von Schade/Weimer–Jehle enthält natürlich im Grunde drei verschiedene Überzeugungen (Kontextbezug, ‚insgesamt'–der Lösungen, Verhaltensorientierung).

Die erste Überzeugung von D besagt, daß man das Energie– bzw.

Klimaproblem in den größeren Kontext der globalen ökologischen Krise stellen sollte. Wenn es nun eine solche Krise geben sollte, woran die wenigsten zweifeln, kann es nicht falsch sein, einschlägige Probleme auf diesen weiteren Kontext zu beziehen. D–ÜB kann nicht in dem gleichen Sinn empirisch wahr oder falsch sein wie B–ÜB. D–ÜB ist nicht entweder empirisch wahr oder falsch, sondern als Perspektive entweder fruchtbar oder unfruchtbar in bestimmten Hinsichten. Aber D–ÜB enthält außer dieser Kontext–These noch die weitere These, daß die globalen Probleme nur ‚insgesamt' gelöst werden können. Wenn damit nur gemeint sein soll, daß alle Probleme miteinander zusammenhängen, so ist dies wahr. Sollte damit aber gemeint sein, daß all diese Probleme, wenn überhaupt, dann nur im Zusammenhang gelöst werden können, dann ist sie unrealistisch; denn ein solcher globaler Lösungskontext läßt sich zwar widerspruchsfrei denken, aber nicht gegenwärtig politisch herstellen (Weltregierung, Ende des Konflikts zwischen Nord und Süd usw.). Ich denke, daß D auf der ersten Hälfte des zweiten Satzes nicht beharren sollte.

B wiederum muß gewiß nicht behaupten, daß sich *alle* Umweltprobleme i. w. S. durch den Einsatz technischer Mittel lösen lassen, woraus folgte, daß dies auch für die Treibhausproblematik gelte. Ein solcher All-Satz ist in B–ÜB nicht impliziert. Er wäre unnötig anspruchsvoll, weil ein Kontrahent viele Gegenbeispiele aus dem Bereich des Natur- und Artenschutzes vorlegen kann.[1] B muß behaupten, daß zwar nicht alle, aber einige Umweltprobleme allein mit geeigneten technischen Mitteln lösbar sind, und, daß das $CO_2$–Problem eines von diesen ist. Mehr muß B nicht behaupten, aber weniger kann er nicht behaupten. B macht also eine Annahme hinsichtlich des Einstufens eines Problems, die umstritten ist (vgl. etwa Dürr 1994).

Natürlich besteht die Möglichkeit, daß B mit B–ÜB recht hat, das Klimaproblem ließe sich mit technischen Mitteln i.w.S. lösen. Es besteht die Aussicht, $CO_2$ absorbieren zu können, indem man große Regionen der südlichen Ozeane mit Eisen gleichsam ‚düngt', dadurch das Wachstum des (in diesen Regionen vergleichweise selten vorkommenden) Planktons aktiviert, was zur $CO_2$–Absorbtion führt.[2] Man produziert also mit einfachen Mitteln eine bedeutsame $CO_2$–Senke. Ein jüngstes Experiment

[1] Die Zersiedelung der Landschaft läßt sich nicht mit technischen Mitteln stoppen. Welche Technik wäre geeignet, die letzten Berggorillas zu schützen?

[2] Vgl. taz vom 14. August 1995. Laut taz müßte es beim IPCC eine Studie darüber geben, die mir allerdings bei der Abfassung dieses Beitrags nicht zugänglich war.

ergab, daß die Düngung mit einer Tonne Eisen ca. 10.000 t $CO_2$ zu absorbieren vermag. Allerdings sind die Chancen und die ökologischen Konsequenzen dieses Verfahrens noch unbekannt. B kann sich hier aber gewisse Hoffnungen machen. Den Einwand, er denke ‚technizistisch', kann er zurückweisen, da ‚technizistisches Denken' für B nicht verwerflich ist. Die in den USA debattierte Option eines ‚Geo–Engineering' hat für B nichts Abschreckendes an sich, sondern ist eine Frage der Machbarkeit. D mag diese Denkweise schauderhaft finden, aber daran braucht B sich nicht zu stören. Jedenfalls wird B die weitere Enwicklung der *Plankton–Option* aufmerksam verfolgen.[1]

D kann erwidern, man könne ökologische Probleme grob in drei Klassen unterteilen:

1. **P–Tec:** Wenn überhaupt, dann ausschließlich mit technischen Mitteln lösbar.
2. **P–Komb:** Wenn überhaupt, dann nur durch eine Kombination von Technik und Verhaltensänderungen lösbar. M. a. W.: Nicht ohne technische Mittel lösbar, aber nicht durch technische Mittel allein.
3. **P–Verh:** Wenn überhaupt, dann nur durch Verhaltensänderungen lösbar.

Die Abwasserreinigung fiele etwa unter P–Tec, der Schutz wildlebender Tier– und Pflanzenarten etwa unter P–Verh, viele Probleme hingegen unter P–Komb. D wird sagen, daß die meisten Probleme in die Kategorie P–Komb fallen, und, daß das Klimaproblem eines von diesen ist. Hinsichtlich der möglichen Plankton–Senke bleibt er bis auf weiteres skeptisch. D muß nicht behaupten, daß das Klimaproblem in Klasse P–Verh fällt. Der dritte Teil von D–ÜB impliziert dies nicht. D ist deshalb gezwungen, die Kombination näher zu bestimmen, die für ihn eine problemadäquate Lösung ergeben könnte. D setzt mindestens ebenso stark wie B auf innovative Techniken, braucht also den Vorwurf der ‚Technikfeindlichkeit' nicht zu fürchten. D könnte sich mit der schlichten Formel anfreunden: So viel avancierte Technik wie möglich und so viel Verhaltensänderungen wie

[1] Eine andere Möglichkeit, $CO_2$–Senken anzulegen, bestünde in einer globalen Wiederaufforstung. Diese Möglichkeit ist angesichts des Trends zur Waldvernichtung wohl nur langfristig realisierbar.

nötig. B kann seine Position ebenfalls differenzieren und folgendes sagen, wodurch er D einen Schritt entgegenkommt: Das nähere Reduktionsziel (-25% bis 2005) fällt in Klasse P–Tec, weiterreichende Reduktionsziele sowie die Gesamtproblematik fallen in P–Komb.

*Fraglich ist ferner, ob sich die Überzeugungen von B, C und D gegenseitig ausschließen.* Muß ein B–Anhänger D–ÜB für falsch halten? Wenn nun B–ÜB und D–ÜB einander ausschlössen, dann müßten B–Anhänger die genannte Kontext–Orientierung für unfruchtbar (unbegründet, unsinnig, überflüssig etc.) halten. Aber damit geriete B angesichts der neuesten Literatur (Brown/Lemons 1995) zum Rio–Prozeß, zur UN–Agenda 21 und zum Konzept von ‚sustainable development' in große Schwierigkeiten, weshalb es für B besser wäre, wenn die Überzeugungen sich nicht gegenseitig ausschließen. Schließen nun B–ÜB und D–ÜB einander aus? Logisch betrachtet, sicherlich nicht. Denn B–ÜB bezieht sich (dem Wortlaut nach) auf ein Können, während sich D–ÜB auf ein Müssen bezieht. Das ‚müssen' in D–ÜB ist als ein ‚sollten' in bezug auf besagte Perspektive zu verstehen. Damit bezieht sich D–ÜB auf eine Perspektive, die man einnehmen sollte, während sich B–ÜB auf technische Möglichkeiten bezieht. Warum sollte sich beides ausschließen? Der unterschiedliche Status der Überzeugungen schließt vielmehr eine schlichte Kontradiktion zwischen B–ÜB und D–ÜB aus. Aus dieser Einsicht könnte sich eine neue ‚Überzeugung' ergeben, auf die D und B sich (vielleicht) einigen könnten.[1] Ein Formulierungsvorschlag könnte folgendermaßen lauten: *Gegenwärtig ist es zweifelhaft (aber nicht ausgeschlossen), ob die Treibhausproblematik dann, wenn man sie im internationalen Kontext betrachtet, allein mit technischen Mitteln lösbar ist. Angesichts dieser Unsicherheit ist es falsch, auf Einsparpotentiale, die in Verhaltensänderungen beschlossen liegen, a limine zu verzichten.* Diese Überzeugung geht von der Annahme aus, daß beim Vorliegen wissenschaftlicher Ungewißheit eine eher vorsichtigere bzw. risikoaverse Handlungsstrategie vorzuziehen sei (‚precautionary principle'). Die ethische Position, die hinter dieser Annahme steht, kann man als ‚gemäßigten Tutiorismus' bezeichnen. *Aus dieser Position läßt sich ein weiteres Kriterium entwickeln* (s. u.).

---

[1] Ich habe ‚Überzeugung' in Anführungszeichen gesetzt, weil es sich eher um einen möglichen Umgang mit Unsicherheit, nicht um eine Überzeugung wie ‚Die Erde ist rund und dreht sich um die Sonne' handelt.

## e. Relationierung (Kombinatorik) von Leitbildern

Es trifft zu, daß Leitbilder fließend ineinander übergehen (Schade/Weimer 1995, S. 14), so daß die Festlegung auf drei Leitbilder eine unvermeidliche Stilisierung darstellt. ‚A' und ‚D' decken insofern eine ‚Spannbreite' (Schade/Weimer-Jehle 1996, S. 148) realistischer Entwicklungsmöglichkeiten ab. Sie markieren gleichsam ein Intervall, in dessen Inneren verschiedene Punkte ‚besetzt' werden können. Die Diskussion ergab, daß man Leitbilder als Idealtypen interpretieren sollte. Idealtypen sind künstlich ‚geballte' Verdichtungen aus komplexen sozialen Milieus und Bewegungen.[1] Schade/Weimer-Jehle (1996, S. 42) ordnen den Leitbildern bestimmte Einstellungen zu einzelnen Energieerzeugungsarten zu. Diese Zuordnungen sind nicht logisch zwingend, sondern bilden ein Stück bundesdeutscher Mentalitätsgeschichte ab. Schade/Weimer-Jehle betonen (1996, S. 147), daß die gesteckten Ziele auch durch andere Kombinationen von Verzichtleistungen und Effizienzsteigerungen erreichbar sind. Schade/Weimer-Jehle (1996, S. 195-199) führen zwei interessante Szenario-Varianten B* und D* ein. B* kommt ohne Zubau neuer AKWs aus, da stärker auf Gas zurückgegriffen wird. D* erreicht mit weniger Verzichtsleistungen die angestebten Ziele zur Reduktion von $CO_2$-Emissionen.[2] Angesichts des Konsenses, ‚B', ‚C' und ‚D' als Idealtypen zu verstehen, zählt es zu den Aufgaben eines Diskurses, neue Kombinationsmöglichkeiten von ‚D'- und ‚B'-Elementen zu diskutieren. Zu den grundlegenden Postulaten von TA gehört die Forderung, Alternativen, Varianten, funktionelle Äquivalente usw. zu denken. Diskursen wohnt ein innovatives Moment inne, das über vorhandene politische Frontstellungen hinausweist. Hubig spricht vom Diskurs als von einem ‚Kreativitätskatalysator' (1993, S. 128). Dies trifft zu (oder sollte zumindest zutreffen); ich möchte aber die Kreativitätsfunktion und die Konsensausrichtung von Diskursen anders relationieren als Hubig dies tut. Hubig scheint einen Gegensatz (Verunsicherung statt Konsens) anzunehmen, während ich denke, daß durch neue (und prima facie ungewöhnliche) Kombinationen die Aussicht auf Konsens gefördert werden kann. Wichtig ist mir, daß die Relation von Kreativitätsfunktion und Konsensausrichtung eines Diskurses in bezug auf die Szenarien von praktischer Relevanz ist.

---

[1] Dem Leitbild ‚D' läßt sich beispielsweise die im Oktober 1995 vorgestellte Studie ‚Zukunftsfähiges Deutschland' (1995) sowie deren Auftraggeber zuordnen.

[2] Zur Bedeutung der Szenario-Varianten vgl. Schade/Weimer-Jehle (1996), S. 148f.

Wer, so das paradigmatische Beispiel dieser Zuordnungen von Leitbildern und Energiearten, für ‚D' optiert, ist deshalb auch ein Kernkraftgegner. Aber dies folgt höchstens mentalitätshistorisch, nicht aber logisch, weshalb ich oben sagen konnte, daß es widerspruchsfrei möglich ist, ‚D' zu favorisieren und gleichwohl für das Offenhalten der Option auf eine neue Generation inhärent sicherer Reaktoren (etwa als Fortsetzung der HTR–Linie) zu argumentieren. Es könnte ja sein, daß trotz allen Sparens und trotz allen Einsatzes regenerativer Energieträger die langfristigen Ziele der $CO_2$–Minimierung (-60–80% bis 2050) nicht erreicht werden können. Deshalb könnte es auch für einen Anhänger von ‚D', der gewiß kein Kernenergie–Enthusiast zu sein braucht, moralisch erlaubt (vielleicht sogar geboten) sein, ggf. auf diese Option zurückzugreifen (s. o.).

Hier geht es mir nur darum, die Möglichkeit festzuhalten, dem Leitbild ‚D' zu folgen und gleichwohl Elemente aus ‚B' in ‚D' einzubauen. Diese Elemente haben dann innerhalb des Gesamtkontextes von ‚D' einen anderen Stellenwert als in ‚B'. Man akzeptiert ‚B'–Elemente in ‚D' aus ‚D'–Gründen, nicht aus ‚B'–Gründen. Natürlich ist auch das Umgekehrte, nämlich die Integration von ‚D'–Elementen in ‚B' möglich. Wer B favorisiert, wird sich nicht gegen Möglichkeiten sperren, etwa Personen- durch Informationstransport zu substituieren oder regenerative Energieträger stärker als bisher zu fördern. Der Dissens dreht sich eher darum, ‚wieviel das maximal bringt' und dies ist eine empirische Frage. Zudem gibt es zwischen ‚B' und ‚D' eine nicht–leere Schnittmenge von gemeinsamen Maßnahmen (Wärmedämmung im Gebäudebereich etc.). Andere Maßnahmen sind zwischen ‚B' und ‚D' strittig. Soll man Ressourcen in Verkehrsleitsysteme investieren, um den MIV ‚flüssig' zu halten,[1] oder wäre das Geld nicht sinnvoller in der Erforschung regenerativer Energieträger angelegt? Wie auch immer, sowohl ‚D' als auch ‚B' müssen als ‚kombinations–offen' verstanden werden.[2]

## f. Begriff des Verzichte(n)s

Während des Diskurses wurde häufig über den *Begriff des Verzichte(n)s* diskutiert. Dieser Begriff des Verzichts bzw. der Verzichtsleistung taucht

[1]Das Leitbild vom ‚fließenden Verkehr' ist auch ein Stück Mentalitätsgeschichte.

[2]In den Bürgerforen wurden die Energieszenarien variiert und rekombiniert. Laut Hörning (In: Wienhöfer (Hrsg.) (1996), S. 98) gelang es einer Gruppe, die $CO_2$–Minderung bei einer Beibehaltung des heutigen Anteils des Kohlestroms zu realisieren.

bei Schade/Weimer–Jehle (1996) mehrfach auf. In ‚B' muß niemand aus moralischen Gründen auf etwas verzichten, während ‚D' derartige Verzichte fordert. Dies mögen viele als Vorteil von ‚B' empfinden. Wer Verzicht predigt, so eine verbreitetete Ansicht, der hat einen schweren Stand, weil verzichten schwerfällt.[1] Allerdings werden auch in ‚B' Menschen auf allerlei verzichten müssen. Die Knappheit begehrter Güter wird auch in ‚B' nicht zu beseitigen sein. Gewiß hat auch das ‚freie Spiel der Marktkräfte' zur Folge, daß manche Personen auf vielerlei verzichten müssen. Würde sich in ‚D' stärker um die Herstellung distributiver Gerechtigkeit bemüht als in ‚B', könnten ökologisch begründete Verzichtszumutungen in ‚D' kompensiert werden. Aber auf unterschiedliche Möglichkeiten, distributive Gerechtigkeit in ‚B' oder ‚D' herzustellen, will ich hier nicht eingehen, sondern kann sie nur erwähnen.

Nun ist der Begriff des Verzichte(n)s hintergründig: ‚Je näher man ein Wort betrachtet, desto ferner blickt es zurück' (Karl Kraus). Auf die Etymologie des Wortes ‚verzichten' gehe ich ebensowenig ein wie auf Verwandtschaften mit ‚sich enthalten sollen', ‚ein Opfer bringen' oder ‚entbehren müssen'. ‚Verzichten' ist keines der klassischen performativen Verben (im Sinne Searles und Austins). Aber man kann es deklarativ verwenden: ‚Hiermit verzichte ich auf Wiedergutmachung'. Das ‚auf–etwas–verzichten–müssen' *(VM)* und das ‚auf–etwas–verzichten–können' *(VK)* bedeuten zweierlei. VM ist immer von einem Unwillen oder einem Bedauern begleitet, VK von Selbstbewußtsein und Souveränität. Man steht bei VK über dem, worauf man verzichten kann. (Man verzichtet ‚leichten Herzens'.) Manches, was zunächst als Verzicht (VM) erscheint, kann sich als Zugewinn von etwas anderem (Anerkennung, persönliche Reife, Gesundheit, Unabhängigkeit, Integrität) herausstellen. Die Frage ist, ob sich VK überhaupt auf einen ‚echten' Verzicht bezieht. VK meint im Grund ‚etwas nicht brauchen', ‚nicht angewiesen sein auf etwas'. VK bedeutet insofern keinen ‚echten' Verzicht. Deshalb ist nicht alles, was für B einen ‚echten' Verzicht darstellt, für D notwendigerweise ebenfalls ein solcher. D wird postmaterielle Gegenrechnungen anstellen.

Der Unterschied zwischen VK und VM wird deutlicher, wenn man die Negation von VK betrachtet: ‚auf–etwas–(x)–nicht–verzichten–können' ($\neg$ VK). Die Behauptung $\neg(VK_x)$ ist eine Art des Anspruchserhebens, da

[1] Dies mag hintergründig mit der generellen Aversionen gegen moralinsaure, manchmal noch theologisch fundierte Enthaltsamkeitsforderungen aller, besonders sexueller Art zusammenhängen.

man ein Angewiesen–Sein geltend macht. Das, worauf man nicht verzichten kann, erhebt man in den Rang eines notwendigen Gutes. Dies hat zur Konsequenz, daß man Luxusbedürfnisse kaum mit ¬ VK verknüpfen kann.[1] Wer nicht auf x verzichten kann, wenngleich x ihm schadet, den bezeichnen wir als süchtig. Der Satz: ‚Ich kann nicht auf Heroin verzichten' wird anders interpretiert als: ‚Ich kann beruflich nicht auf das Auto verzichten.'

Die Kernbedeutung von ‚verzichten' scheint VM zu sein. Wenn P x haben oder tun möchte, ist es für P nicht wünschenswert, auf x zu verzichten. Man kann schlecht sagen: ‚Ich will x, aber es ist mir lieber, auf x zu verzichten.' Diese Kernbedeutung sagt aber noch nichts über die Intensität von VM, also nichts darüber, mit welcher Intensität ein VM als Gefühl der Unlust erlebt wird. Es fehlt noch der subjektive Index, der ausdrückt, wie schwer mir ein Verzicht worauf fällt. (Ähnliche Probleme sind innerhalb der utilitaristischen Ethik in bezug auf Nutzensummenmessungen bekannt.) Man kann sich das VM auch als ein Intervall vorstellen, das von VK und ¬ VK eingerahmt ist. Jeder kann nun einen beliebigen Verzicht (VM) auf einen beliebigen Punkt dieses Intervalls eintragen. Je größer die Unlustintensität ist, umso näher wird ein Eintrag bei ¬ VK liegen. Bei diesen Eintragungen werden sich B und D erheblich unterscheiden.

VK ———————————— ¬ VK

Aber die Struktur von Verzichts–Äußerungen ist noch komplexer, als es dieses Intervall wiedergibt. Sie lautet: Jemand verzichtet (entweder im Sinne von VM oder VK) auf x um y willen. Das y steht für das Wofür des Verzichts. Verzicht ‚um y willen' ist in vielen Fällen vernünftig. Ich verzichte auf den Sportwagen, um meinen Kindern ein Studium zu ermöglichen u. dergl. Aber dies kann ich aus prudentiellen und aus moralischen Gründen tun. Ist y ein persönlicher Grund (meine Karriere, meine Gesundheit, meine Rente, mein guter Ruf usw.), so bewegt man sich auf der horizontalen Ebene des Intervalls. In der Struktur muß y ein gleichwertiges oder höheres Gut als x sein ($y \geq x$), wenngleich es sich nicht um ein gleichartiges Gut handeln muß. Bei ¬ VK kann es im Grunde kein y geben, um dessentwillen man auf x verzichten kann. Wer sagt, er könne

[1] Redeweisen wie, man könne nicht auf einen Nerzmantel verzichten, sind irgendwie schief. Ist der PKW eine ‚Lebensnotwendigkeit', wie dies eine Automobilzeitschrift anläßlich der IAA Prominente sagen ließ?

auf x nicht verzichten, es sei denn, um y willen, der negiert den Negator von ¬ VK — und dies ist widersprüchlich. Wenn man annimmt, daß es (fast) immer ein Gut y gibt, um dessenwillen man auf x zu verzichten bereit wäre, so impliziert dies, daß das VM zwar unterschiedlich schwer fällt (was keiner bestreitet), daß aber ¬ VK strenggenommen meist nur eine Redensart ist. Nicht verzichten kann man nur auf Mittel zur Befriedigung basaler Bedürfnisse. Aber darum geht es hier nicht.

Kommen x und y mir zugute, wenngleich auf je andere Art, so ist das Verzichten etwas durchaus Normales. Wiederum aber fragt sich, ob es sich hierbei um einen ‚echten' Verzicht handelt oder nur um einen Wahlentscheid. Verzichte ich stricto sensu auf die Karriere um der Kinder willen, wenn ich mich für die Kinder entscheide? Verzichtet der überzeugte Vegetarier auf Fleisch? Wenn ich Geld spende, so verzichte ich für andere auf den Genuß der Güter, die ich für die gespendete Summe hätte erwerben können. Aber handelt es sich um einen echten Verzicht, wenn ich freiwillig spende? Wenn ich mich bei 17°C Raumtemperatur am wohlsten fühle (was der Fall ist), so verzichte ich nicht auf eine mögliche Erhöhung der Temperatur.

Enthält das ‚um y willen' eine moralische Komponente, die sich nicht auf Klugheitserwägungen rückführen läßt, so erscheint das ‚um etwas willen (y) auf etwas (x) verzichten sollen' *(VS)*. Legt man einen kantischen Begriff von Autonomie zugrunde, sind VS und VM keineswegs identisch. Bei VS kommt y nicht nur mir selbst, sondern immer auch, vielleicht sogar in erster Linie, anderen zugute. VS hat insofern immer etwas mit Altruismus bzw. der Berücksichtigung der für legitim erachteten Interessen und Ansprüchen anderer zu tun. Man berücksichtigt die Interessen, Rechte und Bedürfnisse usw. anderer Personen, indem bzw. dadurch daß man auf etwas verzichtet. Diese Doppelstruktur aus Berücksichtigen und Verzichten–Sollen ist mit moralischer Autonomie durchaus vereinbar. Die Negation von VS hingegen ergibt eine Erlaubnis: $\neg$ **VS (x)** $\longrightarrow$ **P (x)**, wobei das Zeichen ‚P' (‚permitted') hier für den deontischen Operator ‚ist erlaubt' steht. Wer auf x nicht verzichten soll, der darf x haben oder tun. Moralischer Verzicht (VS) kann entweder geboten oder supererogatorisch bzw. übergebührlich sein.

Verzicht als solcher, d. h. ohne ein ‚um y willen' (‚für nichts') ist irrational und dies gilt für VS und VM gleichermaßen. Deshalb ist die Frage immer legitim, warum ich auf etwas verzichten soll. Ein Moralisieren, das VS fordert, ohne daß klar wird, warum man soll bzw. nicht darf, hat mit Ethik nichts zu tun. Auf manches soll man aber verzichten (auf Rache). Die Verzichts–Relation wird durch das VS dreistellig und durch den Erlaubnisoperator (P) vierstellig. Es handelt sich also um eine sog. Quadrupel–Relation mit zusätzlichen Komplikationen (y–Komponente).

VS (x)

VK (x) —|— ¬ VK (x)

VM (x)

Dies ergibt eine ganze Reihe möglicher Kombinationen. Wenn nun eine Verzichtsleistung in der Nähe von ¬ VK liegt, so müssen die Gründe, die zugunsten von VS sprechen, schwerwiegender sein (aufgrund des möglichen ‚ultra posse nemo obligatur'), als wenn die Verzichtsleistung in der Nähe VK liegt. Ich setze ethisch nur das ‚Du sollst, denn du kannst !' (Kant) und nicht das härtere ‚Du kannst, denn du sollst!' (Fichte) voraus. Sollen setzt Können voraus.

Im Anschluß an diese Analyse müßten die Anhänger von ‚B' und ‚D' sukzessive ihre Eintragungen vornehmen. Dies fällt nicht in den Aufgabenbereich des Ethikers, sondern ist Thema des anstehenden Diskurses mit der Öffentlichkeit. Das Schema des Ethikers kann hierbei (vielleicht) nützlich sein.

Als wie schwerwiegend die Verzichtsleistungen empfunden werden, die ‚D' abverlangt, hängt von jeweiligen Einstellungen ab. Insgesamt überwogen im Diskurs die Einschätzungen, die ‚D' als ‚wenig dramatisch' und ‚moderat' einstuften. Im Grunde muß in ‚D' nur auf weitere Zuwachsraten von Energiedienstleistungen verzichtet werden. Kann man aber, wenn man vom Niveau des Jahres 1990 ausgeht, gegenüber einem VS auf weitere Zuwächse geltend machen, dies sei unzumutbar? Szenario–Variante D* ist noch harmloser. Verzichtet werden muß in ‚D' und D* nur auf immer mehr vom Gleichen. ‚B'–Anhänger müssen nun behaupten, daß das, was ihnen in ‚D' tatsächlich zugemutet wird, teilweise oder größtenteils in der Nähe von ¬ VK liegt und infolgedessen derart unzumutbar ist, daß auch moralische Gründe zu derartigem Verzicht nicht verpflichten können (‚ultra–posse'–Argumente). Natürlich dürfen sie die Verzichtsleistungen, die ‚D' abverlangt, nicht übertreiben oder aufbauschen, nur um ein ‚ultra–posse'–Argument vorbringen zu können. Man darf also nicht sagen, im

Extremfall (‚D'?) ‚drohe der Verzicht auf Einfamilienhaus, Ferienflüge und Auto' (zitiert aus dem Artikel über die Szenarien in: ‚Strom zuhaus', Energieversorgung Schwaben, Nr. 6, 1995). Es ist auch nicht fair, an Ängste zu appellieren, indem man suggeriert, in ‚D' würden die älteren Einfamilienhäuser abgerissen — womöglich gar zwangsweise.

Kann man die Verzichts–Relationierung verstehen und gleichwohl jedwede ‚B'–Konsumgewohnheit in die Nähe von ¬ VK plazieren?[1] Was ist nun, wenn B coram publico sagt, er könne auf einen großen Wagen und viele Flugreisen nicht verzichten, wie es ihm in ‚D' abverlangt wird? Kann man bei gegebenem Wohlstandsniveau einen Verzicht auf Zuwachsraten in die Nähe von ¬ VK plazieren? Kann man sagen, man könne nicht auf die Erfüllung stetig steigender Ansprüche verzichten? Auf diese Fragen muß B eine Antwort finden, da etwa in ‚C' nur eine Stagnation von Ansprüchen gefordert wird. B darf jedenfalls nicht mehr (kulturkritisch) gegen die ‚Anspruchsinflation' u. dergl. argumentieren, da er sie billigt und in seiner Option für ‚B' voraussetzt.

Was aber ist, wenn D–Anhänger ‚D'–Maßnahmen als massives VM empfinden. Dies ist weder logisch ausgeschlossen noch unwahrscheinlich. Die Zuerkennung eines Vorranges für ‚D' impliziert keine (momentane) Präferenz für alle Maßnahmen, die zu ‚D' führen. Es ist möglich, daß man ‚eigentlich' ökologisch denkt, aber auf seine Kurzurlaube, auf Motorrad oder Motorboot nicht verzichten will. Der Option für ‚D' (im Sinne eines Vorrangs) können Vorlieben für das energieintensive Eigenheim entsprechen usw. Es ist statistisch erwiesen, daß Personen, die sich selbst als ‚D'–nah deklarieren, durch ihr Wohn-, Urlaubs– und Freizeitverhalten (Flugreisen) oftmals eine ungünstigere persönliche ‚Energiebilanz' haben als ‚konservative' ‚A'–Anhänger. Insofern werden durch ‚D'–Szenarien die ‚D'–Gesinnungen auf die Probe gestellt.

Was ist nun, wenn ‚D'–Anhänger ‚B'–Anhängern einen Verzicht auferlegen müssen bzw. dazu genötigt sind, wenn sie ‚D' erreichen wollen. Es verhält sich hier ähnlich, wie wenn jemand einen anderen einem Risiko aussetzt. Bei Risiko– wie bei Verzichtszumutungen gilt das Prinzip der Zustimmungsfähigkeit. B muß dem ‚VS um y willen' im Diskurs zustimmen können. Es darf nicht der Fall sein, daß ein Verzicht im Sinne von VS für B ein heteronom auferlegtes VM darstellt, dessen Gründe ihm

[1]Natürlich ist dies logisch möglich. Wer dies aber tut, dem muß zumindest auffällig werden, wie unfrei bzw. wie abhängig er ist.

nicht einleuchten. Letztlich muß D mit moralischen Gründen B davon überzeugen, daß es sich bei ‚D'-Maßnahmen um begründ- und zumutbare Verzichtsleistungen handelt. D unterstellt insofern die Moralität von *B*, wenn er glaubt, B's Zustimmung zu einem moralisch begründeten und zumutbaren VS erlangen zu können. Die Zumutbarkeit aller ‚D'-Maßnahmen scheint m. E. gegeben. Aber dies ist eine Einschätzung, die man etwa im Rahmen von Bürgerforen zurückweisen kann.

## g. Das Problem des Vorrangs moralischer Gründe

Für ‚D'-Anhänger sind gemäß ihres Leitbildes zukünftige Generationen, Menschen im Trikont (sog. ‚3. Welt') und Naturwesen moralisch stärker zu berücksichtigen als für ‚B'-Anhänger. Moralische Gründe haben für ‚D'-Anhänger mithin ein höheres Gewicht als für ‚B'-Anhänger. Für ‚D'-Anhänger spielen moralische Gründe eine zentrale Rolle bei der Transformation von ‚lieber'-Relationen in ‚besser'-Relationen. ‚D'-Anhänger sind insofern (strukturell) Kantianer, selbst wenn sie (positionell) Ökozentriker sein mögen. Der strukturelle Kantianismus besagt, daß in Konflikten zwischen Pflicht und Neigung moralische Gründe vorrangig sind. D-Anhänger sind überzeugt davon, daß der Option für ‚D' aufgrund moralischer Gründe der Vorrang zukommt. Was aber, wenn für B moralische Gründe nicht viel bedeuten? Es scheint, als geriete man bei jedem Versuch, ‚B'-Anhängern eine solche Gewichtung aufzunötigen, in einen Zirkel hinein.

Mit moralischen Urteilen erhebt man andersartige Ansprüche als mit Werturteilen über Präferenzen. Der Satz: ‚Wir sind moralisch verpflichtet, x zu tun' folgt einer anderen Logik als der Satz: ‚Ich mag p lieber als q'. Zum Beispiel: ‚Man soll allen Personen mit gleicher Achtung begegnen' ist anders als ‚Ich mag Peter lieber als Paul.' Gleiches gilt für: ‚Wir sollten ein Tempolimit einführen!' gegenüber: ‚Ich mag Volvo lieber als Opel'. Denn hinsichtlich des jeweils letzteren Satzes kann eine andere Person erwidern: ‚Ich aber mag q lieber als p', ohne daß es dabei zu einem ernsthaften Dissens kommen müßte. Wird aber der erste Satz negiert, so ist immer ein Konflikt gegeben. Die Nein-Stellungnahme zu Soll-Sätzen hat insofern andere Konsequenzen als die Nein-Stellungnahme zu Mögen-Sätzen. Gut, aber dies begründet nicht die Bedeutsamkeit moralischer Gründe. Zwischen moralischen Gründen und der ‚besser'-Relation besteht eine genaue Beziehung. Wenn aufgrund moralischer Gründe eine Pflicht besteht, x zu tun oder zu lassen, und wenn angesichts einer vollständigen Alternative zwischen A und B nur A erlaubt, dieser Pflicht zu genügen, dann ist die Wahl von A ‚besser' (!) im Sinne der ‚besser'–Relation (Vorrang) genau dann, wenn moralische Gründe (und die aus ihnen erwachsenden Pflichten) Vorrang gegenüber sonstigen Faktoren verdienen.

Die Frage bleibt, wie sich B–Anhänger zu den moralischen D–Gründen (Rücksicht auf künftige Generationen, auf Menschen des Trikont, auf Naturwesen) verhalten sollen bzw. müssen. Haben ‚D'–Anhänger nur eine, ihrerseits kontingente, Präferenz für moralische Gründe, die ‚B'–Anhänger nicht zu teilen brauchen, oder verpflichten moralische Gründe aufgrund bestimmter Eigenschaften, die ihnen innewohnen oder zukommen, auch B–Anhänger? Oder aber impliziert der Wertpluralismus eine Relativität auch der Bedeutung, die man moralischen Gründen im Verhältnis zu anderen Gründen beimessen soll?[1] Die Ansicht, gute moralische Gründe seien vorrangig, wird als eine ‚deformation professionelle' von Ethikern hinterfragt; denn außer Moralphilosophen glaube, so sagen die Skeptiker, ja fast niemand, daß moralische Gründe unbedingten Vorrang vor außermoralischen Gründen hätten.

‚B'–Anhänger müssen zu den moralischen ‚D'–Gründen Stellung nehmen.[2] Dies gilt unter folgender Bedingung. Sofern ‚B'–Anhänger das im Wertpluralismus angelegte, durch ihn selbst aber unlösbare Problem der rationalen Wahl zwischen ‚B' und ‚D' erkennen (und sich nicht nur strategisch um die Durchsetzung ihres Leitbildes bekümmern), und wenn sie selbst nach Kriterien bezüglich einer solchen Wahl fragen, dann bemessen sie selbst implizit moralischen Gründen eine hohe Bedeutung bei, da, wie zu zeigen ist, alle Kriterien, die überhaupt relevant für eine solche Wahl sein können, eo ipso einen moralischen Gehalt haben müssen (s. V.). Es ist aufgrund des Begriffs des Kriteriums inkonsistent, nach geeigneten Kriterien bezüglich einer solchen Wahl zu fragen und zugleich moralischen Gründen einen geringen Stellenwert beizumessen.

## h. Die ‚Blockade'–These und ein (möglicher) Ausweg

Schade/Weimer–Jehle sprechen (1996, S. 43) ein Problem an, das sogar zur *‚Grundthese des Projektes'* erklärt wird. Realpolitisch betrachtet,

[1] Im Rahmen eines ungeklärten Abwägungsmodells ist diese Frage unentscheidbar; im Rahmen einer rationalen Wahl kann man sie immerhin aufwerfen.

[2] Zur Differenz von Kenntnis– und Stellungnahme vgl. Korff (1973).

blockieren sich die Leitbilder ‚B' und ‚D' bzw. deren Anhängerschaft gegenseitig, wodurch sich ein Energiesystem einstellt, das cum grano salis ‚A' entspricht. Weil weder B noch D über ausreichende Unterstützung in der Gesellschaft verfügen, bleibt alles beim alten. Der Wille zur Veränderung ist in sich gespalten, und daher setzt sich der Trend, d. h. ‚A', naturwüchsig durch. Hinter dieser ‚Grundthese' steht eine Einschätzung der energiepolitischen Situation, der man sich anschließen kann. Klar ist aufgrund der Prämissen des Gesamtprojekts ‚Energie und Ethik', daß weder B noch D ein Interesse an ‚A' haben können. Aber diese Einsicht allein hilft ihnen nicht aus ihrer gegenseitigen Blockade heraus. B und D wissen nun, wie wir annehmen wollen, um diese (verfahrene) Situation. Sie haben beide ein Interesse daran, diese Blockade aufzuheben. Sie wollen dabei nicht zu moralisch illegitimen Mitteln greifen. Welche Wahl hinsichtlich eines Vorrangs können sie, logisch betrachtet, nun treffen, und welche Wahl werden sie, psychologisch betrachtet, wahrscheinlich treffen?

Es ist zunächst nicht klar, ob einem B–Anhänger ‚A', ‚C' oder ‚D' lieber wäre, wenn er sein primäres Ziel, nämlich ‚B', nicht erreichen kann: Wenn ¬ ‚B', dann bestehen für B auf der Ebene seiner Vorlieben folgende Optionen: 1) ‚A' > ‚D' & ‚A' > ‚C', 2) ‚C' > ‚D' & ‚C' > ‚A', 3) ‚D' > ‚A' & ‚D > ‚C'. Diese Optionen kann man nun anhand des Transitivitätskriteriums betrachten; etwa wenn: ‚A' > ‚D' & ‚C' > ‚A' ⟶ ‚C' > ‚D'. Man kann natürlich für ‚B'–Anhänger die Präferenz für das Trendszenario ‚A' a limine ausschließen. Aber warum sollte ein ‚B'–Anhänger nicht sagen dürfen: ‚Wenn ich ‚B' nicht haben kann, dann bin ich dafür, daß alles so weiterläuft wie bisher.' Da ein ‚B'–Anhänger auf nichts verzichten möchte, dürfte er, sozialpsychologisch betrachtet, eher ‚A' zuneigen als ‚D'. Dies ist natürlich nur eine Vermutung. Diese Vermutung läßt sich aber dadurch stützen, daß die jeweils obersten Annahmen von ‚A' und ‚B' in bezug auf die Bereiche Verhalten, Konsum, Wirtschaft und Staat bei Schade/Weimer–Jehle (1996, S. 38f. und 44) im Wortlaut identisch sind. Also gilt für B–Anhänger vermutlich: Wenn ¬ ‚B', dann ‚A' > ‚D'. Damit ist ‚C' aber noch nicht ausgeschlossen. Sozialpsychologisch betrachtet, können ‚B'–Anhänger mit ‚A' leben, sollten aber auch mit ‚C' leben können.[1]

Nun ist ‚A' aus moralischen und politischen Gründen unakzeptabel. Sofern der GWB in seiner Präambel ebenfalls auf Pflichten in bezug auf

[1] Gegenüber ‚C' kann B kaum ‚ultra–posse'–Argumente vorbringen.

die Vermeidung eines Klimawandels rekurriert, und sofern die Präambel des GWB konsentiertes Ergebnis einer Etappe des Diskurses ‚Energie und Ethik' ist, und sofern die Präferenzoption ‚A' > ‚D' & ‚A' > ‚C' weder mit der politischen Vorgabe (-25% $CO_2$) noch mit der GWB-Präambel vereinbar ist, ist diese Option für B ausgeschlossen. Er darf also nicht, wenn ‚B' unerreichbar ist, von ‚B' zu ‚A' als der zweitliebsten Option übergehen. Für alle ‚B'-Anhänger gilt, daß es für sie verboten ist, ‚A' gegenüber ‚C' zu favorisieren, wenn die Option ‚B' aufgrund welcher Gründe immer nicht zu realisieren ist. Sie können im Diskurs keinen Vorrang für ‚A' behaupten, wenngleich sie eine geheime Vorliebe für ‚A' haben mögen.

Ein ‚B'-Anhänger dürfte, wenn nun ‚A' und ‚B' ausgeschlossen sind, eher für ‚C' als für ‚D' optieren. Dies ist eine psychologische, keine logische Annahme. Logisch betrachtet, könnte ein ‚B'-Anhänger auch ‚D' als zweitbeste Option wählen, aber wir gehen davon nicht aus. Wenn also ¬ ‚A' & ¬ ‚B', dann gilt für einen ‚B'-Anhänger wahrscheinlich: ‚C' > ‚D'. Ähnliches gilt, mutatis mutandis, für einen ‚D'-Anhänger. Für ihn kommen weder ‚A' noch ‚B' in Frage. Wenn ein ‚D'-Anhänger ‚D' nicht haben kann, dann wird er im Unterschied zu einem ‚B'-Anhänger wohl kaum der Option ‚A' zuneigen. Wenn ¬ ‚A' & ¬ ‚D', dann gilt für einen ‚D'-Anhänger höchstwahrscheinlich: ‚C' > ‚B'. Die zweitbeste Lösung für D ist also ‚C'.

*Diese Analyse zeigt, daß es angesichts der bestehenden Blockade, im Wissen um diese und angesichts der ausgeschlossenen Optionen sowohl für ‚B'- als auch ‚D'-Anhänger vernünftig wäre, zunächst und unverzüglich die Verwirklichung von ‚C' in Angriff zu nehmen.* ‚B'- und ‚D'-Anhänger könnten zum Kompromiß kommen, zunächst einmal (bei Vertagung ihres verbleibenden Dissenses) Szenario ‚C' zu verfolgen. Diese Einigung ist für die Anhänger von ‚C' natürlich höchst erfreulich. Wir brauchen deshalb hier nicht zu überlegen, ob ein ‚C'-Anhänger eher ‚B' oder ‚D' präferieren würde, wenn ‚A' und ‚C' ausgeschlossen sind. Wahrscheinlich würden sich ‚C'-Anhänger in ‚B'-Anhänger und ‚D'-Anhänger spalten, wenn ‚A' und ‚C' ausgeschlossen sind, wobei über das numerische Verhältnis dieser Spaltung hier nicht spekuliert werden soll. Also ergibt sich folgendes: Obwohl nur ‚B' und ‚D' langfristig konsistent sind (s.u.), ist ‚C' kurzfristig die vernünftigste Option für alle Beteiligten.

Außerdem läßt sich ‚C' am leichtesten aus dem Status quo entwickeln. ‚C' enthält zudem alle die technischen und politischen Maßnahmen, die nicht exklusiv für ‚B' oder ‚D' sind und auf deren Durchführung sich

Anhänger von ‚B' und ‚D' daher zwanglos einigen können sollten (Schade/Weimer–Jehle 1996, S. 153–154). Hinsichtlich der Maßnahmen im Gebäudebereich und der Maßnahmen zur Verbesserung der Energieeffizienz besteht ja kein ernsthafter Dissens. Die ‚C'–Maßnahmen können als ‚insgesamt moderat' bewertet werden. Es werden also niemandem unzumutbare Verzichtsleistungen auferlegt, da ‚C' nur einen Verzicht in bezug auf angenommene Zuwachsraten bedeutet. Gegen keine ‚C'–Maßnahme läßt sich von ‚B'–Anhängern ein ‚ultra–posse–nemo–obligatur'–Argument ins Feld führen. Auch hat ‚C' in Verbindung mit der Kombinationsmöglichkeit (s. o.) den Vorteil, daß keine soziale Gruppe auf die Verliererstraße gerät. Das halbherzig anmutende Szenario ‚C' ist also wichtiger, als man denken mag. Um zu zeigen, daß kurzfristig die Orientierung an ‚C' die beste Lösung ist, braucht man also kein genuin ethisches Argument und kein normatives Kriterium einzuführen. Es folgt allein aus einer naheliegenden Interpretation vorhandener Präferenzrelationen in Verbindung mit der ‚Blockade'–These. Aus ähnlichen Überlegungen ergibt sich auch bei Schade/Weimer–Jehle (1996, S. 168) die Empfehlung, die Maßnahmen zu realisieren, die von B, C und D übereinstimmend als richtig eingeschätzt werden. Allerdings reichen diese Maßnahmen nicht aus, um die angestrebten Reduktionsziele zu erreichen.

Nun ist ‚C' nur mittelfristig eine konsistente Option; spätestens anno 2010ff muß man sich entscheiden, ob man in Richtung ‚B' oder aber ‚D' einschwenkt. Die kurzfristige Stärke und die langfristige Schwäche von ‚C' sind zwei Seiten einer Medaille. Das eigentliche Problem ist also nur vertagt, nicht entschieden worden. Nun könnte man sagen, daß durch diese Vertagung unsere Aufgabe gelöst ist, und es zu einer Angelegenheit der nächsten Generation wird, sich zwischen B und D zu entscheiden. Aber dies ist angesichts der bestehenden Zeithorizonte für technische Innovationen, legislative Maßnahmen, Transformation komplexer Infrastrukturen, Gewöhnung an Verhaltensänderung usw. zu abstrakt gedacht.

Wir wissen bereits heute, daß wir in der Phase, in der wir ‚C' realisieren, Vorentscheidungen treffen hinsichtlich der Wahl zwischen ‚B' und ‚D'. Wir müssen heute schon ‚C' mit einem Index versehen, der entweder $C^{*D}$ oder $C^{*B}$ sein kann. (Das indexikalische Zeichen * steht für den komplexen Ausdruck: ‚Während der Realisation von ‚C' sich bereits an dem absehbar erforderlich werdenden Einschwenken in Richtung auf ‚B' oder auf ‚D' orientieren.') Dabei bleibt natürlich die Möglichkeit der Kombinatorik bestehen, ‚B'–Elemente in ‚D' und umgekehrt mitaufzunehmen. Die langfristige Alternative lautet, wenn man sie als Frage nach dem Vorrang faßt, folgendermaßen: **!** $C^{*D} \vee$ **!** $C^{*B}$

Je nachdem, wie die Wahl ausfällt, landet man, sofern der Kurs beibehalten wird, in einem bestimmten Zeitraum $\Delta t$ entweder bei ‚B' oder aber bei ‚D'. Wir nehmen an, daß der einmal gewählte Kurs durchgehalten wird, daß also gilt: $C^{*B}$ **& Δt ⟶ ‚B'** sowie: $C^{*D}$ **& Δt ⟶ ‚D'.**

Die Jahrgänge bis 1980, die jetzt schon an einem Diskurs beteiligt werden können, werden noch um das Jahr 2050 existieren. Deren Kinder werden bis 2070 und darüber hinaus leben. Sie sind außerdem bereits direkt vom Klimawandel betroffen. Man könnte sagen, daß die Stimmen dieser Generation bei der Wahl zwischen $C^{*D}$ und $C^{*B}$ besonderes Gewicht haben sollen, da $\Delta t$ für diese Generation eine andere Bedeutung hat als für uns. ($\Delta t$ ist ihre Lebensmitte und unser Altern.) Hinzukommt, daß wir als ihre ErzieherInnen schon jetzt überlegen müssen, ob wir sie im Geist von ‚B' oder ‚D' erziehen wollen. Dies schließt das ethische Nachdenken über Kriterien nicht aus, sondern ein.

## V. Beiträge zu einer Kriteriologie

Nunmehr geht es um Kriterien, die als ‚Rechtfertigungsstrategien' (Hubig) auf die Wahl zwischen ‚B' und ‚D' bezogen werden können. Es ist wahrscheinlich, daß man sub specie der Ethik zu einer Menge von Kriterien gelangt, von der nur eine Teilmenge diskriminierend in bezug auf die Wahl zwischen $C^{*D}$ und $C^{*B}$ ist. Gleichsam ‚leerlaufende' Kriterien sind nicht auszuschließen; bei anderen Kriterien mag strittig bleiben, ob, und, wenn ja, inwiefern sie ‚greifen' oder nicht. Dies dürfte häufig von unterschiedlichen empirischen Einschätzungen abhängen.

### a. Begriff des Kriteriums

Die im Bereich der angewandten Ethik allenthalben gehörte Rede von Kriterien überdeckt, daß eine brauchbare Bestimmung des *Begriffs eines Kriteriums* zumeist unterlassen wird. Kriterien sind keine subjektiven Maximen. Ein Kriterium ist auch nicht direkt eine Norm, ein Wert oder eine Regel, obwohl es auf Normen rückverweist. Die Gültigkeit von Normen ist in Kriterien implizit vorausgesetzt. Kriterien sind als operationalisierte

Normen zu verstehen. Deshalb haben sie eine ethische und eine pragmatische Dimension. Die ethische Dimension bezieht sich auf dahinterstehende Normen (niemanden zu schädigen, keinen anderen grundlos einer Gefahr aussetzen, Normen der Verteilungsgerechtigkeit, etc.), während sich die pragmatische Dimension eines Kriteriums auf Anwendbarkeit (Diskriminierbarkeit, Operationalisierbarkeit, ‚Griffigkeit' etc.) bezieht. Wer ein Kriterium zurückweist, kann dies also entweder aus normativ–ethischen oder aus pragmatischen Gründen tun. Kriterien müssen zudem die Eigenschaft aufweisen, daß sie auf mehr als nur ein Problem der Entscheidungsfindung angewandt werden können. (Insofern ist die Metapher von Kriterien als ‚Meßlatten' durchaus erhellend.) Hinsichtlich ihrer normativen Dimension sind Kriterien Maßstäbe, hinsichtlich ihrer pragmatischen Dimension sind es Aspekte.

Ein ‚conditio–sine–qua–non'–Kriterium ist die Beachtung der Individualgrundrechte. Dies haben wir oben hinlänglich diskutiert. Ich bin bis zum Beweis des Gegenteils der Auffassung, daß dieses Kriterium nicht diskriminierend in bezug auf die Wahl zwischen ‚B' und ‚D' ist, da in ‚D' Individualgrundrechte nicht eingeschränkt werden. In der Auflistung der Maßnahmenbündel, die zur Verwirklichung von ‚D' erforderlich sein könnten (nicht müssen!), findet sich nur eine einzige Maßnahme, die als Eingriff in Rechte interpretiert werden kann: „Lenkungsmaßnahmen zur Begrenzung der Wohnflächen pro Kopf" (Schade/Weimer–Jehle 1996, S. 101).

## b. Nutzensummen–Kriterium

Dies Kriterium besagt, die Option zu wählen, die (aufgrund von Erwartungswerten) den höchsten Nutzen verspricht, wobei Nutzen gemäß der Theorie des klassischen Utilitarismus in mentalen Zuständen liegt (pleasure, happiness, Freude, Lust usw.), für den modernen Präferenzutilitarismus hingegen in der Befriedigung vorliegender Interessen, während für kollektive Entscheidungen oftmals die Verrechnungseinheit Geld gewählt wird. Will man dieses Kriterium vor den bekannten Einwänden gegen den Utilitarismus retten, so wird es gleichsam unter den Händen dessen, der es modifiziert, derartig kompliziert,[1] daß es in der pragmatischen Dimension kaum noch zu handhaben ist. Dieses Problem zieht

[1] Die Komplikationen des Utilitarismus als einer ethischen Theorie verlagern sich in die Anwendungsprobleme eines Nutzensummen–Kriteriums.

sich durch von Bentham bis hin zu Trapps ‚nicht–klassischem Gerechtigkeitsutilitarismus' (Trapp 1988). Auch lassen sich willkürliche Maßnahmen (Festlegungen) bei seiner Anwendung nicht vermeiden. Aus dem Gestrüpp der Unterkriterien:[1] utility maximization, utility optimization, utility compensation, value negotiation, value arbitration, revealed value preferences, expressed value preferences usw., dem Streit um Durchschnittsnutzen oder Nutzensumme sowie der verschiedenen Vorschlägen der Nutzensummenformel[2] kann man sich natürlich befreien, indem man man einen ‚benevolent dictator' einführt, der die Gewichtungen vornimmt und so die Nutzensumme bildet. Dieses Kriterium kann seine ethischen Mängel also nicht durch einfache Anwendbarkeit wettmachen — im Gegenteil. Es gibt keine kompliziertere ethische Theorie als den Utilitarismus. Dieser hat Begründungs–, Gerechtigkeits– und Anwendbarkeitsdefizite. Dieses Kriterium scheidet m. E. daher aus. Hinter dieser Ansicht steht natürlich eine äußerst skeptische Einschätzung hinsichtlich der Möglichkeit, eine haltbare utilitaristische Ethik zu begründen. Teilt man diese Skepsis nicht und versucht man, aufgrund utilitaristischer Kriterien die Wahl zu treffen, so wäre eine detaillierte Auseinandersetzung mit den verschiedenen utilitaristischen und wohlfahrtsökonomischen Konzeptionen einschließlich der Diskontierungsproblematik zu führen. In fast allen wohlfahrtsökonomischen Nutzenformeln taucht ein Diskontierungsfaktor $> 0$ auf, der die Gegenwart gegenüber der Zukunft begünstigt. Das Ausmaß dieser Begüngstigung hängt von der Wahl der Diskontrate ab. Die Mehrheit der Ethiker lehnt eine Diskontierung zukünftigen Nutzens und Schadens ab. Die Diskontierungsproblematik spricht gegen dieses Kriterium.

### c. Minimax–Kriterium

Das Minimax–Kriterium besagt, daß die schlechtestmögliche Entwicklung im Fall A besser sein soll als die schlechtestmögliche Entwicklung im Fall B. Die Maxime lautet: „Minimiere den maximalen Schaden!" Man bezeichnet den Rekurs auf dieses Kriterium auch als ‚precautionary approach' oder als ‚Tutiorismus'. Jonas (1979) hat dieses Kriterium radikal gefaßt und populär gemacht. Er verknüpft dies Kriterium mit der ‚Heuristik der Furcht'. Jonas: ‚Der Unheilsprophezeiung ist mehr Gehör zu

[1] Vgl. Renn (1994), S. 116f.
[2] Vgl. hierzu Broome (1992), S. 115–128.

geben als der Heilsprophezeiung‘ (1979, S. 70). Dies deutet auf die Bibelstelle zurück, in der es heißt, die falschen Propheten werde man an Heilsprophezeiungen erkennen.[1] Wenn man die biblischen Hintergründe von Jonas’ rigidem Tutiorismus aufdeckt, wird diese Position natürlich fragwürdig. Man muß das Minimax–Kriterium aber nicht so streng auslegen, wie Jonas dies tat.

Ist dieses Kriterium diskriminierend in bezug auf die Wahl zwischen ‚B‘ und ‚D‘? Wäre der maximale Schaden von ‚D‘ geringer als der maximale Schaden von ‚B‘? Sind Annahmen darüber überhaupt sinnvoll? Wer wird von ‚B‘ und wer von ‚D‘ am nachteiligsten betroffen sein, wenn man annimmt, daß beide Optionen sowohl Gewinner als auch Verlierer hervorbringen werden? Das ist bereits in bezug auf die einheimische Bevölkerung schwer zu sagen, ohne spekulative Annahmen über die längerfristige Entwicklung der gesamten Volkswirtschaft in ‚B‘ und ‚D‘ zu machen. Hier konkurrieren diverse Gutachten miteinander. Die in diesem Zusammenhang häufig zu hörende Warnung vor den Risiken ‚nationaler Alleingänge im Energiebereich‘ ist ebenso triftig wie ideologisch. Triftig ist sie, da das Land, das im Energie– und Umweltbereich ‚vorprescht‘, kurzfristige und sektorale Nachteile ‚einkauft‘, wenn die anderen ‚Spieler‘ nicht mitziehen. Ideologisch ist sie, weil nicht langfristig gedacht wird und weil man sämtliche sinnvollen Vorschläge auf politische Ebenen verschiebt, auf denen erstens die Dinge dauern und auf denen zweitens bestimmte Lobbys besonders aktiv sind.[2] Legt man optimistischere Szenarien zugrunde (Weizsäcker (Hrsg.) 1994), so dürfte der maximale ökonomische Schaden von ‚D‘ gering, der erwartbare Nutzen von ‚D‘ hoch sein. Sollte Deutschland eine technologische Spitzenstellung in inhärent sicheren HTR–Reaktoren, Photovoltaik, Windenergie, erneuerbaren Rohstoffen, $CO_2$–Abtrennungsverfahren, 3–Liter–Autos, Umwelttechnik usw. einnehmen, wäre der vielbeschworene ‚Industriestandort Deutschland‘ ge-

[1] In Jeremia 14, 13 werden die Heils–Propheten, die weder Hungersnot noch Kriegsgefahr verkünden, sondern vielmehr einen beständigen Frieden, als lügnerische Propheten verdammt.

[2] In einem ZEIT–Dossier wurde akribisch rekonstruiert, wie die $CO_2$–Steuer auf EU–Ebene ‚gekippt‘ wurde. Es ist, wenn man von der sachlichen Richtigkeit dieses Dossiers von Kurbjuweit und Vorholz ausgeht, fragwürdig, wenn man zu Hause vor ‚nationalen Alleingängen‘ im Energiebereich warnt, während Herren wie Bangemann und Meller auf EU–Ebene die möglichen europäischen Lösungen zerfleddern und torpedieren. Man verschiebt das Problem geschickt solange, bis man wieder an dem Punkt angelangt ist, wo alle vor ‚nationalen Alleingängen‘ warnen. Vgl. ZEIT–Dossier vom 24. März 1995.

rade in ‚D' nachhaltig gesichert, sofern die Prämisse stimmt, derzufolge das nächste Jahrhundert das Jahrhundert der Ökologie sein wird (E. U. v. Weizsäcker in vielen Publikationen). Aber diese Ansicht ist umstritten. Manche befürchten das ‚Ausflaggen' ganzer Industriezweige und warnen unermüdlich vor den Risiken ‚nationaler Sonderwege'.

Noch schwieriger sind die internationalen Auswirkungen abzuschätzen. Dieses Kriterium kann nur ‚A' als unerlaubt diskriminieren, da der maximale Schaden eines verallgemeinerten ‚A' unakzeptabel hoch ist (Broome 1992) und die von Schäden hauptsächlich Betroffenen vermutlich die Menschen in den armen Regionen dieser Welt sein werden. Ein Vorrang für ‚A' ist aufgrund dieses Kriteriums ausgeschlossen. Aber daß ‚A' keine akzeptable Option ist, wissen wir bereits. Wir dürfen uns bestätigt fühlen, gewinnen aber keine substantiell neue Einsicht.

Die Gefahr dieses Kriteriums liegt darin, daß sich die Kontrahenten gegenseitig Horror–Szenarien und die zugehörigen Schlagworte um die Ohren schlagen (‚Wohlstandsverlust' gegen ‚ökologische Katastrophe', ‚Industriestandort' versus ‚Umweltstandort' usw.). B kann ein ‚D'–Horrorszenario ebenso entwerfen wie D ein ‚B'–Horrorszenario entwerfen kann. Nur dürfte keiner der Kontrahenten das auf ihn gemünzte Horrorszenario akzeptieren. Man kann immer sagen, daß das ‚worst–case'–Szenario von ‚B' oder ‚D' nicht so düster aussieht, wie es der Kontrahent hinstellt. Deshalb hilft dieses Kriterium pragmatisch nicht weiter. Logisch betrachtet, müßte D ein worst–case–Szenario (wc) von ‚D' und von ‚B' anfertigen (und umgekehrt). Dies ergibt dann vier Szenarien: **wc ‚D' (D) & wc ‚D' (B) & wc ‚B' (D) & wc ‚B' (B).** Dabei besteht erwartbar eine Differenz ($\Delta$) zwischen 1) wc ‚D' (D) und wc ‚D' (B) sowie eine Differenz ($\Delta$) zwischen 2) wc ‚B' (D) und wc ‚B' (D). Bevor man überhaupt sinnvoll über die ethische Bewertung möglicher ‚worst–case'–Szenarien diskutieren kann, müßten diese Differenzen ($\Delta_1$) und ($\Delta_2$) abgebaut werden. Deshalb ist das Minimax–Kriterium in der pragmatischen Dimension zumindest aufwendig, wenn nicht unanwendbar.

## d. ‚false–positive/false–negative'–Kriterium

Manchmal wird es auch als ‚err–on–the–better–side'–Kriterium bezeichnet. Es besagt, daß man die Option wählen soll, durch die sich das beste Ergebnis einstellt, wenn man sich in der empirischen Dimension irrt. Die Leitfrage lautet: ‚How should we err?' (Cranor) Ein Beispiel hierfür ist die Frage, ob ein Stoff S eine Krankheit K (mit)verursacht. Es können zwei fallible Hypothesen aufgestellt werden. 1) die Exposition mit (einer bestimmten Dosis von) S hat mit der Wahrscheinlichkeit des Auftretens von K nichts zu tun (Null–Hypothese). 2) Die Null–Hypothese ist falsch. Durch empirische Tests (Tierversuche) können nun 1) oder 2) falsifiziert werden.

| Möglichkeiten: | Null–Hyp. wahr | Null–Hyp. falsch |
|---|---|---|
| Test bestätigt Null–Hyp. | no error | false negative |
| Test widerlegt Null–Hyp. | false positive | no errror |

Die ‚moralischen Kosten' (Kettner) eines ‚false–positive'–Ergebnisses sind nun weit höher als die eines ‚false–negative'–Ergebnisses. Man soll also vom moralischen Standort aus ‚false–positives' eher vermeiden als ‚false–negatives'. Das Kriterium besagt, es seien Irrtümer zu minimieren, die ‚false positives' als ‚moralische Kosten' nach sich ziehen. Läßt sich nun dieses Kriterium auf die Wahl zwischen ‚B' und ‚D' anwenden?

Die empirischen Überzeugungen von ‚B' haben wir oben charakterisiert. Ein Irrtum hinsichtlich dieser Überzeugungen sowie der Gesamtstrategie von ‚B' würde einen Zustand hervorbringen, den kaum einer als wünschenswert empfinden kann. Wenn nun aber die empirischen Hintergrundüberzeugungen von D falsch wären (in extremis angenommen: es droht gar keine Klimakatastrophe), so hätte man zwar einen ‚error' (‚false negative'), aber dessen moralische Kosten sind gering. Man hätte allenfalls aufgrund einer falschen Überzeugung, d. h. aufgrund eines Irrtums den ‚ökologischen Umbau' der Industriegesellschaft vorangetrieben, einen Innovationszyklus betreffs Energieeffizienz, ökologischen Zukunftsmärkte usw. befördert und den MIV reduziert, wofür es, unabhängig von Energiepolitik, angesichts der erwähnten Nebenwirkungen des MIV eine ganze Reihe anderer guter Gründe gibt. M. a. W.: Selbst wenn wir uns entgegen der Mehrheit der wissenschaftlichen Expertenmeinungen in bezug auf Treibhauseffekt und Klimawandel im Irrtum befinden sollten, wären Schritte in Richtung ‚D' richtig, weil die Folgen und Nebenwirkungen von ‚D' insgesamt positiver zu bewerten sind als die von ‚B'.

Anders liegen die Dinge jedoch, wenn man die kurzfristigen ökonomischen Kosten für bestimmte Branchen abschätzt. Hier könnte ‚D' kostenträchtig sein (neuer Kraftwerkspark, riskante Investitionen, Standortverluste etc.). Der Irrtum käme teuer im ökonomischen Sinn. Es entstünden unnötige Kosten. Das Kriterium ruht also letztlich wiederum auf einer ethischen Grundentscheidung, die besagt, daß es besser ist, moralische Kosten zu vermeiden als ökonomische. Dies führt ersichtlich in die Frage nach der Vorrangigkeit (Kategorizität) des Moralischen zurück (s. o.). Ob man diese zirkelfrei begründen kann, ist fraglich. Aber man kann sich überlegen, auf wieviel Geld man verzichten würde, um dadurch schwere Gewissensbisse vermeiden zu können. Aber auch diese Überlegung ruht auf der Annahme eines moralischen Gewissens, so daß hier ein ‚regressus ad infinitum' (im Sinne des Münchhausen-Trilemmas) droht.

## e. ‚Sustainability'-Kriterium

Man kann es auch als das Kriterium des ‚sustainable development' bezeichnen. Dessen ethische Dimension bezieht sich auf Pflichten gegenüber zukünftigen Generationen.[1] Eine adäquate Definition von ‚sustainable development' muß sich auf der Subjektseite sowohl auf ‚(basic) needs' als auch auf ‚(cultural) opportunities' beziehen, während sie sich auf der Objektseite u. a. auf ‚functions of ecosystems' und ‚natural variety' beziehen muß. Ich halte ‚sustainable development' ungeachtet seiner bestehenden begrifflichen und empirischen Vagheiten für ein brauchbares normatives Leitkonzept und nicht für ein hohles Modewort.

‚D' befindet sich mit der Idee von ‚sustainable development', mit dem Geist von Rio, den Zielen der UN-Agenda 21 usw. sehr viel eher in Einklang als ‚B'. Es mag in vielen Fällen strittig sein, ob eine kulturelle Praxis ‚nachhaltig' ist oder nicht (Umgang mit Grundwasser, Waldwirtschaft etc.). In vielen Fällen ist das Kriterium nicht diskriminierend in dem Sinne, daß die Antwort auf die Frage nach ‚sustainability' ein klares Ja oder Nein sein wird. Realistischer sind Antworten, die ein ‚mehr oder weniger' beinhalten. Daß ‚D', im Großen und Ganzen betrachtet, dieser ethisch begründbaren Leitidee eher gerecht wird als ‚B', dürfte man kaum bestreiten können, wenn man die ‚D'-Maßnahmen mit den ‚B'-Maßnahmen (laut Schade/Weimer-Jehle 1996) vergleicht. Dies gilt insbesondere dann, wenn man den Nachhaltigkeitsgedanken im Sinne des Konzepts ‚starke Nachhaltigkeit' (‚strong sustainability') faßt. Dieses Kozept fordert den Erhalt des Bestandes an natürlichem Kapital (im Sinne von Daly).

[1] Hierzu vgl. die Arbeiten von Birnbacher, Narveson, Partridge u. a.

Dies wird besonders deutlich, wenn man die Außenwirkung bzw. -komponente unserer Wahl mitberücksichtigt. Wenn jedes Szenario auch eine Außenkomponente hat, die ein ‚Signal' an die übrigen Nationen, insbesondere diejenigen unter ihnen darstellt, die dabei sind, sich zu industrialisieren (Indien, Malaysia, China, Brasilien, Indonesien usw.), dann setzt ‚B' das Signal, daß der Westen an seinem ‚way of life' unbeirrbar festhält. Wenn wir $\mathbf{C}^{*B}$ oder ‚B' wählen, so räumen wir allen anderen implizit das Recht ein, einem Entwicklungsmodell nachholender Industrialisierung zu folgen, das ‚unsere' Stadien durchlaufen darf. Die Stadien dieses Modells wären erwartbar: Erst (demnächst) ‚A', dann (später) ‚C' und schließlich (sehr viel später) ‚B'. Dies aber ist mit dem ‚sustainable–development'–Kriterium unvereinbar. Die Wahl von $\mathbf{C}^{*B}$ macht uns a fortiori unglaubwürdig, wenn wir von anderen etwas ‚D'–Artiges fordern.[1] Wenn wir hingegen ‚D' wählen, können wir uns von unserer eigenen Vergangenheit (‚A') glaubwürdiger distanzieren, als wenn wir $\mathbf{C}^{*B}$ oder ‚B' wählen, da beide (aus der Perspektive eines sich industrialisierenden Landes) als leicht modifizierte Fortschreibungen von ‚A' wahrgenommen werden dürften.

B muß diese fatale Signal–Wirkung von $\mathbf{C}^{*B}$ bagatellisieren oder aber erklären, warum man von anderen mehr und anderes verlangen kann als von sich selbst. Man darf zwar von sich selbst moralisch mehr verlangen (sich selbst strengere Maßstäbe auferlegen) als von anderen — aber nicht umgekehrt von anderen mehr fordern als von sich selbst. Wer jedweden moderaten Verzicht perhorresziert, kann anderen nicht Verzicht predigen. Da B nicht einmal auf einem hohen Wohlstandsniveau auf weitere Zuwächse verzichten will (s. o.), kann er von anderen auch keinen Verzicht auf mögliche Energienutzung fordern — schon gar nicht aus moralischen Gründen; es sei denn, B könnte erklären, warum die anderen zu seinen Gunsten auf etwas verzichten sollen, was B sich seit langem selbst gönnt. Ich glaube nicht, daß B dies erklären kann.

Wenn man diese Signalwirkung mitberücksichtigt, droht ‚B' sogar obsolet zu werden. Denn wenn $\mathbf{C}^{*B}$ vielen anderen das Recht auf analoge Entwicklungspfade einräumt (erst ‚A', dann ‚C' dann ‚B'), und wenn viele Länder am Beginn von ‚A' stehen, dann werden die ‚B'–Reduktionen durch die weltweiten ‚A'–Steigerungen (man denke nur an China) überkompensiert. In diesem Sinne ist ‚B' zwar nicht logisch widersprüchlich, aber praktisch ‚self–defeating'.

[1] Wenn wir unsere Autobahnen sechs– oder achtspurig ausbauen, können wir von Chinesen und Indern nicht verlangen, weiterhin Fahrrad zu fahren.

### f. Kriterium der Verallgemeinerbarkeit

Dies ist ein wichtiges, wenngleich in der Ethik in den Details umstrittenes Kriterium (Kant, G. M. Singer, Mackie, Wimmer, Meggle u.a.). In der Singer–Variante lautet es: ‚Wenn ich aufgrund der Konsequenzen nicht wollen kann, daß alle x tun, liegt ein Grund dafür vor, daß keiner, ich selbst eingeschlossen, x tun darf.' In der volksnahen Version: ‚Wenn das jeder täte ...'. Bei Kant ist es ein Test auf die (Un–)Tauglichkeit einer Handlungsmaxime als allgemeines Gesetz. Es ist nicht klar, ob man dieses Kriterium eher dem Konsequentialismus oder dem deontologischen Denken zuordnen soll, da es gleichzeitig auf Folgen und auf Verallgemeinerbarkeit abstellt. Aber diese Unklarheit ist auch ein Vorteil, insofern sowohl Regelutilitaristen als auch Kantianer dieses Kriterium im Bereich der angewandten Ethik akzeptabel finden können.

Natürlich ist die Schlußfolgerung ethisch angreifbar. Aus der Annahme, daß die Folgen unakzeptabel (verheerend, katastrophal, grauenvoll, miserabel usw.) wären, wenn alle x täten (oder wählten), folgt logisch zunächst nur, daß nicht alle bzw. nicht jeder x tun darf, nicht aber, daß keiner x tun darf (Singer 1975, S. 86–93 u.ö.). Der Gegensatz zu ‚alle' ist ‚nicht alle' gleich ‚einige', nicht aber ‚keiner'. Der Schritt vom ‚nicht jeder darf' zu ‚keiner darf' muß durch eine Zusatzprämisse begründet werden, da ansonsten ein logischer Fehlschluß von ‚nicht alle' gleich ‚einige' auf ‚keiner' vorläge. Wenn nicht alle gemäß ‚B' leben können, dürften nicht alle, aber einige, darunter (vielleicht) wir, gemäß ‚B' leben — und zwar genau dann, wenn sich keine akzeptable Zusatzprämisse finden läßt. ‚Wenn nicht jeder x tun soll, dann soll keiner x tun', scheidet als Zusatzprämisse natürlich aus, da es sich um eine petitio principii handelt.[1] Bringt man das Argument jedoch in logisch korrekte Form (‚Wenn nicht alle x tun dürfen, dann dürfen einige x tun und einige andere nicht'), führt dies ersichtlich in große moralische Probleme, da es nun darum geht, die Mengen derjenigen festzulegen, die dürfen bzw. nicht dürfen. Wenn jeder sich selbst zur Menge derjenigen rechnen darf, die da dürfen, ergibt sich, daß die Menge derer, die nicht dürfen, eine leere Menge wird, wodurch eine Situation entsteht, in der alle das tun, was nicht alle tun dürfen, nämlich in unserem Fall: viel $CO_2$ bzw. $CO_2$–Äquivalente zu emittieren. Insofern führt gerade die logische Korrektur des Singerschen Arguments zu moralisch unakzeptablen Lösungen.

[1]Ich glaube, daß bei Singer diese petitio vorliegt. Vgl. Singer (1975), S. 91.

Die gesuchte Zusatzprämisse muß in etwa lauten: *‚Wenn nicht alle x tun (oder wählen) dürfen, aber einige x tun dürften, dann darf keiner x tun genau dann, wenn das x–Tun einiger das x–Tun aller (oder fast aller) erwartbar nach sich zöge'*. Ausgeschlossen ist dabei, daß einige das Recht haben, sich selbst x–Tun zu gestatten und gleichzeitig das x–Tun anderen zu untersagen. Hinsichtlich der Erwartbarkeit kann man nun soziologische, spieltheoretische oder psychologische Annahmen einführen. Übertragen auf die Wahl zwischen ‚B' und ‚D' lautet das Kriterium wie folgt: *‚Wenn nicht, aufgrund der Konsequenzen, alle ‚B' (oder ‚D') wählen dürfen, aber einige ‚B' (oder ‚D') wählen dürften, dann darf keiner ‚B' (oder ‚D') wählen gdw. seine Wahl von ‚B' (oder ‚D') die entsprechende Wahl aller (oder fast aller) erwartbar nach sich zöge'*. Singer meinte, dieses Kriterium sei nur unter bestimmten Bedingungen anwendbar, unter anderen jedoch nicht. Unanwendbar ist es, wenn nicht zu erwarten steht, daß alle x tun werden. Aber dies betrifft unseren Fall nicht, da man erwarten muß, daß eine Mehrheit der Nationen gerne unser Wohlstandsniveau erreichen möchte, und daß sie zu diesem Zweck ihren Energieverbrauch erhöht. Die Bedingung der Anwendbarkeit scheint also erfüllt.

Was wäre nun, wenn weltweit jeder ‚B' wählte und gemäß ‚B' lebte. Gewiß wäre ein ‚B'–Leben für viele Menschen noch außer Reichweite, aber sie hätten das Recht, ‚B' als Ideal anzustreben. Ist nun ein weltweit verallgemeinertes ‚B' einem weltweit verallgemeinerten ‚D' rational vorzuziehen? Kann jeder wollen, daß alle ‚B' wählen bzw. sich an ‚B' als an einem Ideal orientieren. 1,2 Milliarden Chinesen, knapp 1 Milliarde Inder sowie Brasilianer, Nigerianer, Indonesier, die eine PKW–Dichte von über 400 auf 1.000 Einwohner sowie eine entsprechende Fahrleistung aufweisen? Wieviele AKWs mit erwartbar höchst unterschiedlichen Sicherheitsstandards und Qualifizierungsniveaus des Bedienungspersonals wären in einer verallgemeinerten ‚B'–Welt erforderlich? Sind die Risiken tragbar? Zudem wird ‚B' ja erst nach einer ‚A'– und (vielleicht) einer ‚C'–Phase erreichbar. (Dieser erwartbare Verlauf entspricht in etwa dem Verlauf der sog. Kuznet–Kurve, durch die in der Ökonomie Wirtschaftswachstum und Umweltverschmutzung miteinander verknüpft werden.)

Wir nehmen an, daß die Folgen für das Erdklima unakzeptabel bzw. verheerend wären, wenn jede Nation ihren Energieverbrauch in der Abfolge ‚A', ‚C', ‚B' steigern bzw. drosseln würden. Dies läuft auf ein weltweites ‚A'–Szenario hinaus. Diese ‚high–energy–use'–Szenarien gehen von einer Erderwärmung um bis zu 5°C bis 2100 aus, was m. E. definitiv unakzeptabel ist. Wenn unsere ‚B'-Wahl zur Konsequenz hat, daß alle Länder Entwicklungspfade des Typs: Erst ‚A' dann ‚C', schließlich ‚B' einschlagen dürfen, dann ist unser ‚B' a) das falsche Signal, b) im Grunde überflüssig und führt c) zu unakzeptablen Konsequenzen. Unter diesem Kriterium schneidet ‚B' eindeutig schlechter ab als ‚D'. Weiter oben haben wir zwei Kriterien eingeführt (s. o.). Würde erstens der Fall auftreten, daß man allgemein anerkannte Normen oder Rechte mit einer Null–Gewichtung versehen bzw. zurückweisen müßte, um an einem Szenario festhalten zu können, hat man große Begründungsnöte. Wenn B das Kriterium der Verallgemeinerbarkeit zurückweisen muß, könnte ein solcher Fall vorliegen. Beruht zweitens eines der Leitbilder auf einer kognitiven Überzeugung oder einer empirischen Erwartung, die höchst anfechtbar und/oder mit anderen plausiblen Überzeugungen unvereinbar ist, während dies bei den anderen Leitbildern nicht der Fall ist, so hat man einen Grund, von diesem Leitbild abzurücken. Wir haben gezeigt, daß B mindestens ebensoviel, wenn nicht gar mehr unrealistische Annahmen machen muß wie D. *Wichtig ist, daß sich zwar nicht alle, sondern nur einige Kriterien als diskriminierungsfähig erwiesen haben. Von diesen wiederum aber sprachen alle für ‚D' und gegen ‚B'. Dies ist relevant für die Wahl zwischen* $!\mathbf{C}^{*D} \vee !\mathbf{C}^{*B}$.

## VI. Schlußfolgerung und Resultat

Man hat nun hinreichend viele Annahmen beisammen, um eine Schlußfolgerung aufbauen zu können. Formal betrachtet, handelt es sich um einen sog. ‚n–gliedrigen orthopraktischen Syllogismus'. Inhaltlich betrachtet, erhebt er den Anspruch, eine rationale Wahl zwischen $\mathbf{C}^{*B}$& $\Delta$t $\longrightarrow$ ‚B' oder $\mathbf{C}^{*D}$ & $\Delta$t $\longrightarrow$ ‚D' herbeiführen zu können. Diese Schlußfolgerung kann nicht rein aus der Perspektive des Ethikers qua Ethiker, sondern nur aus der Perspektive eines kundigen und politisch engagierten Staatsbürgers formuliert werden, da einige Prämissen auf zeitdiagnostische Annahmen zurückgehen. Diese Schlußfolgerung lautet:

- Die Entscheidung zwischen ‚B', ‚C' und ‚D' ist als ein Problem rationaler Wahl und nicht als eine intuitive Abwägung (phronesis) oder eine Nutzensummenbildung zu verstehen. (Prämisse 1)

- Es geht bei dieser Entscheidung nicht um subjektive Präferenzen, sondern um einen transsubjektiv zu begründenden Vorrang. (Prämisse 2)

- Aus dem Gesamtwertbaum läßt sich keine Wahl von ‚B‘ oder ‚D‘ zwingend ableiten. (Prämisse 3)

- Nimmt man die Blockade–These ernst, kann man durch eine Präferenzrelationierung zeigen, daß kurzfristig ‚C‘ geboten ist. ‚C‘ ist das ethische Minimum. (Prämisse 4)

- Bereits jetzt und während der Realisation von ‚C‘ muß entschieden werden, ob man anschließend in ‚D‘ oder ‚B‘ einschwenken soll. (Prämisse 5)

- Niemand kann gegen ‚D‘ starke ultra–posse–nemo–obligatur–Argumente vorbringen. (Prämisse 6)

- Es werden in ‚D‘ keine Individualrechte eingeschränkt und es gibt kein Grundrecht auf Mobilität. Es besteht kein zwingender Grund, im Rahmen einer ‚right–based–morality‘ ‚B‘ wählen zu müssen. (Prämisse 7)[1]

- Es gibt keinerlei Junktim zwischen der Option für ‚D‘ und dem Ökozentrismus. (Prämisse 8)

- ‚B‘ ist nicht realistischer als ‚D‘ und umgekehrt. (Prämisse 9)

- Es ist inkonsistent, ernsthaft nach diskriminierungsfähigen Kriterien bezüglich einer solchen Wahl zu fragen und moralischen Gründen einen geringen Stellenwert beizumessen. (Prämisse 10)

- Von den diskriminierungsfähigen Kriterien sprechen drei (‚false–positive–false–negative‘, ‚sustainable development‘, ‚Verallgemeinerbarkeit‘) zugunsten von ‚D‘, während kein Kriterium eindeutig zugunsten von ‚B‘ spricht (Prämisse 11).

Es ergibt sich angesichts der zu treffenden Wahl zwischen: ! $\mathbf{C}^{*D} \vee$ ! $\mathbf{C}^{*B}$ als Schlußfolgerung (Konklusion), daß es ‚all things considered‘

[1] Diese Prämisse enthält natürlich mehrere Teilprämissen.

besser (im definierten Sinne von ‚besser', von ‚begründen' und von ‚rationaler Wahl') ist, $\mathbf{C}^{*D}$ zu wählen. Also ist folgender Handlungsverlauf vorzuziehen ‚C' & $\mathbf{C}^{*D}$ & ‚D', wobei wir annehmen, daß $\mathbf{C}^{*D}$ & $\Delta t \longrightarrow$ ‚D'. Möglich ist auch, statt ‚D' die leicht veränderte Szenariovariante ‚D*' gemäß Schade/Weimer–Jehle (1996, S. 198f.) anzustreben. Das zu erreichende Ziel des Handlungsverlaufes ist also ‚D'. Dabei ist wichtig, daß es sich bei diesem Handlungsverlauf nicht um ein abstraktes Nacheinander handelt, sondern daß von Anbeginn der Realisation von ‚C' an und während der Übergang nach ‚D' in alle Entscheidungen, Pläne usw. bereits miteinbezogen wird.[1] Selbst wenn dieser Schluß in einer diskursiven Situation für alle Beteiligten überzeugend wäre, heißt dies natürlich nicht, daß alle Beteiligten hinreichend motiviert sein werden, diese Einsicht politisch umzusetzen. Der Schluß bezieht sich nicht auf eine empirische Prognose über das, was im Anschluß an das ethische Minimum ‚C' getan werden wird, sondern auf eine fallible Forderung hinsichtlich dessen, was getan werden sollte. Fallibel ist sie, da sich die Informationsbasis, auf der diese Schlußfolgerung beruht, im Prinzip ändern kann. Sie gilt also nur ‚ceteris paribus'. Diese Schlußfolgerung ist ein Beitrag zu einer Urteilsbildung im Bereich von TA, der zugleich ein Beitrag einer politisch relevanten Entscheidungsvorbereitung ist.

Es wäre verwegen, diesem Schluß hinzuzusetzen: q. e. d. B kann diese Konklusion immer noch zurückweisen; denn das mehrfach angesprochene Problem des Vorrangs moralischer Gründe ist noch nicht geklärt. Der Nachweis der Inkonsistenz (Prämisse 10) wurde nicht in extenso geführt. Es wäre ferner möglich, daß Prämisse 7) oder 9) oder andere Prämissen fehlgehen oder daß die Kriterien fehlerhaft angewandt wurden usw. Vielleicht gibt es andere Kriterien, die zugunsten von ‚B' sprechen usw. B hat also noch Aussichten, die Konklusion zurückweisen zu können. Die Frage aber ist, ob B dann, wenn sein eigenes Argument (s. o.) sich nicht halten läßt (aufgrund von Prämisse 9), in der Lage ist, eine vergleichbare Schlußfolgerung zugunsten von ‚B' aufzubauen. Die Konklusion auf ! $\mathbf{C}^{*D}$ zu kritisieren, ist gewiß leichter, als einen Schluß auf ! $\mathbf{C}^{*B}$ bzw. ‚B' zu konstruieren, da Kritisieren leichter ist als Begründen. Ich denke aber, daß B die hier angebotene Schlußfolgerung als Aufforderung interpretieren sollte, in dem Sinne ‚nachzuziehen', daß nun er eine kriteriologisch haltbare Schlußfolgerung auf ! $\mathbf{C}^{*B}$ bzw. ‚B' aufzubauen versucht.

[1] Über die Details kann der Ethiker als Ethiker wenig sagen.

# Teil C.

# Praktische Anwendung der Vorzugskriterien

# Georg Hörning: Die Bürgerforen ‚Klimaverträgliche Energieversorgung' als Element diskursiver Technikfolgenabschätzung



Versteht man Technikfolgenabschätzung als eine wohlbegründete Stellungnahme zu Fragen, die sich aus Einsatz und Nutzung von einzelnen Technologien oder technischen Systemen ergeben, so ist zu klären, wie eine solche Stellungnahme zustande kommen kann und wer daran mitwirken soll. In die laufende energiepolitische Debatte sind intensiv Experten, Politik, Verbände und Interessengruppen einbezogen. Weiterhin sind die von den Medien vermittelten Meinungsbilder der Öffentlichkeit sowie die Ergebnisse von Meinungsumfragen von großer Bedeutung. Da aber die Art und Weise der Energieversorgung und des Energieverbrauchs sehr stark vom Lebensstil und vom Selbstverständnis einer Gesellschaft geprägt wird, erscheint eine adäquate Beteiligung der Bevölkerung an der (Um-)Gestaltung des Energiesystems nicht nur wünschenswert, sondern für den Erfolg der dazu erforderlichen Maßnahmen notwendig, weil es nicht nur eine Vielzahl technischer Einrichtungen (Kraftwerke, Fahrzeuge, Heizungsanlagen, ...) und energieverwendende Prozesse, sondern auch handelnde Personen sowie private, politische und wirtschaftliche Interessen umfaßt. Damit liegt zum einen eine starke Verknüpfung mit der Lebenswelt des Einzelnen vor, und zum anderen ergeben sich bestimmte Entwicklungslinien erst als Summe vieler Einzelentscheidungen und -handlungen vieler teilweise voneinander unabhängiger Akteure.

Aus Umfrageergebnissen der Meinungsforschung lassen sich meines Erachtens nur wenige Hinweise für eine angemessene Problembearbeitung gewinnen. In der Regel werden Einzelfragen (Kernenergienutzung, Einsatz deutscher Stein- und Braunkohle, Verkehr) herausgegriffen und isoliert behandelt. Eine ausreichende Berücksichtigung der bestehenden Zusammenhänge findet dagegen kaum statt. Dadurch entfällt die Notwendigkeit zwischen Vor- und Nachteilen, Nutzen und Kosten abwägen zu müssen, was in der Tendenz Idealvorstellungen begünstigt. Eine Abwägung und reflektierte Einschätzung ist aber bei derartigen Fragen unverzichtbar und führt unter Umständen zu einer anderen Beurteilung. Würde beispielsweise der öffentliche Nahverkehr auch dann noch stark befürwortet, wenn es darum ginge, ihn tatsächlich, aufgrund veränderter Rahmenbedingungen, auch selbst nutzen zu müssen? Neben in der Regel einseitigen Darstellungen, die der Komplexität des Themas nicht gerecht werden, führt die Fokussierung der öffentlichen Debatte auf die oben genannten strittigen Themenbereiche dazu, daß große Einsparpotentiale, wie sie beispielsweise bei der Bereitstellung von Raumwärme bestehen, in der gesellschaftlichen Wahrnehmung zu wenig Beachtung finden.

Das Diskursprojekt ‚Klimaverträgliche Energieversorgung in Baden-Württemberg' basiert auf fachlichen Expertisen und reflektierenden Diskussionen, so daß sowohl technische Belange als auch gesellschaftliche Dimensionen in den Blick kamen. Überlegungen zur Vorsorge und die Forderung einer nachhaltigen Entwicklung lassen vor allem eine deutliche Reduktion des energiebedingten $CO_2$-Ausstoßes als notwendig erscheinen. Dies begründet die Beschränkung des Projekts auf die Betrachtung des energiebedingten $CO_2$-Ausstoßes. Die im Zusammenhang der 2. Umweltkonferenz in Rio de Janeiro formulierten nationalen Reduktionsziele[1] wurden als Ausgangspunkt aufgegriffen. Am Beispiel des Energiesystems Baden-Württembergs sollte die Frage geklärt werden, ob die Zielsetzung einer im Vergleich zu 1987 angestrebten 25%igen Verringerung der $CO_2$-Emissionen für das Jahr 2005 bereits einschlägige Hinweise auf die Ausgestaltungsrichtung des Energiesystems gibt. Von verschiedenen Leitbildern ausgehend wurden im Expertendiskurs Szenarien entwickelt. Sie stellen alternative Pfade einer realisierbaren Gestaltung des künftigen Energiesystems dar, in denen die umweltpolitische Zielsetzung der $CO_2$-Reduktion

[1]Kabinettsbeschlüsse der Bundesregierung vom November 1990 und Dezember 1991; Energieprogramm 1991 des Landes Baden-Württemberg.

auf sehr unterschiedliche Art und Weise umgesetzt wird.[1] Damit ist verdeutlicht, daß sich aus fachlichen Gründen keine Notwendigkeit für einen bestimmten Lösungsweg ableiten läßt. Selbst wenn die Fragestellung auf das Problem der Klimaverträglichkeit der Energieversorgung und damit auf die Frage der $CO_2$-Reduktion eingegrenzt wird, läßt sich das politisch gesetzte Reduktionsziel auf sehr verschiedenen Wegen erreichen. Damit bedarf die Frage, wie ein künftiges Energiesystem aussehen soll und auf welche Weise die Umgestaltung vorzunehmen ist, vor allem einer gesellschaftlichen Antwort. Das Problem ist insofern nicht lediglich eine Frage der Technik. Vielmehr müßte ein Energiekonsens Vorstellungen über Lebensweisen und -stile und damit einen im Grunde ethischen Diskurs mit einschließen. In einem solchen Diskurs sollte es in erster Linie um eine rationale Wahl zwischen mehreren Entwicklungspfaden gehen,[2] wobei es keinesfalls ausreichend sein kann, lediglich Vorlieben für einen dieser Pfade zu bekunden. Der Vorrang einer Alternative muß begründbar festgestellt werden, etwa im Sinne der Aussage, die präferierte Option sei „besser für einen jeden von uns bzw. besser für uns alle“[3]. Um zur Entscheidung über den Vorrang einer dieser Alternativen zu kommen, sollten zuvor möglichst viele Perspektiven, Sichtweisen und Interessenlagen einbezogen werden. Dies läßt sich wohl am ehesten in einem Diskurs erreichen und so eine zufriedenstellende Antwort auf diese an die gesamte Gesellschaft gerichtete Frage finden.

Welche Schlüsse lassen sich nun aus den Ergebnissen, die in einer Diskurssituation erarbeitet wurden, für die soziale Wirklichkeit ziehen? Die Wirkung eines solchen Verfahrens dürfte dann höher ausfallen, wenn unter anderem möglichst viel Information über deren Konsequenzen und Wechselwirkungen in den abschließenden Voten berücksichtigt wurden. Den Beteiligten muß daher die Möglichkeit zur intensiven und ernsthaften Auseinandersetzung mit der Thematik ermöglicht werden. Wenn Voten unter solchen Voraussetzungen entstehen, haben sie eine andere Qualität und stellen einen eigenständigen, neuen Beitrag zur gesellschaftlichen Debatte dar. Auf diesem Grundgedanken beruht das Konzept der in den siebziger Jahren von Peter Dienel entwickelten Plannungszelle (Dienel 1997), die einen Ansatz für die Beteiligung der nichtorganisierten Öffentlichkeit an Gestaltungsaufgaben, vornehmlich bei Planungsfragen, bietet.

---

[1]Die Szenarien *A, B, C* und *D* sind im Anhang S. 359–363 dokumentiert.
[2]Siehe hierzu den Beitrag von Konrad Ott S. 188.
[3]Ebd. S. 221.

Mit den Bürgerforen hat die Akademie dieses Verfahren für Diskurse zu allgemeinen gesellschaftlichen Problemstellungen weiterentwickelt.

Eine kompetente und ernstzunehmende Bewertung setzt die Kenntnis des zu beurteilenden Objekts — in diesem Fall des Energiesystems voraus. Bevor auf die Bürgerforen eingegangen werden kann, sollen daher kurz die Ausgangssituation für künftige Entwicklungen sowie grundlegende Zusammenhänge innerhalb des Energiesystems aufgezeigt werden, um die Voten der Bürgerinnen und Bürger einordnen zu können. Auf die Diskussion der verschiedenen Optionen zur $CO_2$–Reduktion muß hier aus Platzgründen verzichtet werden. Sie ist allerdings für einen Bewertungsprozeß, wie beispielsweise in Bürgerforen, unerläßlich. Deshalb wurde in den Foren auch relativ viel Zeit für inhaltliche Information und die Diskussion der Reduktionsmöglichkeiten verwandt — aus diesem Grund dominierten Fragen der Technik das Arbeitsprogramm dieser Bürgerforen. Demgegenüber bestand die zentrale Rolle der Ethik darin, Orientierungswissen zur Einordnung und zur Bewertung der einzelnen Optionen in den Prozeß der Beurteilung einfließen zu lassen. Mit der Fragestellung, wie ein klimaverträgliches Energiesystem auszusehen hat, sind alle Bereiche angesprochen, in denen Energie als Strom, Wärme, Kraft– oder Brennstoff eingesetzt oder produziert wird, siehe hierzu die Abbildung auf der nächsten Seite.

Haushalte, Verkehr, Industrie und Kleinverbraucher fragen Energiedienstleistungen nach, wobei die Höhe dieser Nachfrage für alle weiteren Überlegungen von herausragender Bedeutung ist, da sie wesentlich den Handlungsspielraum für Umgestaltungen festgelegt. Wird ein sehr hoher Energiebedarf als notwendig oder erstrebenswert angesehen, dann müssen zu dessen Deckung alle verfügbaren Energieträger eingesetzt werden. Wird dagegen eine niedrige Nachfrage nach Energiedienstleistungen als zumutbar oder wünschenswert angestrebt, ergeben sich umfangreiche Gestaltungsmöglichkeiten, und zusätzliche Kriterien zur Beurteilung können dann angelegt werden. Die Energienachfrage wird wesentlich vom Konsumverhalten geprägt, wobei entscheidende Parameter — wie Mobilität oder der private Wärmebedarf — durch weitgehend autonomes und individuelles Handeln beeinflußbar sind. So werden beispielsweise die Hälfte aller Autokilometer für Freizeit– und Erholungszwecke zurückgelegt. In dieser bedürfnisorientierten Betrachtung wird der Energiebedarf von Industrie, Kleinverbrauchern und Teilen des Verkehrssektors (Güterverkehr) durch die Nachfrage des Endverbrauchers gesteuert.

NACHFRAGE NACH ENERGIEDIENSTLEISTUNG

**Haushalte**
Nachfrage nach Wärme, Brennstoffen und Strom

**Verkehr**
Nachfrage nach Kraftstoffen und Strom

**Industrie und Kleinverbraucher**[a]
Nachfrage nach Brennstoffen und Strom

**Umwandlungssektor**[b]
Bereitstellung von Strom, Wärme und Brennstoffen

[a]Als Kleinverbraucher werden Landwirtschaft, Handwerk, Baugewerbe, Einzelhandel, Banken und Versicherungen sowie Behörden und Verwaltungen bezeichnet.
[b]Darunter fallen Kraftwerke, Raffinerien, Fernwärmeversorgung etc.

Indem die $CO_2$–Emissionen auf die (individuelle) Nachfrage bezogen werden, eröffnet sich im Rahmen eines energiepolitischen Diskurses die Möglichkeit der von Christoph Hubig dargestellten Strategie der Problemrückverlagerung. Die abstrakte Treibhausproblematik kann so auf die Nachfrage nach Energiedienstleistungen zurückgeführt werden und thematisiert das konkrete gesellschaftlich vorherrschende Konsumverhalten, das, wie bereits erwähnt, zu großen Teilen in die Handlungskompetenz jedes Einzelnen fällt.[1] Damit soll aber keineswegs die Lösung des $CO_2$–Problems auf die individuelle Ebene abgeschoben, sondern Möglichkeiten zur Einflußnahme aufgezeigt werden. Die gesellschaftliche Herausforderung besteht darin, dem Einzelnen durch Rahmenbedingungen zu ermöglichen, dieses Potential auch auszuschöpfen.

Neben der privaten Nachfrage sind die eingesetzten Techniken wesentlich für die Höhe des Energieumsatzes. In vielen Fällen ist es für den Nutzer gleichgültig, mit welcher Technologie die nachgefragte Energiedienstleistung zur Verfügung gestellt wird. So kann eine angenehme Raumtemperatur durch hohe Heizleistung oder aber durch moderne Heizanlagen und wärmeisolierte Gebäude realisiert werden. Von der Wahl der Technologie und dem technischen Stand hängt aber entscheidend die Menge der aufzuwendenden Energie ab. Die technische Effizienz des Energiesystems kann sowohl durch persönliche (Kauf–)Entscheidungen als auch durch entsprechende Rahmenvorgaben erhöht werden. So läßt sich beispielsweise durch ordnungspolitische Festlegung verbindlicher Verbrauchsgrenzwerte für Elektrogeräte oder Kraftfahrzeuge, aber auch durch Anreize

[1]Siehe hierzu den Beitrag von Christoph Hubig S. 118.

zum Kauf energieeffizienter Produkte, wie etwa den Marktbestgeräten, der Energiebedarf bei gleicher Dienstleitung und gleichem Komfort senken.

Die Nachfrage nach Energiedienstleistungen bestimmt zusammen mit der Qualität der Nutzungstechnik den Bedarf an Strom, an Brenn– und Kraftstoffen sowie an Wärme, die vom Umwandlungssektor bereitgestellt werden. Dazu werden Primärenergieträger (Kohle, Rohöl, Erdgas, Uran, Regenerative) in Kraftwerken oder Kleinanlagen zu Strom und Wärme, beziehungsweise in Raffinerien zu Brenn– und Kraftstoffen umgewandelt. Zur Zeit wird der überwiegende Teil des Energiebedarfs von fossilen Energieträgern (Kohle, Öl und Erdgas) gedeckt. Die Kernenergie deckt etwa 10% und die regenerativen Energieträger[1] ca. 2% des Primärenergiebedarfs Deutschlands. Diese Verteilung stellt keine technische Zwangsläufigkeit dar, sondern ist das Ergebnis vergangener energie– und forschungspolitischer Entscheidungen und Weichenstellungen. Gleichzeitig ist sie aber unabänderliche Ausgangslage für künftige Gestaltungsabsichten, von der aus alle Zielvorstellungen und deren Realisierbarkeit diskutiert werden müssen. Wird beispielsweise eine verstärkte Nutzung der regenerativen Energieträger angestrebt, so ist ein solches Vorhaben angesichts ihres heutigen 2%igen Anteils nur langfristig erreichbar. So müßten zunächst die erforderlichen Produktionsstätten errichtet werden, um beispielsweise Photovoltaikanlagen im großen Stil bereitstellen zu können. Da es sich dabei um Entscheidungen handelt, die große Investitionen erfordern und da Energietechnologien ihrerseits über eine lange Lebensdauer verfügen, wird mit den heutigen Entscheidungen die Struktur für einige Jahrzehnte festgelegt. Daher sind gerade im Umwandlungsbereich energiepolitische Entscheidungen erforderlich, die sowohl zukunftsweisend als auch kollektiv verbindlich sind.

In der Auseinandersetzung um die künftige Gestaltung des Energiesystems sollten nicht nur die bereits angesprochenen Einzelbetrachtungen (Kernenergie, Kohle, Verkehr), sondern vielmehr ganz andere Fragen im Vordergrund stehen. Es ist zu klären, welche Nachfrage nach Energiedienstleistungen erwünscht, angemessen und zu rechtfertigen ist, welche Techniken zur Bereitstellung eingesetzt und verantwortet werden können sowie welche Primärenergieträger verwendet werden dürfen. Diese Fragen

[1] Zu den regenerativen Energieträgern zählen Wasserkraft, die Energiegewinnung aus nachwachsenden Rohstoffen (Biomasse, Biogas), Sonnenenergie (Photovoltiak, Solarthermie) und Windkraft.

lassen sich nicht einzelnen Bereichen des Energiesystems zuordnen und können somit nur gemeinsam bearbeitet werden, da Entscheidungen in einem Teilbereich Konsequenzen für den Handlungsspielraum in anderen Teilbereichen mit sich bringen. Schließlich handelt es sich bei der Gestaltung des Energiesystems um ein gesamtgesellschaftliches Projekt mit vielfältigen sozialen, technischen, ökonomischen und ökologischen Folge- und Nebenwirkungen. Aus diesen Überlegungen heraus ist meines Erachtens bei grundlegenden Weichenstellungen in Fragen der Zukunftsgestaltung eine diskursive Technikfolgenabschätzung angeraten, um energiepolitische Entscheidungen auf eine breite Informationsbasis unter Einbezug der Öffentlichkeit zu stellen. Eine Strategie zur $CO_2$-Reduktion erscheint mir nur dann wirklich erfolgversprechend sein zu können, wenn zum einen die dazu erforderlichen Maßnahmen durch individuelles Handeln aktiv unterstützt und zum anderen die nötigen energiepolitischen Entscheidungen von Zustimmung und Akzeptanz der großen Mehrheit der Bevölkerung getragen werden. Ein fundierter Beitrag von Personen, die gerade nicht in Verbänden, Vereinen, Kirchen oder Initiativen aktiv engagiert sind, könnte die gegenwärtige, von Blockaden und Handlungsverzichten gekennzeichnete Situation neu beleben. Bürgerforen bieten dazu eine geeignete Verfahrensweise, da die Teilnehmerinnen und Teilnehmer per Zufallsverfahren ermittelt werden und sie während der mehrtägigen Veranstaltung ausreichend Gelegenheit haben, sich über die Fragestellung fachkundig zu machen und Zusammenhänge, Neben- und Folgewirkungen zu diskutieren und zu reflektieren. Daher veranstaltete die Akademie im Frühjahr 1996 in 6 Städten Baden-Württembergs 11 Bürgerforen, die insgesamt 220 Personen unterschiedlichen Lebenshintergrunds zusammenführten. Konzeption und Ergebnisse werden im folgenden dargestellt und erörtert. Der Auswahlmodus hat eine Selektion zur Folge, wodurch keine repräsentativ zusammengesetzten aber bezüglich Alter, Berufe und sozialer Herkunft sehr heterogene Bürgergruppen entstehen. Der Vorwurf, durch die freiwillige Teilnahmeentscheidung entstünde eine einseitige und unausgewogene Betrachtung des Themas, läßt sich anhand der Ergebnisse der Bürgerforen ‚Klimaverträgliche Energieversorgung' nicht aufrecht halten.[1] Damit bekommen die Ergebnisse von Bürgerforen nicht über Repräsentativität, sondern durch Art und Qualität der Problembearbeitung Aussagekraft.

[1]Die Bürgerszenarien verfolgen beispielsweise in der Kernenergiepolitik kontroverse Wege, siehe S. 280; auch Hörning, Weimer-Jehle (1999)

## Konzeption der Bürgerforen

Das von der Akademie ausgearbeitete Konzept der Bürgerforen mußte in relativ kurzer Zeit eine zufällig zusammengesetzte Gruppe energietechnischer Laien arbeits- und entscheidungsfähig machen und sie in die Lage versetzen, unter Berücksichtigung von Gegebenheiten und Konsequenzen eigene Lösungsvorschläge zu erarbeiten und Empfehlungen zu formulieren. Dazu ist es nicht nur erforderlich, die Ausgangssituation zu beschreiben und die notwendigen Sachinformationen in einer für die Bürgerinnen und Bürger verarbeitbaren Form bereitzustellen, sondern auch den Vorgang des Bewertens zu reflektieren.

Abbildung 1 auf der nächsten Seite zeigt das Ablaufschema der Bürgerforen. Zunächst wurde von den Moderatoren die Problemstellung und der Kontext des Projekts dargestellt sowie Verfahrensfragen und Arbeitsauftrag erläutert. Ein erstes Fachreferat stellte die momentane Struktur des derzeitigen Energiesystems als Ausgangspunkt für Umgestaltungen vor. Mit den drei Expertenszenarien *Techniknutzung, Ressourcenschonung* und *Neue Lebensstile* wurden anschließend mögliche Lösungswege aufgezeigt, die das gesetzte Ziel einer 25%igen $CO_2$-Reduktion erfüllen. Damit war die Frage aufgeworfen, welcher Weg eingeschlagen werden sollte. Bevor unter dieser Fragestellung die Expertenszenarien, einzelne Reduktionsmaßnahmen bewertet oder eigene Energiewelten erstellt werden konnten, mußte geklärt werden, welche Gesichtspunkte oder Aspekte bei der Beurteilung zugrunde gelegt werden sollten. Der Arbeitseinheit ‚Entscheiden und Bewerten' kam damit eine Schlüsselfunktion in den Bürgerforen zu. Sie sollte die für das weitere Vorgehen wichtigen Fragen reflektieren und die vielfältigen und erst allmählich ersichtlichen Wirkungen des Energiesystems auf viele Bereiche des privaten und politischen Lebens vergegenwärtigen. Mit Prüffragen formulierten die Bürgergruppen ihr erstes Endergebnis: Anforderungen an ein künftiges Energiesystem.

In den folgenden eineinhalb Tagen behandelten Fachreferate die einzelnen Sektoren des Energiesystems. Dabei wurden die verschiedenen Optionen, die prinzipiell verfügbar sind, sowie deren Reduktionspotentiale und Folge- und Nebenwirkungen vorgestellt. Im Anschluß an die Referate folgten Diskussionen mit den Experten. In nachbereitenden Kleingruppen (3–5 Personen) konnten die Teilnehmer die erhaltenen Informationen hinterfragen und verarbeiten, und dadurch eine Einschätzung der Potentiale und Auswirkungen einzelner Optionen gewinnen.

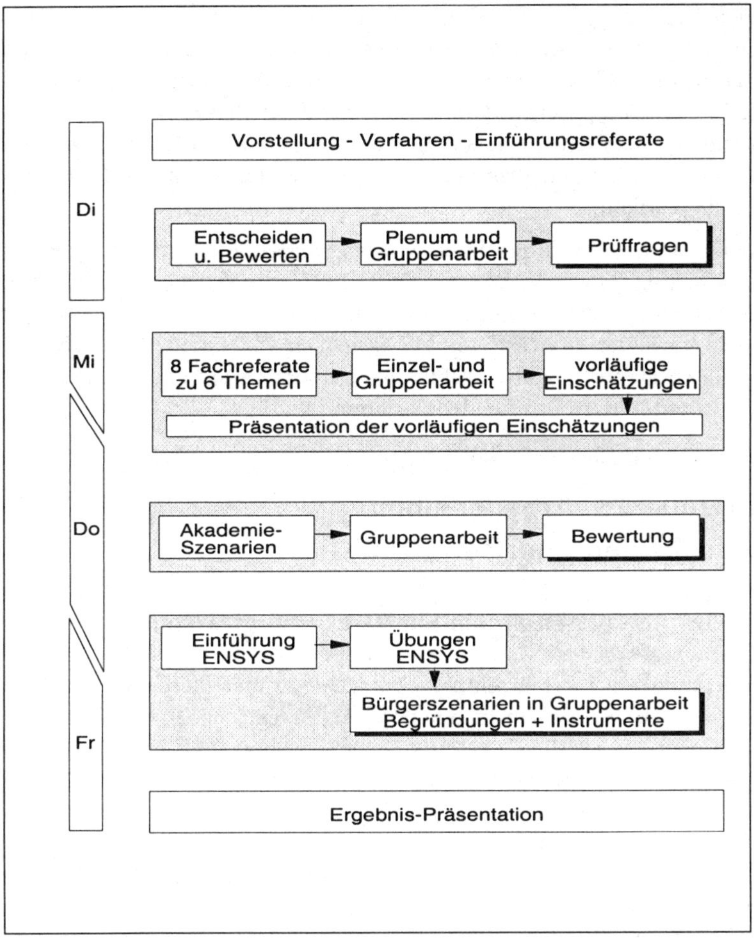


*Abb. 1: Schematische Darstellung des Arbeitsprogramms der Bürgerforen ‚Klimaverträgliche Energieversorgung'.*

Die Phase der Information, Diskussion und Meinungsbildung bereitete die Bewertung der Expertenszenarien, das zweite Endergebnis der Foren vor. Am letzten Tag der Foren erarbeiteten die Teilnehmerinnen und Teilnehmer aus den erhaltenen Informationen und ihren Einschätzungen in Kleingruppen mit Hilfe eines rechnergestützten Programms[1] einen eigenen Vorschlag, wie das $CO_2$–Ziel erreicht werden sollte. Dem Reduktionsziel näherten sie sich schrittweise, indem sie mögliche Maßnahmen diskutierten, sich auf einen entsprechenden Zahlenwert einigten und diesen in das Computerprogramm eingaben. In diesem kreativen Prozeß entstanden als drittes Endergebnis die sogenannten Bürgerszenarien, die abschließend von den Gruppen schriftlich begründet und im Plenum vorgestellt wurden.

Die Ergebnisse der Bürgerforen wurden von der Akademie in einem Bürgergutachten (Hörning, Weimer–Jehle 1997) zusammengefaßt und in den Veranstaltungsorten Bürgermeistern, Vertretern der Stadtverwaltung, der Presse sowie der interessierten Öffentlichkeit vorgestellt. Der Präsentation folgten jeweils lebhafte Diskussionen über den Stand der Klimaschutzaktivitäten in der betreffenden Kommune.

## Ergebnis der Arbeitseinheit ‚Entscheiden und Bewerten'

### a. Anforderungen an ein künftiges Energiesystem

Als Ergebnis der Arbeitseinheit ‚Entscheiden und Bewerten' entstanden insgesamt 167 Prüffragen zu den neun Aspekten.[2] Die Prüffragen bringen zum Ausdruck, welche Folgen und Nebenwirkungen bei einer Beurteilung eines Energiesystems bedacht werden sollen und welchen Anforderungen es genügen muß. Listet man alle Prüffragen zu einem Aspekt auf, so zeigt sich, daß die Teilnehmerinnen und Teilnehmer sich nicht immer auf die Themen festgelegt haben, die durch die Formulierung der Aspekte inhaltlich vorgegeben waren, sie setzten teilweise unter den Aspekten eigene, neue Schwerpunkte. Ähnliche Inhalte treten deshalb unter verschiedenen Aspekten auf. Daher wurden bei der Auswertung die in den Prüffragen angesprochenen Anforderungen zu sogenannten *‚Zielen'* gebündelt, die Zuordnung zu den Aspekten wurde dabei nicht berücksichtigt. Die Prüffragen lassen sich den folgenden acht Zielen zuordnen: *Schutz von Mensch*

[1] ENSYS — Programm zur energetischen Bilanzierung von Energiesystemen; Weimer–Jehle (1996)

[2] Siehe hierzu den Beitrag von Heinz–Ulrich Nennen auf Seite 348.

*und Natur, Sparsamkeit, Gerechtigkeit, Flexibilität, Technologien, Wirtschaftsweise, Verteilungsmodus* und *Politik*. Die Ziele sind dann neutral formuliert, wenn die Prüffragen verschiedene Sichtweisen zu dem betreffenden Thema beinhalten. Haben die Prüffragen dagegen eine einheitliche Aussagetendenz, so wird dies bereits durch eine wertende Formulierung angedeutet (z. B. ‚Sparsamkeit'). Aufgrund der in den Foren vorgenommenen Gewichtung der Prüffragen läßt sich eine Rangordnung der Ziele erstellen, wenn der durchschnittliche Rang aller Prüffragen zugrunde gelegt wird, die einem Ziel zugeordnet sind. Ziele, die Prüffragen unter sich vereinigen, die in vielen Foren überwiegend auf einem der oberen Ränge zu finden sind, stehen dann an vorderer Stelle.

REIHUNG DER MIT DEN PRÜFFRAGEN ANGESPROCHENEN ZIELE

1. Schutz von Mensch und Natur
2. Sparsamkeit, Gerechtigkeit, Flexibilität
3. Technologien, Wirtschaftsweise
4. Verteilungsmodus, Politik

*Abb. 2: Reihung der mit den Prüffragen angesprochenen Ziele.*

Erstrangig betont die überwiegende Zahl der Fragen das Ziel *Schutz von Mensch und Natur.* Da zudem diese Prüffragen in vielen Foren auf einem der vorderen Rangplätze stehen, wird diesem Ziel die größte Bedeutung zugesprochen. Die Ziele *Sparsamkeit, Gerechtigkeit* und *Flexibilität* benennen die nächstwichtigen Qualitäten eines Energiesystems. Fragen, die sich mit Technik oder der Wirtschaft befassen, stehen dagegen auf Rang drei. Den Abschluß dieser Reihung bilden Fragen, die den (Energie–)Verteilungsmodus und politische Entscheidungsprozesse betreffen.

**Schutz von Mensch und Natur** Die zentrale Forderung an ein künftiges Energiesystem lautet: Umweltverträglichkeit. So formuliert beispielsweise eine Gruppe die Frage: „Ist das Energiesystem geeignet, Umweltbelastungen zu minimieren?" Erstrebenswert ist somit eine Entwicklung nur dann, wenn sie auf die Verringerung der schädlichen Nebenwirkungen des Energiesystems abzielt. „Erhält das Energiesystem die natürlichen und kulturellen Grundlagen für die Zukunft?" Damit darf ein künftiges Energiesystem die Lebensgrundlagen zur dauerhaften Sicherung der menschlichen Existenz in einem umfassenden Sinn nicht gefährden. Die in einem künftigen Energiesystem eingesetzten Technologien sollen darüber hinaus keine nachteiligen Auswirkung auf die Gesundheit haben: „Gewährleistet das Energiesystem in Zukunft eine gesunde Umwelt und Schutz vor Umweltkatastrophen?" Regenerationsfähigkeit der Natur bzw. der eingesetzten (erneuerbaren) Energieträger stellen weitere Qualitätsforderungen dar: „Wächst der Energieträger nach, beziehungsweise wie lange steht er zur Verfügung?" „Ist die Regeneration der Natur gewährleistet?" Die Bedeutung des Ziels *Schutz von Mensch und Natur* wird dadurch noch unterstrichen, daß diese Anforderungen nicht nur unter dem Aspekt *Nachhaltigkeit* aufgegriffen wurden, sondern unter allen anderen Aspekten als Bedingung für ein Energiesystem wiederkehrten. Dieser Effekt wurde vermutlich durch den Ablauf der Arbeitseinheit begünstigt, da zunächst der Aspekt *Natur* im Plenum bearbeitet wurde, bevor in den Kleingruppen die anderen Aspekte arbeitsteilig behandelt wurden.

**Sparsamkeit** Mit dem Ziel *Sparsamkeit* wird der im Aspekt *Wirtschaft* formulierte Gedanke der Ressourcenschonung auf das gesamte Energiesystem bezogen und darüber hinaus wird die Schaffung von Möglichkeiten, den Energiebedarf durch Verhaltensweisen oder Technikeinsatz zu verringern, generell als Anforderung an ein künftiges Energiesystem gestellt: „Fördert das Energiesystem den sparsamen Umgang mit Ressourcen?" Dazu sollten flankierend Anreize zum Energiesparen geboten und ein geringer Energieverbrauch belohnt werden: „Regt das Energiesystem zu sparsamen Energieeinsatz an?" In einigen Foren wurde thematisiert, ob die Möglichkeiten zur Steigerung der Energieeffizienz ausgeschöpft werden: „Setzt die Energiewelt die Primärenergie effektiv und schonend um?"

**Gerechtigkeit** Alle Foren formulieren mindestens eine Prüffrage dahingehend, inwieweit ein Energiesystem Gerechtigkeitsvorstellungen genügt: „Werden die Energieressourcen gerecht verteilt?" Die dabei maßgeblichen Perspektiven unterscheiden sich. Ein Teil der Fragen bezieht sich auf die Lebensverhältnisse und die Sicherung der Energieversorgung für künftige Generationen: „Funktioniert das Energiesystem bei gleichzeitiger Rücksichtnahme auf die Lebensbedingungen jetziger und künftiger

Generationen?" „Schont ein zukünftiges Energiesystem die Ressourcen derart, daß künftige Generationen genauso leben können wie wir heute?" Bei anderen steht die gerechte Verteilung der Lasten und des Nutzens innerhalb der eigenen Gesellschaft im Vordergrund: „Ist das Energiesystem für alle gesellschaftlichen Gruppen erschwinglich?" „Verhindert das Tarifsystem soziale Ungerechtigkeit?" „Ist die Energiewelt sozial verträglich?" Wiederum anderen Foren ist die Übertragbarkeit des künftigen Energiesystems auf andere Weltregionen wichtig: „Kann das Energieversorgungssystem weltweit oder nur regional eingesetzt werden?" Diese Überlegungen, die vor allem in den Aspekten *Nachhaltigkeit, Verteilungsprinzip* und *Gesellschaft* angesprochen sind, werden auch außerhalb dieser Aspekte so stark thematisiert, daß sie ein selbständiges Ziel *Gerechtigkeit* ergeben.

**Flexibilität** Das Beurteilungskriterium *Flexibilität* — also Anpassungsfähigkeit des Energiesystems und Umkehrbarkeit der Entwicklung — ist in den Aspekten nicht eigens thematisiert. Mit diesem Ziel wollen die Teilnehmerinnen und Teilnehmer die Beurteilung künftiger Entwicklungen davon abhängig machen, wie sehr sich die Gesellschaft durch die Entscheidung für eine bestimmte Art und Weise der Energieversorgung bindet und inwieweit eine einmal gefällte Entscheidung beim Auftreten nicht vorhergesehener Auswirkungen wieder zurückgenommen werden kann: „Handelt es sich um ein Energiesystem, dessen schädliche Folgen rückgängig gemacht werden können?" Damit soll gewährleistet werden, daß sich das Energiesystem an neue Erkenntnisse, andere gesellschaftliche Vorstellungen und Wertauffassungen anpassen läßt und neuen Bedürfnissen oder Erfordernissen nicht im Wege steht: „Bindet ein Energiesystem die Gesellschaft langfristig oder läßt es einen Wechsel zu?" Ein damit zusammenhängender Punkt — die Kontrollierbarkeit der Auswirkungen eines Energiesystems auf die Natur — wird in einigen Fragen als Prüfbedingung genannt: „Erzeugt das Energiesystem Abfallprodukte, die vom Menschen nicht zu kontrollieren sind?"

**Technologien** Auch wenn spezielle technische Themen in den Aspekten nicht angesprochen werden, liegen dazu einige Prüffragen vor. Sie schneiden — wenn einmal formuliert — bei der Punktvergabe relativ gut ab. In der Regel sind sie nicht unter dem Aspekt *Technik*, sondern unter *Natur, Politik* oder *Nachhaltigkeit* erarbeitet worden und thematisieren die regenerativen Energien sowie die Sicherheits- und Entsorgungsproblematik. In bezug auf die regenerativen Energieträger wird gefragt, inwieweit das Energiesystem verbesserte Startchancen und Entwicklungsbedingungen einräumt: „Unterstützt das Energiesystem die Nutzung von regenerativen Energien?" Zudem sollen Energiesysteme keine Entsorgungsprobleme verursachen und die technischen Möglichkeiten zur Steigerung der Sicherheit nutzen: „Verursacht das Energiesystem ein Entsorgungsproblem?"

**Wirtschaftsweise** Analog zum Aspekt *Wirtschaft* formulieren alle Foren — auch unter anderen Aspekten — Prüffragen, die die Art und Weise des Wirtschaftens oder die Beziehung zwischen Energie- und Wirtschaftssystem zum Inhalt haben. Von einem künftigen Energiesystem werden positive Impulse für die Wirtschaft erwartet: „Fördert das Energiesystem eine zukunftsorientierte Volkswirtschaft?" „Gewährleistet ein zukünftiges Energiesystem sowohl ein umweltverträgliches als auch ein wachstumsförderndes Wirtschaftssystem?" Darüber, wie eine funktionierende und erstrebenswerte Wirtschaft aussehen soll, bestehen unterschiedliche Auffassungen. Wenige Fragen beziehen sich darauf, daß künftige Energiesysteme so beschaffen sein müssen, daß das heutige Wirtschaftssystem bestehen bleiben kann: „Läßt das Energiesystem die Beibehaltung des Wirtschaftssystems zu?" Die Mehrzahl der Fragen thematisiert allerdings, daß neben einer Wachstumsorientierung noch andere Ziele — wie beispielsweise der Umweltschutz — beachtet werden müssen und daß ein Energiesystem dazu positive Anreize bieten muß: „Wird bei der Entwicklung beachtet, daß neben Wirtschaftswachstum und Gewinn auch weitere Ziele vorhanden sind?" So wird beispielsweise in einigen Prüffragen Wert darauf gelegt, ob das Energiesystem eine Kreislaufwirtschaft fördert: „Ermöglicht das Energiesystem eine Kreislaufwirtschaft?" Außerdem führen einige Foren die Finanzierbarkeit des Energie(versorgungs)systems und die (positive) Auswirkung auf den Arbeitsmarkt explizit als Bewertungskriterien auf: „Ist das Energiesystem sozialverträglich finanzierbar?" „Sichert das Energiesystem den Erhalt bzw. den Zuwachs von Arbeitsplätzen?"

**Verteilungsmodus** In allen Foren stehen auf eher unteren Rängen Prüffragen, die die Beurteilung von Energiesystemen abhängig machen von Gesichtspunkten der Verteilungsgerechtigkeit. Dabei wird in den

Prüffragen im Gegensatz zu der allgemeineren Sichtweise des Aspekts *Verteilungsprinzip* — das Thema auf Energiebedarf und -versorgung fokussiert. Die Bedeutung des Themas soziale und globale Gerechtigkeit ist ja bereits dokumentiert, so daß damit das relativ schlechte Abschneiden dieses Ziels verständlich ist. Ein künftiges Energiesystem soll vor allem sicherstellen, daß der für jeden unerläßliche Grundbedarf an Energie verfügbar und daß eine hohe Versorgungssicherheit gewährleistet ist und bleibt: „Stellt das Energiesystem Energie flächendeckend in genügender Menge zur Verfügung, und ist die Grundversorgung gewährleistet?" Einige Fragen gehen darüber hinaus und fordern von einem künftigen Energiesystem, daß es zum Erhalt des heutigen Lebensstandards beiträgt: „Kann der jetzige Lebensstandard gehalten werden?" Sie thematisieren den Verteilungsmodus unter Hinweis auf den erreichten (materiellen) Wohlstand, der nicht verringert werden kann oder soll. Andere Foren stellen dagegen den Bezug zwischen Energiesystem und Lebensqualität her und verlangen von einem künftigen Energiesystem einen positiven Beitrag dazu: „Würde die zukünftige Entwicklung des Energiesystems zu einer Verschlechterung der Lebensqualität führen?" „Ermöglicht das Energiesystem eine lebenswerte Zukunft?" Einige Fragen sprechen ausdrücklich den Verteilungsmodus der Energieversorgung an und fordern von künftigen Energiesystemen die Verhinderung von Monopolbildung: „Führt das Energiesystem zu einer Lockerung der Monopole?"

**Politik** Auch hier gehen die Teilnehmerinnen und Teilnehmern stärker auf das Energiesystem ein, als durch die Formulierungen in den Beispielen zum Aspekt *Politik* nahegelegt wurde. Besonders wird der Modus der Entscheidungsfindung thematisiert. Entscheidungen im Energiesektor sollen unter der Mitwirkung unabhängiger Experten und nach ausführlicher Anhörung und genügend Einflußmöglichkeit der Öffentlichkeit gefällt werden: „Wird die Vielfalt unterschiedlicher, nicht interessengebundener Experten in die politische Entscheidungsfindung einbezogen?" „Läßt das Energiesystem die Einflußnahme gesellschaftlicher Gruppen zu?" Sozusagen eine Mindestforderung stellen andere Prüffragen an das Vorhandensein von Akzeptanz in der Entwicklungsrichtung: „Besteht breite Akzeptanz in der Bevölkerung für die betreffende Energiewelt?" Das im Aspekt *Gesellschaft* erwähnte Spannungsverhältnis zwischen Gemeinwohlorientierung und Individualität wird in den Prüffragen im Hinblick auf das Energiesystem aufgegriffen: „Gewährleistet das Energiesystem die Sicherung des Allgemeinwohls, und läßt es trotzdem noch Spielraum für individuelle Ansprüche?" Ungefähr in gleicher Anzahl liegen Prüffragen vor, die dafür plädieren, daß Entscheidungen im Zusammenhang mit dem Energiesystem im Hinblick auf die Sicherung des Gemeinwohls beziehungsweise im Hinblick auf die Möglichkeit, Individualität zu gestalten, getroffen werden: „Richtet sich die politische Entscheidung nach dem Wohl der Allgemeinheit?" „Beläßt das Energiesystem dem Einzelnen die Möglichkeit zur individuellen Lebensgestaltung?"

## b. Prüffragen als Grundlage zur Beurteilung von Energiesystemen

Im Vorangegangenen sind die inhaltlichen Gesichtspunkte der Prüffragen erörtert worden, aus denen sich die Eigenschaften ablesen lassen, die die Bürgerinnen und Bürger von einem erstrebenswerten Energiesystem erwarten. Als Ergebnis der Arbeitseinheit ‚Das Problem des Entscheidens und Bewertens', sind Prüffragen entstanden, nicht als Zweck, sondern als Mittel für das weitere Verfahren. Mit den Prüffragen sollte erreicht werden, daß die Beurteilung der Expertenszenarien und die Gestaltung der Bürgerszenarien möglichst ‚umfassend' vorgenommen werden konnte. Die Prüffragen waren während der gesamten weiteren Arbeit präsent. So wurde sichergestellt, daß alle für die Gruppe wichtigen Ziele und Wirkungen bei der Beurteilung beziehungsweise Erstellung der Energieszenarien bedacht wurden.

Um die wesentlichen Gesichtspunkte der Prüffragen aller Bürgerforen dokumentieren zu können, mußten Fragekomplexe gebündelt und zusammengeführt werden. Daher wurden im nachhinein zwölf Fragen rekonstruiert, um so darzustellen auf welche Beurteilungsziele sich die Teilnehmer verständigt hatten (siehe Abbildung 3 auf der nächsten Seite). Es handelt sich letztlich darum, die Konsequenzen einer Entscheidung für eine bestimmte Gestalt des Energiesystems im Vorfeld im Blick zu haben. Die Rangfolge der Prüffragen spiegelt wieder, wie häufig die entsprechende Frage zum jeweils genannten Ziel formuliert und wie bedeutsam sie in den Foren eingeschätzt wurde. An erster Stelle steht diejenige Prüffrage, die nach den Auswirkungen des Energiesystems auf die Natur fragt, da Fragen zu diesem Thema in allen Foren gestellt und als sehr wichtig eingestuft wurden.

PRÜFFRAGEN ZUR BEWERTUNG VON ENERGIESYSTEMEN

1. Gewährleistet das Energiesystem im Normalbetrieb und im Störfall den Schutz der Natur?
2. Welche Auswirkungen hat das Energiesystem auf die Gesundheit?
3. Unterstützt das Energiesystem den sparsamen Umgang mit Ressourcen?
4. Schöpft das Energiesystem die technischen Möglichkeiten zur Verbesserung der Effizienz, der Sicherheit und der Umweltverträglichkeit aus?
5. Beachtet das Energiesystem die Bedürfnisse zukünftiger Generationen und die Folgen in anderen Weltregionen?
6. Werden die Energieressourcen sozial gerecht verteilt?
7. Läßt sich das Energiesystem leicht an ökonomische, ökologische und soziale Entwicklungen anpassen?
8. Gewährleistet das Energiesystem eine funktionierende Wirtschaft?
9. Stellt das Energiesystem den individuellen Lebensstandard sicher?
10. Verbessert das Energiesystem die Lebensqualität?
11. Ist das Energiesystem am Gemeinwohl orientiert und wird es von einer breiten Mehrheit akzeptiert?
12. Wurde bei der Entscheidung für das Energiesystem eine möglichst breite Anhörung gesellschaftlicher Gruppen vorgenommen?

*Abb. 3: Prüffragen zur Bewertung von Energiesystemen.*

Jede Prüffrage zielt auf eine bestimmte, gewünschte Eigenschaft des Energiesystems und läßt damit bewußt innere Zusammenhänge oder auftretende Zielkonflikte außer acht. Somit würde nur ein ideales, utopisches Energiesystem bei allen Prüffragen zur vollen Zufriedenheit abschneiden. Bei der Bewertung eines realen Energiesystems treten jedoch Zielkonflikte auf, die gegeneinander abgewogen werden müssen. Die Rangfolge der Fragen kann als erster Hinweis verstanden werden, welche Gewichtung die Teilnehmerinnen und Teilnehmer dann vornehmen würden. Zudem wird in den Bürgerszenarien ersichtlich, wie die Teilnehmerinnen und Teilnehmer im konkreten Konfliktfall die Gewichtung vornahmen.

## c. Prüffragen als Ausdruck der Werthaltung

Die Prüffragen und Ziele umreißen Eigenschaften, die ein Energiesystem haben muß, um von den Teilnehmerinnen und Teilnehmern als wünschbare und empfehlenswerte Entwicklung eingeschätzt zu werden, und sind damit unmittelbarer Ausdruck einer Werthaltung. Über die obige Darstellung der inhaltlichen Anforderungen und der Bewertungsfragen hinaus ist interessant, welche Gesichtspunkte aus den Arbeitsmaterialien aufgegriffen wurden und welche nicht.

Ihrer Aufgabe gemäß beziehen sich die Prüffragen viel stärker auf das Energiesystem als die Formulierungen der Aspekte.[1] Ist die in der Vorrede angesprochene Problemstellung zu allgemein formuliert, findet sie sich nicht in den Prüffragen wieder. Dies ist bei den Aspekten *Gesellschaft, Technik, Verteilungsprinzip* und *Lebensqualität* der Fall. In diesen Fällen sind die in den Prüffragen angesprochenen Ziele nicht eine Antwort auf die Problemstellung des Aspekts, sondern Anforderungen an das Energiesystem unter der Überschrift *Gesellschaft*, *Technik, Verteilungsprinzip* und *Lebensqualität*. Dies ist zu beachten, wenn die Vorgaben mit den Ergebnissen der Arbeitseinheit verglichen werden.

Um die Teilnehmerinnen und Teilnehmer aufzufordern, ihre eigenen Wertvorstellungen in bezug auf die vorgebrachten Aspekte zu diskutieren und gemeinsam zu formulieren, sind mit drei Standpunkten verschiedene Perspektiven aufgezeigt, unter denen der jeweilige Aspekt gesehen werden kann. Der erste Standpunkt ist in der Regel etwa einer neoliberalen, individualistischen Perspektive zuzuordnen, der dritte hebt dagegen mehr altruistische, ökologische, soziale Motive hervor. Der zweite Standpunkt benennt eine mittlere, abwägende Position.

Greift man den Vorschlag der Kriterienprismen[2] auf, so zeigt sich, daß sich die Prüffragen in der Regel beim zweiten Standpunkt lokalisieren lassen — oftmals mit deutlicher Tendenz zum dritten. Diese pauschale Sicht bietet kein überraschendes Bild. Da davon auszugehen ist, daß in der Gruppensituation mittlere–abwägende und ökologisch–soziale Perspektiven leichter zu vertreten sind, kann vermutet werden, daß die Teilnehmer und Teilnehmerinnen mit den Prüffragen der ökologisch–sozialen Position etwas stärker beipflichten, als es dem individuellen Handeln des

[1] Die Formulierung der Aspekte ist wiedergegeben auf S. 365ff.

[2] Siehe hierzu den Beitrag von Heinz–Ulrich Nennen S. 334ff.

Einzelnen tatsächlich entspräche. So findet sich beispielsweise der liberal–individualistische Standpunkt des Aspekts *Natur* (Natur als rein materielle Grundlage menschlichen Lebens und Handelns) in den Prüffragen nicht wieder, wo doch einige gegenwärtige Entwicklungen sich aber gerade durch diese Stellungnahme würden erklären lassen. Geht man somit davon aus, daß der mittlere–abwägenden Standpunkt das zu erwartende Ergebnis ist, sind im folgenden die Aspekte hervorgehoben, bei denen sich Prüffragen verstärkt auf den liberal-individualistischen Standpunkt oder auffällig stark auf den ökologisch–sozialen beziehen.

Vom Aspekt *Gesellschaft* wird in den Prüffragen entweder der Wunsch, das persönliche Leben und den Energieverbrauch individuell bestimmen zu können (liberal–individualistischer Standpunkt), oder die Meinung, daß zugunsten des Gemeinwohls der Einzelne unter Umständen auch zurückstecken muß (ökologisch–sozialer Standpunkt), aufgegriffen. Bei den Aspekten *Politik* und *Lebensqualität* ist ebenso eine Aufspaltung der Positionen zu vermerken, wobei der Schwerpunkt — im Gegensatz zum Aspekt *Gesellschaft* — klar beim ökologisch-sozialen Standpunkt liegt. Im Fall des Aspekts *Politik* ist dies die verständliche Position eines Bürgerforums: Politische Entscheidungen sollen unter der Beteiligung und unter Einbeziehen der Öffentlichkeit getroffen werden. Eine geringere Zahl der Fragen fordert, daß sich politische Entscheidungen stärker auf fachliche Gesichtspunkte und damit auf den Rat von Experten stützen.

Mit dem Ziel *Flexibilität* formulieren die Prüffragen einen Aspekt, der bei der Bewertung eines Energiesystems eine Rolle spielen soll, der nicht in den Aspekten vorgegeben wurde. Daher ist diese Anforderung an das Energiesystem in der Gesamtdarstellung wohl deutlich höher zu gewichten als dies die Häufigkeit dementsprechender Prüffragen und deren Gewichtungen in den Foren signalisieren. Somit messen die Bürgerforen diesem Kriterium auch mehr Bedeutung zu als der Gesamtwertbaum, der diesen Gesichtspunkt auf mehrere Zweige verteilt[1] und damit mehr in den Hintergrund treten läßt.

Das Ziel *Technologie* vereint Prüffragen, die unter verschiedenen Aspekten erarbeitet wurden und sich im Gegensatz zu den Aspekten mit speziellen Technologien oder Fragen befassen. Mit einigen Fragen soll festge-

[1] Im Ast *Technische Effizienz und Wirtschaftlichkeit* in der vierten und fünften Ebene an mehreren Stellen und im Ast *Sozialverträglichkeit und Politische Qualität* in der dritten Ebene unter *Soziale Stabilität* und *Sozialverträgliche Entwicklung*. — Der Gesamtwertbaum findet sich im Anhang S. 371–391.

stellt werden, ob ein künftiges Energiesystem die regenerativen Energien fördert und ausbaut. Andere Prüffragen testen, ob bei Technologien des Energiesystems Sicherheits- oder Entsorgungsprobleme auftreten. Diese Prüffragen verdeutlichen, daß die Beurteilung von bestimmten Qualitäten der eingesetzten Technologien abhängig gemacht werden soll. Die Bedeutung dieser Fragen zeigt sich darin, daß sie ohne Anregung durch die Aspekte entstanden sind und in den Foren sehr hoch eingestuft wurden.

## d. Fazit

Mit den Prüffragen haben die Teilnehmerinnen und Teilnehmer ihre Anforderungen an ein erstrebenswertes Energiesystem erörtert, entwickelt und aufeinander abgestimmt. Zusammen mit der Kenntnis der verfügbaren Optionen zur $CO_2$-Reduktion war damit zum einen die Möglichkeit einer fundierten Bewertung der Expertenszenarien gegeben und zum anderen die Basis zur Konstruktion der Bürgerszenarien als der Problemstellung angemessene Lösungsvorschläge geschaffen. Bereits in der Informationsphase wirkte sich die Arbeitseinheit sowie ihre frühe Positionierung im Arbeitsablauf positiv aus. Aufgrund der wirtschaftlichen Gesamtsituation dominierte die Frage der Wirtschaftlichkeit immer wieder die Diskussion der vorgestellten Handlungsoptionen. Daß die Kosten zwar ein wichtiger aber nicht der allein entscheidende Bewertungsaspekt sein können und sollen, wurde dann aus dem Plenum mit Hinweis auf die Prüffragen — oftmals zu Lebensqualität oder zu Natur — vorgebracht, um an die Notwendigkeit zu erinnern, angesichts aller Folge- und Nebenwirkungen abzuwägen. Dadurch kommen in den Ergebnissen der Bürgerforen die Konsequenzen von Reduktionsmaßnahmen auf gesellschaftliche und politische Bereiche in stärkerem Maß in den Blick, als dies bei einer eher technischen Bearbeitung des Themas oder bei der Betrachtung von Einzelfragen der Energieversorgung beziehungsweise -nutzung der Fall wäre. Die Arbeitseinheit ‚Entscheiden und Bewerten' hat die Teilnehmerinnen und Teilnehmer ermutigt, die Optionen zur $CO_2$-Reduktion umfassend auf ihre Auswirkungen zu befragen und somit die ihr zugedachte Funktion erfüllt.[1]

[1] Der Autor hat eines der elf Foren moderiert und war darüber hinaus in acht Foren als Referent tätig.

## Bewertung der Expertenszenarien

Die Leitbilder der drei Expertenszenarien sowie die Maßnahmen, die zum Umlenken der momentanen Entwicklung in einen der Pfade realisiert werden müssen, wurden während der Bürgerforen mehrfach thematisiert, um die Teilnehmerinnen und Teilnehmern in die Lage zu versetzen, ein qualifiziertes Urteil über die Expertenszenarien abgeben zu können. Da die Szenarienbewertung nach der Behandlung der einzelnen Sektoren des Energiesystems stattfand, waren die alternativen Optionen sowie deren mögliche Folge- und Nebenwirkungen ausreichend diskutiert.

In durch Zufallswahl entstandenen Kleingruppen bewerteten die Bürgerinnen und Bürger die Expertenszenarien *Techniknutzung (B), Ressourcenschonung (C)* und *Neue Lebensstile (D)* anhand der darin vorgesehenen Maßnahmen in den Bereichen Mobilität, Verkehrsmittelwahl, Stromerzeugung und regenerative Energien, weil gerade hier die wesentlichen Unterschiede in der Umsetzung der $CO_2$–Reduktion liegen. Die Bewertung wurde quantitativ auf einer 5er–Skala von $+2$ (Maßnahme ist zu begrüßen) bis $-2$ (Maßnahme ist nicht akzeptabel) sowie qualitativ durch Kurzkommentare durchgeführt. Konnte sich eine Kleingruppe nicht auf eine gemeinsame Position einigen, wurden Minderheitsvoten formuliert. Das Ergebnis der Bewertung der Expertenszenarien zeigt Tabelle 1 auf der nächsten Seite.

Das Expertenszenario *Techniknutzung (B)* wird vor allem wegen des Ausbaus der Kernenergie und aufgrund des weiteren Zuwachses beim Individualverkehr abgelehnt. Die Auswirkungen dieser wesentlichen Szenariomerkmale werden als nicht verantwortbar angesehen und führen zur negativen Wertung von $-1,3$. Das Expertenszenario *Ressourcenschonung (C)* wird von fast allen Kleingruppen als realisierbar, finanzierbar, gesellschaftlich umsetzbar und in seinen Konsequenzen als für den Einzelnen zumutbar angesehen. Daher äußerten sich alle Kleingruppen positiv oder neutral gegenüber diesem Szenario und es ergibt sich eine Gesamtwertung von $+1,3$. Für einen Großteil der Kleingruppen stellt das Expertenszenario *Neue Lebensstile (D)* eine wünschenswerte Entwicklung dar. Zugleich wird seine Umsetzung von den meisten Kleingruppen in dem dafür vorgesehenen Zeitraum von 15 Jahren als unrealistisch eingeschätzt. Aufgrund dieser fehlenden Praktikabilität bewerten die Teilnehmerinnen und Teilnehmer dieses Szenario nur leicht positiv, auch wenn sie ihm im wesentlichen als Ziel zustimmen. Wenige Kleingruppen sehen eine Einbuße an Lebensqualität beispielsweise in der deutlichen Verringerung der Mobilität oder befürchten aufgrund des schnellen Ausstiegs aus der Atomkraft nachteilige wirtschaftliche Auswirkungen. Aus diesen Überlegungen heraus leiten die Gruppen eine negative Wertung ab. Insgesamt ergibt sich eine Gesamtwertung des Szenarios *Neue Lebensstile (D)* von +0,5.

| Expertenszenario | B | | C | | D | |
|---|---|---|---|---|---|---|
| Regenerative Energien | Ausbau, soweit keine hohen Kosten | +0,1 | rascher Ausbau | +1,2 | rascher Ausbau | +1,2 |
| Kernenergienutzung | Ausbau | −1,8 | langsame Beendigung | +1,2 | schneller Ausstieg | +0,1 |
| Mobilität | trendgemäß wachsend | −1,5 | gleichbleibend | +0,7 | deutlich verringert | +0,2 |
| Verkehrsmittelwahl | mit einer Person besetztes Auto dominiert | −1,3 | Auto häufiger mehrfach besetzt; öffentlicher Verkehr öfter genutzt | +1,5 | Auto in der Regel mehrfach besetzt; öffentlicher Verkehr oft genutzt | +0,7 |
| Gesamtbewertung | −1,3 | | +1,3 | | +0,5 | |

*Tab. 1: Bewertung der Expertenszenarien.*

Einige Kleingruppen haben in ihrer Beurteilung den direkten Bezug zu den Prüffragen hergestellt und beispielsweise die Entwicklungen des Expertenszenarios *Techniknutzung (B)* im Verkehrssektor als nicht kompatibel mit der Forderung nach ‚Schutz von Mensch und Natur' und nach ‚Verbesserung der Lebensqualität' bewertet. Insgesamt spiegelt die Szenarienbewertung die in den Prüffragen aufgestellten Ziele für künftige Energiesysteme wider. Damit wird eine Reduktionsstrategie als erstrebenswert beurteilt, die sich am Expertenszenario *Ressourcenschonung (C)* anlehnt und deutliche Tendenzen zu Szenario *Neue Lebensstile (D)* besitzt.

## Bürgerszenarien — angewandte Bewertungen

Die Bürgerszenarien stellen das wichtigste Ergebnis der Bürgerforen dar (Hörning, Weimer–Jehle 1997). Zum Erstellen der Bürgerszenarien diskutierten die Teilnehmerinnen und Teilnehmer das Energiesystem im Gesamtzusammenhang, mit der Aufgabe, die Ergebnisse der Referate und Diskussionen zu einem eigenen Zukunftsentwurf auszuarbeiten, der den $CO_2$–Ausstoß auf die von ihnen favorisierte Weise bis zum Jahr 2005 im Vergleich zu 1987 um 25% verringert. Da die Hälfte der zur Verfügung stehenden Zeitspanne allerdings bereits verstrichen ist, ohne daß entsprechende Reduktionsmaßnahmen eingeleitet wurden, steht für die Umgestaltung des Energiesystems nicht das Jahr 2005, sondern ein Zeitraum von 10 bis 15 Jahre zur Diskussion.

Die Konstruktion von Szenarien als Voten, wie das gesteckte $CO_2$–Ziel umgesetzt werden soll, besitzt eine andere Qualität als die Beurteilung vorhandener Optionen oder das Darstellen der persönlichen Meinung. Zum einen mußte die persönliche Auffassung in der Kleingruppen–Diskussion bestehen, bevor sie als Element des Bürgerszenarios aufgenommen wurde, und zum anderen wurde durch das Bilanzierungsprogramm ENSYS (Weimer–Jehle 1996) die Berücksichtigung der internen Zusammenhänge und Interdependenzen des Energiesystems erzwungen. Dadurch entstanden in sich konsistente Bürgerszenarien. Zugleich mußten fachlich adäquate Lösungen gefunden werden, da ENSYS einfache Patentlösungen als solche enttarnt. Daher sind aus fachlicher Sicht die im folgenden dokumentierten Voten als der Problemstellung angemessen zu bezeichnen (Hörning, Weimer–Jehle 1999). Eine weitere Besonderheit der Bürgerszenarien besteht darin, daß die am ersten Tag aufgestellten Ziele nunmehr zu Anforderungen an den eigenen Lösungsvorschlag wurden. Die Bürgerszenarien mußten also den Prüffragen und damit einem selbst formulierten Anspruch genügen. Inwieweit es den Kleingruppen gelungen ist, dies mit ihrem Szenario einzulösen und umzusetzen, hätte einer weiteren Reflexionsphase bedurft, die im Konzept der Bürgerforen nicht vorgesehen war. Somit waren die Teilnehmerinnen und Teilnehmer nicht angehalten, ihre Energieszenarien an den Prüffragen zu spiegeln. Im folgenden wird daher durch Auswertung der Bürgerszenarien und der schriftlichen Begründungen im nachhinein eine hypothetische Antwort versucht. Zunächst ist aber zum besseren Verständnis der Ergebnisse die Art und Weise, wie die Bürgerszenarien entstanden sind, nachzutragen.

In den Bürgerszenarien haben die Kleingruppen aus dem Bündel der vorgestellten und diskutierten Maßnahmen diejenigen zusammengestellt, die einerseits die angestrebte $CO_2$–Reduktion erreichen und anderseits in ihren Augen eine erstrebenswerte Zukunft ergeben. Ausgehend vom Trendszenario diskutierten die Teilnehmer und Teilnehmerinnen die dazu notwendigen Veränderungen. Die einvernehmlich beschlossenen Maßnahmen wurden Schritt für Schritt mithilfe des Computer–Programms eingegeben, welches die sich daraus ergebenden $CO_2$–Emissionen bilanzierte. Dadurch war es möglich, einzelne Maßnahmen auf ihren Reduktionsbeitrag hin zu testen, den erzielten Fortschritt laufend zu beobachten und im Fortgang der Diskussion die folgenden Entscheidungen darauf abzustimmen. Gleichzeitig wurde durch das Programm erreicht, daß ständig die internen Zusammenhänge und Interdependenzen des Energiesystems berücksichtigt und die wechselseitigen Verknüpfungen zwischen den Einzelgrößen stets mitbetrachtet wurden. Mit diesem Konzept konnte einerseits der Komplexität der Problemstellung im notwendigen Umfang Rechnung getragen und diese anderseits bearbeitbar gemacht werden. Nachdem die Kleingruppen am Rechner ihre Szenarien erstellt hatten, verfaßten sie kurze schriftliche Begründungen für die erfolgte Ausgestaltung ihrer Energiewelten, wozu kein festes Schema vorgegeben war.

Da aufgrund der begrenzten Anzahl von Rechnern keine Minderheitsvoten erarbeitet werden konnten, war im Vorfeld bereits zu erwarten, daß kontroverse Positionen in den Kleingruppen zu Blockaden führen könnten. Daher wurde bei der Erstellung der Bürgerszenarien die Gruppeneinteilung abweichend vom üblichen Verfahren nicht im Zufallsverfahren vorgenommen. Die Teilnehmerinnen und Teilnehmer konnten sich, je nach Vorliebe für eines der drei Leitbilder, *Techniknutzung, Ressourcenschonung* oder *Neue Lebensstile*, in entsprechenden Gruppen zusammenfinden und auf der Basis dieser Grundübereinstimmung gemeinsam eine Energiewelt konzipieren. Zudem sollte damit sichergestellt werden, daß die Bürgerszenarien in ihrer Gesamtheit die Vielfalt der Präferenzen der Teilnehmerinnen und Teilnehmern widerspiegeln. Inhomogene Gruppen hätten vermutlich in der Tendenz zu einer Reihe ähnlicher Kompromißwelten geführt, wobei einiges von der Spannweite kontroverser Auffassungen und damit von der Aussagekraft der Bürgerforen verloren gegangen wäre.

Die homogene Gruppenzusammensetzung begünstigte somit das Entstehen von einzelnen Bürgerszenarien, die als Minderheitspositionen anzusehen sind. Auch wenn jedes Bürgerszenario von Personen mit ähnlichen Ansichten und Werthaltungen erarbeitet wurde, haben sie sich — wie die Begründungen der Bürgerszenarien zeigen — nicht lediglich nur mit den eigenen Vorstellungen, sondern auch mit den Argumentationen und Einwänden der Vertreter anderer Leitbilder in der Gruppendiskussion auseinandergesetzt. Mit den Bürgerszenarien haben die Kleingruppen ihr Votum formuliert, wie ein künftiges klimaverträgliches Energiesystem gestaltet und mit welchen Maßnahmen dieses Ziel erreicht werden sollte. Die Bürgerszenarien sind in ihrer Intension und in ihrem Anspruch advokatorisch als beste Lösung für alle zu verstehen und gehen so über die Äußerung persönlicher Vorlieben oder irgendwelcher Interessen hinaus.

## a. Strategien der Bürgerszenarien zur $CO_2$–Reduktion

In den Foren entstanden insgesamt 53 Bürgerszenarien als Ergebnisse der von den Kleingruppen vorgenommenen Abwägungsprozessen. Da alle Szenarien gleichberechtigt nebeneinander stehen, wurde bei der statistischen Auswertung nach Gemeinsamkeiten gesucht. Drei Typen und einige Sonderwege kristallisierten sich dabei heraus. Demzufolge wählen Bürgerszenarien eines bestimmten Typs — bei allen Unterschieden — ähnliche Wege zur $CO_2$–Reduktion. Tabelle 2 auf der nächsten Seite gibt einen Überblick über die wichtigsten Merkmale der Bürgerszenario–Typen.

Die drei Bürgerszenario–Typen erreichen die angestrebte $CO_2$–Reduktion durch unterschiedliche Maßnahmenbündel, deren Zusammensetzung entscheidend von der Einstellung zur Kernenergie geprägt wird. Die Kernenergienutzung im heutigen Umfang oder ein weiterer Ausbau bewirken eine ausgesprochen $CO_2$–arme Strom– und Wärmeerzeugung. Daher ist *Typ 1* nicht gezwungen, die technisch machbare Effizienzsteigerung vollständig auszuschöpfen, auch ist der Zuwachs bei der Nachfrage an Energiedienstleistungen gegenüber der Trendannahme nur leicht zu bremsen. Dagegen kann *Typ 3* den raschen Ausstieg aus der Kernenergienutzung nicht durch einen entsprechenden Ausbau $CO_2$–freier Energieträger kompensieren. Die somit $CO_2$–intensivere Struktur der Energieversorgung muß dann durch eine beschleunigte Effizienzentwicklung und vor allem durch die Verringerung der Energienachfrage auf der Basis von deutlichen Verhaltensänderungen erkauft werden. Da *Typ 2* mit dem langsamen Ausstieg aus der Kernenergienutzung mehr Zeit für eine Anpassung des Energiesystems hat, genügen beschleunigte Effizienzsteigerungen und die Stabilisierung der Nachfrage nach Energiedienstleistungen, um das $CO_2$–Reduktionsziel erfüllen zu können.

| **Merkmale der drei Bürgerszenario–Typen** | | |
|---|---|---|
| **Typ 1**<br>**15% der Bürgerszenarien** | **Typ 2**<br>**51% der Bürgerszenarien** | **Typ 3**<br>**21% der Bürgerszenarien** |
| Verbesserung der technischen Effizienz über die trendgemäße Entwicklung hinaus. | Verbesserung der technischen Effizienz über die trendgemäße Entwicklung hinaus. | Verbesserung der technischen Effizienz deutlich über die trendgemäße Entwicklung hinaus. |
| leichte Verlagerung vom Individualverkehr hin zum öffentlichen Verkehr | leichte Verlagerung vom Individualverkehr hin zum öffentlichen Verkehr | deutliche Verlagerung vom Individualverkehr hin zum öffentlichen Verkehr. |
| Der trendgemäße Zuwachs der Pro–Kopf–Nachfrage nach Energiedienstleistungen (Verkehr und Haushalt) ist insgesamt etwas zu bremsen. | Die pro-Kopf–Nachfrage nach Energiedienstleistungen ist insgesamt auf ungefähr dem heutigen Niveau einzufrieren. | Die pro–Kopf–Nachfrage nach Energiedienstleistungen ist insgesamt gegenüber dem heutigen Niveau zu senken. |
| Die Kernenergie soll dauerhaft einen Beitrag zur Energieversorgung leisten. Dazu sind zumindest alte Kernkraftwerke nach Außerdienststellung durch Neubauten zu ersetzen. | Kernenergie trägt vorübergehend noch wesentlich zur Deckung des Strombedarfs bei, mittelfristig ist ein allmählicher Ersatz durch Erdgas-verstromung, Stromeinsparungen und durch regenerative Energieträger vorgesehen. | Kernenergienutzung ist keine akzeptierte Strategie zur $CO_2$–Reduktion und zügig durch Erdgasverstromung, Stromeinsparungen und durch regenerative Energieträger zu ersetzen. |

*Fortsetzung auf der nächsten Seite.*

*Fortsetzung der vorangegangenen Seite.*

| | | |
|---|---|---|
| Der Ausbau der regenerativen Energieträger ist zu forcieren. | Der Ausbau der regenerativen Energieträger ist stark zu forcieren. | Der Ausbau der regenerativen Energieträger ist stark zu forcieren. |

*Tab. 2: Merkmale der drei Bürgerszenario–Typen, (13% der Bürgerszenarien sind Sonderwege, die sich keiner der drei Strategien zuordnen lassen; Anzahl der Bürgerszenarien: 53).*

Im Rahmen des Bürgergutachtens lassen sich als Beitrag für die energiepolitsche Debatte nun diejenigen Maßnahmen aus den Bürgerszenarien auflisten, die von fast allen Kleingruppen eingesetzt werden. Dies sind vor allem Maßnahmen zur effizienten Bereitstellung von Energiedienstleistungen sowie zur Verbesserung des Energiemixes. Mehrheitlich werden nur sehr moderate Verhaltensänderungen und Nachfragesenkungen als wünschenswert beurteilt und in den Bürgerszenarien häufig eingesetzt. Gravierende verhaltensmotivierte Energieeinsparungen sehen nur wenige Gruppen als zumutbare und erstrebenswerte Reduktionsoption an.

**In den Bürgerszenarien häufig ergriffene Maßnahmen**

- größere Anstrengungen zur Verbesserung der technischen Effizienz
  - durch starke Senkung des Verbrauchs der Kraftfahrzeuge
  - durch starke Senkung des Heizenergiebedarfs
  - durch optimierte Produktionsprozesse in der Industrie
- moderate Verhaltensänderungen zur Verringerung des Energiebedarfs
- stärkere Nutzung öffentlicher Verkehrsmittel
- forcierter Ausbau regenerativer Energieträger
- langfristige Beendigung der Stromerzeugung aus Kohle

Für weitergehende und vor allem aufschlußreichere Aussagen aus den Bürgerforen reichen obige Häufigkeitsauszählung nicht aus. Es bedarf vielmehr Analysen der Bürgerszenarien, die über das hinaus gehen, was von den Teilnehmerinnen und Teilnehmern geleistet werden konnte. So wurden die Bürgerszenarien unter verschiedenen Fragestellungen ausgewertet (Hörning, Weimer-Jehle 1999). Für die Energiediskussion erscheint mir die Suche nach Reduktionsstrategien, die eine Minimierung von Konflikten in der Bevölkerung beabsichtigen, besonders interessant zu sein: Es wurden all diejenigen Maßnahmen zu einem neuen artifiziellen Szenario kombiniert, die in den Bürgerszenarien besonders häufig eingesetzt wurden — mit dem Ergebnis, daß mit Maßnahmen, denen 95% der Teilnehmerinnen und Teilnehmern zustimmten, eine 13%ige $CO_2$-Reduktion in einem Zeitraum von ca. 10 Jahren erzielt werden kann. Die politisch anvisierte Reduktion um 25% wird mit einer Zustimmungsquote von 74% erreicht. Damit erhält man gute Hinweise auf Reduktionsstrategien und Maßnahmenkataloge, mit denen das $CO_2$-Ziel angegangen werden könnte, ohne größere Widerstände in der Bevölkerung befürchten zu müssen.

## b. Folgenabwägungen in den Bürgerszenario-Typen

Im Gegensatz zur Bewertung ausgearbeiteter Szenarien müssen bei der Konstruktion eines klimaverträglichen Energiesystems in einem iterativen Prozeß immer wieder folgende drei Fragen erörtert und entschieden werden:

- Welche Energieträger dürfen verwendet werden?
- Welche Technik wird eingesetzt?
- Wie hoch soll und darf der Energiebedarf sein?

Diese Fragen thematisieren individuelles Verhalten, Umsetzbarkeit, technische Machbarkeit und Verantwortbarkeit. Diskussionen zur Verringerung des energiebedingten $CO_2$-Ausstoßes können auf die drei Stränge Substitution, Effizienz und Suffizienz abgebildet werden. Unter Substitution wird die Änderung des für bestimmte Energieverwendungszwecke eingesetzten Energieträgers verstanden (beispielsweise bei Heizungsanlagen: Erdgas statt Öl; bei Kraftwerken: Kernenergie oder regenerative Energieträger statt Kohle). Unter die Effizienzoption fallen alle technischen Verbesserungen, die zu einer Verminderung des Energiebedarfs bei gleichem Nutzen führen (z. B. Senkung des Kraftstoffverbrauchs der Kfz; verbesserte Wärmeisolierung von Gebäuden oder Erhöhung des Wirkungsgrads von Kraftwerken). Suffizienz meint dagegen alle Verhaltensänderungen und Verzichte[1], die eine Senkung des Energiebedarfs bewirken (z. B. weniger Pkw–Fahrleistung; Senken des Warmwasserbedarfs durch Duschen statt Baden). Diese Einteilung ist insofern hilfreich, da mit Substitution, Effizienz und Suffizienz verschiedene Akteure im energiepolitischen Diskurs angesprochen sind. Vereinfacht lassen sich als Zuordnungen angeben:

- Substitution — Politik,
- Effizienz — Wissenschaft und Wirtschaft
- Suffizienz — Bevölkerung

Da die mit individuellem Verzicht erreichbare $CO_2$–Reduktion, die Verantwortbarkeit von Technologien sowie die Zumutbarkeit von Maßnahmen stark von Werthaltung und Lebensstil abhängen, kommen die Kleingruppen, die sich verschiedenen Leitbildern zuordnen, auch zu unterschiedlichen Ergebnissen. Die Bürgerszenario–Typen beruhen somit auf unterschiedlichen Abwägungen der drei Diskussionsstränge: Substitution, Effizienz und Suffizienz.

**Substitution** Große Einigkeit in den Bürgerforen besteht darin, daß eine deutliche Verringerung des Kohleanteils zur Stromerzeugung als Beitrag zum Klimaschutz trotz der damit verbundenen Anpassungsprozesse in den Bergbauregionen zu leisten ist. Die Möglichkeit zur Substitution fossiler Energieträger durch Kernenergie wird dagegen kontrovers beurteilt. Bei der Kernenergie wird das Betriebsrisiko und die Entsorgung gegen $CO_2$–Reduktion, Wirtschaftlichkeit und Ressourcenschonung mit unterschiedlichen Ergebnissen abgewogen. Für *Typ 1* sind die Entsorgungsfragen prinzipiell lösbar; er schätzt zudem die Betriebssicherheit westlicher Reaktoren als hinreichend hoch ein und empfiehlt daher die Weiternutzung der Kernenergie als $CO_2$–armer, preiswerter und zuverlässiger Stromerzeugung, die zudem hilft, die begrenzten Vorräte fossiler Energieträger zu schonen. *Typ 3* hält dagegen die Kernenergienutzung vor

[1] Der Begriff ‚Verzicht' wird hier wertfrei verwendet, um im Sinne von Konrad Ott (‚nicht beanspruchen müssen'; ‚nicht angewiesen sein auf') eine Nichtinanspruchnahme von Energiedienstleistungen zu beschreiben. Die Einschätzung, ob mit einem Verzicht eine Verminderung der Lebensqualität verbunden ist, hängt von der subjektiven Werthaltung des Verzichtenden ab. (Siehe hierzu den Beitrag von Konrad Ott S. 228.)

allem aufgrund der Entsorgungsfragen für nicht verantwortbar — dementsprechend wird die rasche Beendigung des Einsatzes dieser Technologie angestrebt. Volkswirtschaftliche Mehrbelastungen werden dabei in Kauf genommen, ebenso wie ein vorübergehend hoher Anteil von Erdgas an der Stromversorgung sowie ein niedrigeres Energiedienstleistungsniveau. Vielmehr erwartet *Typ 3* von einem raschen Ausstieg aus der Kernenergie positive Impulse für alternative Technologien und neue Innovationen. Im Disput stimmt *Typ 2* der Risikoeinschätzung von *Typ 3* zu — allerdings werden von ihm die wirtschaftlichen Aspekte höher gewichtet, so daß er einen langsamen Ausstieg vornimmt. Damit soll die begrenzte Anpassungsfähigkeit des Energiesystems und der Energieverbraucher in stärkerem Maße berücksichtigt werden. Alle Bürgerszenarien forcieren den Ausbau der regenerativen Energieträger und drücken damit die hohe Bedeutung aus, die sie einer Energieversorgung auf der Basis erneuerbarer Energieträger zumessen. Wirtschaftlichkeitsüberlegungen führen bei *Typ 1* in dieser Frage allerdings dazu, daß deren Ausbau deutlich unterhalb des in den Expertenszenarien *Ressourcenschonung* und *Neue Lebensstile* realisierten Potentials bleibt.

**Effizienz** Durch Steigerung der technischen Effizienz wird — ähnlich wie in den Expertenszenarien[1] — in allen Bürgerszenarien der Hauptanteil der $CO_2$-Reduktion erreicht. Dies wird mit großen, momentan nicht genutzten Potentialen — vor allem beim Verbrauch der Kraftfahrzeuge und im Gebäudebereich begründet. Eine Effizienzverbesserung über die trendgemäße Entwicklung hinaus, nimmt somit die herausragende Stellung ein. Damit fordern die Teilnehmerinnen und Teilnehmer eine Strategie der $CO_2$-Reduktion, die zunächst einmal bei der Effizienz des Energiesystems ansetzt. Erst wenn das technisch und wirtschaftlich realisierbare Reduktionspotential erschlossen ist,[2] sind weitere zielführende Maßnahmen — wie beispielsweise solche, die auf Änderungen des Verhaltens abzielen — gerechtfertigt. *Typ 3* mißt der Effizienzverbesserung den höchsten Stellenwert zu und schöpft die technische Möglichkeiten weitestgehend aus.

[1] Bereits im *Trendszenario A* wird eine Effizienzsteigerung von ca. 15% gegenüber 1990 angenommen. Deren Effekt bezüglich der $CO_2$-Emissionen wird allerdings durch wachsenden Bedarf an Energiedienstleistungen kompensiert. Die Reduktionsszenarien *B, C* und *D* gehen über die trendgemäße Effizienzentwicklung hinaus und erzielen damit einen wesentlichen Beitrag zur $CO_2$-Reduktion.

[2] Bzgl. des wirtschaftlich realisierbaren Potentials liegt eine gesamtwirtschaftliche Betrachtungsweise, gegebenenfalls unter modifizierten Randbedingungen, zugrunde.

Diese Anstrengungen sind ihm der rasche Ausstieg aus der Kernenergienutzung wert, dessen Folgen dadurch wenigstens teilweise kompensiert werden können.

**Suffizienz** Die Höhe der Nachfrage nach Energiedienstleistungen thematisiert im wesentlichen die Bereitschaft, durch geändertes Verhalten weniger Energie zu beanspruchen. Keine Kleingruppe nimmt trendgemäßes Wachstum an. Somit werden angesichts des $CO_2$–Problems zumindest geringe Verhaltensänderungen im Umgang mit Energie von allen Teilnehmerinnen und Teilnehmern als angemessen und zumutbar eingeschätzt. Diese Bereitschaft bezieht sich jedoch im wesentlichen auf den Verzicht auf Zuwächse, was aber bereits die Bedeutung einer Trendwende hat, da man sich dann mit dem Status quo begnügt. Die Bereitschaft, den Energiekonsum gegenüber dem heutigen Niveau zu senken, ist wesentlich von der Beurteilung der Kernenergie abhängig. Eine rasche Beendigung der Kernenergienutzung, zusammen mit einer deutlichen $CO_2$–Reduktion, kann nicht allein durch technische Maßnahmen bewältigt werden. Somit empfiehlt *Typ 3* den schnellen Ausstieg aus der Kernenergie trotz damit verbundener Einbußen an Energiedienstleistungen. Angesichts dieser Einbußen verfolgt *Typ 2* eine langsamere Beendigung der Kernenergienutzung, um die Anpassungsfähigkeit des Energiesystems, der Wirtschaft und des privaten Sektors nicht zu sehr zu strapazieren. — Alle drei Typen unterscheiden sich insofern einerseits hinsichtlich der erwarteten Pro–Kopf–Nachfrage und andererseits in ihrer Einstellung zur Kernenergie. Während *Typ 1* aufgrund der $CO_2$–armen Kernenergie Zuwächse bei der Nachfrage zuläßt, beabsichtigt *Typ 2*, den Kernenergieausstieg so zu gestalten, daß zumindest eine Konsolidierung auf dem heutigen Niveau erreicht wird. *Typ 3* verfolgt dagegen die Senkung des Pro–Kopf–Verbrauchs nicht nur als ein Mittel zur Kompensation des Kernenergieausstiegs, sondern sieht darin selbst ein erstrebenswertes Ziel. Dies ermöglicht ihm die rasche Beendigung des Einsatzes der Kernenergie.

Im Verkehrssektor werden der Mobilitätsstandard und die Beeinträchtigung der Lebensqualität gegeneinander abgewogen. Insgesamt wird der Erhalt der Mobilität als wichtig eingeschätzt. Die Hälfte der Kleingruppen halten zumindest ein leichtes Anwachsen für erstrebenswert oder unvermeidlich. Bei etwa einem Viertel der Bürgerszenarien wird die Mobilität mit Hinweis auf deren negativen Nebenwirkungen (Lärm, Schadstoffemissionen) gegenüber dem heutigen Niveau deutlich verringert. Der

Anteil des öffentlichen Verkehrs nimmt gegenüber der Trendentwicklung in allen Bürgerszenarien zu, wobei *Typ 1* eine leichte und *Typ 3* eine massive Steigerung befürwortet.

### Prioritäten bei Zielkonflikten

Werden nun die Begründungen der Bürgerszenarien thematisch den acht Zielen zugeordnet, so läßt sich der Bezug zu den Prüffragen nachträglich rekonstruieren. Besonders aufschlußreich wäre eine weitere Arbeitseinheit gegen Ende des Verfahrens gewesen, in der darum gebeten worden wäre, entscheidende sachliche, fachliche oder moralische Zielkonflikte zu benennen, die im Verlauf des Verfahrens zu einem veränderten Votum Anlaß gegeben haben. Da diese Arbeitseinheit im Konzept der Bürgerforen nicht vorgesehen war, versuchen die folgenden Überlegungen Aufschluß zu geben.

So führen Kleingruppen des *Typs 1* häufig Argumente, die die *Wirtschaftsweise* und die eingesetzte *Technologie* betreffen. Demgegenüber stehen bei den *Typen 2* und *3* Begründungen im Vordergrund, die sich auf die Ziele *Schutz von Mensch und Natur* und *Sparsamkeit* beziehen. Damit werden die verschiedenen Motive, die bei der Szenarienerstellung eine Rolle spielten, sichtbar: Kleingruppen des *Typs 1* sind stärker geprägt von einer Vorsicht gegenüber starken Veränderungen. Bei auftretenden Zielkonflikten bewerten sie die *wirtschaftliche Sicherheit*, den *Lebensstandard* und die *Individualität* gegenüber *Schutz von Mensch und Natur* und *Sparsamkeit* höher. Sie würden somit in der Tendenz die Rangfolge der Prüffragen umstellen und kommen so zu ihrem Votum für eine fortdauernde Kernenergienutzung sowie für einen weiteren Zuwachs bei der Nachfrage nach Energiedienstleistungen besonders im Verkehrssektor.

Da die Steigerung der Effizienz, die von allen Typen vorgenommen wird, zur Verringerung des Energiebedarfs führt und eine Schonung der Energieressourcen bedeutet, berücksichtigen alle Bürgerszenarien die Ziele *Schutz der Natur* und *Sparsamkeit* zumindest teilweise. Die hohe Wertschätzung der Effizienzverbesserung in den Bürgerszenarien korrespondiert mit der Rangfolge dieser beiden Prüffragen. Den Kleingruppen des *Typs 2* und *3* sind *Ressourcenschonung, Gesundheit* und die Konsequenzen für *zukünftige Generationen* besonders wichtig. *Typ 2* nimmt daher einen vorsichtigen Wandel mit Rücksicht auf die Anpassungsfähigkeit von Gesellschaft und Wirtschaft vor und greift damit die Forderung der Prüffragen nach *Flexibilität* auf. *Typ 3* folgert aus der hohen Wertschätzung der Ziele *Schutz von Mensch und Natur* und *Sparsamkeit* die Notwendigkeit, überfällige Umgestaltungen konsequent und rasch vorzunehmen und hält Einbußen bei der Nachfrage nach Energiedienstleistungen nicht nur für gerechtfertigt, sondern auch für wünschenswert. Er ordnet somit die Fragen der *Wirtschaft* und des *Lebensstandards* den oben genannten Zielen unter. Somit zeigt sich zum wiederholten Male, daß verschiedene Motive — repräsentiert durch die drei Bürgerszenario–Typen — zu unterschiedlichen Gewichtungen in der Abwägung der Konsequenzen von energiepolitischen Maßnahmen führen. Daraus resultieren Voten für verschiedene Entwicklungspfade des Energiesystems, für die einerseits von ihren Befürwortern gute Gründe angeführt und denen andererseits von ihren Gegnern Verstöße gegen bedeutende Anforderungen vorgeworfen werden können. Zwischen *Typ 1* und den *Typen 2* und *3* bestehen grundsätzliche und teilweise unvereinbare Ansichten über die Ausgestaltung des künftigen Energiesystems. *Typ 2* und *Typ 3* differieren dagegen nicht in der Zielvorstellung, sondern lediglich in der Einschätzung des daraus abzuleitenden Umfangs der Maßnahmen. Berücksichtigt man dies, so zielt das Votum der Bürgerszenarien eindeutig auf eine Umgestaltung des Energiesystems in Richtung einer Welt des *Typs 3* oder des *Expertenszenarios D, Neue Lebensstile*. Die Mehrheit vertritt allerdings eine Strategie des langsamen Wandels mit vielfältigen Kompromissen an die Ausgangslage und an die begrenzte Wandlungsfähigkeit von großen technischen Systemen einerseits und pluralistischen Gesellschaften anderseits.

## Qualität der Ergebnisse von Bürgerforen

Bevor die Frage beantwortet werden kann, welchen Beitrag die Bürgerforen ‚Klimaverträgliche Energieversorgung‘ zur Energiedebatte leisten können, ist die Relevanz und Aussagekraft der Ergebnisse zu erörtern. Dazu ist einerseits die Rückwirkung des Verfahrens ‚Bürgerforum‘ auf die Ergebnisse zu reflektieren und anderseits ist die mögliche Rolle partizipativer Technikfolgenabschätzung in demokratischen Prozessen zu klären.

Zunächst bietet der verfügbare Zeithorizont von mehreren Tagen die Möglichkeit die Bürgergruppe über die Sachlage und die verschiedenen Handlungsalternativen und deren voraussichtliche Konsequenzen adäquat zu informieren. Die Zufallsauswahl führt zum einen zu einer bezüglich Alter, Beruf und Werthaltung heterogenen Bürgergruppe und zum anderen dazu, daß die Bürgerforen nicht von Vertretern von Interessengruppen dominiert werden. Die methodische Vorgehensweise wechselnder Kleingruppensituationen ermöglicht erst die erforderliche intensive Auseinandersetzung mit den anstehenden Fragen und macht die Klärung von Meinungsverschiedenheiten zwischen Personen verschiedener Auffassungen unabdingbar. So entstandene Voten sind dann Ergebnisse von Einigungs- und Abwägungsprozessen zwischen informierten Bürgerinnen und Bürgern. Diese Wenn–dann–Beziehungen lassen interessante Aussagen über die Prioritätensetzung bei Zielkonflikten zu. Wenn beispielsweise Klimaschutz und Ausstieg aus der Kernenergienutzung eine Verringerung der Fahrleistung erforderlich macht, dann kann — bei dementsprechender Werthaltung — diese Maßnahme durchaus als zumutbar angesehen werden, auch wenn grundsätzlich eine hohe Mobilität ein erstrebenswertes Ziel darstellt. Diese Abwägungen lassen sich nur schwer theoretisch mit Bewertungsaspekten diskutieren, sondern bedürfen meines Erachtens konkreteren Entscheidungssituationen, wie sie wohl beim Szeanrienerstellen am Rechner vorliegen. Da die Teilnehmerinnen und Teilnehmer durch ihr ‚Mandat' als ‚Bürgergutachter' advokatorisch Voten erarbeiteten, stellen diese in erster Linie einen begründeten Vorrang für eine bestimmte Option fest und nicht lediglich eine Vorliebe dafür.

Die Heterogenität der Bürgergruppen und die umfassende Betrachtung und Bearbeitung der Fragestellung bewirkt, daß die Ergebnisse der Bürgerforen trotz der relativ geringen Teilnehmerzahl und ihrer nicht repräsentativen Zusammensetzung valide Empfehlungen sein können für Lösungswege, die mit Zustimmung rechnen dürfen oder gar begrüßt würden. Dies ist insofern einzuschränken, da die so festgestellte Akzeptabilität der Maßnahmen von einem guten Informationsstand bei den Betroffenen ausgeht. Darin unterscheidet sich allerdings die Bevölkerung von der Bürgergruppe, die im Laufe des Bürgerforums zu ‚Quasi-Experten' wurden. Die Vermittlung von Ergebnissen, die in aufwendigen Diskursen erarbeitet wurden, an Personen, die diesen Prozeß nicht oder nur wenig kennen, stellt eine große Schwierigkeit dar und erschwert es, Ergebnisse aus Bürgerforen in Entscheidungszusammenhänge zu übertragen. Dies ist dem bisherigen Experimentalcharakter dieser Verfahren und einem noch unzureichenden (Medien–)Interesse geschuldet, so daß die erforderlichen Informationen einer breiten Öffentlichkeit nicht zur Verfügung stehen und die Beweggründe hinter den Empfehlungen nicht verständlich werden. Eine Integration der Verfahren in politische Entscheidungsprozesse kann auch nur dann gelingen, wenn in partizipativer Technikfolgenabschätzung mehr als nur ein Instrument zur Beratung, sondern der Ausdruck einer politischen Kultur gesehen wird.

Bürgerforen sind bereits der Ausdruck einer veränderten politischen Kultur, es sollte bei der Reinterpretation der Ergebnisse der Bürgerforen daher beachtet werden, daß diese in einem handlungsentlasteten Raum zustande kommen. Im Unterschied zu den üblichen Entscheidungsprozessen handelt es sich nicht mehr nur um das Ergebnis von Aushandlungen, um den Ausdruck unterschiedlicher Interessen oder um das ‚Erheben von Meinungen', sondern vielmehr um den Versuch eines systematischen Diskurses über Geltungsansprüche im Wechselspiel von Ideal und Wirklichkeit. Anders als in den herkömmlichen Verfahren der Demoskopie, sind es die ‚Probanden' selbst, die die Problemlösungen vornehmen, ausgestattet mit dem nötigen Sachverstand.

Personen, die sich für vier Tage in Bürgerforen zusammenfinden, stehen in keinerlei Geschäftsbeziehungen oder Machtverhältnissen zueinander. Damit sind ihnen die — für politische Prozesse typischen — ‚sachfremden' Aushandlungslösungen verwehrt. Sie müssen vielmehr innerhalb des Themenkomplexes ihre Präferenzen diskutieren, abwägen, beurteilen und Entscheidungen treffen oder Lösungen aushandeln. Die zeitliche Begrenzung des ‚Mandats' als Bürgergutachter macht Überlegungen gegenstandslos, eine Position der Gegenpartei jetzt mitzutragen, damit diese später in einer ganz anderen strittigen Frage die eigene Position mitträgt. Aller Erfahrung nach sind die Diskussionen in Bürgerforen überwiegend von Argumentation und Reflexion geprägt. Die Voten kommen in einem Prozeß zustande, in dessen Verlauf im wesentlichen das bessere beziehungsweise das einsichtigere Argument entscheidet — unabhängig davon, wer es vorgebracht hat. Es handelt sich um Diskurse zur Überprüfung von Geltungsansprüchen, wobei die Argumentation im Vordergrund steht, nicht aber feststehende Positionen oder strategisch-taktisch motivierte Schachzüge.

Um aus den Ergebnisse der Bürgerforen ‚Klimaverträgliche Energieversorgung' bedeutsame Aussagen für die energiepolitische Debatte machen zu können, muß der methodische Kontext bedacht werden, in dem sie entstanden sind. Ein Vergleich der Bürgerszenarien mit den in den Prüffragen aufgestellten Anforderungen sowie mit dem Ergebnis der Bewertung der Expertenszenarien zeigt, daß sich die Formulierung von Zielen ebenso wie die Beurteilung vorgegebener Entwicklungspfade vom Erstellen von Szenarien grundlegend unterscheiden und zu Aussagen unterschiedlicher Qualität führen. Die folgenden Überlegungen sind insofern ein nicht unproblematisches Unterfangen, denn es handelt sich um den Versuch einer Reinterpretation der praktischen Empfehlungen mit dem Ziel, auf die dahinter liegenden Motive zurückzuschließen. — Zweifelsohne läßt sich eine erklärungsbedürftige Differenz feststellen zwischen den in den Prüffragen erhobenen ‚Idealen' und der in den Bürgerszenarien abgebildeten ‚Wirklichkeit'. Einerseits werden die Expertenszenarien *Ressourcenschonung* und *Neue Lebensstile* positiv bewertet und in den Prüffragen als zentrale Forderung an ein künftiges Energiesystem *Schutz von Mensch und Natur* sowie *Sparsamkeit* genannt; anderseits finden sich in den Bürgerszenarien folgende Tendenzen:

ZENTRALE TENDENZEN DER BÜRGERSZENARIEN

- fast die Hälfte nimmt einen Zuwachs in der Personenverkehrsleistung an;
- knapp ein Viertel senkt die Personenverkehrsleistung, vergleichbar mit dem Expertenszenario *Neue Lebensstile*;
- ein Viertel beläßt in etwa das momentane Verhältnis von Individual- zu öffentlichen Verkehr;
- knapp die Hälfte steigert den Energiebedarf der Haushalte;
- zwei Drittel steigern die Nachfrage nach Energiedienstleistungen;
- ein Fünftel senkt den Energiebedarf der Haushalte, ähnlich wie Expertenszenario *Neue Lebensstile*;
- ein Sechstel baut die Kernenergienutzung aus;
- knapp die Hälfte reduziert den Kernenergieanteil nur geringfügig;
- drei Szenarien beenden die Kernenergienutzung;
- alle erhöhen den Einsatz der knappen Ressource Gas.[a]

[a] Allerdings ist der Einsatz von Erdgas zur Bedarfsdeckung ambivalent: Einerseits sind die Ressourcen an Gas, verglichen mit den anderen fossilen Energieträger, am kleinsten, anderseits läßt sich Gas sehr effizient und mit niedrigem $CO_2$-Ausstoß pro Energieeinheit in Strom und Wärme umwandeln.

*Abb. 4: Zentrale Tendenzen der Bürgerszenarien im Unterschied zu den Präferenzen wichtiger Prüffragen.*

Inwieweit diese Tendenzen der Bürgerszenarien in Widerspruch zu den Prüffragen und zur Expertenszenariobewertung stehen, bleibt im einzelnen dem Urteil des Lesers überlassen. Nichtsdestotrotz ist anzunehmen, daß eine schlüssige Umsetzung der in den Prüffragen definierten Ziele deutlich andere Schwerpunktsetzungen in den Bürgerszenarien zur Folge gehabt haben müßte. Ebenso impliziert das Ergebnis der Bewertung der Expertenszenarien eine andere Maßnahmenwahl als sie in den Bürgerszenarien erfolgte. Damit sollen weder die Aussagen der Prüffragen noch die der Szenarienbewertung noch die der Bürgerszenarien abgewertet werden. Sie sind — alle auf ihre Weise — wichtige Ergebnisse und wertvolle Beiträge zur energiepolitischen Debatte.

Das Auftreten der oben dargelegten Unterschiede stützt die These, daß erst die Konstruktion von Lösungsvorschlägen aus der Vielzahl realisierbarer und prinzipiell wünschenswerter Handlungsoptionen deutlicher werden läßt, welche konkreten Maßnahmen zur Umgestaltung des Energiesystems und welche Eingriffe in die Lebensweise des Einzelnen angesichts der Treibhausproblematik Zustimmung fänden und welche nicht. Dazu ist Information und Reflexion über verschiedene Reduktionsmaßnahmen und deren Folgewirkungen unter Umständen nicht hinreichend, wie die Diskrepanz zwischen Szenarienbewertung und Bürgerszenarien zeigt. Erst durch die verfahrensbedingte Notwendigkeit der Konfrontation mit anderen Ansichten und durch den ‚Zwang' zu einer gemeinsamen Lösung zu gelangen, findet eine echte argumentative Auseinandersetzung statt. — Es kann schlechterdings nicht gelingen, zugleich die Arbeitsplätze im Kohlebergbau erhalten, wirksamen Klimaschutz betreiben, den Ausstieg aus der Kerntechnik vornehmen und den Individualverkehr nicht beschneiden zu wollen. So werden erst in einem Szenarioprozeß die entstehenden Zielkonflikte zwischen berechtigten Anforderungen sichtbar. Diese müssen aber aufgelöst werden, um ein in sich schlüssiges Bürgerszenario erstellen zu können. Unter diesen methodischen Voraussetzungen kommen dann Überlegungen zu Realisierbarkeit und Zumutbarkeit der einzelnen Maßnahmen viel stärker zum Tragen oder gar erst in den Blick. Die dann eingesetzten Maßnahmen werden angesichts der Problemlage und den Einschätzungen in anderen Bereichen als nötig und angemessen erachtet und bekommen dadurch eine stärkere Aussagekraft.

Dabei bleibt eine Differenz zwischen Votum und realem Verhalten in Form von etwas zu optimistischen Annahmen in den Bürgerszenarien zu vermuten. In den Bürgerszenarien ist aber im Gegensatz zu Szenarienbewertung und Prüffragen viel stärker dem Umstand Rechnung getragen, daß das tatsächliche persönliche Verhalten neben dem Umweltbewußtsein (bspw. *Schutz von Mensch und Natur, Sparsamkeit*) noch von anderen entscheidenden Faktoren — *Kosten, Gewohnheit, Lebensstil* — beeinflußt wird. Die zu verzeichnende Verschiebung der Maßnahmen hin zu eher trendgemäßeren Verhaltensweisen ist meines Erachtens als Anzeichen dafür zu sehen, daß die in den Bürgerszenarien eingesetzten Reduktionsmaßnahmen näher am Umweltverhalten liegen als die mit den Prüffragen formulierten Anforderungen. In den Bürgerszenarien spiegelt sich wohl unter anderem auch das Fehlen von Anreizen sowie das Nichtverfügen über adäquate alternative Verhaltensmöglichkeiten wider. Man sollte daher den Voten der Bürgerszenarien nicht den ihnen zugrundeliegenden Realismus zum Vorwurf machen. Das folgerichtige Umsetzen der in den Prüffragen formulierten und bei der Bewertung der Expertenszenarien angelegten Anforderungen an ein ‚gutes' Energiesystem entspräche — so wäre zu befürchten — eher radikaleren Positionen und könnte Maßnahmen zur Folge haben, die als nicht sozialverträglich zu bezeichnen wären. Die Frage der Zumutbarkeit spielt somit in den Begründungen der Bürgerszenarien eine zentrale Rolle und wird, da sie anderes erarbeitet wurden, in den Prüffragen kaum thematisiert.

Die Diskrepanzen zwischen den verschiedenen Ergebnissen der Bürgerforen weisen meines Erachtens nicht auf mangelnde Konsequenz der Teilnehmerinnen und Teilnehmer nach dem Motto „wasch' mich, aber mach' mich nicht naß" hin, sondern auf die unterschiedlichen Qualitäten ihrer Aussage. Während die Bürgerszenarien realistische Einschätzungen umsetzbarer Maßnahmen geben, bringen die Prüffragen das Umweltbewußtsein der Teilnehmerinnen und Teilnehmer zum Ausdruck. Aus diesen Überlegungen heraus sollte den aus den Bürgerszenarien ableitbaren konfliktminimierenden Strategien zur $CO_2$-Reduktion bei einer konkreten Entscheidung und den Prüffragen sowie der Expertenszenariobewertung bei der allgemeinen Zielbestimmung — beispielsweise bei der Veränderung von Rahmenbedingungen oder dem Schaffen von Anreizstrukturen das größere Gewicht zubemessen werden.

## Beitrag zur Energiedebatte

Die Bürgerforen ‚Klimaverträgliche Energieversorgung' bieten meines Erachtens eine Chance, die energiepolitische Debatte neu zu beleben, indem Voten zur Diskussion gestellt werden, die aus der Perspektive von ‚Energielaien' formuliert wurden. In den Ergebnissen der Bürgerforen spiegeln sich somit die Sichtweise und die Präferenzen von informierten Bürgerinnen und Bürgern, die nicht als Vertreter von Verbänden, Vereinen oder Initiativen agieren, — und eben nicht die befangenen Positionen von Interessenvertretern jedweder Couleur.

Die Ergebnisse der Bürgerforen bieten aus fachlicher Sicht keine neuen Lösungsansätze für das Problem einer deutlichen $CO_2$–Reduktion. So ist der hohe Stellenwert, den die Prüffragen zu den Themen *Schutz von Mensch und Natur* und *Sparsamkeit* erhalten, ebensowenig überraschend, wie das gute Abschneiden des Szenarios *Ressourcenschonung (C)* bei der Bewertung der Expertenszenarien. Auch scheint der Katalog der mehrheitlich geforderten Maßnahmen auf den ersten Blick ‚nur' eine Reproduktion bereits bekannter Vorschläge zu sein.[1] Allerdings macht — wie bereits oben ausgeführt — die Art und Weise, wie die Voten erarbeitet wurden, ihre besondere Qualität und damit ihre Relevanz für die energiepolitische Debatte aus. Durch die Beteiligung von nach dem Zufallsverfahren ausgewählten Bürgerinnen und Bürgern im Zusammenspiel mit einem geeigneten methodischen Vorgehen werden neue Herangehensweisen an die Fragestellung und damit neue Sichtweisen möglich. Das Konzept der Bürgerforen bewirkt, daß die Voten erst nach eingehender Information über das Thema sowie unter Kenntnis und Berücksichtigung der im Energiesystem bestehenden Wechselwirkungen getroffen wurden. Zudem war immer wieder Gelegenheit die mit den verschiedenen Maßnahmen verbundenen potentiellen Folge– und Nebenwirkungen zu reflektieren und gegeneinander abzuwägen. Die Auswertung der Bürgerszenarien ergibt dann als Ergebnis eine Teilmenge aus bereits in der gesellschaftlichen Diskussion befindlichen Maßnahmen zur Umgestaltung des Energiesystems. Als ‚robuste' Maßnahmen wurden dementsprechend solche qualifiziert, die in den Bürgerforen eine hohe Zustimmung erreichten und gleichermaßen eine deutliche $CO_2$–Reduktion erwarten lassen. Die von den Bürgergruppen als robust bewerteten Maßnahmen lassen einen gewissen Grad an Akzeptabilität auch in der Gesamtgesellschaft erwarten,

[1] Vgl. hierzu die Maßnahmenliste auf S. 281.

weil die darin ausgedrückten Ziele auch anderen Personen entweder als erstrebenswert oder aber zumindest als zumutbar erscheinen. Somit ist — bei geeigneter politischer Umsetzung — eine spürbare $CO_2$–Reduktion durchaus einleitbar, ohne größere Widerstände oder gar Konflikte in der Bevölkerung befürchten zu müssen.

Ein möglicher erster Schritt, das Votum der Bügerforen umzusetzen, wäre es, bestehende Potentiale zur Steigerung der technischen Effizienz entschlossener als bisher zu nutzen — gerade auch dann, wenn weitere darüber hinausgehende Maßnahmen aus den Bereichen Substitution und Suffizienz umstritten sind. So sollten beispielsweise die Diskussion um die Zukunft der Kernenergie oder um die vertretbare Höhe des Energieverbrauchs nicht die Umsetzung von Effizienzmaßnahmen blockieren.[1] Damit soll auf die Gefahr verwiesen werden, daß das Streben nach einer Gesamtlösung unter Umständen als Hemmnis wirken und für den Klimaschutz kontraproduktiv sein kann.

Neben diesen inhaltlichen Beiträgen soll die Frage erörtert werden, welche Rolle die Ergebnisse partizipativer Technikfolgenabschätzung und Bürgerbeteiligung in politischen Prozessen zukommen kann. Auswahlmodus der Bürgergruppe, methodischer Ablauf und Bearbeitungsweise lassen vermuten, daß Bürgerforen nicht Ausdruck des ‚Willens' der Bevölkerung sein können und somit nicht in der Lage sind, gesellschaftliche oder politische Entscheidung abzubilden oder vorwegzunehmen. Sie können aber sehr gut die gesellschaftliche oder die politische Debatte durch andere Betrachtungsweisen im Vorfeld einer Entscheidung bereichern, indem sie beispielsweise Perspektiven einbringen, die nicht in erster Linie ein Interesse bekunden, sondern den begründeten Vorrang einer Alternative feststellen. Dazu bedarf es geeigneter Verfahren, die über die üblichen direkt–demokratischen Instrumente hinausgehen. In diesem Zusammenhang ist auch eine Initiative des TA–Programms des Schweizerischen Wissenschaftsrats zu sehen. Im Frühjahr 1998 wurde das *PubliForum* ‚Strom und Gesellschaft' nach dem dänischen Modell der Konsensus–Konferenz (Joss 1995) — einem weiteren Verfahren partizipativer Bürgerbeteiligung — veranstaltet. Ziel ist es, im Vorfeld von Abstimmungen durch den

[1] Beispielsweise weist die von den Evangelischen Akademien in Deutschland herausgegebene Studie ‚Energisch Energie Sparen. Perspektiven der $CO_2$–Reduktion im Bereich der Evangelischen Kirche in Deutschland (EKD)' bei kirchlichen Gebäuden ein wirtschaftliches Einsparpotential (Basis: heutige Energiepreise) bei der Raumwärme mit etwa 22% des Nutzenergiebedarfs und beim Stromverbrauch mit über 25% aus.

Bericht eines solchen Bürgerpanels zur Verbesserung und Versachlichung der Kommunikation beizutragen und das politische Prozedere bei gesellschaftlich brisanten Zukunftsfragen weiterzuentwickeln.

Wenn in demokratischen Prozessen auf Nachvollziehbarkeit bei der Entscheidungsfindung und Mitwirkung von Bürgerinnen und Bürgern Wert gelegt wird, sind meiner Erfahrung nach Verfahren zur partizipativen Bürgerbeteiligung — wie beispielsweise Bürgerforen — sehr gut geeignet, die Sichtweise der ‚nicht organisierten' Öffentlichkeit einzufangen. Der hohe organisatorische, finanzielle und zeitliche Aufwand ihrer Durchführung erscheint dann gerechtfertigt, wenn die gesellschaftlichen Gruppen, die politischen Gremien und die Medien die Bürgervoten in ihre Diskussionen aufnehmen und in ihren Entscheidungsprozeß einbeziehen. Kann dies vom Organisator eines Bürgerbeteiligungsverfahrens nicht in ausreichendem Maße sichergestellt werden, ist eher von der Durchführung abzuraten, da dann über die Kosten–Nutzenfrage hinaus zusätzlich Politikverdrossenheit befördert wird.

Es geht um mehr als um die sprichwörtliche Legitimation durch Verfahren: Durch Bürgermitwirkung kann das Vertrauen derer, die nicht in den Prozeß der Entscheidungsfindung einbezogen sind, sowie das generelle Vertrauen in die Problemlösungkompetenz der zuständigen Institutionen erhalten oder gewonnen werden, wo gewisse Anforderungen an die Qualität der Verfahren gewährleistet sind. — Vertrauen und Legitimität sind wohl weniger mit rhetorischen Finessen, einer Vielzahl von Hochglanzbroschüren oder mit verordneten, ritualisierten Beteiligungsformen (z. B. nach der Gemeindeordnung für Baden–Württemberg §§ 20, 21) zu erreichen, als vielmehr durch Entscheidungsprozesse, bei denen die unterschiedlichen Motive und Argumentationen sichtbar, verschiedene Perspektiven beleuchtet und Dialoge gesucht werden. Dazu bedarf es der wirklichen Möglichkeit einer Mitgestaltung und Verfahren, die dies der ‚Normalbevölkerung' auf transparente und faire Weise ermöglichen. Dies sehe ich insbesondere durch die Zufallsauswahl des an einem solchen Verfahren teilnehmenden Personenkreises gewährleistet, da prinzipiell jeder Einwohner eines Veranstaltungsorts die Chance der Mitwirkung hat und da dadurch verhindert wird, daß sich in Bürgerforen nur die — bezüglich des Themas — ‚Altbekannten' wiedertreffen.

Nicht zu unterschätzen sind die für alle Seiten positiven Effekte der in mancher Hinsicht neuartigen Interaktion zwischen Bevölkerung, Wissenschaft und Politik. Beispielsweise steht bei Konsensus–Konferenzen die

Welt Kopf: Bürgerinnen und Bürger stellen Fragen, die von Expertinnen und Experten beantwortet werden — während Politikerinnen und Politiker zuhören. Ein Teilnehmer des schweizerischen PubliForum äußerte in seinem Fazit, was für viele andere sprechen dürfte:

> „Energiefragen hatten mich zuvor nicht besonders interessiert, aber mir hat gefallen, daß es beim PubliForum um eine Auseinandersetzung mit der Zukunft gehen und daß ein Austausch der unterschiedlichsten Meinungen ermöglicht werden sollte. (...)(...) Wir haben viel diskutiert, und ich hatte am PubliForum zahlreiche Argumente gewonnen um zu zeigen, daß auch nicht so ‚populäre' Experten — wie etwa jene von der NAGRA[1] — ihr Bestes zu geben versuchen, um ihre Aufgabe zu bewältigen. Insofern hat das vielleicht auch dazu beigetragen, Feindbilder abzubauen. (...)(...) Man wurde im PubliForum sehr verletzlich, weil man sich der Sache und den anderen Argumenten öffnen mußte und Schutzwälle fallen ließ. Was ebenfalls bleibt ist die Einsicht, daß Schwarz–Weiß–Malerei bei komplexen Fragen nicht weiter hilft. (...)(...) Der Schweizer Politik wird oft vorgeworfen, sie sei zu langsam. Im PubliForum habe ich aber auch gelernt, daß es manchmal diese langen Prozesse braucht, damit alle zu einem Ergebnis stehen können." (Schweizerischer Wissenschaftsrat 1998).

Auch das Konzept ‚Bürgerforum' bietet die Chance, neue Wege zu beschreiten. So wird es unter anderem möglich, die Diskussionen über Einzelmaßnahmen zum Klimaschutz mit einer Leitbilddebatte zu verknüpfen. Dies kann eine reizvolle Alternative sein sowohl zur Unverbindlichkeit vieler Leitbilddebatten, die die Ernsthaftigkeit der Positionen nicht auf die Probe stellen, als auch zu den ausweglosen Konfrontationen vieler Maßnahmendiskussionen, die die Bedeutung der mit den Positionen transportierten Leitbildern verkennen.

Konfliktminimierende $CO_2$–Reduktionsstrategien und das Setzen von Akzenten sind die zentralen Beiträge der Bürgerforen ‚Klimaverträgliche Energieversorgung' zur Energiedebatte. Damit erhält die Diskussion über die künftige Gestalt des Energiesystems neue Impulse und die momentane Blockadesituation, in der die Vertreter der verschiedenen Optionen gute Gründe für den ihrigen und gegen den alternativen Vorschlag vorbringen, könnte aufgeweicht werden. Nicht nur die Begründungen zu den

[1] NAGRA, Nationale Genossenschaft für die Lagerung radioaktiver Abfälle.

Bürgerszenario–Typen zeigen, daß für jede Reduktionsstrategie ernstzunehmende Motive genannt werden können. Verzerrende Darstellungen wie beispielsweise ‚Ökoditatur' für Expertenszenario *Neue Lebensstile* oder Bürgerszenarien des *Typs 3* oder ‚Atom– bzw. Polizeistaat' oder ‚Konsumterror' für Expertenszenario *Techniknutzung* oder Bürgerszenarien des *Typs 1* führen nicht weiter. Geführt werden sollte vielmehr ein Diskurs über eine begründete Wahl derjenigen Alternative, die von ihren Befürwortern und Gegnern die wenigsten Abstriche verlangt und damit ‚besser für uns alle' ist. Damit wird der Ruf nach einem Energiekonsens nicht zur Einforderung von Akzeptanz für die eigene Position, sondern zum Ringen um eine für die Gesellschaft als Ganze tragbaren Lösung.

# Heinz–Ulrich Nennen: Energie und Ethik. Ein Modell zur Bewertung von Technikfolgen



## Zum Kontext

Wo sich fundierte Wahlmöglichkeiten und Gestaltungsspielräume durch Technikfolgenanalysen konkretisieren lassen, dort muß gleichfalls von einer Technikfolgenbewertung erwartet werden, daß sowohl bei der Beurteilung als auch in der Entscheidung, einer der genannten Optionen den Vorzug zu geben, methodisch vorgegangen wird. Idealerweise müßte die Technikfolgenabschätzung analog zur Technikgeneseforschung Historizität abbilden, nur wäre sie nicht auf Vergangenes gerichtet, sondern anstelle von Rekonstruktionen historischer Prozesse mit den offenen Fragen der Zukunftsgestaltung befaßt. Beiden ist ein gewisses Interesse am Irrtum gemeinsam, zum einen im Interesse an seiner Rekonstruktion und zum anderen in der erklärten Absicht, ihn zu vermeiden. Sowohl in der Rekonstruktion als auch bei der Gestaltung geht es darum, Entwicklungsprozesse in ihrer Gesamtheit zu verstehen, denn erst das systematische Vorgehen läßt gleichermaßen technische Bedingungen, Handlungsspielräume und mögliche Motive offenbar werden. Angesichts solcher Erwartungen sind Methodenfragen der Technikfolgenabschätzung keineswegs marginal, wenn die Verfahren sowohl im wissenschaftlichen Diskurs der

Folgenanalyse als auch im gesellschaftlichen Diskurs der Folgenbewertung umfassend sein sollen und wenn es — wie in diesem Projektkontext — darum geht, anhand von Szenarien konkret vorgestellte Handlungsalternativen zu beurteilen und gegeneinander abzuwägen. Im folgenden soll daher auf Methodenfragen eingegangen werden, wie ein alltagstaugliches und insofern ethisch–moralisch versiertes Differenzierungsvermögen im gesellschaftlichen Diskurs über die Bewertung von Technikfolgen zum integrativen Bestandteil bei Partizipationsprozessen werden kann. Dieser Beitrag befaßt sich daher mit Fragen der Diskursanalyse, mit der Synthese des Diskurses ‚Energie und Ethik', wobei die in diesem Zusammenhang entscheidenden methodischen Überlegungen erörtert werden sollen. Darüber hinaus wird erläutert, in welcher Gestalt die Ergebnisse des Diskurses ‚Energie und Ethik' mit der Arbeitseinheit ‚Das Problem des Entscheidens und Bewertens' in den Bürgerforen des Projektes ‚Klimaverträgliche Energieversorgung in Baden–Württemberg' Eingang gefunden haben.[1] Zugleich soll damit ein Modell vorgestellt werden, wie es möglich ist, einen umfassenden gesellschaftlichen Bewertungsprozeß von Technikfolgen durchzuführen.

## a. Paradoxe Anforderungen

Wie sich der Projektskizze auf Seite 24 entnehmen läßt, sollte die Synthese der Ergebnisse des Diskurses ‚Energie und Ethik' einfließen in ein anderes Projekt der Akademie für Technikfolgenabschätzung, einem Szenario–Verfahren zur Energiefrage: ‚Klimaverträgliche Energieversorgung in Baden–Württemberg'.[2] In diesem Projekt waren Expertenszenarien erstellt worden, die nun im gesellschaftlichen Diskurs zu bewerten waren, hierzu sollten die Ergebnisse aus dem Projekt ‚Energie und Ethik' über die zur Bewertung erforderlichen Kriterien in die Arbeit der Bürgerforen eingebracht werden.

[1]Eine Auswertung der Ergebnisse der Bürgerforen findet sich im Beitrag von Georg Hörning auf Seite 255ff.

[2]Eine kurze Darstellung dieses Projektes findet sich auch in meinem Beitrag auf Seite 19ff. Siehe hierzu: Diethard Schade; Wolfgang Weimer–Jehle (Hrsg.): Energieversorgung und Verringerung der $CO_2$–Emissionen. Techniknutzung – Ressourcenschonung – neue Lebensstile. Heidelberg, 1995. Sowie: Diethard Schade (Hrsg.): Energiebedarf – Energienutzung – Energiebereitstellung. Möglichkeiten und Maßnahmen zur Verringerung der $CO_2$–Emissionen. Berlin, Heidelberg, 1995.

Zwei zentrale Aufgaben stellten sich daher bei der Synthese und der Konzeption einer entsprechenden Arbeitseinheit: Zum einen sollten die Ergebnisse aus dem Projekt ‚Energie und Ethik' möglichst umfassend einfließen, zum anderen mußte gleichzeitig ein ergebnisoffener Bewertungsprozeß in den Bürgerforen gewährleistet werden. Diese zunächst paradoxe Aufgabenstellung kommt zustande, weil es metaethisch schlechterdings unvertretbar ist, würde bei einer solchen Prozedur der Urteilsbildung vorgeschrieben werden, wie zu bewerten sei. Die Autonomie in der Urteilsbildung, sei sie persönlich oder im Rahmen von Gruppendiskussionen, muß gewahrt bleiben, aber zugleich schien eine Hilfestellung für die Bewältigung der Aufgaben in den Bürgerforen unerläßlich zu sein. Hinweise für die Identifikation der zu berücksichtigenden Sektoren, die sich im Diskurs ‚Energie und Ethik' als bewertungsrelevant herausgestellt hatten, sollten daher ebenso vermittelt werden wie der Gesamtüberblick über maßgebliche Aspekte und Kriterien, die bei der Bewertung relevant sein können. Außerdem war darzustellen, welches Spektrum bei einer Stellungnahme prinzipiell zur Verfügung steht. In einem umfassenden und offenen Bewertungsprozeß sollten die mit den Szenarien konkret vorgestellten Handlungsalternativen systematisch beurteilt werden.

### b. Energieszenarien zur Bewertung in Bürgerforen

Mit dem Szenario *A*, das den gegenwärtigen Trend repräsentiert, und den drei von diesem Trend abweichenden Szenarien *B*, *C* und *D* lagen die Modelle exemplarischer Entwicklungspfade vor, bei denen deutlich wurde, daß klimaverträglichere Energiesysteme nicht nur generell möglich, sondern auch auf sehr unterschiedlichen Wegen realisierbar sind. Die Frage, welche der Strategien die ‚richtige' sei, welche Maßnahmen erwünscht, vertretbar oder aber nicht angeraten sind, läßt sich jedoch im wissenschaftlichen Diskurs allein nicht abschließend beantworten. Es war die Aufgabe des Expertenkreises, realistische Energieszenarien nach dem heutigen Stand der Technik zu entwerfen, aber die Entscheidung für oder gegen bestimmte Energieversorgungssysteme mußte in diesem Diskurs offen bleiben. Die an den gesellschaftlichen Diskurs gerichtete Frage lautete dementsprechend: Welcher der möglichen Wege würde in der gesellschaftlichen Bewertung auf größeren Zuspruch rechnen können?

Im Frühjahr 1996 hat die Akademie an sechs Orten Baden-Württembergs — in *Buchen, Karlsruhe, Rottenburg, Schwäbisch Gmünd, Stutt-*

*gart* und *Villingen-Schwenningen* — Laiengremien eingerichtet und mit dieser Frage betraut. In Anlehnung an das Konzept des von Peter Dienel[1] entwickelten Partizipationsverfahrens ‚Planungszelle' waren ‚Bürgerforen' konzipiert worden, um die unterschiedlichen Optionen möglicher Maßnahmen für klimaverträgliche Energiesysteme im gesellschaftlichen Diskurs zu bewerten. Durch diese Form des Beteiligungsverfahrens sollte sichergestellt werden, daß

- die Teilnehmer in einem Prozeß der Information und Diskussion in den Sachfragen hinreichend kompetent und somit als Laiengutachter entscheidungsfähig werden,
- die anstehende Entscheidung nicht lediglich auf der Ebene persönlicher Interessen sondern auf der Ebene umfassender Rücksichtnahmen erörtert wird,
- die differenzierte Beurteilung eines durch Zufallswahl zustande gekommenen Teilnehmerkreises in einer gutachterlichen Zusammenfassung politischen Entscheidungsträgern vorgelegt werden kann.

Die Teilnehmer wurden durch Zufallsauswahl ermittelt und um ihre Mitarbeit gebeten. Elf Laiengruppen von jeweils ca. 25 Personen sollten vier Tage lang in einem systematisch gegliederten Prozeß ihre Gesichtpunkte der Bewertung in den einzelnen Sektoren erarbeiten, um zunächst die Expertenszenarien zu beurteilen und abschließend eigene Szenarien entwickeln. Nach einer Informationsphase, die von Experten mit kontroversen Positionen bestritten wurde, sollten die Beteiligten in Kleingruppen die Bewertung der unterschiedlichen Optionen gemeinsam erarbeiten. — Als Ergebnis eines Bürgerforums entsteht schließlich ein Bürgergutachten in einer Arbeitsatmosphäre, die im idealtypischen Fall einer realen Entscheidungssituation politischer Entscheidungsträger durchaus vergleichbar ist. Ein derartiges Bürgervotum läßt sich schließlich als ‚Wille' des

[1] Siehe hierzu: Peter C. Dienel: Die Planungszelle. Eine Alternative zur Establishment-Demokratie. 3. erw. Aufl., Opladen 1992. — Elmar Wienhöfer (Hrsg.): Bürgerforen als Verfahren der Technikfolgenabschätzung. Hrsg. v. d. Akademie für Technikfolgenabschätzung in Baden-Württemberg (Arbeitsbericht Nr. 67); Stuttgart 1996. Dort findet sich auch eine Bibliographie zur Methodologie und zu Verfahren der Bürgerbeteiligung, siehe: Georg Mildenberger: Auswahlbibliographie. Ebd. S. 129–138.

ausgewählten Bürgerkreises den Entscheidungsträgern in Politik, Administration und Gesellschaft vorlegen, um genauere Anhaltspunkte bei der Identifikation politischer Ziele und bei der Wahl der Mittel zu geben.

Entscheiden bedeutet, unter Alternativen auszuwählen, aber welche Entscheidung getroffen wird, d. h. welche der möglichen Optionen präferiert werden sollte, hängt ab von den zur Verfügung stehenden Informationen und den jeweils verfolgten Zielen. Die Alternativen sind in ihrem Für und Wider systematisch gegeneinander abzuwägen. Wird ein qualifizierendes Urteil angestrebt, so sind die unterschiedlichen Optionen daraufhin zu unterscheiden, inwiefern zu erwarten ist, daß sich wünschenswerte Ziele verwirklichen lassen. Spätestens mit dieser Anforderungen werden derartige Abwägungsprozesse reflexiv, denn bei konkreten Überlegungen zur Zweck–Mittel–Relation muß das Prinzip der Angemessenheit gewahrt bleiben. — ‚Bessere' Entscheidungen wären demnach möglich, wo hinreichend detaillierte und zuverlässige Erkenntnisse über die zur Wahl stehenden Alternativen verfügbar sind, wenn zugleich ein möglichst großes Einvernehmen über Ziele, Zwecke und Mittel besteht. Die Sicherheit im Urteil läßt sich allerdings nicht als gegeben voraussetzen, sie muß sich im Prozeß der Urteilsbildung erst erweisen, entscheidend sind daher Fragen danach, welche der Mittel denn angemessen sind, welche Ziele als allgemein vertretbar erscheinen. Die Eigendynamik diskursiver Verständigung setzt ein, wo eine versierte Erörterung komplexer Interdependenzen unumgänglich geworden ist. Selbst wenn man sich im Vorfeld bereits auf eine gemeinsame Einschätzung über Fakten hatte verständigen können, kann durchaus noch strittig sein, ob überhaupt, und wenn ja, welche Konsequenzen zu ziehen sind. Im Hintergrund liegen häufig arbiträre Leitbilder vor, und dann stellen sich Fragen nach dem Sinn für Angemessenheit, wenn es gilt, nicht nur den richtigen Prinzipien zu folgen, sondern auch, bei ihrer Anwendung die besonderen Umstände zu berücksichtigen.

## c. Verfügungswissen und Orientierungswissen

Die Expertenszenarien zur klimaverträglichen Energieversorgung hatten gezeigt, daß für jedes der ihnen zugrundegelegten idealtypischen Leitbilder ein gangbarer Weg zur Verfügung steht. Es lassen sich unterschiedliche ‚Energiepfade' modellieren, die von ein und derselben Ausgangskonstellation ausgehen, dann aber andere Prioritäten setzen, um die jeweiligen leitbildspezifischen Ziele zu verfolgen. So können in einem Szenarioprozeß die möglichen Varianten systematisch einander gegenübergestellt werden. Die Bedingungen, Möglichkeiten, Konsequenzen, Folgen und Nebenwirkungen werden miteinander vergleichbar für die Beurteilung, Bewertung und für die Entscheidung, einer dieser unterschiedlichen Optionen in einem umfassenden und systematischen Abwägungsprozeß den Vorzug zu geben oder auch alle Alternativen zu verwerfen und den Status quo beizubehalten. Zugleich wird dabei deutlich, daß es in der Regel keine objektiv verbindlichen Ziele oder gar einen Königsweg gibt. Dies gilt auch dann, wenn man sich bereits auf ein generelles Ziel — wie hier beim Klimaschutz — in Form politischer Willenserklärungen und Selbstverpflichtungen geeinigt haben sollte. Die erforderlichen naturwissenschaftlich-technischen Erkenntnisse über Handlungsbedingungen und mögliche Alternativen konnten weitgehend durch den vorangegangenen wissenschaftlichen Diskurs im Projekt ‚Klimaverträgliche Energieversorgung in Baden-Württemberg' erarbeitet werden.[1] Überlegungen, wie diese Erkenntnisse in die öffentlichen Debatten zum Thema Energie eingebracht werden könnten, markierten den Einsatzpunkt dieses gesellschaftlichen Diskurses. In der Planungsphase der Bürgerforen stellte sich darüber hinaus die Frage, in welcher Form das Spektrum zwischen dem Verfügungswissen auf der einen Seite und einem für die Bewertung optionaler Technikfolgen notwendigen Orientierungswissen auf der anderen Seite im Abwägungsprozeß gleichermaßen zur Geltung kommen könnte. Ein ausschließlich auf ‚Information' und ‚Entscheidung' abzielendes Verfahren wäre defizitär. Die Arbeitseinheit ‚Das Problem des Entscheidens und Bewertens' hatte daher zum Ziel, die Ergebnisse aus dem Diskurs ‚Energie und Ethik' zu vermitteln, um dem Orientierungswissen in diesem Diskurs einen angemessenen Stellenwert einzuräumen.

Beide Seiten sollten sich idealerweise ergänzen, aber allzu häufig läßt sich beobachten, wie Verfügungs- und Orientierungswissen gegeneinander ausgespielt werden. Eine auf diese Weise in einem Meinungs- und Willensbildungsprozeß zustande gekommene Auffassung, mit probaten Mitteln die besten Ziele zu verfolgen, wird sich nicht selten später als mehr oder weniger eklatante Fehleinschätzung erweisen. So wenig beide Seiten einander ersetzen können, so sehr ist es erforderlich, diese beiden Hinsichten in ein konstruktives Verhältnis zueinander, eben miteinander in den Diskurs einzubringen. Zum positiven Wissen, so Jürgen Mittelstraß,

[1]Ein Überblick über die detaillierten Einzelgutachten findet sich in: Diethard Schade (Hrsg.): Energiebedarf - Energienutzung - Energiebereitstellung. A. a. O.

„... muß ein handlungsleitendes Wissen, eben ein Orientierungswissen, hinzutreten, wenn nicht allein Fragen, was wir tun können, sondern auch Fragen, was wir tun sollten, beantwortet werden sollen. Ohne ein derart handlungsleitendes Wissen entstehen Orientierungsdefizite, gemeint ist, daß auch das Können orientierungslos wird."[1].

Wie sehr sich beide Wissensformen komplementär zueinander verhalten, zeigt sich im Wechselwirkungsverhältnis von Technikfolgenanalyse und Technikfolgenbewertung: Beide Momente sind aufeinander verwiesen, sie begrenzen sich gegenseitig und ergänzen sich zugleich. Insofern sind auch die jeweiligen Ergebnisse einer Expertenanhörung aus der Sicht des gesellschaftlichen Diskurses Optionen; sie stellen Handlungs- und Entscheidungsalternativen dar, wobei noch nicht ausgemacht ist, was wünschbar sein könnte und was nicht. So wird es zum Beginn eines Diskurses zur Bedingung für die Möglichkeit von Verständigung, daß, bevor überhaupt bewertet werden kann, bestimmt werden muß, wonach und woraufhin überhaupt bewertet werden soll. Mit dieser Fragestellung beginnen Diskurse dann ihren eigentlichen Prozeß, indem sich die zuvor noch in vermeintlicher Sicherheit geäußerten Bewertungsgesichtspunkte angesichts der konkreten Problemstellung als unzureichend erweisen.

Insofern war abzusehen, daß mit einer dementsprechenden Arbeitseinheit ein nicht unwesentlicher Beitrag für die Konzeption und nicht zuletzt auch für den späteren Verlauf der Bürgerforen verbunden sein würde. Es mußte den Teilnehmern zunächst einmal ein Einblick in die komplexe Situation der anstehenden Entscheidungen gegeben werden, wo in Fragen technischer Innovationsprozesse oftmals ausgesprochen folgenreiche sozial, wirtschaftlich oder ökologisch motivierte Maßnahmen zu beurteilen sind. Zugleich mußte dabei der Unterschied zwischen den persönlichen Präferenzen und dem verallgemeinerbaren Urteil signifikant werden. So wurde beispielsweise in einem der Bürgerforen von den Teilnehmern die Frage an die Moderation gerichtet:

*Wünschen Sie, daß wir Auskunft über unser ‚persönliches' Urteil geben, oder sollten wir stattdessen eher solche Urteile abgeben, von denen wir der Ansicht sind, daß auch andere damit einverstanden wären?*

---

[1] Jürgen Mittelstraß: Der Flug der Eule. Von der Vernunft der Wissenschaft und der Aufgabe der Philosophie; Frankfurt am Main 1983. S. 33f. — Ders.: Leonardo-Welt. Über Wissenschaft, Forschung und Verantwortung; Frankfurt 1992. S. 234ff.

Diese Rückfrage zeigt sehr deutlich, wie sich bereits zu Beginn dieser Veranstaltung bei den Teilnehmern eine Auffassung vom Verfahren einstellt, das auf Verallgemeinerbarkeit und insofern auf ‚Repräsentativität' abzielt. Daher sind Bürgerforen besonders geeignet, um in Fragen der politischen Willensbildung bei der Entscheidung über Zukunftsfragen zu vermitteln; wo gewisse Standards gewährleistet sind, dort entwickeln entsprechende Verfahren eine Eigendynamik, es entsteht ein Ort des ‚öffentlichen Vernunftgebrauchs'.

Um die Ergebnisse aus dem Diskurs ‚Energie und Ethik' in einer Arbeitseinheit vermitteln zu können, wurden eine Reinterpretation und eine Aufbereitung erforderlich, bei der wiederum auch die organisatorischen und methodologischen Anforderungen des Verfahrens zu berücksichtigen waren. — Insofern erscheint es angebracht, an dieser Stelle zunächst den Programmverlauf der Bürgerforen zu skizzieren, um daran anschließend den Prozeß eingehender zu schildern, in dessen Verlauf die Arbeitseinheit ‚Das Problem des Entscheidens und Bewertens' auf der Grundlage der Ergebnisse des Diskurses ‚Energie und Ethik' gestaltet wurde. Vor diesem Hintergrund möchte ich dann auch die methodischen Erwägungen erläutern, die zu einem Modell der topischen Bewertung von Technikfolgen geführt haben.

## Zur Konzeption der Bürgerforen

Mit den Bürgerforen ‚Klimaverträgliche Energieversorgung' wurde das ambitionierte Ziel verfolgt, Laien in kürzester Zeit nicht nur in die Sachverhalte der steigenden $CO_2$-Emissionen und in die Diskussion der damit verbundenen Klimaeffekte einzuführen, sondern auch über die derzeitige Struktur der Energiesysteme und die vorhandenen Potentiale zur Reduktion von $CO_2$-Emissionen zu informieren. Die Teilnehmer sollten sich eine fundierte Auffassung über die gesellschaftlichen Auswirkungen notwendiger oder für notwendig erachteter Maßnahmen erarbeiten. Auf der Grundlage der Fachinformationen und nach Maßgabe der durchgeführten Gruppendiskussionen sollten zunächst die Expertenszenarien der Akademie beurteilt und am Ende des Prozesses in Kleingruppen eigene Energieszenarien entworfen und begründet werden. Insgesamt vier Arbeitstage standen für dieses Programm zur Verfügung, in dieser Zeit mußten die notwendigen Informationen durch Experten vermittelt werden; auch sollte hinreichend Zeit für Nachfragen und Diskussionen in den Arbeitsgruppen zur Verfügung stehen, um den dort stattfindenden Entscheidungsprozessen genügend Raum zu geben. Aufgrund der damit einhergehenden hohen Anforderungen an die Konzentrationsfähigkeit wurde der Programmverlauf in verschiedene Arbeitseinheiten unterteilt; unterschiedliche Arbeitsformen sollten einander abwechseln, auf eine Phase der Anhörung fanden Plenumsdiskussionen statt, gefolgt von konzentrierten Erörterungsrunden in kleineren Gruppen.

Das Programm[1] der ‚Bürgerforen Klimaverträgliche Energieversorgung' begann mit einer kurzen Vorstellung der Institution, des Satzungsauftrags der Akademie und des Verfahrens der Bürgerforen. Ein erster Vortrag führte in den Themenkomplex der $CO_2$–Problematik und den Stand der politischen Beschlußlage zu den Reduktionszielen ein. Anhand eines Fragebogens hatten die Teilnehmer dann Gelegenheit, ihr eigenes ‚$CO_2$–Profil' kennenzulernen. Beispielsweise wurde erhoben, wieviele Fernflüge oder nationale Flüge pro Jahr unternommen, welche Energiedienstleistungen von Endverbrauchern nachgefragt und welche Primärenergieträger eingesetzt werden, diesen Bedarf zu befriedigen, um daran zu illustrieren, mit welchen $CO_2$–Emissionen dabei jeweils zu rechnen ist. Ein $CO_2$–Profil der Gesamtgruppe wurde erstellt, um zu verdeutlichen, in welchen Bereichen besonders hohe $CO_2$–Emissionen entstehen. Ein anschließender Vortrag führte mit grundsätzlichen Informationen über die Struktur der Energieträger in Baden–Württemberg in die komplexe Problemstellung ein. Mit der Vorstellung der Expertenszenarien wurde die Aufgabenstellung konkretisiert; so konnte am Beispiel des Verkehrs exemplarisch aufgezeigt werden, wie sich die unterschiedlichen Leitbilder der Energieszenarien *B*, *C* und *D* auf die konkrete Lebensweise der Bürger in den einzelnen möglichen Welten jeweils auswirken. Schließlich wurden die Teilnehmer gebeten, in Kleingruppen eine erste vorläufige Bewertung der dargestellten Expertenszenarien vorzunehmen.

[1]Siehe hierzu die Skizze zum Programm im Beitrag von Georg Hörning S. 263. — Die Referate und Arbeitsunterlagen sind dokumentiert in: Georg Hörning: Bürgerforen Klimaverträgliche Energieversorgung. Teil 3: Dokumentation zum Bürgergutachten. (Akademie für Technikfolgenabschätzung in Baden–Württemberg.) Stuttgart 1997. — Das Bürgergutachten findet sich in: Georg Hörning, Wolfgang Weimer–Jehle: Bürgerforen Klimaverträgliche Energieversorgung. Teil 1: Bürgergutachten. Ebd., Stuttgart, 1997. — Untersuchungen zur Auswertung und Interpretation der Bürgerszenarien finden sich in: Georg Hörning u. Wolfgang Weimer–Jehle: Teil 2: Interpretation. Ebd., Stuttgart 1999 (im Druck).

Programmgemäß folgte darauf nachmittags die Arbeitseinheit ,Das Problem des Entscheidens und Bewertens', um neben der deskriptiven Seite des Verfügungswissens nunmehr auch die normative Seite des Orientierungswissens zu thematisieren. Hier sollte erörtert werden, welche ethisch-moralischen Überzeugungen, welche Leitbilder, Zielvorstellungen und welche Kriterien bei der Bewertung und der Beurteilung von Alternativen als entscheidend gelten sollen. — Konzeption und Ablauf dieser Arbeitseinheit werden im folgenden noch ausführlicher dargestellt, zuvor soll an dieser Stelle noch das weitere Programm skizziert werden.

Die nächsten beiden Tage standen im Zeichen von Hearings zu einzelnen Sektoren, wie etwa Verkehr, Kernkraft, regenerative Energien, Raumwärme etc., dabei wurden sowohl die gegenwärtigen Trends als auch alternative Entwicklungspfade erläutert und zur Diskussion gestellt. Die Vorträge über die Bereiche Kernkraft, regenerative Energieträger, Verkehr, Energieumwandlung, Industrie und Handwerk, Haushalte und Kleinverbraucher wurden teils von Referenten der Akademie, teils auch von externen Experten wahrgenommen. Die Themen ,Verkehr' sowie ein Teilbereich des Themas ,Umwandlung', und hier vor allem die Frage der Kernenergienutzung, wurden von je zwei externen Referenten kontrovers diskutiert. Dabei war die Überlegung entscheidend, daß diese Themen so umstritten und auch unter Experten so wenig konsensfähig sind, daß eine Darstellung nur im Rahmen einer Disputation angemessen ist. Im Anschluß an die Hearings wurden jeweils neue Arbeitsgruppen gebildet, um die aktuellen Informationen zu diskutieren, einzuordnen und dann in ihrer Relevanz zu bewerten. — Diese Phase der Information und Diskussion reichte bis in den nächsten Tag, so daß die Teilnehmerinnen und Teilnehmer am dritten Veranstaltungstag gebeten werden konnten, die erarbeiteten Ergebnisse und Empfehlungen im Plenum darzustellen und zu begründen, welche der möglichen Maßnahmen und Strategien zur Reduktion von $CO_2$-Emissionen für empfehlenswert erachtet werden können. Vor dem Hintergrund der vorhandenen Information und der Debatte über entscheidungsrelevante Gesichtspunkte der Beurteilung konnten schließlich die Expertenszenarien der Akademie einer abschließenden Bewertung unterzogen werden.

Am vierten und letzten Sitzungstag waren eigene Bürgerszenarien zu entwerfen, um mögliche Konvergenzen und Divergenzen zwischen den Szenarien der Experten auf der einen Seite und den Szenarien der Teilnehmer der Bürgerforen auf der anderen Seite erkennbar werden zu lassen. Die Gruppeneinteilung erfolgte ausnahmsweise in dieser Phase nicht im

Zufallsverfahren, da in diesem Arbeitsabschnitt die Teilnehmer in unterschiedlichen Arbeitsgruppen, je nach Präferenz für eines der Leitbilder *Techniknutzung, Ressourcenschonung* und *Neue Lebensstile*, ein gemeinsames Szenario entwerfen sollten als Ergebnis einer einstimmigen Beschlußfassung und möglichst ohne Minderheitspositionen. Eine eher homogene Zusammensetzung schien für diese Arbeit unerläßlich, um die erforderliche konstruktive Atmosphäre gewährleisten zu können und auch, um zu verhindern, daß durch grundsätzliche Dissense Blockaden entstehen, an denen die Gestaltung eines gemeinsamen Szenarios scheitern würde. Mit Hilfe des computergestützten Simulationsprogramms ENSYS[1] waren Energiewelten nach eigenem Dafürhalten zu entwerfen; als Bedingung wurde lediglich vorgegeben, bis zum Jahre 2005 eine Reduktion der $CO_2$-Emissionen um 25% zu erreichen. Anhand dieser von den Teilnehmern konzipierten Bürgerszenarien sollten bei der späteren Auswertung die allseits für vertretbar und notwendig erachteten ‚robusten' Maßnahmen identifiziert werden. Die Teilnehmer wurden gebeten, den jeweils eingesetzten Maßnahmekatalog und den damit eingeschlagenen Weg eingehender zu begründen, um bei der Auswertung dieser Konzepte diejenigen Maßnahmen als ‚robust' qualifizieren zu können, die im gesellschaftlichen Diskurs bereits mehr oder weniger unstrittig sind. — Gegen Ende der Veranstaltung wurden die gemeinsam erarbeiteten Bürgerszenarien im Plenum vorgestellt und diskutiert, noch einmal wurde Gelegenheit zur Kritik und zum Fazit gegeben, und die im Verlaufe dieser Tage erarbeiteten Ergebnisse wurden dann den hierzu geladenden Vertretern der Presse vorgestellt.

## a. Zur Funktion der Arbeitseinheit ‚Das Problem des Entscheidens und Bewertens'

Dieser kurze Überblick über den Ablauf der Bürgerforen ‚Klimaverträgliche Energieversorgung' mag verdeutlichen, wie sehr solche Verfahren auf die Vermittlung und die kritische Aneignung von Sachinformationen angewiesen sind. Allerdings liegen die Voraussetzungen in den Rahmenbedingungen des Verfahrens, die es dem Einzelnen und der Gruppe durch eine konstruktive Arbeitsatmosphäre erst ermöglichen, ein zunehmendes Problembewußtsein ‚nach Lage der Fakten' zu entwickeln; unabdingbar

[1] Wolfgang Weimer–Jehle: ENSYS V 2. 2. Programm zur energetischen Bilanzierung von Energiesystemen; Akademie für Technikfolgenabschätzung. Stuttgart 1996.

sind eine neutrale Moderation, eine thematisch umfassende Konzeption und fachkompetente Hearings. Vor allem aber muß der gesamte Prozeß sowohl in seiner Konzeption als auch in der Durchführung den Erwartungen der Teilnehmer, die Mühe und Zeit opfern, einem ‚ausgewogenen‘, ‚ergebnisoffenen‘ und themenzentrierten Verfahren entsprechen.

Wo etwa Aussagen über die Feststellbarkeit und die praktische Relevanz von Fakten umstritten sind, genügt es nicht, lediglich bestimmte ausgewählte Positionen und Stellungnahmen zu präsentieren. Die Disputation wird dann zu einem Medium der Vermittlung mit der Funktion, in ihrem Für und Wider das ganze Spektrum möglicher Stellungnahmen gerade in ihrer Umstrittenheit darzustellen. Bereits mit der Präsentation von ‚Fakten‘ kann mehr verbunden sein als die Erläuterung eines Sachverhalts unter den Bedingungen spezifischer Analyseverfahren; häufig ist die Beschreibung von Sachverhalten und die Erläuterung von Zusammenhängen bereits durchsetzt mit wertenden Bemerkungen über die damit ‚verbundenen‘ Konsequenzen. Diese aber resultieren sich keinesfalls selbst, Konsequenzen müssen ‚gezogen‘ werden, mitbedingte Folgen müssen u. U. ‚in Kauf genommen‘ werden, daher ist in Fragen der politischen Willensbildung die Kenntnisnahme und die Bewertung der Relevanz von Sachverhalten zwar unumgehbar, aber der Willensbildungsprozeß selbst ist nicht nur ein Mittel, sondern auch ein Ausdruck der politischen Kultur einer pluralistischen Gesellschaft. Gerade wo nicht zuletzt auch ethisch–moralische Urteile bestreitbar geworden sind, läßt sich nicht dekretieren, was der Fall ist, worin seine allgemeinverbindliche Bedeutung liegt, welche Konsequenzen geboten und welche Quintessenz ‚nach Lage der Fakten‘ zu ziehen sei.

Eine ideale ‚Wertfreiheit‘ von Wissenschaft wird spätestens dort zum Problem, wo es praktisch darauf ankäme, die Trennung zwischen Fakten und Werturteilen klar und distinkt durchzuhalten. Das gelingt insbesondere dort nicht mehr, wo zum einen bereits existentielle Betroffenheit im Spiele ist und wo zum anderen der Eindruck entsteht, die Sache sei im Vorfeld bereits entschieden. Zur ohnehin nicht mehr konsensuellen Atmosphäre kommt dann noch Theatralik hinzu, der Dissens wird inszeniert und verliert sich in monokausalen Ableitungen. Empfehlungen werden als Sachzwang formiert, denen unbedingt Folge zu leisten sei. Gestaltungsfreiräume werden systematisch unterminiert, und es entsteht eine Atmosphäre wechselseitiger Vorwürfe, in der schließlich Inkompetenz, Unsachlichkeit und böser Wille unterstellt wird, zuletzt wird dann noch ein Zerfall der Werte attestiert. Dabei geht es in dieser Praxis um diese selbst, um den Ausdruck eines unterschiedlichen Verständnisses von Demokratie und darum, inwiefern und inwieweit sich wissenschaftlicher Sachverstand ‚wertfrei' und gesellschaftliche Zielvorstellungen ‚sachlich' verhandeln lassen.[1] — So beschränkte sich Sokrates in seiner Apologie einzig auf die argumentative Auseinandersetzung mit der gegen ihn vorgebrachten Anklage. Er verzichtete nicht nur auf die Gelegenheit zur Flucht, sondern auch darauf, was durchaus üblich gewesen wäre, daß das ganze Haus, Ehefrau, Kinder und Kindeskinder, Verwandte und Sklaven und wohlmöglich auch Schüler noch mit ausdrucksstarken Bekundungen das Gericht umzustimmen versuchen, um das Urteil der Richter abzumildern. An einem anderen Beispiel, dem Verlauf der Debatte um Organtransplantation und Sterbehilfe läßt sich dagegen sehr eindeutig zeigen, daß die beteiligten medizinischen Experten ihr Wissen und ihr Know-how eben nicht der Gesellschaft unterbreitet und zur Disposition gestellt haben, um ihr die Entscheidung darüber zu überlassen. Anhand der Genese des zunächst medizininternen und dann öffentlichen Diskurses über den ‚Hirntod' wird deutlich, daß es dabei nicht lediglich um eine auch ethisch und anthropologisch relevante Kriteriologie für die Bestimmung des Todeszeitpunktes ging. Wenn dieser Diskurs im Jahre 1968 mit einer Stellungnahme der Deutschen Gesellschaft für Chirurgie beginnt, dann ist der eigentliche Anlaß für die Entwicklung einer solchen Konvention die seinerzeit neue Möglichkeit der Nierentransplantation. Von fachlicher Seite wurde daher dieser Diskurs also nicht in erster Linie aus Gründen der Ethik geführt, es ging vielmehr darum, mit der Konvention und für die Konvention eine Akzeptanz zu erreichen dafür, daß der Todeszeitpunkt qua ‚Hirntod' und der Zeitpunkt der Organentnahme noch hinreichend nahe beieinanderliegen, eben im Hinblick auf den Zustand der Organe und nicht im Hinblick auf den Prozeß des Sterbens.[2]

Mit einem ‚Lagebericht' sind die Grenzen wissenschaftlicher Hypothesenbildung also bereits erreicht, denn der Abduktionsschluß bedarf besonderer Begründung, wenn ausgehend von einer beobachtbaren Wirkung und

[1] Siehe hierzu: Heinz-Ulrich Nennen, Detlef Garbe (Hrsg.): Das Expertendilemma. Zur Rolle wissenschaftlicher Gutachter in der öffentlichen Meinungsbildung; Heidelberg 1996.

[2] Siehe hierzu: Heinz-Ulrich Nennen: Exkurs zur Debatte über den ‚Hirntod'. In: Ders.: Homo discursivus. Von den Grenzen zuträglicher Kontingenzbewältigung. (Arbeitsberichte der Akademie für Technikfolgenabschätzung; Nr. 48) S. 53–59.

einem bestimmten Regelprinzip auf das Vorliegen eines bestimmten Falles zurückgeschlossen wird. Mag die Ableitung wissenschaftsintern durchaus plausibel sein, sie kann den gesellschaftlichen Diskurs über die ‚richtigen' Konsequenzen nicht ersetzen. Anders als für die Wissenschaft steht ohnehin nun nicht mehr Wahrheit, sondern Richtigkeit im Vordergrund der Aufmerksamkeit, und der Einsatz einer suboptimalen Lösung kann ‚besser' sein. Monokausal und eindimensional wird die Zurechnung stets, wie sich nur allzu häufig beobachten läßt, wenn Erkenntnis und Interesse unmerklich ineinander übergehen, wenn aus notwendiger Perspektivität unzulänglicher Perspektivismus wird. So ist in den Fragen nach dem Ausstieg aus Kohleverstromung und Kernenergie, nach den Potentialen regenerativer Energie oder auch nach verkehrspolitischen Maßnahmen mehr als nur eine Stellungnahme erforderlich. Ausgesprochen komplexe Wirkungsverhältnisse sind zunächst einmal in ihrer Wechselwirkung zu verstehen, dann erst lassen sich Maßnahmen und Möglichkeiten zur Beeinflussung gegebener Trends beurteilen und bewerten. Die ‚Sachlichkeit' einer Debatte über Fragen der Zukunft und der gesellschaftlichen Praxis ist insofern voraussetzungssreicher, als gemeinhin angenommen wird, denn für die konsensuelle Atmosphäre ist gerade nicht das abschließende Statement, sondern der systematische Perspektivwechsel konstitutiv. Der Rollentausch aber ist die Ägide einer Alltagsvernunft, die zwar weniger in den Details, dafür aber umso mehr im Gesamtarsenal der Hinsichten zu vermitteln versteht. Der gesellschaftliche Diskurs über Technikfolgen ist daher kein Appendix der Technikfolgenanalyse, sondern vielmehr die Bedingung für die Möglichkeit von Technikfolgenabschätzung überhaupt.

Die Aufgabe der Arbeitseinheit ‚Entscheiden und Bewerten' bestand demnach darin, die Tragweite möglicher Entscheidungen vor Augen zu führen. Nur so war das Ziel der Bürgerforen zu erreichen, ein in der Sache hinreichend kompetentes und differenziertes Gutachten zu erhalten, in dem sowohl die faktischen als auch die normativen Aspekte bei der Gestaltung zukünftiger Energiesysteme berücksichtigt werden sollten. Technikfolgenbewertung kann schlechterdings nicht dekontextualisiert vorgenommen werden, sondern es sind explizit auch solche Folgen zu bewerten, die nicht im ‚Nahraum' einer Technik oder einer Wissenschaft liegen. Dabei ist es konzeptionell nicht unproblematisch, eine sachlich und inhaltlich vertretbare Grenze zu ziehen in der Frage, was alles zu bedenken ist, wenn eine Bewertung umfassend sein soll. Versuche zur differenzierten Systematik der Prinzipien und Kategorien drängen sich auf, um eine Übersicht über die entscheidungsrelevanten Gesichtspunkte der Bewertung zu erhalten, allerdings läßt sich die Komplexität eines Themas wie demjenigen von ‚Energie und Ethik' auf diese Weise nicht hinreichend focussieren.

## b. Entwicklung der Arbeitseinheit für die Bürgerforen

Eines der Ergebnisse des Diskurses ‚Energie und Ethik' waren Einzelwertbäume sowie ein daraus abgeleiteter Gesamtwertbaum der beteiligten gesellschaftlichen Gruppen. Beteiligt waren Vertreterinnen und Vertreter von Verbänden aus Natur– und Umweltschutz, von Ingenieuren, aus Industrie, Handel und Landwirtschaft, Repräsentanten der Kirchen und der Gewerkschaften sowie Fachvertreter der philosophischen Ethik.[1] Ausgehend von den Leitwerten *Technische Effizienz und Wirtschaftlichkeit, Schutz von Umwelt und Gesundheit* sowie *Sozialverträglichkeit und politische Qualität* entfaltet sich darin eine ausgesprochen komplexe und filigrane Struktur von Gesichtspunkten und Motiven, von Interessen und Idealen, die bei einer Beurteilung von Energieversorgungssystemen berücksichtigt werden sollten.

Probleme der Umsetzung zeigten sich bei dem Versuch, diesen Gesamtwertbaum im weiteren Verfahren zur Anwendung zu bringen. Zunächst mußte in pragmatischer Absicht die Frage beantwortet werden, wie sich daraus ein für die Bürgerforen handhabbares Instrument entwickeln läßt. Klaus Kornwachs bemerkt in seinem Beitrag hierzu:

> „Nun ist es bei einem Wertbaum vermutlich wie bei der betriebsinternen Erstellung von Bewertungskatalogen oder Funktionsgliederungen: Diejenigen, die nicht bei der Erstellung dabei waren, können damit relativ wenig anfangen oder können sich nicht damit identifizieren. Als Fragekatalog oder ‚Steinbruch' mögen solche Gesamtkataloge trotzdem Verwendung finden."[2].

Eine Anwendung des vorliegenden Wertbaumes in den Bürgerforen als Instrument zur Bewertung der Optionen stellte sich bei der Konzeption jedoch nicht nur aufgrund der Komplexität als problematisch heraus.

[1] Die Gruppe der Gutachter aus den Bereichen der praktischen Philosophie und Ethik mochten nicht ‚den' Wertbaum ‚der' Philosophie dekretieren. Es wurde vereinbart, diesen Wertbaum — nicht zuletzt auch aufgrund seiner besonderen Struktur — unter dieser Einschränkung dennoch zu berücksichtigen.

[2] Siehe hierzu den Beitrag von Klaus Kornwachs S. 166.

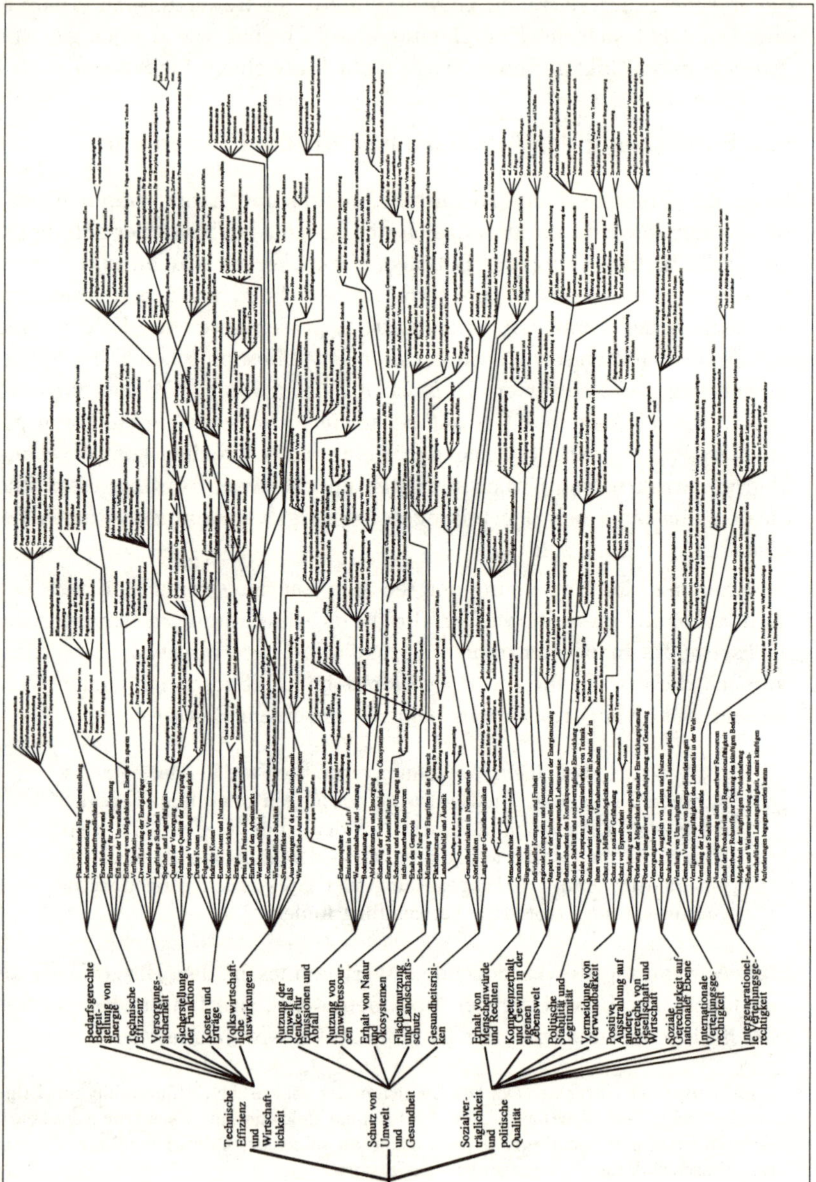

Technische Effizienz und Wirtschaftlichkeit
Schutz von Umwelt und Gesundheit
Sozialverträglichkeit und politische Qualität
Bedarfsgerechte Bereitstellung von Energie
Technische Effizienz
Versorgungssicherheit
Sicherstellung der Funktion
Kosten und Erträge
Volkswirtschaftliche Auswirkungen
Nutzung der Umwelt als Senke für Emissionen und Abfall
Nutzung von Umweltressourcen
Erhalt von Natur und Ökosystemen
Flächennutzung und Landschaftsschutz
Gesundheitsrisiken
Erhalt von Menschenwürde und Rechten
Kompetenzerhalt und Gewinn in der eigenen Lebenswelt
Politische Stabilität und Legitimität
Vermeidung von Verwundbarkeit
Positive Ausstrahlung auf andere Bereiche von Gesellschaft und Wirtschaft
Soziale Gerechtigkeit auf nationaler Ebene
Internationale Verteilungsgerechtigkeit
Intergenerationelle Verteilungsgerechtigkeit

Mit der Frage, was denn tatsächlich im Gesamtwertbaum[1] zum Ausdruck kommen kann, stellten sich auch prinzipielle Bedenken ein. Vor allem zwei Aspekte drängten sich dabei in den Vordergrund:

1. An der Erstellung des Gesamtwertbaums hatten zwar die Vertreter unterschiedlicher Interessengruppen teilgenommen, dennoch aber würde diese Auswahl auch in ihrer Gesamtheit nicht Repräsentativität oder gar eine allgemeine Verbindlichkeit bei der Bewertung möglicher Optionen im Energiesektor beanspruchen können.
2. Es lag zu diesem Zeitpunkt nur ein Entwurf aber noch keine abschließende Ausarbeitung vor, die Gewichtung[2] der Bewertungskriterien fehlte, und in den Bürgerforen stand für die zu konzipierende Arbeitseinheit nur eine begrenzte Zeit zur Verfügung.

Aus der Perspektive eines am Verfahren unbeteiligten Rezipienten leidet der Gesamtwertbaum unter einem Mangel an Normativität, was sich darauf zurückführen läßt, daß hier ein eher tautologisches Verständnis des Terminus ‚Wert' zugrunde liegt, wonach es sich bei einem ‚Wert' um Maßstäbe wünschenswerter Zustände und demzufolge um etwas handelt, das als wertvoll erachtet wird. Ein Aphorismus von Nicolás Gómez Dávila verdeutlicht, wenn ich ihn recht deute, diese Unzulänglichkeit, wenn es heißt:

> „Was Wert besitzt, unterscheidet sich vom Wertlosen
> gerade durch den Wert."[3].

[1]Die Dokumentation in dezimaler Form findet sich im Anhang auf den Seiten 371–391.

[2]Eine solche ‚Gewichtung' muß vollständig durchgeführt werden, erst dann läßt sich für jedes Strukturelement, für jeden ‚Zweig' das relative Gewicht im Verhältnis zu den anderen angeben. Zum Prozeß der Entscheidungsfindung im Rahmen einer Wertbaumanalyse und zum Verfahrensablauf, siehe den Beitrag von Ortwin Renn in: Heinz-Hermann Peitz, Ortwin Renn (Hrsg.): Energieszenarien im Spiegel gesellschaftlicher Bewertung. A. a. O. — Zunächst werden die Indikatoren gegeneinander gewichtet, um im nächsten Schritt die Optionen anhand der gewichteten Indikatoren zu bewerten: „Hat man die Gewichtungen vorliegen, dann müssen die Optionen auf jedem Kriterium relativ zueinander beurteilt werden. Es geht also um die Frage, ob die Option a beim Kriterium *n* besser abschneidet als etwa die Option *b*. Auch hier gibt es wieder eine Reihe unterschiedlicher Verfahren, wie solche Vergleiche auf jedem Kriterium durchzuführen sind." (Ebd.)

[3]Nicolás Gómez Dávila: Aufzeichnungen des Besiegten. Fortgesetzte Scholien zu einem inbegriffenen Text. A. d. Span. übers. v. Günter Maschke; Wien 1994. S. 11.

Im Rahmen von Mediationsverfahren zwischen Betroffenen, Entscheidern und Antragsstellern kann dieses Verfahren den Beteiligten dennoch eine Hilfestellung bieten, weil es möglich wird, sich gemeinsam und systematisch zunächst einmal davon zu überzeugen, daß im anvisierten Planungsprozeß eine Vielzahl entscheidungsrelevanter Auswahlkriterien in unterschiedlicher Rangfolge zu berücksichtigen wären, über die man sich eingehender verständigen muß. Nicht selten wird den Beteiligten erst durch diesen Prozeß bewußt, daß Diskrepanzen zu verzeichnen sind zwischen dem eigenen programmatischen Selbstverständnis auf der einen Seite und der tatsächlich getroffenen Auswahl bei der Abwägung der Präferenzen auf der anderen Seite; die tatsächlich im Rahmen eines Wertbaumanalyseverfahrens getroffene Wahl kann mitunter für die Teilnehmer selbst überraschend sein.[1]

Anders jedoch verhält es sich bei einer Gruppe verfahrensunbeteiligter Rezipienten; die Anforderung, nach Vorlage andernorts gewichteter Entscheidungskriterien zu bewerten, wäre bereits ein ethisch nicht begründbarer Eingriff in die Autonomie ethischer Urteilsbildung. Differenzen zwischen Werten (etwa als Präferenzen) und Normen (etwa als Pflichten) lassen sich jedoch nicht hinreichend voneinander unterscheiden, ebenso wenig wie Differenzen im Normativen und Meinungsverschiedenheiten im Empirischen. Für den Rezipienten ist somit zwar aufgeführt, daß ein bestimmtes Bewertungskriterium ein relatives Gewicht gegenüber konkurrierenden Gesichtspunkten hat, nicht aber warum.

Eine unmittelbare Übertragung und Anwendung des Gesamtwertbaums in den Bürgerforen erschien aus diesen Gründen als nicht angebracht. Der Wertbaum vermittelt zwar einen Eindruck der Komplexität der zu berücksichtigenden Aspekte, und bei näherem Hinsehen werden auch die sich ausdifferenzierenden Strukturen wechselseitiger Bedingungen transparenter. Aber in der konkreten Ausgestaltung der rubrizierten Kategorien und Kriterien mit ihren Hinsichten, Implikationen und Rücksichten, bleiben für den Interpreten ebenso wie für einen potentiellen Anwender die entscheidenden Orientierungs-Fragen nach dem jeweiligen Warum offen. So lassen sich bei der Rezeption die detaillierten Konsense und Dissense nicht rekonstruieren, es sind allenfalls Formeln, die andernorts, zu

[1] Zur Wahrnehmung einer solchen Diskrepanz durch Verfahren kommt auch Klaus Kornwachs in seinem Beitrag: „Es mag verwundern, daß diese Präferenzrelation, die vom Verfasser gewählt wurde, das mehr technisch orientierte Szenario mit den wenigsten Verletzungen und den meisten Erfüllungen der gewichteten Werte ergibt." (S. 179).

einer anderen Zeit und in einem anderen Kontext durchaus sinnvoll gewesen sein dürften, die sich aber nicht, auch nicht einmal in einem vergleichbaren Kontext, hinreichend in ihrer Dignität rekonstruieren, konkretisieren und übertragen ließen. Offenbar ist es bei dieser Methode erforderlich, daß die Einheit von Ort, Zeit und Verfahren gewahrt bleibt.

Der Mangel an Normativität im Gesamtwertbaum läßt sich nicht beheben, weil sich zwar die Spuren der Konsense und Kompromisse zwischen den beteiligten, gesellschaftlich relevanten Gruppen im Wertbaum zeigen, nicht aber die eigentlichen Gründe selbst. Insofern auch bleibt ein zwar dezidierter Ausdruck entscheidender Gesichtspunkte, der aber den Status allgemeiner Verbindlichkeit keinesfalls für sich beanspruchen darf.[1] Von einem bei der Konzeption der Arbeitseinheit zunächst vorgeschlagenen Transfer des Gesamtwertbaumes der Vertreter gesellschaftlich relevanter Gruppen aus dem Diskurs ‚Energie und Ethik' in die Bürgerforen des Projektes zur klimaverträglichen Energieversorgung wurde daher abgesehen. Somit blieb auch die Frage weiterhin offen, ob und in welcher Form — ohne zu oktroyieren oder zu determinieren — die im Gesamtwertbaum enthaltenen Wertungen für andere Diskussionsprozesse nicht zumindest als ‚Steinbruch' relevant und fruchtbar gemacht werden könnten.

Die geplante Arbeitseinheit sollte — so die Zielvorstellung — zusätzlich zu den recht umfangreichen Anteilen an Sachinformation über Verfügungswissen auch die Anforderungen ethisch–moralischer Erwägungen und damit die Seite des Orientierungswissens in den Diskurs einbringen. Der wissenschaftliche Diskurs hatte ohnehin ergeben, daß prinzipiell voneinander abweichende Strategien einer klimaverträglichen Energienutzung erfolgreich durchführbar sein würden. Aus der Perspektive von Natur- und Technikwissenschaften und hinsichtlich ökonomischer und ökologischer Auswirkungen konnte nachgewiesen werden, daß alle drei idealtypischen Szenario–Pfade prinzipiell erfolgversprechend sind. Die eigentlichen Gründe für die Entscheidung, einer dieser optionalen Strategien den Vorzug zu geben, mußten demnach bis ins Präskriptive der jeweils szenariospezifischen Leitbilder *Szenario B – ‚Techniknutzung'*, *Szenario C – ‚Ressourcenschonung'* oder aber *Szenario D – ‚Neue Lebensstile'* reichen. Die Bedingung für die Möglichkeit einer gesellschaftlichen Entscheidung über den ‚richtig(er)en' Weg liegt daher im Diskurs der Leitbilder selbst und wird somit zum Problem des Orientierungswissens.

[1] Vgl. die Beiräge von Ott S. 190 und Nida–Rümelin S. 101 in diesem Band.

## Versuch einer Synthese in pragmatischer Absicht

### a. Zur Wertbaumanalyse

Bei der Konzeption der Arbeitseinheit stellte sich die Frage, wie die Ergebnisse des Diskurses ‚Energie und Ethik' sowohl aus dem empirischen als auch aus dem ethischen Ansatz für Bewertungs– und Entscheidungsprozesse in den Bürgerforen, trotz der dargestellten Bedenken, fruchtbar gemacht werden können. Eine Diskursanalyse, eine möglichst ‚advokatorische' Reinterpretation und nicht zuletzt auch eine Reduktion des Gesamtwertbaums wurden damit unerläßlich.

In einer ersten Annäherung wurde davon ausgegangen, daß der Gesamtwertbaum die Relevanz von Aspekten für Entscheidungen im Bereich Energie darstellt. Der Wertbaum wäre dann als Kontextualisierung abstrakter Werte aufzufassen — eben derjenigen, die in der Überschriften der drei Äste ausgedrückt sind. Konrad Ott schlägt vor, den Gesamtwertbaum nicht so zu verstehen, als repräsentiere dieser einen normativen Konsens hinsichtlich der ‚ausschlaggebenden' Werte und Kriterien.[1] Statt dessen gehe es um den Versuch einer vollständigen Bestandsaufnahme aller Werte, die im Rahmen einer rationalen Wahl als Argument verwendet werden können. „Jeder Teilnehmer einer Wertbaumanalyse erkennt durch seine Zustimmung zum Gesamtwertbaum an, daß jeder der in den Gesamtwertbaum aufgenommenen Werte eine legitime Thematisierungshinsicht in bezug auf Energiesysteme und –szenarien ist."[2] — Der Gesamtwertbaum ließe sich somit zumindest als Fundus verwenden, aus dem sich jeder bedienen kann, der nach guten Gründen für bestimmte Präferenzen sucht. Allein das Vorliegen einer vollständigen Bestandsaufnahme aller für eine Beurteilung relevanten Werte ist nicht hinreichend, als daß ein solches System bereits zur Entscheidungsgrundlage gemacht werden könnte. Von einem systematischen Entscheidungsprozeß wäre schließlich auch zu erwarten, daß probate Mittel angegeben werden, mit denen sich feststellen läßt, ob eine Begründung nicht nur alle wesentlichen Gründe anführt, sondern auch alle wesentlichen Gegenpositionen entkräftet. Unter dem Eindruck dieser Methode erscheinen die Probleme des Wertpluralismus umfassender als sie tatsächlich sind.

[1]Vgl. den Beitrag von Konrad Ott auf Seite 191.
[2]Vgl. ebd.

### b. Orientierungswissen als Verfügungswissen?

Als empirisches Verfahren erinnert die Vorgehensweise bei der Wertbaumanalyse an die ‚Fehlerbäume‘ zur Abbildung komplexer technischer Prozeßstrukturen etwa im Rahmen von Risikoanalysen. Solange ein technisches System einen kritischen Grad der Beschreibbarkeit nicht überschreitet, kann damit gerechnet werden, daß sich alle erdenklichen Ereignisse und Vorfälle auch in kaum möglichen Konstellationen noch abbilden lassen, um ggf. Maßnahmen zur Vorsorge im Sicherheitskonzept zu treffen, so daß gerade im Krisenfall hinreichende Kompetenzen und Möglichkeiten zur Systemsteuerung zur Verfügung stehen und auch genutzt werden. Es handelt sich dabei allerdings um konventionelles Verfügungswissen, noch dazu um Prozeßmodulationen, die für geschlossene Systeme konzipiert sind. Mag die Zahl der anfallenden Informationen auch hoch sein, die Orientierung in Hinsicht auf die Prozeßziele ist bei technischen Systemen in der Regel überschaubar, es geht um Stabilität, Optimierung und Konsolidierung im Spektrum vorgegebener Soll–Werte. Die technische Operationalisierung verfügt insofern über klare Zielvorgaben und zumindest beim ausgereiften System zumeist auch hinreichend über die ‚richtigen‘ Informationen. — Offenkundig versagt dieses Bild völlig, wollte man es auf Gesellschaft übertragen, und am Versagen einer solchen Übertragung läßt sich erkennen, warum das Verfahren der Wertbaumanalyse nicht hinreichend sein kann für die Anforderungen eines gesellschaftlichen Diskurses zur Technikbewertung. Zunächst einmal ist die systematische Sammlung und Operationalisierung aller erforderlichen Informationen plausibel, denn in Form zu beurteilender Fakten muß Orientierungswissen hinreichend durch Verfügungswissen ergänzt werden, andernfalls ginge der Diskurs über potentielle Ziele an den gegebenen Bedingungen und Möglichkeiten schlichtweg vorbei. Allerdings spekuliert man mit dem Versuch einer subsumtionslogischen Ansammlung von Fakten darauf, daß man zuletzt ein abgeschlossenes System erhält, von dem sich mit universaler Geltung ‚Faktizität‘ behaupten läßt. Aber die Informationsebene muß eingegrenzt werden, etwa mit Hilfe von Metakriterien, wie demjenigen der ‚Relevanz‘. Damit erst wird dann der Schritt von der Information zum Wissen vollzogen, und die Grundlage der Orientierung ist dann nicht mehr lediglich das Ergebnis einer Kenntnisnahme von Fakten, sondern eine Frage ihrer Bewertung. In Hinsicht auf ‚Relevanz‘ wird schließlich der Übergang vom Gutachterstreit über das Expertendilemma bis zum gesellschaftlichen Dissens über Fragen der Zukunftsgestaltung fließend, denn bereits die ‚richtige' Interpretation von Informationen setzt Zielvorgaben voraus, die häufig nicht klar und distinkt vorliegen und erst strittig werden, wo es, je nach Gewichtung, ums Ganze geht.

Technik stellt nur Möglichkeiten zur Verfügung, es kommt nun aber darauf an, zu entscheiden, ob und wenn ja, in welcher Weise wir über dementsprechende Möglichkeiten verfügen möchten. So stellt das mit dem Wertbaum systematisierte Faktenwissen selbst kein Orientierungswissen dar, vielmehr entsteht die Gefahr, die eigentlich hatte vermieden werden sollen, daß nunmehr doch wieder Verfügungswissen anstelle von Orientierungswissen gesetzt wird. Gesamtgesellschaftliche Ziele und Werte aus soziotechnischen Informationen ableiten zu wollen, bedeutet jedoch, der individuellen und der gesamtgesellschaftlichen Verantwortung, den Anforderungen von Ethik als ernste Fragen nach dem, wer wir sind und in welcher Gesellschaft wir leben möchten, auszuweichen, diese den sprichwörtlichen Anderen zu überlassen und zu anonymisieren. Verfügungswissen läßt sich operationalisieren, anders jedoch verhält es sich offenbar mit dem Orientierungswissen, wenn es gilt, einen Sachverhalt nicht nur zu durchdringen, sondern die Faktizität auf Fragen der Geltung hin zu übersteigen, bis hin zu den Problemen der Verallgemeinerbarkeit einer dem Anspruch nach universalen Urteilskraft.

> „Eben das aber ist ein Irrtum ..., daß sich ein Verfügungswissen an die Stelle eines Orientierungswissens setzen kann. Wo eine Welt beginnt, ihr Wissen in wuchernden Bilder– und Informationswelten aufzulösen, sind nicht etwa weniger Nachdenklichkeit und weniger Urteilskraft vonnöten, sondern im Gegenteil: nur sie sind es, die das ‚Projekt der Moderne', das im Kern ein Aufklärungsprojekt ist, auf Kurs halten können. Also kommt es auch darauf an, die Wahrnehmungsfähigkeiten, die Erfahrungsfähigkeiten und die (eigenen) Denkfähigkeiten nicht auf dem Altar einer Welt zu opfern, die dem einzelnen das Denken abnimmt und damit nur in eine neue Unselbständigkeit ... führt. Wo sich Bilder und Informationen an die Stelle von Wirklichkeiten und Wissen ... zu setzen beginnen und Expertenkleinkram die Kammern des Bewußtseins besetzt, ist es um Nachdenklichkeit und Urteilskraft schlecht bestellt. Experten ... haben keine universale Urteilskraft ..., Bilder haben keine diskursive und Informationen haben keine synthetische Kraft. Wer sich auf sie verläßt, hat nach Kant seine Mündigkeit verloren."[1]

[1] Jürgen Mittelstraß: Leonardo–Welt. A. a. O. S. 241.

Warum sich die Aufgabe des Orientierungswissens in Fragen der Technikfolgenbewertung einem solchen systematisierenden und berechnenden Zugriff entzieht, läßt sich auch daran erkennen, daß unterschiedliche Grade der Kompensierbarkeit von Motiven und Werten entscheidend sind in Fragen der Zukunftsgestaltung, insbesondere die Hinsichten auf Gefährdungspotentiale für die Demokratie und für den soziokulturellen Kontext. Aber es ist bereits der subsumtionslogische Gedanke selbst, mit dem anstelle von Urteilskraft ein dezisionistisches und technokratisches Modell einhergeht, das in seiner Komplexität schließlich selbst wieder eine Eigendynamik in der Entwicklung von Zielvorgaben produziert. Mit einer jeden systematischen Ordnung der Gesichtspunkte geht eine nicht unspektakuläre Verordnung von Relevanzen einher, die sich dann in der Praxis wieder als Dezisionismus zeigt. Bild–, Modell– und Ordungsvorstellungen mögen als probate Hilfsmittel zur Verortung zentraler Gesichtspunkte dienlich sein, allerdings geht damit immer die Gefahr einher, daß mit dieser Modellvorstellung die Orientierung selbst zu einer Technik mit Nebenfolgen wird, die den Prozeß der Abwägung und insbesondere die Aufgaben des Orientierungswissens desavouiert. Bei der Modellierung spielen interessanterweise gerade auch ästhetische Vorstellungen, wie etwa die Erwartung von Symmetrie, eine nicht untergeordnete Rolle. Modellierte Symmetrie vermittelt ‚Ausgewogenheit', wobei das Modell selbst nunmehr in den Vordergrund getreten ist, die abzubildende soziotechnische Wirklichkeit tritt dann in den Hintergrund in dieser Arbeit an der Optimierung einer Konstruktion. Auch die Auseinandersetzungen konzentrieren sich mehr und mehr auf die Konzeption des Systems, und ein Wertbaum wird insofern selbst zu einem technischen System, mit den Effekten einer black box. Ab einem bestimmten Komplexitätsgrad wird dementsprechend intern genau jene Eigendynamik entwickelt, die doch extern hatte überschaubar werden sollen.[1] Paradoxerweise erzeugen derartige Verfahren genau jene Komplexität, die man hatte ‚in den Griff bekommen' wollen.[2]

[1]Siehe hierzu: Gerhard Gamm: Simulierte Natur. In: Natur und Wissenschaft (Konkursbuch 14, Zeitschr. für Vernunftkritik). Hrsg. v. Heidrun Hesse; Tübingen 1985. S. 47–74. Vgl. S. 56.

[2]„Glaubt eindimensionale Aufklärung im Zeichen universalistischer Rationalität der Geschichte den Anschein naturgesetzlicher Ordnung aufprägen zu können, so zeigt der Allegoriker, was zur Naturgesetzlichkeit verdinglichte Geschichte heißt: ihre Verwandlung zur Ruine." Um des Wissens willen kommt es zum melancholischen Verrat an den Gesetzen des Fortschritts und der Aufklärung, wie Böhme anhand eines Gedankens

Im 3. Jahrhundert verfaßte Porphyrios von Tyrus eine Einleitung über die aristotelelische Logik, um anhand von fünf Prädikabilien eine noch für das Mittelalter fundamentale Lehre zu entwickeln: *Gattung* (z. B.: Sinneswesen), *Art* (z. B.: Mensch), *Differenz* (z. B.: vernunftbegabt), *Proprium* (Eigentümlichkeit, z. B.: mit der Fähigkeit, zu lachen), *Akzidenz* (z. B.: weiß). Als ‚Baum des Prophyr' ist diese Systematisierung bekannt geworden, wobei, anders als bei Aristoteles, hier der klassifikatorische Gedanke im Vordergrund steht.

> „Es sei nun das Gesagte an einer Kategorie klar (gemacht). Die Substanz ist selbst eine Gattung, unter ihr ist der Körper, unter dem Körper der beseelte Körper, unter ihm das Lebewesen, unter ihm der Mensch, unter dem Menschen aber Sokrates und Platon und (andere) individuelle Menschen. Nun ist unter diesen die Substanz das am meisten Gattungshafte, das sie nur Gattung (ist), der Mensch aber das am meisten Spezifische, da er nur Art ist; der Körper dagegen (ist) eine Art der Substanz und eine Gattung des beseelten Körpers."[1]

Es war dagegen mehr als ein nur klassifikatorisches Interesse, was Aristoteles mit seiner Topika beabsichtigt hatte: Es ging um die Entwicklung eines Verfahrens, „... mit dessen Hilfe wir fähig sein werden, auf der Grundlage der herrschenden Meinungen über jede vorgelegte Zweifelsfrage zu einem Urteil zu kommen", allgemein anerkannte Ansichten anzugreifen oder gegen Opponenten zu verteidigen.[2] Auf eine Definitition des Begriffs hat Aristoteles bewußt verzichtet, allgemein läßt sich jedoch angeben, daß es sich bei einem ‚Topos' um einen zur Gewinnung neuer Diskussionsargumente empfehlenswerten Gesichtspunkt handelt, wobei es gerade

---

von Walter Benjamin erläutert. (Hartmut Böhme: Ruinen – Landschaften. Naturgeschichte und Ästhetik der Allegorie in den späten Filmen von Andrej Tarkowskij. In: Natur und Wissenschaft. A. a. O. S. 117–157. Zit. v. S. 126.) — Mit sardonischer Freude und dem Augurenlächeln einer Melancholie der Heiterkeit werden in den Plots der Filme von Peter Greeneway Ordungsvorstellungen allegorisiert, die immer wieder aus Gründen ihrer Eigendynamik an internen Paradoxien scheitern, was daraufhin zu grotesken und fatalen Konsequenzen führt.

[1] Diesen Hinweis verdanke ich Wilhelm Goerdt. — Siehe hierzu: Josef M. Bocheński: Formale Logik. (Orbis academicus. Problemgeschichten d. Wiss. in Dokumenten u. Darst., Bd. 3; 2) Freiburg, München 1978. Zit. v. S. 154f.

[2] Aristoteles: Topik. Übers. v. E. Rolfes; Leipzig 1919. Siehe hierzu: Lothar Bornscheuer: Topik. Zur Struktur der gesellschaftlichen Einbildungskraft; Frankfurt 1976. Zit. v. S. 26.

auch auf die Mannigfaltigkeit ankommt. Intendiert ist die umfassende Bestandsaufnahme umgangssprachlicher Argumentationsstrukturen der öffentlichen Meinungsbildung, die allerdings nicht durch formalsystematische Logifizierung gesteigert, sondern eher geschwächt werden würde: Eines der zentralen Wesensmomente der ethisch–praktischen Vernunft ist, Aristoteles zufolge, ihre methodologisch–begriffliche ‚Unschärfe', und es handelt sich insofern um den paradoxen Versuch, das Unsystematisierbare der Komplexität natürlichen Sprechens und Verhaltens gleichwohl methodisch zu durchdringen. Ob es sich bei einem spezifischen Topos jeweils um einen plausiblen Gesichtspunkt handelt, ist schließlich abhängig vom konkreten Problem.[1]

Vor diesem Hintergrund läßt sich erahnen, warum es mit einer Wertbaumanalyse nicht gelingen kann, der methodisch–begrifflichen Unschärfe unserer ethisch–praktischen Vernunft zu entsprechen, denn es steht dabei der klassifikatorische Gedanke im Vordergrund, und moralisch–ethische Motive werden nicht als Momente des Orientierungswissens, sondern als Derivate von Verfügungswissen thematisiert. Das Modell ist zwar offen genug, neben Soll–Daten technischer und ökonomischer Anforderungen auch allgemeinere Ziele wie etwa ‚Sozialverträglichkeit' aufzuführen. Aber bereits mit der Festlegung der Indikatoren für einen solchen ‚Wert' beginnen die Probleme. Die Seite des Orientierungswissens bleibt schemenhaft, sie entzieht sich ihrer Instrumentalisierung, widersetzt sich dem Prinzip einer Operationalisierung durch Verrechenbarkeit.[2] Statt dessen sind Grundfragen der Metaethik aufgeworfen, ob die logisch–systematische Subsumtion dem entsprechen kann, was im moralisch–ethischen Diskurs über Gestaltungsfragen der Gesellschaft intendiert ist, ob Probleme der Güterabwägung lediglich Interessenkonflikte darstellen, die sich kompensieren und gegeneinander aufrechnen lassen.

> So mag auch das folgende Beispiel ‚rein rechnerisch' Plausibilität beanspruchen, wenn der Landschaftsverband Westfalen–Lippe dieser Tage eine etwa 1000 Quadratmeter große Fläche ausweisen möchte, wo neben „ökologisch wertvollen Heckenstrukturen aus Bienennährgehölzen und Vogelschutzgehölzen" auch eine Obstwiese angelegt werden soll als „Heimat für zahlreiche gefährdete Tierarten",

---

[1] Ebd. vgl. S. 29, 36 u. S. 42.

[2] So wird in der dem Gesamtwertbaum vorangestellten Präambel explizit auf diese Problematik hingewiesen und ein Diskurs zum Thema ‚Grundwert und Demokratie' für erforderlich gehalten. Siehe hierzu die Präambel auf Seite 371.

> um der Artenvielfalt förderlich zu sein. Begründet wird diese Kompensationsmaßnahme mit dem Landschaftsschutzgesetz, wonach ein jeder Eingriff in den Naturhaushalt auszugleichen ist, wenn beispielweise ein „Stück Natur“ (sic!) durch eine Fahrbahndecke versiegelt worden sei. Allerdings liegt das Natur–Kompensat in unmittelbarer Nähe zur Autobahn, das Tauschprinzip läßt nicht von ungefähr an den prometheischen Götterbetrug denken, und sardonisch titelt der ortsansässige Hellweger Anzeiger: „Obstbaumwiese bringt Autobahnkreuz ins ökologische Gleichgewicht“.[1]

Die Bedingungen und die Grenzen für die Möglichkeit einer phänomenologischen Ethik wären hier zu untersuchen, denn der Materialreichtum normativer Sätze in den Alltagssprachen der Lebenswelt ist Ausdruck einer topischen Intuition, die in der Rationalität rationaler Diskurse häufig nicht ihren adäquaten Ausdruck findet, dem praktischen Diskurs aber gehen dadurch entscheidende Gesichtpunkte verloren. Der topische Ansatz, so Julian Nida–Rümelin, „... beschränkt sich auf ein gewisses Maß an Systematisierung unserer moralischen Alltagsüberzeugungen, ohne den reduktionistischen Ansprüchen der ‚reinen‘ Theorie nachzugeben.“[2].

Die Darstellungsform des Wertbaums verleitet zunächst zu einer Lesart, die eine hierarchische Struktur vermuten läßt. Im Sinne der naheliegenden Metaphorik wären demzufolge die ‚Äste‘ am wichtigsten, dann die ‚Zweige‘ und schließlich die ‚Blätter‘, die den Kriterien spezifische Indikatoren und dementsprechende Meßanweisungen zuordnen, anhand derer ersichtlich werden soll, ob und wann ein rubrizierter Wert jeweils erfüllt ist. In der anschließenden Gewichtung wird dem jeweiligen Indikator ein relativer Stellenwert zubemessen, wodurch seine mehr oder weniger große Relevanz zum Ausdruck kommt, die schließlich, wenn unterschiedliche Optionen auf der Grundlage dieser fixierten Relevanzen bewertet werden, zur Gewichtung der Optionen selbst führt. Auch Konrad Ott berichtet im Rahmen eines anderen Verfahrens zur Wertbaumanalyse ethischer Kriterien für die Bewertung von Unternehmen, daß die Indikatorenbildung — also der erste Schritt vom Deskriptiven zum Normativen — auf „... große, vielleicht sogar auf unlösbare Schwierigkeiten stößt.“[3].

---

[1]Hellweger Anzeiger, 154. Jg., Nr. 43, 20. Februar 1998.

[2]Zit. v. S. 80 in diesem Band.

[3]Konrad Ott: Erläuterungen zum ethischen Status und zur Methodik des Frankfurt–Hohenheimer Leitfadens. In: Johannes Hoffmann, Konrad Ott, Gerhard Scherhorn (Hrsg.): Ethische Kriterien für die Bewertung von Unternehmen. Frankfurt–Hohenheimer Leitfaden; Frankfurt, Stuttgart 1997. S. 207–261. Zit. v. S. 239.

Wäre es möglich, so Konrad Ott in seiner Methodenreflektion, aus einem Gesamtwertbaum

> „a) alle Redundanzen zu tilgen, b) alle Unterwerte in Indikatoren (Meßanweisungen) zu übersetzen, c) anhand der Indikatoren Messungen durchzuführen und d) die Meßergebnisse aufzuaddieren, dann könnte man, sofern man e) eine präferenzorientierte und utilitaristische ‚rational choice'–Theorie zugrundelegt, den Schritt von einem Bewertungsraster zu einer Entscheidungsfindung vollziehen. Dieser Schritt ist allerdings mit Problemen behaftet, die den Problemen bei der Erstellung eines utilitaristischen Kalküls ähneln."[1]

Anders als bei der Konzeption kommt die Essenz einer solchen Ordnungsstruktur bei der Reinterpretation erst dann zum Ausdruck, wenn der Gesamtwertbaum als ‚Definition' aufgefaßt wird, wobei mit der Ober– und Unterordnung keine Hierarchie, sondern eine subsumtionslogische Ordnungsstruktur zum Ausdruck kommt, die sich als Verfahren um eine zunehmende Präzisierung im semantischen Feld der Bedeutungsgehalte bemüht. Das Verfahren verleitet jedoch zu einer Analyse durch Begriffe, wo eine Ausdifferenzierung der Phänomene erforderlich wäre und gerade die Übereinstimmung in normativen Grundfragen wird eher verdeckt. Gleichfalls ist nicht zu ermessen, was allerdings zu ermessen wäre, ob ein Dissens über Leitbilder wesentlich auf empirische oder aber auf normative Gesichtspunkte zurückzuführen ist. Wer, so Julian Nida–Rümelin,

> „... ein dezentrales Energiesystem einem zentralisierten vorzieht und damit in der Methode der Wertbaumanalyse den Wert der Dezentralität offenbart, der wird in der Regel dezentrale Energieversorgungssysteme deswegen vorziehen, weil er der Überzeugung ist, sie seien weniger fehleranfällig, erlaubten eine effizientere Nutzung der Abwärme oder setzten keine umfangreiche, hierarchisch strukturierte und von außen schwer kontrollierbare Planungsbürokratie voraus. Ohne diese empirischen Annahmen scheint der ‚Wert' der Dezentralität unbegründet zu sein. Die vermeintliche Werthaltung entpuppt sich also als eine auf fundamentalere Normen und Werte zurückführbare Folge bestimmter empirischer Annahmen, die grundsätzlich auch empirisch–einzelwissenschaftlich überprüfbar sind. Aber selbst für den Fall, daß es um diese empirische Überprüfbarkeit aus pragmatischen Gründen schlecht bestellt ist, wäre es doch eine Verzerrung der tatsächlichen Diskussionslage, diese empirischen

---

[1]Ebd. S. 239.

> Überzeugungsunterschiede in Wertungskonflikte zu übersetzen und sie damit gemäß der subjektivistischen Interpretation moralischer Überzeugungen zu entrationalisieren."[1]

Der Versuch, die bewertungsrelevanten Gesichtspunkte systematisch zu standardisieren, führt zu Auseinandersetzungen um angemessene Definitionen und Subsumtionen. Es wird unterstellt, Begriffe würden ‚der Wirklichkeit' in einem eindeutigen Sinn korrespondieren. So hatten Vertreter von Umweltschutzverbänden im Rahmen des Wertbaumanalyse-Verfahrens die Differenz ‚dezentrale' versus ‚zentrale Energieversorgung' als Bewertungskriterium in den Gesamtwertbaum einbringen wollen, in der Erwartung, regenerativen Energieformen wie beispielsweise Sonnen-, Bio-, Wind- und Wasserenergie würden Anforderungen in dieser Hinsicht besser gerecht. Dezentralisierung sollte dementsprechend als Garant für Versorgungssicherheit anerkannt werden, für die Vermeidung von Verwundbarkeit, Unabhängigkeit von Makrostrukturen und nicht zuletzt auch als Ausdruck für (kommunale) Selbstversorgung und Selbstbestimmung des Handelns. Der Begriff selbst, seine Auslegung und nicht zuletzt die damit verknüpfte Programmatik sorgte im Plenum für rege Diskussion. Von seiten der Ingenieure wurde eingewandt, Energieversorgung sei stets ‚zentral', eine ‚dezentrale Energieversorgung' stelle keinen Bewertungsgesichtspunkt dar und sei daher abzulehnen. Dieser Dissens konnte im Verfahren nicht gelöst werden, und so zeigt sich, wie durch einen ‚Nominalismusstreit' die Berechtigung für einen Gesichtspunkt in Abrede gestellt werden kann mit der Behauptung, die Einführung eines bestimmten Begriffs sei unsinnig, weil ihm in der Wirklichkeit nichts entspräche. — Dieses Beispiel zeigt auch, wie sich das Modell vor die ‚Sache' schiebt, die eigentlich hatte verhandelt werden sollen. Weil ein quasi-kausaler Konnex unterstellt wird im Referenzverhältnis zwischen Empirie auf der einen und einem Definitionsgefüge auf der anderen Seite, kommen situative Nuancen nicht mehr in den Blick. Die einzelne Definition soll zum Kalkül und zum Modul in einem System von eindeutigen Verweisungsstrukturen werden, so daß sich die Urteilsbildung anhand des Modells schließlich von selbst ergeben soll. Ein solcher Automatismus entspricht seinerseits jedoch in keiner Weise den Anforderungen einer autonomen und individuellen Urteilskraft, die sich — auf je eigene Weise — fallspezifisch selbst von der Angemessenheit eines Urteils überzeugen muß. Schlimmstenfalls

[1]Siehe hierzu den Beitrag von Julian Nida-Rümelin in diesem Band, Zit. v. S. 94.

würde die Dignität eines bestimmten Kalküls systemisch garantiert, jeglicher Widerspruch könnte bestritten werden unter Verweis darauf, die Angelegenheit sei per definitionem ein für allemal geklärt.

### c. Spektren der Bewertung auf der Grundlage des ethischen Ansatzes

Intendiert war ein Transfer der wesentlichen Ergebnisse des Diskurses ‚Energie und Ethik' in die Arbeit der Bürgerforen, aber aussichtslos wäre also eine Konzeption gewesen, bei der den Teilnehmern der Bürgerforen eine Art ‚Checkliste' vorgelegt worden wäre, die zuvor andernorts erarbeitet wurde und die jetzt nur ‚anzuwenden' wäre. Anhand des vorliegenden Materials wurden daher Versuche unternommen, offene Konzepte mit übergreifenden zentralen Kategorien zu entwickeln, die versprachen, das gesamte Bewertungsspektrum umfassend zu repräsentieren. Dann aber sollte es dem hermeneutischen Einfühlungsvermögen der Teilnehmerinnen und Teilnehmer in den Bürgerforen selbst überlassen sein, den jeweils problematisierten Gesichtspunkt der Bewertung vor Ort zu rekonstruieren. Entwürfe zu einer solchen Synthese stützten sich nunmehr verstärkt auf die Beiträge aus dem ethischen Ansatz. Und zunächst ließen sich sechs solcher Kategorien identifizieren, die sich im Verlauf weitergehender Rekonstruktionsversuche als hochgradig bewertungsrelevante Aspekte herausstellen sollten, wobei sie als Motive und Momente ihrerseits bereits wieder in offenen Wechselwirkungsverhältnissen stehen:

> Ein Energiesystem sollte zum einen *technisch* machbar (an sich möglich) und zum anderen *wirtschaftlich* vertretbar (für uns möglich) sein; es sollte einerseits sowohl die *äußere Natur* (Umwelt) als auch andererseits die *innere Natur* (individuelle Gesundheit) nicht schädigen. Gleichzeitig sollte ein Energiesystem sowohl die *Rechte des Individuums* als auch die *Gestaltungsspielräume der Gesellschaft* erhalten oder erweitern.

Der Versuch, weniger als zehn Kriterien anzugeben, die dennoch die wesentlichen Aspekte aufzeigen, ergab anschließend drei Grundfragen, die erstens den *politischen*–, zweitens den *sozialen*– und drittens den *ökologischen Frieden* thematisieren. Bei der Beurteilung von Optionen für Energieversorgungssysteme lassen sich diese Perspektiven anhand von Gegensatzpaaren darstellen:

- Technische versus wirtschaftliche Effizienz
- Natur versus Kultur (etwa: Ökologie und/oder Ökonomie)
- Individuelle versus soziale oder kollektive Förderlichkeit

Diese drei Gegensatzpaare wurden nun anhand von Differenzierungen aus den philosophischen Gutachten und dem Wertbaumverfahren eingehender präzisiert, und zwar in Form eines erläuternden Abschnitts, der das semantische Feld der jeweiligen Wertorientierung umschreiben sollte. Gesucht wurden bei der Formulierung idealtypische Positionen mit Wertaussagen, die sich in konkreter Hinsicht zu dem in Frage stehenden Gesichtspunkt äußern, die dann aber im Spektrum der Perspektiven im Widerspruch zueinander stehen. Auf diese Weise konnten und sollten die Teilnehmer selbst die Gewichtung der besonders entscheidenden Bedeutungsaspekte vornehmen. Die untereinander widersprüchlichen Formulierungen eindeutiger Statements sollten zum Ausdruck der eigenen spezifischen Werthaltung herausfordern, wobei sich die Systematik der Hinsichten über den Gesamtzusammenhang repräsentieren ließ. So kann etwa ein technisch mögliches, vielleicht optimales System der Energieversorgung in wirtschaftlicher Hinsicht durchaus Nachteile zeigen. Gleichfalls kann eine technisch ebenso wie wirtschaftlich ‚suboptimale' Lösung ihrerseits wiederum gesellschaftlich als besonders empfehlenswert erscheinen. Dementsprechend sind es die zentralen offenen Fragen der anstehenden Bewertung, die sich auf diese Weise in ihrer Umstrittenheit stellen. Damit war das gesuchte Modell für das methodische Vorgehen entwickelt, bewertungsrelevante Fragen zugleich umfassend, aber dennoch ergebnisoffen zu thematisieren. Gleichzeitig sollte dabei deutlich werden, daß es bei Bewertungen fallspezifisch zum einen auf empirische und zum anderen aber auf normative Gesichtspunkte ankommt. Nur so läßt sich verhindern, daß sich Dissense oder Konsense einstellen, die im Empirischen oder im Normativen auf irrigen Voraussetzungen beruhen.

Für die Methodologie einer diskursiven Technikfolgenbewertung bedeutet dies, daß relevante Bewertungsgesichtpunkte zugleich ergebnisoffen aber dennoch operationalisierbar sein müssen, auch muß die Gesamtheit der zur Bewertung erforderlichen Aspekte abgebildet werden im Spektrum dichotomer Formulierungen. Damit waren die Anforderungen der Methodologie formuliert, die konkrete Ausgestaltung sollte nach dieser Modellvorstellung für ein systematisches Vorgehen in Fragen der

Technikbewertung entwickelt werden. Die bewertungsrelevanten Aspekte wurden daraufhin noch mehrfach anhand des Gesamtwertbaums und anhand der Ergebnisse der ethischen Untersuchungen auf die anvisierte Vollständigkeit hin überprüft und überarbeitet. — Allerdings muß auch erwähnt werden, daß diese Darstellung im Nachgang erfolgt, daß erst im Verlauf der weiteren Methodenreflektion in der Phase der Nachbereitung vor dem Hintergrund der praktischen Erfahrungen auch dem methodologischen Prinzip dieses Modells im Rahmen dieser Studie weiter nachgegangen werden konnte. Das im Anhang (S. 364ff.) dokumentierte und im folgenden näher erläuterte Modell stellt daher lediglich ein erstes konkretes Beispiel für ein solches Vorgehen dar.

### d. Zehn Bewertungsaspekte in Thesenform

Im Verlauf der zuvor skizzierten Analyse wurde es allmählich möglich, die gesuchte Konzeption zu konkretisieren; dabei entstand eine Liste von insgesamt zehn Aspekten, die anhand von Aussagen konkretisiert wurden, in denen Werthaltungen zum Ausdruck kommen. Die Modellierung ist bewußt dem alltagssprachlichen Duktus ethisch–moralischer Diskussionshorizonte nachempfunden, wo etwa bereits die Erwähnung eines Bewertungsgesichtspunktes als Appell auf Anerkennung eben dieses Gesichtspunktes aufgefaßt wird, was zur Folge hat, daß sich sehr unmittelbar Dialoge, Dispute oder Diskurse über konkurrierende Gesichtspunkte einstellen können. Auf gesellschaftlicher Ebene treten in diesem Terrain dann Teilrationalitäten gegeneinander an, in der Auseinandersetzung um Hegemonie im Modus des ‚Entweder–Oder‘. So zeigte sich als weitere Aufgabe, die bei der Konzeption von Verfahren zur Technikfolgenbewertung berücksichtigt werden sollte, sicherzustellen, daß sich im ergebnisoffenen Bewertungsprozeß zunächst eher der unentschiedene Modus des ‚Sowohl–Als–Auch‘ als Anlaß für den Diskurs einstellen kann, stets unter konkretem Bezug auf die jeweils zu bewertende Option.

Mit der Behauptung einer der in der Abbildung auf der nächsten Seite aufgeführten Statements liegen keinesfalls bereits zwingende Gründe zur Anerkennung vor, statt dessen werden derartige Aussagen zum Anlaß für einen Diskurs, in dem es um die Beurteilung des zum entscheidenden Wert erhobenen Gesichtspunktes geht. Mit der Zustimmung zu einer solchen Behauptung wäre die Konsequenz verbunden, einen entsprechenden Gesichtspunkt zu validieren. Niemand würde jedoch unter dieser Voraussetzung einem Statement zustimmen, der nicht zugleich auch die jeweils entscheidende Überzeugung teilt oder möglicherweise davon überzeugt werden könnte, denn die damit verbundenen Konsequenzen müssen sowohl faktisch als auch normativ als angemessen erscheinen.

ZEHN BEWERTUNGSASPEKTE IN THESENFORM

- Energie ist kein Selbstzweck. Die Energieversorgung steht im Dienste der Menschen und muß die Befriedigung ihrer Bedürfnisse ermöglichen.
- Die Effizienz eines Energieversorgungssystems bemißt sich daran, mit welchem Aufwand die artikulierten Bedürfnisse befriedigt werden können.
- Energiepreise müssen die Kosten ausdrücken, die bei der Bereitstellung von Energie entstehen.
- Ein Energieversorgungssystem ist um so besser, je weniger es die Struktur der Volkswirtschaft determiniert.
- Positive Einflüsse auf die Volkswirtschaft sind nicht das einzige Kriterium bei der Beurteilung eines Energieversorgungssystems.
- Eine intakte Ökosphäre ist als Produktionsfaktor unentbehrlich. Ein umweltschonendes Energieversorgungssystem ist einem solchen vorzuziehen, das schwerwiegende Eingriffe in die Umwelt notwendig macht.
- Die Vielfalt und der Reichtum der Natur sind ein wertvolles Erbe und auf jeden Fall für die Zukunft zu bewahren.[a]
- Die Produktion von Energie ist nicht ohne Gefahren zu bewerkstelligen. Es sind daher solche Energieversorgungssysteme vorzuziehen, die im Normalbetrieb, aber auch im Falle von Störungen und Unfällen, die Gesundheit des Menschen weniger beeinträchtigen oder gefährden.
- Wir tragen heute Verantwortung für die kommenden Generationen. Energieversorgungssysteme, deren Lasten in die Zukunft hineinreichen, sind daher abzulehnen.
- Menschen möchten ihr Leben unterschiedlich gestalten. Energieversorgungssysteme sollen dazu beitragen, daß die Bürger ihren individuellen Lebensplan verwirklichen können.

[a]Dieses Statement soll eine manifeste biozentrische Position zum Ausdruck bringen, die gleichwohl noch als Maxime mit Universalisierungsanspruch formuliert werden könnte.

Wo ein auf Anerkennung zielender Gesichtspunkt verallgemeinert wird und von nun an auch für andere und anderes gelten soll, beginnen die Diskurse. Wichtig auch ist es, zunächst zu klären, ob man in der Auslegung dasselbe meint, wesentlich ist, ob das Arsenal der Perspektiven erwarten läßt, daß eine umfassende Urteilungsbildung möglich ist. Klärungsbedarf entsteht jedoch unmittelbar, wo Gesichtspunkte der Bewertung strittig vorgebracht werden; in diesem Moment geht auch der intimste Dialog unmittelbar in den Diskurs über als mehr oder weniger gemeinsame Suche nach Kategorien, die vielversprechend erscheinen, Sicherheit im Urteil zu gewinnen. Der unmittelbar einsetzende Diskurs hat allerdings dabei nicht lediglich die Funktion, mit quasi interesselosem Wohlgefallen allgemeine Geltungsbedingungen lediglich zu eruieren, vielmehr entsteht ein Medium der Vermittlung unterschiedlicher Wechselwirkungsverhältnisse im Geltungsbereich der behaupteten Norm selbst. Jemand, der etwa gleich zu Beginn oder im Verlaufe eines solchen Diskurses einen bestimmten Gesichtspunkt der Bewertung als sachlich und normativ relevant anerkennt, hat sich mit dieser Anerkennung in der Regel zugleich auf eine damit verbundene allgemeine normative Konsistenz hin selbst verpflichtet. So wird in der Regel ein als ausschlaggebend qualifizierter Gesichtspunkt in seiner Diskriminierungskraft sowohl gegenüber konkurrierenden Optionen, gleichfalls aber auch der persönlich präferierten Option gegenüber ‚ausschlaggebend' sein. Insofern stellen derartige Diskurse, fast unabhängig davon, wo sie sich entfalten, immer schon ‚Öffentlichkeit' dar. Sie generalisieren, was zuvor in der Intimität der Dialoge noch anerkannt oder aber unwidersprochen gewesen sein mochte, und sie negieren, indem durch Generalisierung offenbar werden kann, ob eine Verallgemeinerbarkeit schlechterdings vertretbar ist. Die Geltung einer Maxime wird sich dann als nur assertorische und partikulare, nicht aber als universalisierbare Zentralperspektive herausstellen, was wiederum erneut ein Anlaß zur Orientierung, zur Selbstauslegung und zur erneuten Rechtfertigung konkurrierender Maximen werden kann.

Aufgrund der im Diskurs ‚Energie und Ethik' vorgenommenen ethischen Untersuchungen ließ sich konstatieren, daß sehr wohl von einer Agenda universell anerkannter Grundwerte und –normen ausgegangen werden kann.[1] Ihr substantieller Gehalt betrifft insbesondere die Menschenrechte, angeordnet in dem von Julian Nida–Rümelin vorgeschlagenen Modell

[1]Bereits im ersten von zehn Schritten in den von Christoph Hubig dargestellten ‚Strategien eines Dissensmanagements' gilt der Imperativ: „‚Moralische Rechte jedes betroffenen Individuums abwägen;' diese gehen vor Nutzenüberlegungen; es sind prädistributive (Grund–)Rechte. Das Recht auf Freiheit und Unantastbarkeit kann nur relativiert werden, *wenn seine eigenen Bedingungen in Gefahr sind.*" (S. 108).

‚konzentrischer Kreise'. Mit nach außen hin abnehmender Apodiktizität muß der Vertreter einer ‚rein technisch' für möglich oder ‚rein rechnerisch' als sinnvoll erachteten konkreten Option in einem solchen Abwägungsprozeß mit der Einschränkung eines vorgeschlagenen Gesichtspunktes oder auch mit ihrem Verdikt rechnen.

## Technikfolgenbewertung als topisches Verfahren

Topoi sind kontextabhängig auszulegen und anzuwenden; im Spektrum dialektischer Strukturen wird ihre Anwendung zur Probe aufs Exempel, zumal dann, wenn wie hier konfligierende Gesichtspunkte bereits mit vorgebracht werden. ‚Die' Topologie ‚der' Energiedebatte läßt sich dagegen weder verordnen noch festschreiben, ein solches Vorgehen widerspricht der Natur von Motiven, die Anlaß zur Reflektion geben sollen. Das Spannungsverhältnis zwischen der Allgemeinheit auf der einen Seite und dem konkreten Anwendungsbeispiel auf der anderen Seite muß fallspezifisch angemessen sein. Erst die in der Modellierung vorgegebene Multiperspektivität mit den spezifisch konfligierenden Geltungsansprüchen, die wiederum von den Grenzen verallgemeinerbarer Urteile umschlossen sind, ermöglicht einen offenen Diskurs über konkrete Gesichtspunkte, um zu thematisieren wie, wonach und woraufhin im jeweils konkreten Anwendungsfall der Folgenbewertung unterschiedliche technische Optionen und politische Maßnahmen zu beurteilen sind.

> „Je nach Problemlage kann jeder Topos zum Ausgangspunkt einer Argumentation werden, jeder ist mit jedem anderen relationierbar, jeder kann jedem anderen vor– oder nachgeordnet werden. Es gibt keine generellen Prioritäten, keine systematisierbare Kohärenz innerhalb der Topik. Ebensowenig läßt sich rationalisieren, welche konkreten Argumente in einem bestimmten Disputationszusammenhang aus einem Topos gefolgert werden können. Aus jedem einzelnen lassen sich verschiedenartige und sogar völlig gegensätzliche Argumente gewinnen, derselbe Topos kann bei derselben Problemfrage beiden Kontrahenten nützlich sein (in utramque artem–Prinzip). (...) Die Interpretationsbedürftigkeit eines Topos fordert heraus, er inspiriert, er setzt Denken in Bewegung, er öffnet im konkreten Problemzusammenhang neue argumentative bzw. amplifikatorische Möglichkeiten."[1]

[1] Lothar Bornscheuer: Topik. A. a. O. S. 98f.

Technikfolgenbewertung erweist sich als topisches Verfahren, in dem einerseits dafür zu sorgen ist, daß bei der Formulierung der Statements die Grenzen des (noch) Verallgemeinerbaren gewahrt bleiben und andererseits, daß die Reflexionskraft der praktischen Urteilskraft eine sowohl dem Problemumfang als auch der Intensität nach hinreichende Konzentration erfahren kann. Die einschlägigen Topoi in ihrer dialogisch–dialektischen kontextabhängigen Reinterpretationsbedürftigkeit sollten daher von den Teilnehmern selbst in Form von ‚Prüffragen‘ konkretisiert werden, allerdings im Rahmen des Spektrums ihrer Verallgemeinerungsfähigkeit. Dieser Gedanke ist abgeleitet aus dem hierzu entworfenen Modell der ‚Kriterienprismen‘, um sowohl die Bandbreite möglicher Stellungnahmen und damit das ‚Spektrum‘ konkreter Gesichtspunkte als auch den motivgebenden Aspekt einschlägig thematisierbar zu machen. Auf diese Weise sollte es zu der intendierten Wechselwirkung zwischen dem eingebrachten Vorverständnis und dem bei zunehmender Sachkompetenz reflexiv gewordenen Problembewußtsein kommen, zu einer permanenten Neuauslegung in der Legitimation angemessener Präferenzen.

Im Unterschied etwa zu klassischen Hearings können in einem solchen Prozeß der Kontextualisierung und der Konkretisierung auch die anfangs noch ‚selbstverständlichen‘ Präferenzen zu iterieren. Der vormalige Standpunkt wird zur reflektierten Stellungnahme gerade in Fragen der Normativität, wenn im Rahmen einer Topik durch unterbestimmte und dialektisch formulierte Perspektiven die Bewertung selbst zum Bestandteil eines dialektischen Reflexionsprozesses wird. Nicht von ungefähr ist ein jeder ethisch–moralischer Dialog verbunden mit einem Appell an unser Differenzierungsvermögen. Wir sind darum bemüht, auf eine zunehmend differenziertere Weise zu klären, was der Fall, die Regel und was die Ausnahme von der Regel ist. Das Integrationsvermögen alltagspraktischer Kasuistik ist die Ägide einer Urteilskraft, die fallspezifisch zu operieren versteht und dabei ausgesprochen nuanciert vorgehen kann. Dispositionen werden möglich, es wird erforderlich Standpunkte zu vertreten und erfahrbar werden zu lassen, so daß sich der Diskurs sukzessive in seiner Topik bereichern kann, um dann modifiziert und nivelliert wieder neu in Erscheinung zu treten. Ohnehin beruht die Geltungsdauer von Bewertungsgesichtspunkten sowohl empirischer als auch normativer Natur auf permanenter Selbstlegitimation.

> „Topoi besitzen nur so lange Überzeugungskraft, wie sie sich bei Lösungen der gesellschaftlich lebensbedeutsamen Probleme bewähren.

Sie können ... durch Problemsituationen verändert oder gar überholt werden."[1]

Damit war der Weg zur Konstruktion des Inputs gewiesen: Aus dem Gesamtwertbaum ließ sich das Material entnehmen, das den Kontext beschreibt, auf den hin die Konkretisierung jeweils vorzunehmen ist. Der Gesamtwertbaum bot insofern eine Übersicht wesentlicher Aspekte der zur Beurteilung anstehenden Sache, der Katalog der Rechte bildete dagegen den Horizont, vor dem die Bewertung vorgenommen werden soll. Gleichzeitig waren allerdings Freiräume der Interpretationen offen zu halten, und gesucht war demnach ein Verfahren, das zum einen die wesentlichen Aspekte bezeichnet, zum anderen aber im konkreten Bewertungsspektrum darauf aufmerksam macht, wo jeweils die Grenzen möglicher Stellungnahmen zu erwarten sind. In den Gutachten wurde eine Vielzahl möglicher relevanter Gesichtspunkte in Fragen der Güterabwägung vor allem bei Zielkonflikten aufgeführt und es wurde gleichfalls demonstriert, wie sehr die Vertretbarkeit von Standpunkten abhängig ist von den damit jeweils einhergehenden Beweislasten, insbesondere dort, wo ggf. elementare Rechte[2] verletzt würden.

## a. Das Prinzip des Kriterienprismas

Unterschiedliche Versuche, die konzeptionellen Überlegungen umzusetzen, führten zu einem Modell, bei dem das Bewertungsspektrum der Aspekte umschrieben werden kann durch idealtypische Stellungnahmen, die gleichzeitig und damit kontradiktorisch eine begründungspflichtige Legitimität beanspruchen. Eine eigene, dezidiert begründungsfähige Stellungnahme wird durch dieses Vorgehen geradezu herausgefordert, denn angesichts des Widerspruchs durch Kontradiktion wird es erforderlich, entweder einer der beiden ‚extremen' oder eher einer ‚gemäßigteren' Variante zuzustimmen. Auf diese Weise bleibt es den Teilnehmern selbst überlassen, die einzelnen Aspekte in die konkrete Form spezifizierter Bewertungskriterien zu überführen. Da das Modell seinerseits nur die Spektren der Aspekte umschreibt und damit eine konkrete Stellungnahme un-

[1] Ebd. S. 101.

[2] Bei einer Verletzung elementarer Lebens–, Menschen–, Bürger– und Sozialrechte, aber auch bei einer Gefährdung ökologisch unwiderbringlicher Residuen oder von Eigentumsrechten kann im konkreten Fall die Universalisierbarkeit eines Anspruchs abgewiesen werden.

erläßlich macht, wurde es im Sinne seiner Funktion als ‚Kriterienprisma' bezeichnet. Mit dieser Methode läßt sich für Fragen und Verfahren der Folgenbewertung auf der Grundlage eines möglichst vollständigen Sets von Aspekten ein systematisches und umfassendes Vorgehen erreichen, wenn die einzelnen Aspekte in ihren ‚Wertungssphären' nur umschrieben werden, eingegrenzt durch jeweils zwei vorgeschlagene Wertungen, die trotz extremer Stellungnahme gerade noch als allgemein vertretbar angesehen werden können, ohne daß man ihnen zustimmen muß. Das Spektrum möglicher Stellungnahmen dessen, worauf Gewicht gelegt werden könnte, wird überschaubar gerade durch die ‚extremen' Postionen, sie halten sich noch im Rahmen des überhaupt Verallgemeinerbaren, und können insofern als möglicherweise legitime Gesichtspunkte der Bewertung anerkannt werden und zugleich umschreiben sie das Spektrum aller möglichen Kriterien überhaupt. Diese Grenze der Verallgemeinerbarkeit wäre allerdings überschritten, sollten Stellungnahmen deklariert werden, mit denen unveräußerliche Rechte tangiert oder bereits verletzt werden. Unter dieser Einschränkung sollte es von der Konzeption her offen gehalten werden, einer der extremen Positionen beizupflichten, und es sollte gleichfalls auch möglich sein, die eigene Position zwischen diesen Polen zu suchen. Durch ein solches methodisches Vorgehen läßt sich die Agenda der bewertungsrelevanten Gesichtspunkte für Fragen der Technikbewertung systematisch entwickeln, und damit beginnt ein Diskurs, in dem es um die Entwicklung einer fallspezifischen Kriteriologie geht. — Die Voraussetzung für ein solches methodisches Vorgehen ist allerdings nicht trivial, wenn man bedenkt, daß es gelingen muß, eine möglichst idealtypisch konzipierte vollständige Liste möglicher und gleichermaßen relevanter Gesichtspunkte in kontradiktorischer Form aufzubereiten. So konnten in diesem Verfahren Reinterpretationen aus dem gesamten Diskurs ‚Energie und Ethik' herangezogen werden; potentielle Stellungnahmen wurden formuliert, reformuliert und anschließend jeweils wieder überprüft, ob sich alle möglichen Positionen und Prinzipien im Spektrum der möglichen Stellungnahmen würden rekonstruieren lassen.

Die so entstandene Agenda trägt auf der linken Seite relevante Wertungshinsichten, d. h. Lebensaspekte, deren Gestaltung als wesentlich für Wert oder Güte des Lebens erachtet werden, auf der rechten Seite hingegen werden die ‚Wertungssphären' interpretiert und normativ aufgeladen oder aber in Hinsicht auf ihre empirische Überprüfbarkeit thematisiert. Im Spektrum der extremen, dennoch aber durchaus noch vertretbaren Stellungnahmen sollte es den Teilnehmern nunmehr möglich sein, die Relevanz der Gesichtspunkte im Spannungsverhältnis potentieller Güter- und Zielkonflikte zu fixieren.

## Ein Modell zur Technikfolgenbewertung

### Zur Methodologie

Mit Hilfe des Prinzips der Prismen wurde ein Transfer der Ergebnisse aus dem Diskurs ‚Energie und Ethik' in die Arbeit der Bürgerforen möglich.

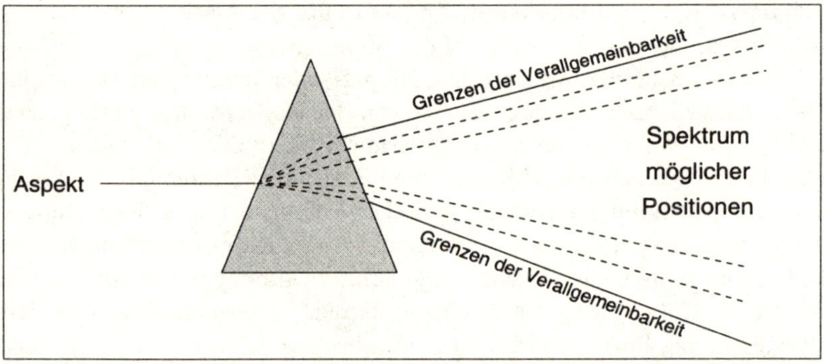


*Abb. 1: Das Prinzip des Kriterienprismas.*

Zum einen war der gesamte Komplex der für die Bewertung relevanten Perspektiven zu repräsentieren, zum anderen aber sollte die Beurteilung des eigentlichen Stellenwerts der Gesichtspunkte den Teilnehmern überlassen bleiben — bis hin zu der Möglichkeit, auch ‚extreme' Stellungnahmen zu vertreten. Die Arbeitseinheit wurde daraufhin so konzipiert, daß zwischen den beiden Polen, etwa einer extrem individualistischen Auffassung und einer dagegen dementsprechend diametral entgegengesetzten altruistischen Perspektive, die eigene Stellungnahme erfolgen konnte. Die Formulierung sämtlicher möglicher Stellungnahmen ist dabei im gleichen Duktus gehalten, und die Extreme sind gleichzeitig die Grenzen dessen, was sich noch als verallgemeinerbar würde vertreten lassen. So sollte es den Teilnehmern möglich sein, sich im Spektrum der Topoi selbst zu verorten, um mit diesem Profil gleichzeitig die Gewichtung der verschiedenen und miteinander konkurrierenden Bewertungsgesichtspunkte vorzunehmen und die Rahmenbedingungen für spezifische Leitbildpräferenzen zum Ausdruck zu bringen, so daß damit — so die methodische Überlegung — der Diskurs über die Leitbilder zum permanenten Bestandteil im gesamten Bewertungsverfahren werden konnte.

Die Synthese des Diskurses ‚Energie und Ethik' nahm in Form der Arbeitseinheit ‚Das Problem des Entscheidens und Bewertens' für die Bürgerforen ‚Klimaverträgliche Energieversorgung' allmählich konkrete Gestalt an. Auf der Grundlage der im Vorangegangenen skizzierten Diskursanalyse wurde eine Agenda der entscheidungsrelevanten Aspekte entwickelt, nach dem Modell der Kriterienprismen aufbereitet und mit je drei idealtypischen Statements versehen, wobei das jeweilige Spektrum sich zwischen den Extreminterpretationen aufspannt. Die Statements waren so formuliert, daß sie sich als Stellungnahmen zu den Oberthemen (Gesellschaft, Lebensqualität, Nachhhaltigkeit, Natur, Politik, Verteilungsprinzip, Wirtschaft, Technik, Zukunftssicherheit) aus verschiedenen Perspektiven, wie sie häufig eingenommen werden, reinterpretieren lassen.

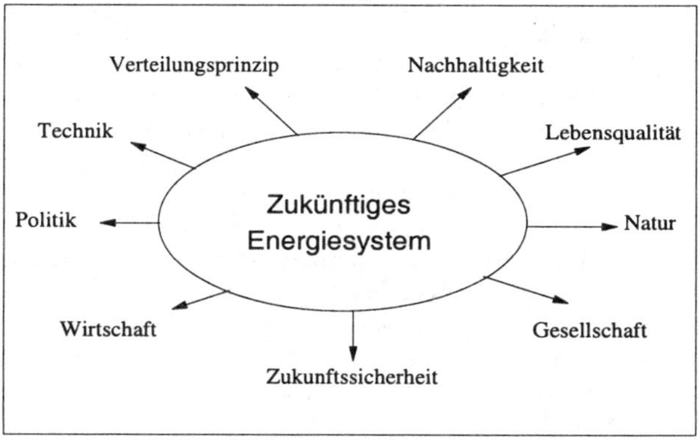


*Abb. 2: Die neun Aspekte der Bewertung über zukünftige Energiesysteme.*

Anhand von neun Aspekten wurde aufgezeigt, welche Themenkomplexe im Zusammenhang mit Entscheidungen über zukünftige gesellschaftliche Entwicklungen zu berücksichtigen sind. Dadurch konnte gewährleistet werden, daß die Teilnehmer nicht auf der Grundlage eines persönlich oder fachlich motivierten Schwerpunktes zu einer einseitigen Problembeschreibung tendieren, sondern umfassend urteilen; die unterschiedlichen Standpunkte sollten ersichtlich werden, von denen aus die Aspekte im einzelnen thematisiert werden können. Erst ein solches Spektrum eröffnet die umfangreiche Bandbreite möglicher Stellungnahmen, so daß dezidierte Gesichtspunkte der Bewertung zum Ausdruck kommen konnten, auf die sich die Teilnehmer in den Kleingruppen hatten verständigen können.

Die Offenheit, die normative Unterbestimmtheit und insbesondere die dialektische Struktur einer Topik erzwingt den Ausdruck bestimmter Präferenzen im Widerstreit. Die möglichen Urteile sind untereinander widersprüchlich, und nur eine differenzierte Stellungnahme kann aus dem Dilemma herausführen. Die Konstitution von Sinn vollzieht sich daher vor dem Hintergrund einer hermeneutischen Erfahrung der strukturellen Ambivalenz. In der damit angestoßenen symbolischen Interaktion werden Diskurse eröffnet, in denen es darum geht, verallgemeinerbare und allgemeingültige Bedeutungsaspekte zu dechiffrieren, die es erlauben, sich bei konkreten gesellschaftlichen Problemen über die Angemessenheit von Schwerpunkten in Fragen der Bewertung zu verständigen. Um Angemessenheit beanspruchen zu dürfen, müssen die Gesichtspunkte kohärent auf Situationen bezogen werden, so Klaus Guenther.

> „Nur dann, wenn eine Normhypothese mit allen anderen normativen Aspekten der Situation vereinbar ist, läßt sie sich als angemessen bezeichnen. Solange ihr dieses Prädikat nicht zugesprochen wird, gilt sie nur als ein Gesichtspunkt neben anderen, deren Relation zueinander im Hinblick auf die Situation zu beurteilen ist. Ein typisches Problem, an dem das Verhältnis von einseitiger und angemessener Normanwendung immer wieder erörtert wird, ist die Kollision von Normen in einer Situation. Dieses Problem ist deshalb für unsere Zwecke aufschlußreich, weil das Prinzip der unparteilichen Anwendung systematisch dazu nötigt, in konkreten Situationen Normkollisionen zu erzeugen. Wenn alle Aspekte einer Situation zu berücksichtigen sind, führt das zwangsläufig zu Normkollisionen, weil alle Aspekte zunächst nur in verschiedenen Hinsichten relevant sein können. Die Auflösung einer Kollision hängt davon ab, daß es Regeln gibt, die zwischen kollidierenden Normen eine Art Berücksichtigungszusammenhang herstellen. Solche Regeln werden üblicherweise unter dem Titel ‚Abwägung‘ diskutiert, doch sind Abwägungsregeln nicht die einzigen, die eine Relationierung ermöglichen. Mit ihrer Rekonstruktion ist das Problem der Konstruierbarkeit angemessener Normhypothesen freilich noch nicht gelöst,

> solange keine Maßstäbe genannt werden, nach denen sich das relative Gewicht einer in die Abwägungsprozedur eingestellten Norm beurteilen läßt. An diesem Punkt führt die Argumentationstheorie nicht weiter."[1]

Dabei werden Zielkonflikte bereits im Vorfeld thematisierbar, denn mit der Verständigung über den Rang und die Relevanz eines bestimmten Gesichtspunktes im Verhältnis zu anderen beginnt ein Abwägungsprozeß, der angesichts konkurrierender möglicher Stellungnahmen geprägt ist von Fragen der Legitimation. Man wird sich hier zunächst einmal selbst und dann andere überzeugen wollen von der Dignität bestimmter Positionen. Ein so eröffneter Diskurs entwickelt jedoch mit den auf diese Weise aufgeworfenen Fragen der Legitimation seinerseits eine Eigendynamik, die unter Umständen Veranlassung gibt, an das imaginäre Forum einer letzten Legitimationsinstanz zu appellieren, diese letzte Instanz ist von Chaïm Perelman als das ‚universelle Auditorium' bezeichnet und beschrieben worden. „Darum ist eine Argumentation, die von allen, das heißt von einem universellen Auditorium, akzeptiert werden kann, theoretisch als eine allen anderen überlegene Argumentationsweise zu betrachten."[2]

Erst die Perspektive auf den ‚generalisierten Anderen', das Plädoyer vor einem ‚universellen Auditorium' erlaubt den adäquaten Umgang mit den sich einstellenden Inkonsistenzen zwischen Ideal und Wirklichkeit und die Verhältnismäßigkeit zwischen den Ansprüchen an sich selbst und den Forderungen Anderen gegenüber. Sukzessive entsteht eine ‚virtuelle Handlungsebene', die es erlaubt, sich im Wechsel der Perspektiven zu verständigen.[3] Ein solches konsensuelles Einverständnis trägt wesentlich dazu bei, sich bereits im Vorfeld für die später im konkreten praktischen Diskurs auftretenden Grundsatzfragen einer gemeinsamen Sprache zu ver-

---

[1] Klaus Guenther: Der Sinn für Angemessenheit. Anwendungsdiskurse in Moral und Recht. Frankfurt am Main 1988. S. 257f.

[2] Chaïm Perelman: Juristische Logik als Argumentationslehre. Freiburg, München 1979. S. 141. — Für Perelman ist jede Philosophie ein Appell an die Vernunft, aber seine Vorstellung von Vernunft weicht von der klassischen ab: „Ich sehe in ihr nicht etwas den anderen Fähigkeiten des Menschen Entgegengesetztes. Ich begreife sie als eine bevorzugte Zuhörerschaft, als universales Auditorium.". (Chaïm Perelman: Über die Gerechtigkeit. München 1967. S. 159.)

[3] Siehe hierzu: Georg Hörning, Wolfgang Weimer–Jehle: Bürgerforum Klimaverträgliche Energieversorgung. Teil 2: Interpretation. (Arbeitsberichte der Akademie für Technikfolgenabschätzung in Baden–Württemberg.) Stuttgart 1999 (im Druck). Kap. 4.2.3.

sichern. Eindimensionale, monokausale Ableitungen genießen nunmehr nur noch einen geringen Stellenwert im gesamten Gefüge aller Dimensionen, weil es nun darauf ankommt, ein ‚virtuelles Mandat' wahrzunehmen; es geht nicht mehr darum, dem Ausdruck persönlicher Vorlieben zur Geltung zu verhelfen, sondern ein konsensuelles Urteilsvermögen auf der Grundlage lebensweltlicher Erfahrung, also Orientierungswissen zu aktualisieren.

Im Verlauf einer solchen symbolischen Interaktion über lebensweltliche Belange bilden sich ‚Sprachregelungen' heraus. Als Verständigungsgrundlage im Vorfeld praktischer Diskurse entsteht auf diese Weise eine fallbezogene Topologie; man einigt sich auf das, worauf geachtet und ‚Wert gelegt' werden soll. Eine solche Stellungnahme kann jedoch nur unter den auch für eine Methodologie bedeutsamen Bedingungen autonom vorgenommen werden. Die Fruchtbarkeit dieser Methode läßt sich auf die Aporie des Toposbegriffs zurückführen, von dem für den Diskurs die eigentliche Herausforderung ausgeht als Erfahrung einer Verständigung über die Ambiguität möglicher Motive in einer nur schwer weiter reduzierbaren und auf eindeutige Begriffe zu bringenden Komplexität. Diese läßt sich allerdings nicht automatisieren als ein von den Subjekten oder vom Kontext abgelöstes Systemkonzept, wie etwa in Form einer Checkliste. Selbstverständlich muß gewährleistet sein, potentiell vertretbare Positionen jederzeit in einen öffentlichen Diskurs einzubringen, sofern sie sich im Spektrum verallgemeinerbarer Urteile bewegen. So ist auch der Ausdruck einer persönlichen Stellungnahme durchaus nicht marginal, es geht nicht nur um die Anerkennung einer Urteilsbildung, sondern gleichfalls auch um die Anerkennung von Autonomie. Erst die Interaktion im Wechsel der Perspektiven erlaubt daher den Wandel in der Auffassung, die Nivellierung oder gar die Zurücknahme einer vormaligen Beurteilung. — Aus diesem Grund wurden alle idealtypischen Positionen gleichermaßen aus der Perspektive der Zustimmung dargestellt, dabei sollten nicht nur bestimmte Aspekte von Entscheidungen und Folgen thematisiert werden, nicht nur der Mainstream vorherrschender Statements, sondern der gesamte Problembereich der zur Bewertung anstehenden Optionen eines praktischen Diskurses über ethisch–moralische Fragen zur Gestaltung potentieller Entwicklungen, in denen zugleich immer auch entschieden wird, in welcher Gesellschaft wir leben wollen.

Vor dem Hintergrund der im Vorangegangenen dargestellten methodologischen Überlegungen wurde versucht, die Ergebnisse des Diskurses

‚Energie und Ethik' systematisch aufzubereiten für eine Arbeitseinheit, die in den Bürgerforen eine umfassende Bewertung vor allem auch übergreifender und gesellschaftlicher Auswirkungen ermöglichen sollte. — Wenn ich nun genauer auf die Arbeitseinheit ‚Das Problem des Entscheidens und Bewertens' eingehe, soll nicht der Eindruck erweckt werden, hier läge das Ergebnis eines von Anfang an methodisch gesicherten Verfahrens vor. Ähnlich wie die Teilnehmer durch eine solche Topologie in die Verlegenheit von Dilemmata versetzt werden, befand sich auch die kleine Arbeitsgruppe, bestehend aus Georg Hörning, Georg Mildenberger und dem Autor, in einer vergleichbaren Situation. Das Verfahren zur Erstellung des Gesamtwertbaums war zu diesem Zeitpunkt noch nicht zu Ende geführt worden, und auch aus anderen im Vorangegangenen bereits dargelegten methodischen Erwägungen schien eine Übertragung nicht ratsam zu sein. Zugleich fand sich in diesem Verfahren und nicht zuletzt auch in den vom Gutachterkreis dargelegten Ergebnissen eine Vielzahl von Gedanken, die eingebracht werden sollten in die Arbeit der Bürgerforen. Die konkrete Ausgestaltung der Arbeitseinheit war daher zunächst das Produkt einer Synthese in pragmatischer Absicht. Insofern stellt das im folgenden dokumentierte Verfahren ein erstes Beispiel für das hier vorgeschlagene Modell eines topischen Verfahrens in der Technikbewertung dar.

## a. Zur Methode

### Zur Theorie des Modells

Das hier vorgeschlagene Modell für eine Praxis von Bewertungsprozessen gründet sich auf folgende Grundüberlegungen zur Werttheorie, die an dieser Stelle nur kurz skizziert werden können: Unterstellt wird ein Intuitionismus, demzufolge auch Erkenntnisakte affiziert sind von wertenden Motiven. Man neigt dazu, einer bestimmten Hinsicht den Vorzug zu geben. Gleichzeitig ist damit die Grenze zur Beliebigkeit oder zu einem reinen Subjektivismus längst noch nicht überschritten, denn gerade die wertende Stellungnahme ist den Erfordernissen der intersubjektiven Verständigung nicht enthoben. Die Praxis der Alltagsmoral wird vor diesem Hintergrund ein dauernder Prozeß zur Verständigung und zur Selbstverständigung. So sind Verständnis und Verstehen unabdingbare Voraussetzungen für psychosoziale und soziokulturelle Identitäten, die nicht gegeben sind, sondern ständig wieder neu ausgewogen werden müssen, angesichts der Erfahrung von Erfüllung, Erfolg, Mißerfolg oder Verzweiflung. Ein Konsequenzialismus, der ein System logifizierender Kalküle aufbieten wollte, um eine hochdifferenzierende Situationenethik auf Regelprinzipien zu reduzieren, verfehlt das, worum es hier geht. Gewiß ist der Satz vom zureichenden Grund, wonach sich für alles Bestehende eine reale Ursache als Grund angeben läßt, das entscheidende Prinzip dieser Dialoge und Diskurse, in denen es um Werte oder um Fragen der Bewertung geht. Allerdings stehen im Diskurs der Alltagsvernunft weniger das Prinzip der Widerspruchsfreiheit im logischen Sinne noch das Verhältnis von Ursache und Wirkung im Vordergrund, entscheidend sind dagegen eher Fragen nach den richtigen Zielen und nach den angemessenen Mitteln, und dann kommt es in erster Linie darauf an, zu klären was der Fall ist. — Die Kasuistik der im Alltagsgespräch sich entfaltenden Dialoge dieser Situationsethik läßt sich zwar rekonstruieren, aber nicht so, daß etwaige Entscheidungen ins Kalkül gebracht werden könnten, um voraussagbar zu sein oder vorgeschrieben werden zu können. Die Stellungnahme bleibt persönlich, sie wird gehalten, erörtert und nivelliert im Rahmen von Dialogen, die sich privatim den Schutz der Persönlichkeit zur Angelegenheit machen. Dieser Schutzraum wird erst zur Intersubjektivität hin erweitert, wo sich ein Diskurs entwickelt, wo sich jene sprichwörtlichen ‚persönlichen Differenzen‘ auftun, die dann generalisiert werden in einer Stellungnahme.

Es ist nicht der Konsens, sondern es ist der Dissens, mit dem ein Diskurs beginnt, und ein Diskurs gewinnt seinen Gehalt auch nicht durch konsensuelles Einvernehmen, sondern durch den Konflikt. Ein Konflikt setzt ein Machtgleichgewicht der wechselseitigen Anerkennung, zumindest aber Respekt voraus, denn im Konfliktfall wird nicht nur die Dignität von Herleitungen und Argumentationsmustern beurteilt, sondern es geht vor allem um Anerkennung und ex negativo um Ausgrenzung.[1] Wenn es zuvor im Dialog noch um Anerkennung als Ausdruck einer persönlichen Zuneigung gegangen sein mag, so geht es nun realiter um die Anerkennung von Macht oder idealiter um die unvoreingenommene Anerkennung eines persönlichen Urteilsvermögens jenseits von Macht–Insignien, Parteilichkeit, Sympathie oder Antipathie. Unverhältnismäßigkeiten zwischen persönlichem Anspruch und öffentlichem Vernunftgebrauch werden offenkundig,

[1]Siehe hierzu: Heinz–Ulrich Nennen: Die Bändigung des Unberechenbaren. Ein Versuch über Michel Foucault. In: Tüte–Sonderheft zum 10. Todestag von Michel Foucault (15. 10. 1926–25. 6. 1984). Macht – Wissen und Gesellschaft; Mössingen 1995. S. 22–27.

gerade darauf wird etwa in den platonischen Dialogen mit sokratischer Ironie immer wieder angespielt.

Eine moralisch–ethische Grundordnung für Bewertungsprozesse steht allerdings nicht zur Verfügung; es geht darum, das ‚Tun' zu gestalten, um nicht zuletzt in diesem Tun auch den persönlichen Ausdruck zu finden. Gewiß wird ein Bewertungsverfahren eine Rangordnung von Werten zum Ziel haben, aber eine hinreichend differenzierende und nuancierende Wertrangordnung muß konkret angemessen sein und dem entsprechen, was der Fall ist. Ändern sich Konstellationen, so entstehen neue Gesichtspunkte, die zuvor noch eine untergeordnete Rolle gespielt haben mögen, und ein erneuter Appell kann nun fast unvermittelt ‚andere Konsequenzen' von uns verlangen. Die Rationalität einer instrumentalisierenden Vernunft ist nicht hinreichend offen für die Vielfalt der Gesichtspunkte, auf die es dann ankommt. Werten und Bewerten ist das Problem einer angemessenen Situationsethik, und damit wird sie zu einem Problem der Erkenntnis. Wann aber sind Erkenntnisse hinreichend?

Die theoretische Antwort, die ich auf diese Frage geben möchte, ist die Konkretisierung einer an anderer Stelle bereits entwickelten Mimesis–Theorie in praktischer Absicht.[1] Die Voraussetzung liegt in einer qua Mimesis erweiterten Rationalität mit dem Ziel einer Heuristik der bewußten Hinsicht auf Unberücksichtigtes und daher Nichtidentisches. Es sind vor allem auch die mitunter bewußt ausgeblendeten Perspektiven, um die es hier geht. Dagegen werden nach wie vor Zweck–Mittel–Relation völlig unberechtigt in Analogie zu Ursache–Wirkungsverhältnissen dargestellt und aufgefaßt. Es wird dabei systematisch ausgeblendet, daß Zweck–Mittel–Relationen nach beiden Seiten hin disponibel sind, eben auch zur Seite der Zielsetzungen hin, was wiederum abhängig ist von den Wertungsgesichtspunkten, deren Verbindlichkeit in Diskursen über Geltungsansprüche zu verhandeln ist. Die praktische Antwort entspricht in etwa der hier entwickelten Modellvorstellung zur Folgenbewertung. — Es kommt darauf an, das Nichtidentische, die fremde Perspektive auch und gerade wenn und weil sie fremd ist, zumindest zu simulieren, auch und gerade dort, wo man sich die fremde Perspektive nicht zu eigen machen kann. Die Simulation mag praktisch in Form von Rollenspielen oder klassischen Disputationen vonstatten gehen, weil eine doppelt handlungsent-

[1] Siehe hierzu: Heinz–Ulrich Nennen: Mimesis als Prinzip einer erweiterten Rationalität. In ders.: Ökologie im Diskurs. Studien zu Grundfragen der Anthropologie, Ökologie und zur Ethik der Wissenschaft; Opladen 1991. S. 296ff.

lastete Erfahrung anderer Perspektiven damit einhergeht. Nicht nur, daß in der Simulation ohnehin nur gedachte Welten untergehen, sondern auch weil die lebensweltliche Identifikation von Personen für diesen Moment aufgegeben werden kann, wenn die Identität in der möglichst authentischen Darstellung einer relevanten Begründungsperspektive aufgeht, die eben nicht stets nur ‚die eigene' sein muß. Bewertungsprozesse sind insofern eine Sache der Erfahrung, einer systematischen Erfahrung durch die Mimesis unterschiedlichster Hinsichten einer erweiterten Rationalität. Wo sich keine neuen Perspektiven mehr bieten, wo ein jeder sich an die Stelle eines jeden anderen versetzen konnte, dort wären die Erkenntnisse dementsprechend vollständig oder zumindest hinreichend. Dann entsteht die Topographie einer Situationsethik als Erfahrungsraum, die im konkreten Anwendungsfall über die Fähigkeit verfügt, die richtigen Fragen zur Bewertung zu stellen.

## Zur Praxis des Modells

In einem *ersten Schritt* werden die für eine Folgenbewertung zentralen Aspekte benannt (z. B. Gesellschaft, Lebensqualität, Nachhaltigkeit, Natur, Politik, Technik, Verteilungsprinzip, Wirtschaft, Zukunftssicherheit). Wenn sich von einem Aspekt erwarten läßt, daß in der anstehenden Frage (z. B. Klimaverträgliche Energieversorgung) für eine Bewertung entscheidende Gesichtspunkte (z. B. Wirtschaftlichkeit) vorgebracht werden können, und wo unter einem Aspekt ein Urteil möglich ist, in der anstehenden Sache die Legitimität bestimmter Optionen entscheidend zu befürworten oder aber bestreiten zu können, dort liegt ein solcher Gesichtspunkt vor, der in Form eines Kriteriums aufgenommen werden sollte. So wird beispielsweise der Aspekt ‚Natur' jeweils zu anderen Kriterien und zu einem anderen Spektrum möglicher Stellungnahmen führen, wenn es um anderweitige Fragen geht, wenn nicht etwa wie in diesem Kontext, die Folgen möglicher Optionen in der Energieversorgung zu bewerten sind, sondern beispielsweise solche der Gentechnik oder des Datenschutzes. So ist in diesem Beispiel der Aspekt ‚Natur' einschlägig in den Debatten über Energieversorgung und Gentechnik, dagegen dürfte es Mühe bereiten, bewertungsrelevante Perspektiven anzugeben, die in Hinsicht auf ‚Natur' bei Erwägungen zum Datenschutz relevant sein könnten.

Im *zweiten Schritt* sollte überprüft werden, ob die Agenda der Bewertungskriterien insgesamt sämtliche überhaupt denkbaren und relevanten

Gestaltungsoptionen im gegebenen Fall repräsentieren kann. Hierbei sind Kenntnisse aus der Folgenanalyse unerläßlich, denn mitunter läßt sich trefflich über Optionen streiten, die etwa aus technischen Gründen gänzlich ausgeschlossen sind. Gleichfalls kann die Erwägung einer technisch möglichen Option scheitern, wenn sie sich im analogen Fall aus kulturellen Gründen als nicht praktizierbar erweist. Die Agenda der Bewertungsaspekte sollte schließlich die entscheidenden Perspektiven der Bewertung vollständig repräsentieren, und durch die wiederholte Simulation arbiträrer Positionen sollte es möglich sein, das Spektrum der Kriterien hinreichend zu erweitern.

Im *dritten Schritt* sollten die erweiterten Spektren der einzelnen Kriterien aus der Agenda eingegrenzt werden auf den Bereich verallgemeinerbarer Aussagen. Um im konkreten Fall die einschlägigen Güter-, Ziel- und Wertkonflikte zu repräsentieren, um den Abwägungsprozeß anzustoßen, ist die Erörterung der Präferenzen unerläßlich, allerdings gerät die konsensuelle Verständigung sehr schnell zum Desaster, wo etwa angeraten wird, verbindliche Rechtsgüter mit zusätzlichen Konsumgütern zu kompensieren. Es kommt dann darauf an, unterschiedliche ‚Zumutungen' in ihrem Wechselwirkungsverhältnis durchzuspielen, so daß die Grenzen des ‚Zumutbaren' auf diese Weise erfahrbar werden. — Dieser Prozeß wiederholt sich schließlich nochmals, wenn es darum geht, ein Szenario auf der Grundlage der möglichen Optionen selbst zu gestalten. Es kommt dann zu Differenzen und zu Inkonsistenzen zwischen Ideal und Wirklichkeit, die auszugleichen sind. Insofern wäre es ausgesprochen fruchtbar, die Teilnehmerinnen und Teilnehmer am Ende eines Bürgerforums zu bitten, praktische Zielkonflikte zu benennen und zu dokumentieren, wo aufgrund welcher Hintergrundinformation demensprechende ‚Konsequenzen' gezogen wurden.[1]

In einem *vierten Schritt* werden die topischen Spektren der Kriterien in ihrer Ambivalenz umschrieben. Zwischen den Extremen, an den Grenzen ausgeschlossener Perspektiven, sollten idealtypische Stellungnahmen formuliert werden, die dem hermeneutischen Topikbewußtsein Anhaltspunkte liefern, so daß in Hinsicht auf den vorliegenden Aspekt ein Diskurs über die angemessene Stellungnahme einsetzen muß. Der Sinn für An-

---

[1] Vor diesem Hintergrund ist auch die im Beitrag von Georg Hörning dargestellte Differenz zwischen den in den Prüffragen dokumentierten Präferenzen auf der anderen Seite und den konkret ausgestalteten Bürgerszenarien erklärbar; es handelt sich um Zielkonflikte. Siehe im Beitrag von Georg Hörning S. 286f.

gemessenheit muß sich dann erweisen. Die Suche gilt der unparteiliche Metaperspektive, wobei es entscheidend ist, unter Berücksichtigung aller besonderen Umstände den richtigen Prinzipien zu folgen.[1]

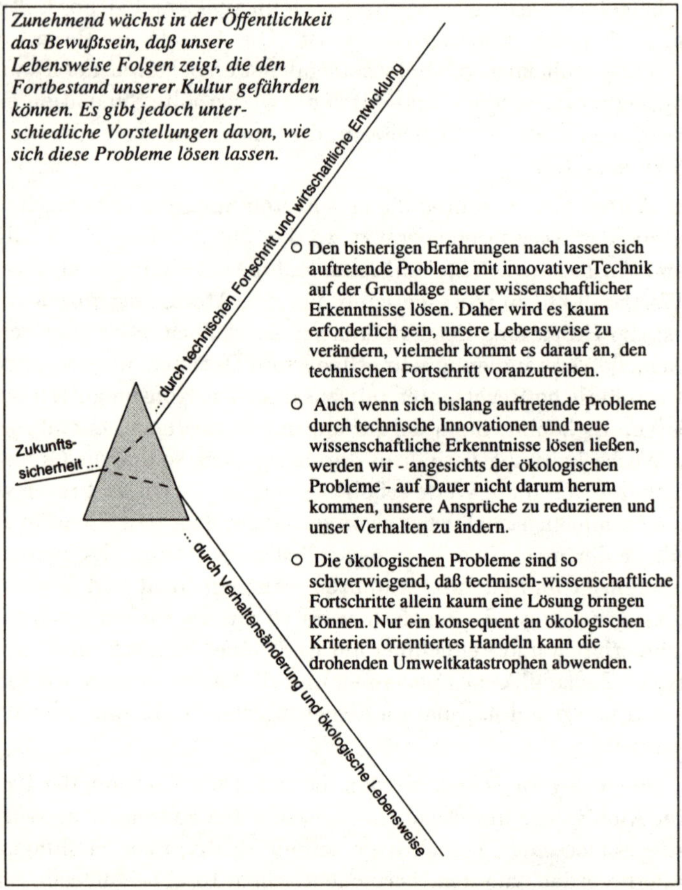


*Abb. 3: Aspekt ‚Zukunft' im Kriterienprisma.*

So führt beispielsweise der Aspekt ‚Zukunft' zu einer Kriteriologie, die zu einer differenzierten Stellungnahme auffordert, ob sich die Probleme der

[1]Vgl. hierzu: Klaus Guenther: Der Sinn für Angemessenheit. A. a. O. S. 9.

Gegenwart bereits durch den Einsatz von Technik oder erst durch Verhaltensänderungen und eine ‚ökologischen Lebensweise' bewältigen lassen.

Die Darstellung der Aspekte sollte die möglichen Stellungnahmen in ihrer Ambivalenz hinreichend vermitteln. Generelle Optionen werden gleichermaßen affirmativ dargestellt, auch und gerade wo sie einander widersprechen. Da jedoch aus Gründen der Widerspruchsfreiheit nur eine bestimmte Stellungnahme möglich sein kann, wird unmittelbar daran ein Diskurs anknüpfen, in dem es zunächst allgemein um Fragen der Angemessenheit der einen oder der anderen Perspektive geht. Möglicherweise kann ein erstes Ergebnis darin liegen, keiner der beiden einander ausschließenden Perspektiven zuzustimmen, sondern eher einer mittleren Perspektive den Vorzug zu geben. Daraufhin entsteht jedoch erneut ein Widerspruch, denn es war zuvor beiden Perspektiven eine gewisse Plausibilität zugestanden worden. In dieser Konstellation entsteht ein klassisches Entscheidungsdilemma; der Widerspruch läßt sich durch die Wahl der mittleren Position nicht mehr überspielen. Es ist die Ägide der Alltagsvernunft, in dieser Konstellation die Lösung des Problems anhand von Fällen einer konkreten Normenanwendung systematisch durchzuspielen. Entscheidend ist die Konsistenz im Selbstverständnis einer Praxis, die qualifiziert wird anhand von Metanormen wie Gerechtigkeit, Wahrhaftigkeit etc. Daraufhin wird das Spektrum möglicher Handlungsentwürfe im Diskurs überschaubar, wo es gleichermaßen um die Angemessenheit und Werthaftigkeit von Handlungsmaximen als auch um eine konkrete Praxis selbst geht; in einem solchen Prozeß lassen sich unterschiedliche Optionen klar voneinander unterscheiden und beurteilen.

> „Wir können eine moralische Norm begründen, indem wir zeigen, daß wir sie auch in jeder anderen Situation, die der gegebenen hinreichend ähnlich ist, befolgen oder empfehlen würden, und zwar auch und gerade dann, wenn wir uns an der Stelle des jeweils anderen befinden. Das setzt voraus, daß wir die vorgeschlagene Norm aufgrund ihrer semantischen Eigenschaften auf verschiedene Situationen wenigstens hypothetisch anwenden können."[1]

Im vorliegenden Fall wurden neun zentrale Aspekte identifiziert und in ihrem topischen Spektrum abgebildet, siehe hierzu die Abbildung auf der nächsten Seite.

[1]Klaus Guenther: Der Sinn für Angemessenheit. A. a. O. 1988. S. 30.

NEUN ASPEKTE IM SPEKTRUM DER PERSPEKTIVEN

**Gesellschaft**

- individuelle Freiheit, Selbstverwirklichung
- Einsicht in die Notwendigkeit sozial- und umweltverträglichen Handelns

**Lebensqualität**

- durch materialistische Werte: Hoher Lebensstandard, hohes Konsumniveau
- durch postmaterialistische Werte: Neue Bescheidenheit

**Nachhaltigkeit**

- als Sicherung der wirtschaftlichen Entwicklung
- als Sicherung der kulturellen und natürlichen Lebensgrundlagen

**Natur**

- als Umwelt, Ressource, Senke
- als Mitwelt, Erbe, Schöpfung

**Politik**

- als Aufgabe von Experten und Politiker
- als Aufgabe aller Bürger

**Technik**

- zur Sicherung und Steigerung des Wohlstandes
- zum Schutz und zum Erhalt von Mensch und Umwelt

**Verteilungsprinzip**

- Gerechtigkeit: Chancengleichheit, Leistung
- Fürsorglichkeit: Solidarität, Bedürftigkeit

**Wirtschaft**

- als technisch-ökonomische Effizienzsteigerung sowie Wirtschaftswachstum (Bruttosozialprodukt)
- als sozialökologische Kreislaufwirtschaft (Ökosozialprodukt)

**Zukunftssicherheit**

- durch technischen Fortschritt und wirtschaftliche Entwicklung
- durch Verhaltensänderung und ökologische Lebensweise

*Abb. 4: Neun Aspekte im Spektrum der Perspektiven.**

*Vgl. hierzu die Dokumentation der Arbeitseinheit ‚Das Problem des Entscheidens und Bewertens' im Anhang auf Seite 364ff.

Eine solche Agenda sollte zwar die Wechselwirkungsverhältnisse unterschiedlichster Hinsichten repräsentieren, dabei aber Redundanzen vermeiden. Abgebildet werden Grundmotive in ihren Anfangsgründen für Argumente und Schlußfiguren, die geplante oder vollzogene Handlungen begründen können. Mit Hilfe einer solchen Topologie lassen sich diejenigen ‚Orte' bestimmen, aus deren Perspektive rhetorisch gehaltvolle Argumente bezogen werden können, um im Diskurs über strittige Geltungsansprüche, gerichtet an ein universelles Auditorium[1], solche Begründungen angeben zu können, die einen entscheidenden Beitrag zur Lösung eines Problems erwarten lassen.

So spannt sich das topische Spektrum der Kriterien unter dem Aspekt ‚Natur' zwischen den klassischen Perspektiven einer anthropozentrischen Stellungnahme auf, die im Gegensatz steht zur biozentrischen Perspektive. Eine zwischen beiden Hinsichten vermittelnde mittlere Perspektive wird außerdem dargestellt.[2] Selbstverständlich wäre es entscheidend, wo dieser Perspektive zugestimmt wird, daß wir die Natur um ihrer selbst willen schützen sollten, aber dieser Topos steht nunmehr in Konkurrenz mit anderweitigen Perspektiven, die dagegen ihrerseits Anspruch hegen auf die Legitimation anderweitiger Geltungsgesichtspunkte. Ein Dafürhalten für beide extremen Positionen ist ausgeschlossen, man wird sich also darauf verständigen müssen, welches dieser beiden Momente für die Regel, welches für die Ausnahme steht. Auf diese Weise wird ein Diskurs evoziert, in dem sich die Alltagsvernunft unter Beweis stellen muß, sie wird systematisch die unterschiedlichsten Perspektiven durchlaufen, sich konkret auf die Dilemmata einlassen müssen, mit dem Ziel, die jeweils angemessene Variante zu erörtern.

Ein jeder der aufgeführten Topoi unter den Einzelaspekten kann plausibel sein und als Beweisgrund herangezogen werden, eine bestimmte Bewertungsperspektive einzunehmen und eine bestimmte Option zu bevorzugen. In der vorliegenden Darstellung wurden die Einzelperspektiven so formuliert, daß sie bereits teleologische Prinzipien erahnen lassen. Dennoch muß über ihre Anwendung, über die Aktualisierung einer jeden Regel konkret entschieden werden. Auf diese Weise sollte es die Agenda den Teilnehmern der Bürgerforen ermöglichen, die relevanten Perspektiven bei der Beurteilung zukünftiger Energiesysteme insgesamt zu thematisie-

---

[1] Chaïm Perelman: Juristische Logik als Argumentationslehre. Freiburg, München 1979. Vgl. S. 141f.

[2] Siehe hierzu die Dokumentation im Anhang auf Seite 365.

ren. Aber, wie unschwer zu erkennen ist, geraten die Zurechnungen in unterschiedlichen Kontexten miteinander in einen Zielkonflikt. Die Topoi sind Verortungen, Perspektiven der Beweisführung, es werden Sprachspiele generiert, die sich wechselseitig verdrängen; eine Regel zur Anwendung dieser Regeln steht allerdings nicht zur Verfügung.

## Zur Durchführung des Verfahrens

Es war die Aufgabe der Moderatoren, in einem einleitenden Referat so in das Verfahren einzuführen, daß nicht ein bloßes Abfragen, sondern eine qualifizierte Konstitution der Leitbilder und des Werthintergrundes und somit eine qualifizierte Kriterienbildung stattfinden konnte. Bereits in der Einführung zum Thema ‚Entscheiden' wurde darauf hingewiesen, daß die zwei Komponenten einer jeden Entscheidung, Wissen und Wollen, ebenso wie die besondere Problematik kollektiv bindender Entscheidungen in allen ihren Folgen berücksichtigt und erwogen werden sollten. Dann wurden die neun Aspekte vorgestellt und mit der Entscheidungssituation über ein künftiges Energiesystem in Zusammenhang gebracht. Zunächst wurde im Plenum der Aspekt ‚Natur' bearbeitet, verbunden mit der Aufforderung, die vorgeschlagenen Standpunkte zu erörtern, und einen Konsens über den zu präferierenden Standpunkt herzustellen. Es bestand zusätzlich die Möglichkeit, die vorgeschlagenen Standpunkte zu modifizieren, was mehrfach genutzt wurde.

Am Beispiel ‚Natur' sollte von den Teilnehmern eine Liste erstellt werden mit Antworten auf die Frage, welche Auswirkungen ein Energiesystem auf die Natur haben solle bzw. nicht haben solle. Anhand von ‚Prüffragen' wurden die noch abstrakten normativen Orientierungen von den Teilnehmern zur Beurteilung von Energiesystemen konkretisiert. Nachdem die Arbeitseinheit in dieser Weise eingeführt worden war, sollten die Teilnehmer in vier Gruppen je zwei der Aspekte bearbeiten, was aus Zeitgründen nicht anders möglich war. Jede Gruppe sollte sich möglichst auf einen Standpunkt einigen, ihre Prüffragen formulieren, um diese abschließend auf einer Wandzeitung zu dokumentieren. Im Plenum wurden diese Prüffragen daraufhin diskutiert und präsentiert, und die Rangfolge wurde durch Punktevergabe ermittelt.

Es entstand eine Liste derjenigen Fragen, die nach Ansicht der Teilnehmer unbedingt zu stellen sind, wenn es um die Beurteilung von Energiesystemen geht. Zugleich konnte durch diese Liste zum Ausdruck gebracht werden, welche Konsequenzen mit einem zustimmenden oder mit einem ablehnenden Votum einhergehen und welche relative Bedeutung die Teilnehmer den einzelnen Fragen beimessen. Die so entstandenen ‚Prüffragen' waren während der gesamten Veranstaltung präsent. Es ließ sich beobachten, daß die Teilnehmer in den folgenden Tagen häufig darauf zurückgreifen sollten, um sich nochmals zu versichern, *worauf wir uns verständigt hatten, besonders zu achten*, wie mir im Verlauf einer Veranstaltung eine Teilnehmerin erklärte.[1]

## Zur Methodologie — ein Fazit

Im Unterschied zur wissenschaftlichen Technikfolgenanalyse, die in Form von Metaanalysen vorgenommen werden kann, muß von einer Übertragung der Methoden auf den Bereich der gesellschaftlichen Technikfolgenbewertung abgeraten werden. Im Perspektivwechsel können gerade auch wissenschaftliche Dissense anhand von Gutachten und Gegengutachten entscheidend zum übergreifenden Kenntnisstand beitragen. Die Aufgabenstellung von Technikfolgenbewertung ist umfassender, denn sie läßt sich nicht dekontextualisiert vornehmen. Es sind schließlich auch solche Folgen zu bewerten, die nicht im ‚Nahraum' einer Technik oder einer Wissenschaft liegen. Anhand der hilfreichen Unterscheidung zwischen Verfügungs- und Orientierungswissen zeigt sich, daß Orientierungswissen seinerseits nicht wiederum als Verfügungswissen etwa in Form eines normativen Pflichtenheftes vorgelegt und dann systematisch abgearbeitet werden kann. Hieraus ergeben sich vielfältige Anlässe zu Fragen der Methodologie sowohl in praktischer als auch in theoretischer Hinsicht, die im Vorangegangenen skizziert wurden.

Der Perspektivwechsel ist im Bereich der Folgenbewertung anforderungsreicher, weil im Unterschied zur wissenschaftlichen Analyse nunmehr zwischen heterogenen, miteinander konkurrierenden Teilrationalitäten zu vermitteln ist, auch — was wesentlich zur Komplexität beiträgt — muß die Bewertung im Kontext lebensweltlicher Sinnhorizonte vorgenommen werden. Erst auf dieser Ebene zeigen sich die komplementären und inkompatiblen Beobachtungs- und Handlungsperspektiven in ihrer ganzen

[1] Im Anhang auf Seite 364ff. sind die Materialien dieser Arbeitseinheit dokumentiert, mit der Auswertung befaßt sich Georg Hörning in seinem Beitrag auf Seite 255ff., dort findet sich auch die Liste der Prüffragen auf Seite 271.

Fülle und Vielfalt, und vor diesem Horizont müssen sich die Fähigkeiten eines alltagstauglichen Generalismus gesellschaftspolitischer Urteilsfähigkeit unter Beweis stellen.

Anhand einer kurzen Auseinandersetzung mit Ausführungen von Wolfgang Krohn zur Funktion gesellschaftlicher Diskurse möchte ich noch einmal ex negativo auf die metatheoretischen Anforderungen von Technikbewertung eingehen. Dabei soll zumindest andeutet werden, daß es bei den notwendig gewordenen gesellschaftlichen Diskursen über Fragen der Zukunftsgestaltung vor allem darauf ankommt, sich über die Momente und Motive des Orientierungswissens zu verständigen. Zwar muß Expertenwissen in diese Diskurse eingebracht werden, denn gewiß wäre es fatal, von Fehlannahmen über Sachverhalte auszugehen, wo die eigentliche Arbeit in Fragen der Bewertung beginnt. Aber auch dann, wenn das für die Bewertung relevante Verfügungswissen zur Verfügung steht und zur Kenntnis genommen wird, ist der eigentliche Diskurs über Orientierungsfragen noch immer unterdeterminiert, und so verfehlt auch die einschlägige Rede vom ‚rationalen Diskurs' einengend das Kommunikative dieser Kommunikation, die in erster Linie nicht auf das Logische abzielt, „sondern auf die Weiterführung der Gedanken in andere, neue und womöglich fremde Perspektiven und Regionen."[1]. Statt dessen wird mit der einschlägigen Rede vom ‚Rationalen' unterstellt, daß ein als rational qualifizierbares Argument mit einem gekonnten Billardstoß zu vergleichen sei, so, als würde sich im Sinne eines Physikalismus die Impulskraft einer Begründung berechnen lassen. Die Enttäuschung mag dann umso größer sein, wenn die Rechnung nicht aufgeht, unmittelbar werden in derartigen Situationen dann häufig Vorwürfe von ‚Irrationalismus' erhoben.

Daß systemtheoretisch die Beobachtung der eigenen Systemumwelt für diese selbst ihre Grenzen zeitigt, mag für die Systeme und deren Theorie gelten, was jedoch nicht davon abhalten kann, sie in dieser ihrer Selbstthematisierung wiederum zu beobachten, zu bewerten und zu beurteilen. Insofern hat die Autopoiese der Systemtheorie nunmehr selbst den schmalen Grat intersystemischer Kommunikation bereits betreten und sieht sich mit dem Dilemma der eigenen Theoriebildung konfrontiert.[2]

[1] Oswald Schwemmer: Verstehen und Verallgemeinerung. Zur logischen Struktur der Kommunikation. In: Ders.: Die kulturelle Existenz des Menschen; Berlin 1997. S. 119–136. Zit. v. S. 119.

[2] Siehe hierzu: Heinz–Ulrich Nennen: Ökologie im Diskurs. Studien zu Grundfragen der Anthropologie, Ökologie und zur Ethik der Wissenschaften; Opladen 1991. Darin:

Es ist mehr als nur ein Perspektivwechsel erforderlich, sondern Perspektiventranszendenz, die nicht stets nur ‚post–differentiell' sein muß.[1] Auch der machtpositivistische Blickwinkel seiner Ausführungen zu den ‚Chancen diskursiver Konfliktregelung' entspricht noch immer dem Paradigma einer überkommenen dezisionistischen, technokratischen und insofern paternalistischen Variante der Politikberatung. Noch immer ist für systemtheoretische Erwägungen Luhmannscher Provenienz ein verkürztes Verständnis von Moderne vorherrschend, erkennbar an der petitio principii, wo die Perspektive des systemtheoretischen ‚Phänomenologen' nur als Ausdruck der doch in Abrede gestellten transzendentalen Perspektive zustande gekommen sein kann.

Auf diese Weise würden Partizipationsverfahren zum Geleitzug für Innovationsprozesse in Form ‚positiver selbstverstärkender Rückkoppelungen', und es geht Krohn offenbar nicht lediglich darum, Innovationsdynamik (noch besser) zu organisieren, sondern es geht um diese selbst. So wird in einem Satz das ‚Dilemma des Immobilismus' beklagt und zugleich ein derart hohes ‚Modernisierungstempo' attestiert, daß mit der bereits gegebenen Innovationsdynamik ohnehin schon hohe interne Planungsunsicherheiten einhergehen.[2] Die Aufgabe von Diskursen zur Technikgestaltung würde vollends funktionalisiert unter solcher Zielvorgabe, nunmehr auch dem öffentlichen Raum zur unilinearen Wahrnehmung der Chancen von Modernisierung zu verhelfen. Das ansonsten nur für Endzeitutopien typische Arsenal von Melancholieverboten wird hier restriktiv, wo von Risiken nicht mehr die Rede ist, allein ‚Chancen' sind noch wahrzunehmen. Krohn beschreibt die gesamtgesellschaftlichen Aufgaben partizipativer Technikgestaltung anhand der Funktion von ‚Innovationsnetzwerken', denen es um einen ‚Zusatzgewinn' geht, wo Marktkonkurrenten konkrete Kooperationsvereinbarungen treffen.[3] So werden ‚turbulente Öffentlichkeiten' zu einem Planungshindernis für die Wahrnehmung von Einzelinteressen,

---

Das Midas–Syndrom der Systemtheorie. S. 255–274.

[1]Wolfgang Krohn: Die Innovationschancen partizipatorischer Technikgestaltung und diskursive Konfliktregulierung. In: Sabine Köberle, Fritz Gloede, Leonard Hennen (Hrsg.): Diskursive Verständigung? Mediation und Partizipation in Technikkontroversen. (Forum Kooperative Politik, Bd. 1) Baden–Baden 1997. S. 222–246. Vgl. S. 234.

[2]„Das Dilemma des Immobilismus, das sich aus den Marktintransparenzen und den Einsatzunsicherheiten für neue Technologien gerade dann ergibt, wenn das Modernisierungstempo hoch ist, kann durch die lokalen Ordnungs– und Planungsinseln der Innovationsnetzwerke gelöst werden." (Ebd. S. 239.)

[3]Vgl. ebd. S. 240.

denn der ‚übergerodnete' Standpunkt bleibt vakant und soll nur denen vorbehalten sein, die sich in einer systemtheoretisch vorgeprägten Perspektiventranszendenz ergehen. Nicht einmal die Mindeststandards demokratischer Gepflogenheiten bleiben dann noch gewahrt, wo Lebenswelt aus solcher Zentralperspektive als degeneriert dargestellt wird, als ‚moralisch aufgeladene', mithin restringierte Alltagskommunikation, ‚den sachlich unterbelichteten Laienblick auf die moderne Welt' zu signalisieren. Ich zitiere die Passage im Kontext:

> „Gegenüber Vermischung und Transzendenz ist Skepsis angebracht. Schon in der Alltagskommunikation signalisieren sie den sachlich unterbelichteten Laienblick auf die moderne Welt und sind in der Regel moralisch aufgeladen. Ohne Frage sind Naivität und Moralität für die Inszenierung und Dramatisierung von Konflikten von Bedeutung. Sie geben Bürgerinitiativen und sozialen Bewegungen ihr Momentum und den Verhandlungen Impulse. Dann aber brechen sie sich an den schwierigen Umständen systemischer Anbindungen, die von den Experten aller Seiten dargelegt werden."[1].

Es ist nun metatheoretisch ausgesprochen interessant, der Frage nachzugehen, warum sich der Prozeß des Verstehens aus der Warte systemtheoretischer ‚Beobachtung' nicht erschließen läßt. Wie bereits im vorangegangenen dargestellt und erläutert, läßt sich ein Verstehensprozeß auch nicht in Form eines Subsumtionsmodells wie dem der Wertbaumanalyse entindividualisieren und quasi automatisieren. Gleichfalls ist es auf dieser Ebene nicht angemessen, die lediglich vorgefaßten Meinungen einfach zu ‚erheben'. Es kommt auf den Prozeß an, der auf gemeinsames Verständnis abzielt, und dabei ist die ‚Logisierung des Verstehens', wie Oswald Schwemmer unlängst dargestellt hat, nicht mehr angemessen.[2] Verallgemeinerung und Subsumtion führen weder zum Verständnis noch zur Verständigung, ohnehin kommt es in der Verallgemeinerung auf Entindividualisierung an, damit aber wird die topische Urteilskraft einer lebensweltlich versierten Alltagsvernunft unterminiert, Orientierungswissen wäre wieder eine besondere Form von Verfügungswissen. Das überkommene technomorphe Sender–Empfänger–Modell wird dem, was beim Verstehen und in der Verständigung vor sich geht, nicht gerecht. Die poietische Leistung erweist sich nicht durch die Referenz auf Gegenstände

[1] Ebd. S. 234.

[2] Siehe hierzu und im weiteren: Oswald Schwemmer: Verstehen und Verallgemeinerung. A. a. O. S. 120ff., vgl. S. 128.

oder Sachverhalte, sondern dadurch, daß sie im Diskurs als kommunikative Kompetenz unter Beweis gestellt wird. Es ist die Ägide der Alltagsvernunft, sich darauf zu verstehen, das semiotische Feld einer Topik hermeneutisch umfassend zu eröffnen. Dabei ist das Verstehen auf den Wechsel der Perspektiven angewiesen; es ist erforderlich, sich an die Stelle eines jeden anderen zu versetzen, erst dann läßt sich über Verstehen wiederum Verständigung erreichen. Oswald Schwemmer empfiehlt daher, sich ein für allemal vom Subsumtions- und Referenzmodell zu verabschieden.

> „Die Vorstellung von einer Verständigung in ihrem Sinne liefert eine kuriose Karikatur, die uns jeweils Wörter mit Gegenständen, Ausdrücke mit Sachverhalten zu verbinden suchen und unsere Reden sich in den Ableitungen der Begriffssysteme verfangen ließ. Man kann ja einmal versuchen, einen Dialog zu entwerfen, der sich im Rahmen der Subsumtionsthorie hält. Er würde ein Wettstreit in Klassifikationen werden und womöglich in einen Streit um Definitionen ausarten. Man kann sich dann noch — nach dem Muster sophistischer Rhetorik — Schlußfiguren vorstellen, mit denen man versucht, den Partner in Widersprüche zu verwickeln. Am Ende blieben aber jeweils nur Bejahung und Verneinung möglich. Das Ziel kann so nur sein, Recht zu behalten oder zu bekommen. Ein Austausch aber, in dem eine neue Perspektive eröffnet oder eben überhaupt etwas gesagt wird, das weiterführt, kommt so jedenfalls nicht zustande."[1]

Allerdings läßt sich Verstehen als Prozeß mit den Möglichkeiten der phänomenologischen Beschreibung thematisieren, so daß den metatheoretischen Gründen einer adäquaten Kulturanthropologie für das hier vorgeschlagene Modell eines topischen Verfahrens weiter nachgegangen werden kann. Es bieten sich hinreichend Anlässe, den Diskurs methodentheoretisch von Neuem mit dieser abschließend bewußt etwas überpointierten Auseinandersetzung wieder aufzunehmen. — Allerdings ist es die demokratische Praxis selbst, in der es sich wie hier im Projekt ‚Energie und Ethik' und in den Bürgerforen erwiesen hat, was sich im Großen noch erweisen muß, daß technischer und soziokultureller Fortschritt kein Fatum ist, sondern Gestaltungsmöglichkeiten insbesondere auch in Form von Referenden, Bürgervoten und Plebisziten offenhält, bei denen es darum geht, ernsthaft, sachlich und versiert zu entscheiden, in welcher Gesellschaft wir zukünftig leben möchten.

---

[1] Ebd. S. 128.

# Teil D.

# Anhang

# Dokumentation

## Die Leitbilder der vier Szenarien*

### Leitbild: Heutige Trends – Szenario A

Grundlage ist die Überzeugung, daß die Treibhaus–Problematik nicht so bedeutend ist, daß besondere Maßnahmen zur Reduktion der $CO_2$–Emissionen notwendig oder gerechtfertigt wären, und es wird nicht erwartet, daß die Fortschreibung der gegenwärtigen Techniknutzung zu unlösbaren ökologischen Problemen führt. Das Bewußtsein um die Bedeutung der Ökologie für die Aufrechterhaltung der exisitierenden Lebensformen und die Anwendung energieeffizienter Techniken entwickeln sich im Rahmen des in der Vergangenheit Üblichen fort.

**Verhalten** Individuelles und gesellschaftliches Handeln kann sich in Fortschreibung der Entwicklung der Vergangenheit weiterhin vor allem an den Zielen von Selbstverwirklichung und Schutz von Individualrechten orientieren. Das zunehmende Bewußtsein um die Bedeutung der Ökologie für die Aufrechterhaltung der existierenden Lebensformen gewinnt keine entscheidende Bedeutung für das praktische Handeln.

**Konsum** Ein Verzicht auf Komfort oder Energiedienstleitsungen ist nicht erforderlich. Bei Kaufentscheidungen dominiert neben wirtschaftlichen Gesichtspunkten der Aspekt der Nutzenoptimierung.

**Wirtschaft** Wirtschaftliches Handeln orientiert sich in Fortsetzung der Vergangenheitsentwicklung an ökonomischen Kriterien. Bei Kaufentscheidungen und Investitionen dominiert neben wirtschaftlichen Gesichtspunkten der Aspekt der Nutzenoptimierung (z. B. die Kohleabnahmeverpflichtung) und die bisher vorhandenen integriert–gemischten Versorgungsstrukturen bleiben unverändert.

**Staat** Die allgemeinen Ziele staatlichen Handelns entwickeln sich im Trend der Vergangenheit. Ordnungspolitische Maßnahmen, Finanz-

*Aus: Diethard Schade, Wolfgang Weimer–Jehle: Energieversorgung und Verringerung der $CO_2$–Emission. Techniknutzung — Ressourcenschonung — Neue Lebensstile. Pfade in die Zukunft in Abkehr von einer Fortschreibung der Vergangenheitstrends; Berlin, Heidelberg 1996. Vgl. S. 37–44.

hilfen, spezielle Abgaben oder Steuern und staatliche Preissetzungen werden als zulässig und notwendig angesehen, sie bewegen sich aber im Rahmen des aus der Vergangenheit Bekannten; besondere, auf die Klimaproblematik zielende Eingriffe — wie eine Energie- oder $CO_2$-Steuer — werden nicht ergriffen.

**Leitbild: Techniknutzung – Szenario B**

Grundlage ist die Überzeugung, daß die Treibhaus-Problematik gelöst und die dafür erforderliche Reduktion der $CO_2$-Emissionen erreicht werden kann, wenn eine entsprechend orientierte innovative Technik entwickelt und zum Einsatz gebracht wird. Das Bewußtsein um die Bedeutung der Ökologie für die Aufrechterhaltung der existierenden Lebensformen nimmt wie in der Vergangenheit weiter zu; die bestehenden und künftigen Umwelt- und Ressourcenprobleme werden aber — vor allem durch weiterentwickelte Technik — für prinzipiell lösbar erachtet.

**Verhalten** Individuelles und gesellschaftliches Handeln kann sich in Fortschreibung der Entwicklung der Vergangenheit weiterhin vor allem an den Zielen von Selbstverwirklichung und Schutz von Individualrechten orientieren. Da die Treibhaus-Problematik und Umwelt- wie Ressourcenprobleme prinzipiell technisch lösbar sind, wird keine Notwendigkeit zu einer grundsätzlichen Änderung des bisherigen Verhaltens gesehen.

**Konsum** Ein Verzicht auf Komfort oder Energiedienstleistungen ist nicht erforderlich. Das zunehmende Bewußtsein um die Bedeutung der Ökologie führt aber im Rahmen des wirtschaftlich Sinnvollen zur gezielten Bevorzugung energetisch effizienter und ökologisch verträglicher Produkte, sofern keine oder nur sekundäre Nutzenaspekte beeinträchtigt werden.

**Wirtschaft** Wirtschaftliches Handeln orientiert sich in Fortsetzung der Vergangenheitsentwicklung an ökonomischen Kriterien. Zunehmendes Bewußtsein um die Bedeutung der Ökologie führt zur gezielten Bevorzugung energetisch effizienter oder ökologisch verträglicher Produkte und Prozesse, sofern dies wirtschaftlich sinnvoll ist, und stärkt den Trend zu einer Kreislaufwirtschaft. Die den Energiemarkt bestimmende Marktordnung (z. B. die Kohleabnahmeverpflichtung) und die bisher vorhandenen integriert–gemischten Versorgungsstrukturen werden zur Durchsetzung effizienter Techniken verändert.

**Staat** Die allgemeinen Ziele staatlichen Handelns entwickeln sich im Trend der Vergangenheit. Ordnungspoltische Maßnahmen, Finanzhilfen, spezielle Abgaben oder Steuern und staatliche Preissetzungen werden als zulässig und notwendig angesehen und — wenn erforderlich — vor allem eingesetzt, um sinnvollen Technologien zum Durchbruch zu verhelfen oder energieeffiziente Techniken zu fördern.

**Leitbild: Ressourcenschonung – Szenario C**

Grundlage ist die Überzeugung, daß die Treibhaus–Problematik im Kontext von Umwelt– und Ressourcenproblemen gesehen werden muß, und daß die erforderliche Reduktion der $CO_2$–Emissionen nur durch eine bewußte und an den Kriterien von Umweltschutz und Ressourcenschonung orientierte Nutzung von Technik in Verbindung mit begrenzten Verhaltensänderungen erreicht werden kann. Das Bewußtsein um die Bedeutung der Ökologie für die Aufrechterhaltung der existierenden Lebensformen nimmt stärker zu als in der Vergangenheit; die bestehenden und künftigen Umwelt– und Ressourcenprobleme werden als zusätzliche und gleichzeitig zu bewältigende Aufgabe angesehen.

**Verhalten** Individuelles und gesellschaftliches Handeln kann sich in Fortschreibung der Entwicklung der Vergangenheit weiterhin vor allem an den Zielen von Selbstverwirklichung und Schutz von Individualrechten orientieren. Das stark zunehmende Bewußtsein um die Bedeutung der Ökologie führt aber zur Bereitschaft zu Verhaltensänderungen.

**Konsum** Ein begrenzter Verzicht auf Komfort und eine geringere Steigerung der Nachfrage nach Energiedienstleistungen werden als erforderlich angesehen. Das stark zunehmende Bewußtsein um die Bedeutung der Ökologie führt zur gezielten Bevorzugung energetisch effizienter und ökologisch verträglicher Produkte, auch dann, wenn sie nach den bislang üblichen Maßstäben moderat unwirtschaftlich wären.

**Wirtschaft** Wirtschaftliches Handeln orientiert sich an ökonomischen Kriterien. Energetisch und ökologisch effiziente Investitionsgüter und Prozesse werden durch staatliche Maßnahmen, die dem gestiegenen Bewußtsein um die Bedeutung der Ökologie entsprechen, zunehmend betriebswirtschaftlich rentabel und daher eingesetzt. Es tritt ein — gegenüber Szenario B — verstärkter Trend zur Kreislaufwirtschaft auf. Die den Energiemarkt bestimmende Marktordnung (z. B. Kohleabnahmeverpflichtung) und die bisher vorhandenen integriert–gemischten Versorgungsstrukturen werden zur Durchsetzung umwelt– und ressourcenschonender Techniken verändert.

**Staat** Die allgemeinen Ziele staatlichen Handelns entwickeln sich im Trend der Vergangenheit. Ordungspolitische Maßnahmen, Finanzhilfen, spezielle Abgaben oder Steuern und staatliche Preissetzungen werden als zulässig und notwendig angesehen und — wenn erforderlich — vor allem eingesetzt, um die Nutzung von Umweltgütern zu verringern und um Umweltschutztechniken oder ressourcenschonende Techniken zu fördern, zunehmend aber auch, um Verhaltensweisen zu steuern und zu beeinflussen.

### Leitbild: Neue Lebensstile – Szenario D

Grundlage ist die Überzeugung, daß die Treibhaus–Problematik im Kontext der globalen politischen und ökologischen Probleme gesehen werden muß, und daß diese nur insgesamt gelöst und damit auch die $CO_2$–Emissionen nur dann vermindert werden können, wenn sich Verhalten und Techniknutzung konsequent an ökologischen Kriterien orientieren. Das Bewußtsein um die Bedeutung der Ökologie für die Aufrechterhaltung der existierenden Lebensformen gewinnt so großes Gewicht, daß es das Handeln auf allen Ebenen prägt.

**Verhalten** Für das gesellschaftliche Handeln stehen die Verantwortung für den Erhalt der natürlichen Umwelt, die Solidarität mit den Menschen in den unterentwickelten Regionen der Welt und mit den nachfolgenden Generationen so stark im Vordergrund, daß der Schutz von sekundären Individualrechten im Vergleich zur Vergangenheitsentwicklung an Bedeutung verliert. Das im Mittelpunkt allen Handelns stehende Bewußtsein um die Bedeutung der Ökologie führt zu nachhaltigen Änderungen von Verhalten und Lebensstilen.

**Konsum** Als Folge des geänderten Verhaltens und der anderen Lebensstile ergeben sich im Vergleich zur Vergangenheitsentwicklung verringerte Komfortansprüche und eine geringere Nachfrage nach Energiedienstleistungen. Das im Mittelpunkt allen Handelns stehende Bewußtsein um die Bedeutung der Ökologie führt zur konsequenten Bevorzugung ökologisch effizienter Produkte, auch dann, wenn mit deren Nutzung deutliche wirtschaftliche Nachteile oder Verringerungen des matieriellen Lebensstandards verbunden sind.

**Wirtschaft** Wirtschaftliches Handeln orientiert sich an ökonomischen Kriterien. Energetisch effiziente und ökologisch verträgliche Investitionsgüter und Prozesse werden durch konsequente staatliche Maßnahmen, die der Bedeutung der Ökologie entsprechen, betriebswirtschaftlich rentabel und daher eingesetzt. Das Produktionssystem wird zur Kreislaufwirtschaft um- bzw. ausgebaut. Die den Energiemarkt bestimmende Marktordnung (z. B. die Kohleabnahmeverpflichtung) und die bisher vorhandenen integriert-gemischten Versorgungsstrukturen werden zur Durchsetzung ökologisch effizienter Techniken verändert.

**Staat** Die allgemeinen Ziele staatlichen Handelns verändern sich im Vergleich mit der Vergangenheit: Umweltschutz, Ressourcenschonung, Nachhaltigkeit und Hilfe für unterentwickelte Regionen der Welt rücken in den Mittelpunkt staatlichen Handelns. Ordungspolitische Maßnahmen oder staatliche Preissetzungen sind zulässig und notwendig und werden — wenn erforderlich — vor allem eingesetzt, um die Nutzung von Umweltgütern und nichterneuerbaren Ressourcen zu verringern und um Verhaltensweisen zu steuern und zu verändern.

## Dokumentation der Arbeitseinheit: ,Das Problem des Entscheidens und Bewertens'

### a. Bearbeitung der Aspekte, Meinungen, Kriterien und Prüffragen

**Arbeitsaufgabe:**

Die Aufgabe Ihrer Gruppe ist es, zu Ihren beiden Aspekten gemeinsame Standpunkte zu er arbeiten, um daraufhin Kriterien zu nennen, auf die es Ihnen ganz besonders ankommt. Anschließend sollen Sie die wichtigsten Kriterien in Form einer oder zweier Fragen formulieren: die Prüffragen Ihrer Gruppe. Um Ihnen eine eingehende Erörterung der Aspekte zu ermöglichen, erhält jede Gruppe nur zwei Aspekte zur Bearbeitung. Bitte bearbeiten Sie zunächst den einen Aspekt bis zur Kaffeepause und nach der Kaffeepause den anderen. Sie sollten zunächst gemeinsam die Vorrede lesen, in der noch einmal erläutert wird, welcher Bereich mit dem jeweiligen Aspekt angesprochen wird.

Dann sollten Sie die drei Standpunkte lesen, die unterhalb der Vorrede abgedruckt sind. Die darin ausgedrückten Meinungen sollten Sie diskutieren und entscheiden, welcher dieser Standpunkten sie noch am ehesten zustimmen und welche davon sie dagegen eher ablehnen. Sie können selbstverständlich auch eine eigene Position formulieren. Schön wäre es, wenn die Gruppe sich auf eine gemeinsamen Standpunkt einigen könnte.

Bitte tragen Sie die Gruppenmeinung auf den entsprechenden Arbeitsbogen ein (nutzen Sie gegebenfalls seine Rückseite). Falls Sie keine Einigung erzielen können, formulieren Sie zwei Meinungen (evtl. die Rückseite nutzen) und notieren Sie bitte, wieviele Personen die eine und wieviele die andere Meinung vertreten.

Danach suchen Sie bitte nach Kriterien, die es erlauben, ein Energieszenario in seinen Auswirkungen auf den jeweiligen Aspekt zu überprüfen. Dabei können Sie folgendes Muster verwenden:

Bei der Bewertung von Energiewelten und Energiesystemen soll berücksichtigt werden:

- Eine jede zukünftige Entwicklung soll ...

- Eine jede zukünftige Entwicklung darf nicht ...

Im letzten Schritt sollten Sie eine oder zwei Fragen formulieren, die die wichtigsten Kriterien zusammenfassen und die Sie an jede Energiewelt stellen würden. Notieren Sie diese Fragen bitte auf den von der Tagungsassistentin, dem Tagungsassistenten bereitgelegten Blättern.

## b. Die Aspekte

### Aspekt ‚Und Natur?‘

**Vorrede:** Das Leben des Menschen ist nicht nur geprägt vom Verhältnis zu anderen Menschen, sondern auch von dem zur Natur. Welche Bedeutung der Natur in diesem Verhältnis zukommt, ist nicht eindeutig festgelegt.

**Mögliche Standpunkte sind zum Beispiel:**

- Natur stellt die materielle Grundlage des menschlichen Lebens dar. Wie alle Lebewesen entnimmt auch der Mensch ihr die Stoffe, die er zum Leben braucht und gibt die Restprodukte wieder zurück.
- Der Mensch ist als vernunftbegabtes Wesen gehalten, die Folgen seines Handelns für die ihn umgebende Natur zu berücksichtigen. Er soll sich daher bemühen, die schädlichen Auswirkungen seiner Lebensweise zu minimieren oder — wo dieses nicht anders möglich — sein Verhalten zu verändern.
- Natur ist mehr als bloßes Mittel für die Bedürfnisbefriedigung des Menschen. Wir sind ein Teil der Natur und von ihr abhängig. Der Mensch darf sich nicht anmaßen, sie zu beherrschen, um sie für seine Zwecke zuzurichten. Daher muß er sein Handeln an den natürlichen Kreisläufen der Natur ausrichten.

### Aspekt ‚Gesellschaft‘

**Vorrede:** Keiner kann leben wie Robinson Crusoe. Wir sind darauf angewiesen, mit anderen gemeinsam unser Leben zu gestalten. Dabei geraten häufig Ansprüche des Einzelnen und Erwartungen der Gemeinschaft untereinander in Konflikt. Es sind verschiedene Möglichkeiten denkbar, dementsprechende Konflikte zu lösen.

**Mögliche Standpunkte zum Aspekt ‚Gesellschaft' sind zum Beispiel:**

- Am Besten ist es für alle, wenn jeder so lebt, wie es ihm richtig scheint. Jeder hat daher ein Recht darauf, sein Leben selbst zu gestalten. Er muß dabei lediglich allen anderen das Gleiche zugestehen.

- Jeder hat ein Recht darauf, sein Leben selbst zu gestalten, oft aber ist er auf andere angewiesen. Daher ist es nur angemessen, zugunsten des Gemeinwohls auch einmal zurückzustecken.

- Ohne andere Menschen könnte niemand überleben, die Erfordernisse des Gemeinwohls sind daher vorrangig. Unter dieser Einschränkung hat jeder das Recht, sein Leben selbst zu gestalten.

**Aspekt ‚Nachhaltigkeit'**

**Vorrede:** Die Zukunftsfähigkeit eines Gemeinwesens setzt eine gesunde Volkswirtschaft voraus. Was eine gesunde Volkswirtschaft auszeichnet, ist umstritten.

**Mögliche Standpunkte zum Aspekt ‚Nachhaltigkeit' sind zum Beispiel:**

- Keiner weiß, was die Zukunft bringen wird. Solange die Wirtschaft ein angemessenes Wachstum aufweist, braucht man sich um die Zukunft nicht zu sorgen. Immerhin stehen ausreichende Mittel zur Verfügung, um eventuell auftretenden Schwierigkeiten entgegenzutreten.

- Man sollte nicht allein auf Wachstum setzen. Wichtiger ist im Grunde, mit geringerem Aufwand zu produzieren, um die Lebensgrundlagen dauerhaft zu sichern.

- Wichtig ist, daß die natürlichen und kulturellen Grundlagen unseres Lebens auch in Zukunft erhalten bleiben. Unter Umständen kann dabei auch die Wirtschaftstätigkeit und mit ihr der Wohlstand zurückgehen.

### Aspekt ‚Technik'

**Vorrede:** Das 20. Jahrhundert ist vom technischen Fortschritt geprägt. Diese Entwicklung wurde aber nicht einhellig begrüßt. Es gibt mehrere mögliche Einstellungen, die man gegenüber Technik einnehmen kann.

### Mögliche Standpunkte zum Aspekt ‚Technik' sind zum Beispiel:

- Technik erweitert die Handlungsmöglichkeiten von Individuen und Gesellschaft. Sie ist das beste Mittel, um unseren Wohlstand langfristig zu sichern und zu steigern.
- Technik ist ein wichtiges Mittel, um unseren Wohlstand zu erhalten. Sie muß aber so eingesetzt und entwickelt werden, daß sie auf knappe Ressourcen Rücksicht nimmt und die empfindliche Balance natürlicher Kreisläufe berücksichtigt.
- Bei heutigem Kenntnisstand ist Technik so einzusetzen, daß sie der Erhaltung und der Wiederherstellung intakter Naturräume dient. Technik ermöglicht es, unsere Lebensweise umzugestalten, so daß sie immer weniger Belastungen für Natur und Umwelt mit sich bringt.

### Aspekt ‚Politik'

**Vorrede:** Aufgabe der Politik ist es, die für alle verbindlichen Entscheidungen zu treffen und dementsprechende Gesetze zu beschließen. Es gibt unterschiedliche Ansichten, wie im Idealfall solche Entscheidungen zustande kommen.

### Mögliche Standpunkte zum Aspekt ‚Politik' sind zum Beispiel:

- Bei politischen Entscheidungen kommt es auf die sachliche und fachliche Kompetenz an. Gute Entscheidungen kommen zustande auf der Grundlage des jeweils besten fachlichen Wissens. Politiker sollten sich bei ihren Entscheidungen verstärkt auf den Rat von Experten stützen.
- Politische Entscheidungen bringen unterschiedliche Interessen zum Ausdruck. Gute Entscheidungen kommen zustande auf der Grundlage von Kompromissen, bei denen möglichst viele Interessen berücksichtigt werden.

- Politiker sollten daher bei ihren Entscheidungen den Ausgleich zwischen den unterschiedlichen Interessen suchen. Politische Entscheidungen müssen nicht nur der Sache, sondern auch den vorhandenen Interesse gerecht werden. Darüber hinaus bedarf es der Öffentlichkeit, die politische Entscheidungsprozesse kritisch begleitet und signalisiert, in welchen Fragen und Problemen Diskussionsbedarf besteht.

### Aspekt ,Verteilungsgerechtigkeit'

**Vorrede:** Gesellschaft läßt sich als Kooperation zum Nutzen aller begreifen. Dabei taucht dann die Frage auf, wie das Erwirtschaftete verteilt werden soll.

### Mögliche Standpunkte zum Aspekt ,Verteilung' sind zum Beispiel:

- Solange niemand daran gehindert wird, seine Möglichkeiten zu realisieren, ist es nur gerecht, daß die, die mehr geleistet haben, auch einen größeren Anteil erhalten.
- Im Prinzip soll jeder soviel erhalten, wie er auch geleistet hat. Es muß aber auch ein Ausgleich für die ungleiche Verteilung der Startchancen vorgenommen werden.
- Jeder soll erhalten, was er braucht. Aber jeder soll auch das leisten, wozu er fähig ist.

### Aspekt ,Wirtschaft'

**Vorrede:** Wirtschaften heißt, knappe Ressourcen so zu verwenden, daß ein optimaler Nutzen entsteht. Damit ist aber noch nicht gesagt, wie ein solches Wirtschaften aussieht.

### Mögliche Standpunkte zum Aspekt ,Wirtschaft' sind zum Beispiel:

- Entscheidend ist, die vorhandenen Ressourcen so einzusetzen, daß ein möglichst hohes Konsumniveau erreicht wird. Maßgeblich für den Erfolg der Gesamtwirtschaft ist Wirtschaftswachstum.

- Entscheidend ist es, die vorhandenen Ressourcen möglichst sparsam einzusetzen, um ein angemessenes Konsumniveau zu erhalten. Maßgeblich für den Erfolg der Gesamtwirtschaft ist ein ökologisch verträgliches Wirtschaftswachstum.

- Entscheidend ist, daß die vorhandenen Ressourcen schonend eingesetzt werden. Anzustreben ist eine Kreislaufwirtschaft, die auf ein Minimum an stofflicher Zufuhr angewiesen ist; dieses Ziel zu erreichen hat Vorrang vor Wachstum und Konsum.

**Aspekt ‚Zukunftssicherheit'**

**Vorrede:** Zunehmend wächst in der Öffentlichkeit das Bewußtsein, daß unsere Lebensweise Folgen zeigt, die den Fortbestand unserer Kultur gefährden können. Es gibt jedoch unterschiedliche Vorstellungen darüber, wie sich diese Probleme lösen lassen.

**Mögliche Standpunkte zum Aspekt ‚Zukunft' sind zum Beispiel:**

- Den bisherigen Erfahrungen nach lassen sich auftretende Probleme mit innovativer Technik auf der Grundlage neuer wissenschaftlicher Erkenntnisse lösen. Daher wird es kaum erforderlich sein, unsere Lebensweise zu verändern, vielmehr kommt es darauf an, den technischen Fortschritt voranzutreiben.

- Auch wenn sich bislang auftretende Probleme durch technische Innovation und neue wissenschaftliche Erkenntnis lösen ließen, werden wir — angesichts der ökologischen Probleme — auf Dauer nicht darum herumkommen, unsere Ansprüche zu reduzieren und unser Verhalten zu ändern.

- Die ökologischen Probleme sind so schwerwiegend, daß technisch-wissenschaftliche Fortschritte allein keine Lösungen bringen können. Nur ein konsequent an ökologischen Kriterien orientiertes Handeln in allen Lebensbereichen kann die drohenden Umweltkatastrophen abwenden.

**Aspekt ‚Lebensqualität'**

**Vorrede:** Alle Menschen streben nach einem guten Leben. Es gibt aber unterschiedliche Ansichten darüber, was ein gutes Leben ist.

**Mögliche Standpunkte zum Aspekt ‚Lebensqualität' sind zum Beispiel:**

- Jeder muß selbst entscheiden, was für ihn das gute Leben ist. Aber jeder braucht Sicherheit und ausreichenden Wohlstand, um seinen Lebensplan zu realisieren. Entscheidend ist also, jetzt und in Zukunft in Sicherheit und Wohlstand leben zu können.

- Wenn auch für ein gutes Leben ein gewisser Wohlstand vorauszusetzen ist, so kommt es darüber hinaus vor allem darauf an, einer sinnvollen Tätigkeit nachzugehen.

- Ein gutes Leben ist letztlich nur in einer Gesellschaft gegeben, die sich in ihren Ansprüchen bescheidener zeigt. Eine solche Gesellschaft würde Rücksicht nehmen auf die natürlichen Grundlagen, nachfolgende Generationen und auf die Menschen in anderen Regionen der Welt.

# Der Gesamtwertbaum der gesellschaftlichen Gruppen

## Präambel*

Der nachfolgende Wertbaum ist ein Zwischenergebnis des von der Akademie der Diözese Rottenburg–Stuttgart und der Akademie für Technikfolgenabschätzung in Baden–Württemberg gemeinsam organisierten Diskurses über ‚Energie und Ethik'. Er baut auf dem Themenfindungsdiskurs ‚Energie' auf, den die Akademie für Technikfolgenabschätzung 1993/1994 in Zusammenarbeit mit dem Arbeitskreis Gesellschaft und Technik der Ingenieurverbände VDE und VDI durchgeführt hat.

Bei dem vorliegenden Wertbaum handelt es sich um einen Gesamtwertbaum, in den die einzelnen Wertbäume der am Diskurs beteiligten gesellschaftlichen Gruppen eingeflossen sind. Da eine gemeinsame Sprache und inhaltliche Gliederung gefunden und Redundanzen vermieden wurden, ist der Gesamtwertbaum nicht nur als Addition der Einzelwertbäume, sondern als Resultat eines Einigungsprozesses über die Kriterien zu verstehen, die bei der Beurteilung der Energieszenarien eingesetzt werden sollten. Unter den Beteiligten bestand Konsens, daß der Gesamtwertbaum eine Summe von wechselseitig akzeptierten Kriterien darstellt, mit denen sich Bewertungsprozesse vornehmen lassen, wobei die Kriterien unterschiedlich gewichtet und auch mit einer „Null–Gewichtung" versehen werden können. Um zu einem gemeinsamen Wertbaum zu kommen, mußte eine von mehreren möglichen Gliederungsstrukturen akzeptiert werden. Die vorliegende Gliederung („Technik und Wirtschaft", „Gesundheit und Umwelt", „Politik und Soziales") entspricht der Gliederung des vorgeschalteten Themenfindungsdiskurses. Die Gründe für die Wahl dieser Gliederung waren vornehmlich pragmatischer Natur.

Die Beteiligten sind sich der Problematik bewußt, daß der Gesamtwertbaum den Anschein erwecken könnte, als sei ein jeder Wert mit jedem anderen verrechenbar. Alle beteiligten Gruppen gehen demgegenüber davon aus, daß es einige ethische Grundnormen gibt, wie beispielsweise Grund– und Menschenrechte, bürgerliche Freiheiten, die demokratische Staatsordnung, Rechtsstaatlichkeit und auch das Sozialstaatsprinzip, für die bestimmt werden muß, ob und inwieweit sie für die Bewertung von Energieszenarien unverrechenbar sind.

---

*Dritter und verabschiedeter Entwurf vom 16. März 1995.

Dafür wird ein Diskurs zum Thema „Grundwerte und Energie" für erforderlich gehalten.

Der Diskurs über ‚Energie und Ethik' stellt sich zudem in den Rahmen der 1992 auf dem Umweltgipfel in Rio de Janeiro proklamierten normativen Idee einer nachhaltigen Wirtschafts- und Lebensweise („sustainable development"). Diese Idee gründet in einer moralischen Verpflichtung gegenüber zukünftigen Generationen und der kreatürlichen außermenschlichen Mitwelt. Ihr fühlen sich alle beteiligten Gruppen und Individuen verpflichtet.

Ein zentrales Ziel, das in dieser Idee enthalten ist, betrifft eine umweltverträgliche Energienutzung. Dieses Ziel manifestiert sich in geltenden internationalen Abkommen sowie in den nationalen Reduktionszielen bezüglich klimarelevanter Emissionen. Trotz aller verbleibenden wissenschaftlichen Unsicherheiten hinsichtlich eines möglichen globalen Klimawandels mitsamt seiner befürchteten Folgen pflichten alle am Diskurs beteiligten Gruppen und Individuen der Auffassung bei, daß verantwortliches Handeln diese Befürchtungen nicht ignorieren darf.

Auch die Verringerung des Abstands der Lebensverhältnisse zwischen armen und reichen Regionen wird in Abwägung mit anderen Werten als Ziel anerkannt.

Der Diskurs über ‚Energie und Ethik' steht darüber hinaus im Kontext der Bemühungen um einen tragfähigen nationalen Energiekonsens. Den Beteiligten ist bewußt, daß zwischen der ethischen Idee der Nachhaltigkeit und einem politisch tragfähigen nationalen Energiekonsens eine Spannung vorliegt. Der Wertbaum bietet eine Hilfestellung, um Szenarien unter anderem zur Erreichung der nationalen $CO_2$-Reduktionsziele bewerten zu können. Diese Zielsetzung betrifft sowohl Arten der Energieerzeugung als auch der Energienutzung.

In der vorliegenden Fassung hat dieser Gesamtwertbaum seine Bedeutung als eine Art Checkliste, da er eine vollständige Liste bewertungsrelevanter Kriterien der beteiligten Gruppen zu sein beansprucht. Aufgrund dessen wird jede Gruppe in die Lage versetzt und aufgerufen, eine Bewertung „nach bestem Wissen" vorzunehmen. Der Schritt von der Liste der Kriterien zur Prioritätensetzung und normativen Gewichtung steht noch aus. Es bedarf daher zusätzlicher Schritte, um den Gesamtwertbaum für eine ethisch vertretbare Beurteilung von Energieszenarien fruchtbar zu machen.

# Der Gesamtwertbaum

## 1 Technische Effizienz und Wirtschaftlichkeit

## 1.1 Bedarfsgerechte Bereitstellung von Energie

### 1.1.1 Flächendeckende Energiebereitstellung

### 1.1.2 Kundenorientierung

**1.1.2.1** Konsumentensouveränität

**1.1.2.2** Organisatorische Flexibilität

**1.1.2.3** Multifunktionale Nutzermöglichkeit

**1.1.2.4** Soziale Gleichbehandlung

**1.1.2.5** Flächendeckendes Angebot an Energiedienstleistung[1]

**1.1.2.6** Anpaßbarkeit an den Bedarf der Nachfrager für unterschiedliche Temperaturniveaus

### 1.1.3 Verbraucherfreundlichkeit

**1.1.3.1** Wahlmöglichkeiten für den Verbraucher

**1.1.3.2** Regelungsmöglichkeiten für den Verbraucher

**1.1.3.3** Grad der Unabhängigkeit von Lieferanten

**1.1.3.4** Grad der staatlichen Kontrolle der Angebotsstruktur

**1.1.3.5** Transparenz über den Energieverbrauch

**1.1.3.6** Technische Angepaßtheit an die Verbrauchsstrukturen

**1.1.3.7** Möglichkeiten der Komfortsteigerung durch angepaßte Dienstleistungen

## 1.2 Technische Effizienz

### 1.2.1 Erschließungsaufwand (Ressourcen)

### 1.2.2 Erntefaktor für Anlagenerrichtung

### 1.2.3 Effizienz der Umwandlung

**1.2.3.1** Nutzung des physikalisch möglichen Potentials des Primärenergieträgers

**1.2.3.2** Primär- zu Sekundärenergie

**1.2.3.3** Sekundär- zu Nutzenergie

**1.2.3.4** Nutzenergie zu Energiedienstleistung

**1.2.3.5** Ausnutzung von Energiekaskaden und Abwärmenutzung

### 1.2.4 Eröffnung von Möglichkeiten, Energie zu sparen

**1.2.4.1** Grad der individuellen Steuerbarkeit des Energieverbrauchs

**1.2.4.2** Verfügbarkeit von technischen Systemen mit Energie–Einsparpotentialen

[1]Dieser Punkt umfaßt Beratung und Unterstützung der Prozesse.

## 1.3 Versorgungssicherheit

### 1.3.1 Verfügbarkeit

**1.3.1.1** Finanzierbarkeit der Importe von Energieträgern

**1.3.1.2** Reichweite der Reserven und Ressourcen

**1.3.1.2.1** Innovationsmöglichkeiten zur Effizienzsteigerung der Nutzung von Primärenergie

**1.3.1.2.2** Innovationsmöglichkeiten zur Verbesserung der Exploration

**1.3.1.2.3** Reichweite der Energieträger

**1.3.1.2.4** Regenerationsrate bei nachwachsenden Rohstoffen

**1.3.1.3** Politische Abhängigkeiten

**1.3.1.3.1** Sicherheit der Verkehrswege

**1.3.1.3.2** Ressourcenverteilung auf Exportländer

**1.3.1.3.3** Politische Stabilität der Export- und Verarbeitungsländer

### 1.3.2 Diversifizierung der Energieträger

**1.3.2.1** Energiemix

**1.3.2.2** Preis für Realisierung eines diversifizierten Energiemixes (Subventionen)

**1.3.2.3** Substituierbarkeit der Energieträger

### 1.3.3 Vermeidung von Verwundbarkeit (F Resilienz)

**1.3.3.1** Diversifizierung beim Bezug von Rohstoffen

**1.3.3.2** Rückgriff auf heimische Energieträger

**1.3.3.3** Möglichkeiten zur Selbstversorgung

**1.3.3.3.1** Optimale Anlagengröße (Technik)

**1.3.3.3.2** Optimale Betriebsgröße (Organisation)

**1.3.3.4** Flexibilität (Angebotsseite)

**1.3.3.5** Substituierbarkeit

**1.3.3.5.1** Brennstoffe

**1.3.3.5.2** Systeme

**1.3.3.6** Ausfallsicherheit

**1.3.3.7** Nachrüstbarkeit der Techniken

**1.3.3.8** Behebbarkeit von unerwünschten Technikfolgen bzw. Folgen der Nichtanwendung von Technik

### 1.3.4 Langfristige Sicherheit

**1.3.4.1** Ressourcenschonung für kommende Generationen

**1.3.4.2** Potential für Effizienzverbesserungen (Innovationen zur Erhöhung des Wirkungsgrades bei der Umwandlung)

**1.3.4.3** Schonung der weltweit benötigten Primärenergieträger

**1.3.4.4** Langfristige Sicherheit der Entsorgung von Anlagen und Abfällen

**1.3.4.5** Möglichkeiten der langfristigen Produkthaftung

**1.3.5 Speicher– und Lagerfähigkeit (Primärenergien)**

**1.3.5.1** Speicherungskapazität (Zeitdauer der Versorgung ohne Brennstoffzufuhr)

**1.3.5.2** Flexibilität der Kapazitätsausdehnung bei Nachfrageschwankungen

**1.3.5.3** Back–up–Möglichkeiten bei dezentralen und erneuerbaren Energien

## 1.4 Sicherstellung der Funktion

**1.4.1 Qualität der Versorgung**

**1.4.1.1** Technische Zuverlässigkeit

**1.4.1.1.1** Fehlertoleranz

**1.4.1.1.2** Hohe Auslastungspotentiale

**1.4.1.1.3** Hohe zeitliche Verfügbarkeit (vor allem im Nichtverbund)

**1.4.1.1.4** Reparatur– und Wartungsfreundlichkeit

**1.4.1.1.5** Geringe Störanfälligkeit

**1.4.1.1.6** Schutz gegen Einwirkungen von Außen

**1.4.1.1.7** Ausfallsicherheit

**1.4.1.1.8** Lebensdauer der Anlagen

**1.4.1.1.9** Steuerbarkeit der Technik

**1.4.1.1.10** Einhaltung anerkannter Qualitätsmerkmale (z. B. Spannungsschwankungen)

**1.4.1.2** Sicherheitskultur

**1.4.1.2.1** Qualifikation der Mitarbeiter und Training

**1.4.1.2.2** Qualität der funktionalen Organisation

**1.4.1.2.2.1** Intern

**1.4.1.2.2.2** Extern

**1.4.1.2.3** Funktionale und effiziente Notfallplanung

**1.4.2 Technische Qualität der Entsorgung**

**1.4.2.1** Technische Zuverlässigkeit

**1.4.2.2** Organisatorische Zuverlässigkeit

**1.4.3 Optimale Versorgungszuverlässigkeit (technisch–wirtschaftlicher Ausgleich)**

## 1.5 Kosten und Erträge

### 1.5.1 Direkte Kosten

**1.5.1.1** Investitionen

**1.5.1.2** Betriebskosten

**1.5.1.2.1** Brennstoffe
**1.5.1.2.2** Personal
**1.5.1.2.3** Instandhaltung
**1.5.1.2.4** Transport
**1.5.1.2.5** Entsorgung
**1.5.1.2.6** Versicherung, Steuern, Abgaben

### 1.5.2 Folgekosten

**1.5.2.1** Umweltkosten

**1.5.2.1.1** Altlasten
**1.5.2.1.2** Produktivitätsrückgang bei den natürlichen Ressourcen
**1.5.2.1.3** Gebäudeschäden

**1.5.2.2** Gesundheit

**1.5.2.3** Rekultivierung

**1.5.2.4** Stillegung

### 1.5.3 Indirekte Kosten

**1.5.3.1** Konfliktaustragungskosten

**1.5.3.1.1** Ordnungskosten
**1.5.3.1.2** Gerichtskosten
**1.5.3.1.3** Wiederherstellung

**1.5.3.2** Kosten für Diskontinuitäten

**1.5.3.2.1** Investitionsverlust
**1.5.3.2.2** Zeitverzug

**1.5.3.3** Infrastrukturkosten[1]

### 1.5.4 Externe Kosten und Nutzen

**1.5.4.1** Anwendbarkeit des Verursacherprinzips

**1.5.4.2** Grad der möglichen Internalisierung externer Kosten

**1.5.4.3** Reduzierbarkeit externer Kosten

**1.5.4.4** Kompensationsfähigkeit zum Ausgleich erlittener Ökoschäden an Betroffene

**1.5.4.5** Kosteneffizienz der Emissionsreduktionsmaßnahmen

---
[1] Z. B. Erschließungsaufwand als Systemkosten.

### 1.5.5 Kostenentwicklung

**1.5.5.1** Grad der Kostendegression

**1.5.5.2** Unsicherheiten der Kostenentwicklung

**1.5.5.2.1** Verhältnis Fixkosten zu variablen Kosten

**1.5.5.2.2** Anteil der einheimischen Energieträger

### 1.5.6 Erträge

**1.5.6.1** Heutige Erträge

**1.5.6.2** Nachfrageentwicklung (Gewinnerwartung)

## 1.6 Volkswirtschaftliche Auswirkungen

### 1.6.1 Preise und Preisstruktur

**1.6.1.1** Kostenäquivalenz der Preisstruktur

**1.6.1.2** Nachfrageorientierte Preisstruktur

**1.6.1.3** Risiko der Preisentwicklung

**1.6.1.4** Preisstabilität für den Abnehmer

### 1.6.2 Einfluß auf den Arbeitsmarkt

**1.6.2.1** Direkte Einflüsse

**1.6.2.1.1** Zahl der bestehenden Arbeitsplätze

**1.6.2.1.1.1** Regional

**1.6.2.1.1.2** National

**1.6.2.1.1.3** International

**1.6.2.1.2** Zahl der zu erwartenden Arbeitsplätze in der Zukunft

**1.6.2.1.2.1** Energieerzeugung

**1.6.2.1.2.2** Beratung und Dienstleistung

**1.6.2.1.2.3** Infrastruktur und Verteilung

**1.6.2.1.3** Qualität der Arbeitsplätze

**1.6.2.1.3.1** Regional

**1.6.2.1.3.2** National

**1.6.2.1.3.3** International

**1.6.2.1.4** Beschäftigungssicherheit

**1.6.2.1.5** Qualifikation

**1.6.2.1.5.1** Angebot an Arbeitskräften für angebotene Arbeitsplätze

**1.6.2.1.5.2** Qualifikationsanforderungen

**1.6.2.1.5.3** Qualifikationsmöglichkeiten

**1.6.2.1.5.4** Ausnutzung der verfügbaren Humanressourcen

**1.6.2.1.5.5** Spezialisierungsgrad der Beschäftigten

**1.6.2.1.5.6** Möglichkeiten der Konversion

**1.6.2.2** Indirekte Einflüsse (außerhalb des Energiesektors)

**1.6.2.2.1** Zahl der indirekt geschaffenen Arbeitsplätze

**1.6.2.2.1.1** Regional

**1.6.2.2.1.2** National

**1.6.2.2.1.3** International

**1.6.2.2.2** Qualifikation

**1.6.2.2.2.1** Erfordernisse

**1.6.2.2.2.2** Möglichkeiten

**1.6.2.2.3** Beschäftigungssicherheit

**1.6.3 Wettbewerbsfähigkeit**

**1.6.3.1** Einfluß auf internationale Harmonisierung

**1.6.3.1.1** Qualitätsstandards

**1.6.3.1.2** Mindeststandards (Umwelt)

**1.6.3.1.3** Sicherheitsstandards

**1.6.3.1.4** Genehmigungsverfahren

**1.6.3.1.5** Subventionen

**1.6.3.1.6** Steuern

**1.6.3.2** Abhängigkeit von Harmonisierung

**1.6.3.2.1** Qualitätsstandards

**1.6.3.2.2** Mindeststandards (Umwelt)

**1.6.3.2.3** Sicherheitsstandards

**1.6.3.2.4** Genehmigungsverfahren

**1.6.3.2.5** Subventionen

**1.6.3.2.6** Steuern

**1.6.3.3** Indirekte Auswirkungen auf die Wettbewerbsfähigkeit anderer Branchen

**1.6.3.3.1** Energieintensive Industrie

**1.6.3.3.2** Vor- und nachgelagerte Industrien

**1.6.3.4** Exportfähigkeit

**1.6.3.4.1** Energietechnik

**1.6.3.4.2** Know-how

**1.6.4 Konsumniveau**

**1.6.4.1** Auswirkungen auf Konsumstandard

**1.6.4.1.1** Einfluß auf verfügbares Einkommen

**1.6.4.1.2** Möglichkeit der Suffizienz

**1.6.4.2** Stillung der Grundbedürfnisse mit Hilfe der dafür notwendigen Energiedienstleistungen

**1.6.5 Wirtschaftliche Stabilität**

**1.6.5.1** Außenhandelsgleichgewicht

**1.6.5.2** Geldwertstabilität

**1.6.5.3** Einfluß auf internationale Kompatibilität

**1.6.5.4** Notwendigkeit von Dauersubventionen

**1.6.6 Struktureffekte**[1]

**1.6.6.1** Wettbewerbsvielfalt

**1.6.6.1.1** Bei den Nachfragern

**1.6.6.1.2** Bei den Anbietern

**1.6.6.1.2.1** Innerhalb des Energiesektors

**1.6.6.1.2.2** Regional

**1.6.6.1.2.3** National

**1.6.6.2** Grad der regionalen Selbstversorgung mit Energie

**1.6.6.2.1** Eigenanteil an Brennstoffversorgung

**1.6.6.2.2** Eigenanteil an Energieerzeugung

**1.6.6.2.3** Transportaufwand

**1.6.6.3** Beitrag zur regionalen Strukturförderung

**1.6.6.3.1** Beitrag zum qualitativen Wachstum / zur sozialen Stabilität

**1.6.6.3.2** Förderung einer nachhaltigen Produktionsstruktur

**1.6.6.3.3** Beitrag zum Aufbau zukunftsfähiger Betriebe

**1.6.6.3.4** Möglichkeiten umweltfreundlicher Entsorgung in der Region

**1.6.6.4** Offenheit für Anbieterdiversität

**1.6.6.4.1** Zugangsmöglichkeiten zur Einspeisung (Technik und Organisation)

**1.6.6.4.2** Zugangsmöglichkeiten zum Vertrieb

**1.6.6.4.3** Grad der organisatorischen Vernetzung

**1.6.6.4.3.1** Zwischen Herstellern und Verbrauchern

**1.6.6.4.3.2** Zwischen Anbietern und Bereitstellern von Infrastrukturleistungen

**1.6.6.4.3.3** Zwischen Herstellern und Beratern

**1.6.6.5** Kompatibilität mit langfristig erwünschten Strukturveränderungen[2]

---

[1] Gemeint ist: Stärkung der Wettbewerbsfähigkeit als Ausdruck der Machtkontrolle.

[2] Einem energiepolitischen Plan ist umso eher zuzustimmen, je weniger in der Verfolgung kurzfristiger Ziele Strukturen geschaffen oder vernichtet werden, die langfristig anzustrebenden Zielen widersprechen. Dabei ist zu berücksichtigen, daß viele Maßnahmen zeitlich weitreichende Wirkungen haben. Das gilt beispielsweise für:

- Siedlungsstrukturen (Trennung von Wohnen und Arbeit nur schwierig zu revidieren)

**1.6.7 Auswirkungen auf Innovationsdynamik**

**1.6.7.1** Beitrag zur Innovationsfähigkeit

**1.6.7.2** Wahrscheinlichkeit weiterer Spill-over-Effekte

**1.6.7.3** Lebensdauer von eingesetzten Techniken

**1.6.8 Wirtschaftliche Anreize zum Energiesparen**

**1.6.8.1** Eignung für Least-Cost-Planning

**1.6.8.2** Subventionsmöglichkeiten für Energieeinsparverhalten

**1.6.8.3** Subventionsmöglichkeiten für energiesparende Investitionen

**1.6.8.4** Subventionsmöglichkeiten für das Recycling von Energieanlagen bzw. Anlagekomponenten

**1.6.8.5** Möglichkeiten für preisliche Anreize zum degressiven Energieverbrauch

**1.6.8.5.1** Privathaushalte

**1.6.8.5.2** Unternehmen

**1.6.8.6** Energiesteuern, -abgaben, Zertifikate

**1.6.8.7** Anreize für ressourcenschonende Produktionsverfahren und ressourcenarme Produkte

---

- Verkehrsstrukturen (Festlegungen ebenfalls nur schwierig zu revidieren, Beispiel Römerstraßen)
- Wärmedämmung von Neubauten (mit geringen Mehrkosten heute läßt sich verhindern, daß später prohibitiv teure Nachrüstungen erforderlich werden)
- Fadenriß in der Kerntechnik, Rückfall der Sicherheitstechnik auf das internationale Niveau (niedriger als das deutsche)
- Schließung von Kohlegruben (Absaufen)
- Eröffung neuer Kohlegruben, Planung und Errichtung neuer Kohlekraftwerke. Diese werden Mitte des nächsten Jahrhunderts noch in Betrieb sein und, bei voll abgeschriebenen Investitionskosten, sehr billig Strom liefern; ihr Ersatz durch $CO_2$-freie neue Kraftwerke wird dann sehr schwer fallen.
- Errichtung gasgefeuerter Blockheizkraftwerke (BHKW): Sie bringen vergleichsweise schnell kleine Sparerfolge, legen aber Strukturen fest und behindern voraussichtlich notwendige, weitergehende Sparerfolge. Eine mögliche, spätere Lösung so geschaffener Probleme wäre die Errichtung kleiner Hochtemperaturreaktoren in jeder Gemeinde; die Frage ist, ob das mitbedacht wird und mitgewollt ist. Hinzu kommt die langfristig nicht auszuschließende Gefahr von Lieferunterbrechungen oder Gaspreiskrisen. (Gas ist diesbezüglich nicht ‚dezentral'.)

Prof. Dr.-Ing. Dietrich Schwarz

## 2 Schutz von Umwelt und Gesundheit[1]

## 2.1 Nutzung der Umwelt als Senke für Emissionen und Abfall[2]

### 2.1.1 Erdatmosphäre

**2.1.1.1** Schutz der Ozonschicht

**2.1.1.2** Schutz gegen Treibhauseffekt (d. h. globale Erwärmung, Überflutung von Küstenregionen, Zunahme arider Landflächen, Gefährdung der Wasserversorgung, Ernteerträge, Krankheitserreger, Wechselwirkung mit dem Ozoneffekt, Extremereignisse)

### 2.1.2 Emissionen in die Luft

**2.1.2.1** Emission von Schadstoffen

**2.1.2.1.1** Toxische Stoffe (wie Blei, Schwermetalle)

**2.1.2.1.2** Karzinogene Stoffe (wie Dioxine, Benzol)

**2.1.2.1.3** Umweltschädigende Stoffe (wie SO2, NOx, CO und andere)

**2.1.2.2** Emission von Staub

**2.1.2.3** Strahlung und Felder

**2.1.2.3.1** Radioaktive Strahlung

**2.1.2.3.2** Elektromagnetische Felder

**2.1.2.4** Geruchsbelästigung

**2.1.2.5** Lärmbelästigung der Anlagen

### 2.1.3 Wasserreinhaltung und –nutzung

**2.1.3.1** Wassernutzung[3]

**2.1.3.2** Schadstoffe in Fließ- und Grundwasser

**2.1.3.2.1** Toxische Stoffe (wie Blei, Schwermetalle)

**2.1.3.2.2** Karzinogene Stoffe (wie Dioxine, Furane, Benzol)

**2.1.3.2.3** Umweltnoxen (wie Nitrate, Phosphate)

**2.1.3.3** Radioaktive Kontaminierung

**2.1.3.4** Thermische Belastung

**2.1.3.5** Veränderung des Grundwasserspiegels

**2.1.3.6** Veränderung von Fließgewässern

**2.1.3.6.1** Ableitung von Wasser

[1] Bezogen auf den gesamten Brennstoffkreislauf inklusive Transport, Verkehr, Entsorgung sowie in der Wirkung auf Gesundheit, Natur, Kulturgüter, Klima und Eigentum.

[2] Inklusive der Belastungen, die durch Verlegung von Produktion und Energieerzeugungen ins Ausland entstehen.

[3] Der physikalisch zutreffende Wortgebrauch ‚Wassernutzung' wurde dem umgangssprachlichen ‚Wasserverbrauch' vorgezogen.

**2.1.3.6.2** Einbau von Dämmen

**2.1.3.6.3** Begradigung von Flußläufen

**2.1.4 Bodenbelastung**

**2.1.4.1** Belastung durch Schadstoffe

**2.1.4.1.1** Toxische Stoffe (wie Blei, Schwermetalle)

**2.1.4.1.2** Karzinogene Stoffe (wie Dioxine, Pestizidrückstände)

**2.1.4.1.3** Umweltnoxen (Nitrate, Übersäuerung)

**2.1.4.2** Radioaktive Kontamination

**2.1.4.3** Erosion

**2.1.4.4** Erschütterungen

**2.1.5 Abfallaufkommen und Entsorgung**

**2.1.5.1** Menge der zu verarbeitenden Abfälle

**2.1.5.1.1** Gesamtmenge pro Einheit Energiedienstleistung

**2.1.5.1.2** Menge der zu deponierenden Abfälle

**2.1.5.2** Toxizität der entstehenden Abfälle

**2.1.5.2.1** Umwandlungsfähigkeit von Abfällen in unschädliche Materialien

**2.1.5.2.2** Gesundheitsrisiken durch Abfälle (Verbrennung und Deponierung)

**2.1.5.2.3** Zeitdauer, über die Toxizität anhält

**2.1.5.3** Wiederverwertbarkeit der Abfälle

**2.1.5.3.1** Anteil der verwertbaren Abfälle an den Gesamtabfällen

**2.1.5.3.1.1** Brennstoffe

**2.1.5.3.1.2** Material

**2.1.5.3.1.3** Energie

**2.1.5.3.2** Technische Machbarkeit der Verwertung

**2.1.5.3.3** Finanzieller Aufwand zur Verwertung

## 2.2 Nutzung von Umweltressourcen

### 2.2.1 Sicherung der Funktionsfähigkeit von Ökosystemen

**2.2.1.1** Beachtung der Belastungsgrenzen von Ökosystemen

**2.2.1.1.1** Vermeidung von Übernutzung

**2.2.1.1.2** Erhalt des Nutzungspotentials der Umweltmedien, wie Boden, Wasser, Luft etc.

**2.2.1.1.3** Erhalt der Regenerationsfähigkeit erneuerbarer Ressourcen

**2.2.1.1.4** Erhalt der Nutzenvielfalt vielseitig verwendbarer Ressourcen

**2.2.2 Energie– und Materialbilanz**

**2.2.2.1** Energiebilanz

**2.2.2.1.1** Primärenergieverbrauch pro Energiedienstleistungseinheit (Gesamtwirkungsgrad)

**2.2.2.2** Materialbilanz (intelligente Stoffnutzung)

**2.2.2.2.1** Möglichst geringer Materialaufwand

**2.2.2.2.2** Verwendung von Materialien mit möglichst geringem Gewinnungsaufwand

**2.2.2.2.3** Vermeidung unnötiger Transporte

**2.2.2.2.4** Beachtung der Wiederverwertbarkeit

**2.2.3 Schonung von und sparsamer Umgang mit nicht erneuerbaren Ressourcen**[1]

**2.2.4 Erhalt des Genpools**

## 2.3 Erhalt von Natur und Ökosystemen[2]

**2.3.1 Erhalt der Natur (Erhalt der evolutiven Potentiale)**

**2.3.1.1** Störungsgrad der Vernetzungen innerhalb natürlicher Ökosysteme

**2.3.1.1.1** Störungen des Fließgleichgewichts

**2.3.1.1.2** Störungen der natürlichen Austauschprozesse

**2.3.1.2** Erhalt der Artenvielfalt

**2.3.1.3** Erhalt von Lebensräumen

**2.3.1.4** Vermeidung von Übernutzung (Ökostreß)

**2.3.2 Minimierung von Eingriffen in die Umwelt (Eingriffstiefe)**

**2.3.2.1** Rückführbarkeit von Ökosystemen nach Interventionen

**2.3.2.1.1** Veränderung des Genpools

**2.3.2.1.2** Grad der Ähnlichkeit im Ökosystem vor und nach menschlichen Interventionen

**2.3.2.1.3** Grad der Veränderbarkeit und neuen Nutzungsmöglichkeiten im Ökosystem nach erfolgten Interventionen (etwa Verkarstungsschäden)

**2.3.2.1.4** Anpassungsfähigkeit der Natur an menschliche Eingriffe

**2.3.2.1.4.1** Ausmaß der Veränderung

**2.3.2.1.4.2** Geschwindigkeit der Veränderung

**2.3.2.1.5** Grad der ökologischen Schädigung durch Gewinnung von Primärenergieressourcen

**2.3.2.2** Einfügen in den Stoffkreislauf

**2.3.2.2.1** Anteil erneuerbarer Ressourcen

---

[1] Unter besonderer Berücksichtigung der Regenerationsfähigkeit.

[2] Vgl. dabei unterschiedliche Motive: intrinsic value, inherent worth, Ehrfurcht bzw. Respekt vor der Schöpfung, Biozentrik, Anthropozentrik.

**2.3.2.2.2** Integrationsfähigkeit und Rückführbarkeit in natürliche Kreisläufe

**2.3.2.3** Reduktionspotential für Emissionen

**2.3.2.3.1** Lokal

**2.3.2.3.2** Regional

**2.3.2.3.3** Langfristig

**2.3.2.4** Beachtung der Kumulationseffekte von Schadstoffen

**2.3.2.4.1** Synergistische Wirkungen

**2.3.2.4.2** Kumulationseffekte über Zeit

**2.3.2.5** Minimierung von Transportwegen

**2.3.2.5.1** Brennstofftransporte

**2.3.2.5.2** Transport von Sekundärenergie

**2.3.2.5.3** Transport von Abfällen

## 2.4 Flächennutzung und Landschaftsschutz

### 2.4.1 Flächennutzung

**2.4.1.1** Nutzung für Betriebsflächen

**2.4.1.1.1** Energieanlagen

**2.4.1.1.2** Tagebau

**2.4.1.1.3** Untertagebau

**2.4.1.1.4** Infrastrukturausbau

**2.4.1.1.4.1** Transportwege

**2.4.1.1.4.2** Hilfsanlagen (etwa Tankstellen)

**2.4.1.1.5** Netzausbau

**2.4.1.2** Renaturierung von benutzten Flächen

**2.4.1.2.1** Ökologische Qualität der renaturierten Flächen

**2.4.1.2.2** Regenerationsaufwand

**2.4.1.3** Deponieraum

### 2.4.2 Landschaftsbild und Ästhetik

**2.4.2.1** Einfügen in die Landschaft

**2.4.2.1.1** Energieanlage

**2.4.2.1.2** Netz

**2.4.2.2** Grad der ästhetisch ansprechenden Vielfalt

## 2.5 Gesundheitsrisiken[1]

### 2.5.1 Gesundheitsrisiken im Normalbetrieb

**2.5.1.1** Betriebsangehörige

**2.5.1.2** Anwohner von Energieanlagen

**2.5.1.3** Zukünftige Generationen

### 2.5.2 Störfallrisiken

**2.5.2.1** Katastrophenpotential

**2.5.2.1.1** Ausmaß der potentiell Betroffenen

**2.5.2.1.2** Ausdehnung (Fläche)

**2.5.2.1.3** Persistenz des Schadens

**2.5.2.1.4** Revidierbarkeit des Schadens

**2.5.2.1.4.1** Zeitdauer bis zur Wiederbewohnbarkeit

**2.5.2.1.4.2** Qualität des revidierten Zustandes

**2.5.2.1.5** Reduzierbarkeit der Varianz der Verluste (Anwendbarkeit des Maximin–Prinzips)

**2.5.2.2** Auswirkungen

**2.5.2.2.1** auf Betriebsangehörige

**2.5.2.2.2** auf Anwohner

**2.5.2.2.3** auf Region

**2.5.2.2.4** Großräumige Auswirkungen

**2.5.2.3** Risikoakzeptanz

**2.5.2.3.1** durch individuelle Nutzer

**2.5.2.3.2** durch Organisationen

**2.5.2.3.3** Möglichkeit zum Risikokonsens in der Gesellschaft

**2.5.2.3.4** Intergenerationelle Risiken

**2.5.2.4** Institutionelle Kompetenz zur Einhaltung von Sicherheitsnormen

**2.5.2.4.1** Erfahrungen mit Anlage und Sicherheitssystem

**2.5.2.4.2** Beherrschbarkeit von Stör– und Unfällen

**2.5.2.4.3** Versicherungsfähigkeit

### 2.5.3 Langfristige Gesundheitsrisiken

[1]Damit sind Risiken am Herstellungsort, bei der Förderung der Rohstoffe, bei der Nutzung, beim Transport und bei der Entsorgung gemeint.

## 3 Sozialverträglichkeit und politische Qualität

### 3.1 Erhalt von Menschenwürde und Rechten

#### 3.1.1 Menschenrechte

**3.1.1.1** Lebensrechte

**3.1.1.1.1** Individuelle Rechte

**3.1.1.1.2** Kollektive Rechte

**3.1.1.2** Grundbedürfnisse

**3.1.1.2.1** Energie für Nahrung, Wohnung, Kleidung

**3.1.1.2.2** Energie zum Erhalt der Lebensqualität

**3.1.1.2.2.1** Befriedigung immaterieller Bedürfnisse

**3.1.1.2.2.2** Befriedigung materieller Bedürfnisse in nachhaltiger Weise

**3.1.1.2.3** Angepaßtheit der Energiestruktur an menschliche Fähigkeiten und Bedürfnisse

#### 3.1.2 Grundrechte

**3.1.2.1** Versammlungsfreiheit

**3.1.2.2** Gewissensfreiheit

**3.1.2.3** Pressefreiheit

**3.1.2.4** Religionsfreiheit

**3.1.2.5** Koalitionsfreiheit

**3.1.2.6** Freizügigkeit, Niederlassungsfreiheit

#### 3.1.3 Bürgerrechte

**3.1.3.1** Transparenz von Entscheidungen

**3.1.3.1.1** Information über Entscheidungsprozeß

**3.1.3.1.2** Information über Entscheidungsausgang

**3.1.3.1.3** Vertretungshandeln

**3.1.3.2** Partizipation an Entscheidungen

**3.1.3.2.1** Einbindung der Parlamente (kein reines Verwaltungshandeln)

**3.1.3.2.2** Beteiligung von Minderheiten

**3.1.3.2.3** Mitbestimmung der Bevölkerung

**3.1.3.2.3.1** an nationalen Energiekonzepten

**3.1.3.2.3.2** an regionalem Technikeinsatz und lokaler Standortfindung

**3.1.3.3** Eigentumsrechte

**3.1.3.3.1** Wahrscheinlichkeit von Sachschäden

**3.1.3.3.2** Wertminderung von Grundstücken

**3.1.3.3.3** Einfluß auf Sozialverpflichtung des Eigentums

## 3.2 Kompetenzerhalt und —gewinn in der eigenen Lebenswelt

### 3.2.1 Individuelle Kompetenz und Freiheit

**3.2.1.1** Grad der Reglementierung und Überwachung von Nutzern

**3.2.1.2** Möglichkeit zur Kompetenzverbesserung des Nutzers

**3.2.1.3** Auswirkungen auf Konsumentensouveränität und auf die Freiheit zur Wahl eines eigenen Lebensstils

**3.2.1.4** Wahrung der individuellen Handlungsspielräume

**3.2.1.4.1** Auswahlmöglichkeiten aus Energiesystemen für Nutzer

**3.2.1.4.2** Industrielle Gestaltungsmöglichkeiten für gewerbliche Nutzer

**3.2.1.4.3** Beratungsfähigkeit im Blick auf Energiedienstleistungen

**3.2.1.4.4** Vermeidung von Freiheitsbeschränkungen durch Subventionierung

**3.2.1.5** Flexibilität der Energieversorgung auf veränderte Präferenzen der Nutzer gegenüber Technik und Natur

**3.2.1.5.1** Möglichkeit des Aufgebens von Technik

**3.2.1.5.2** Modifikation von Technik

**3.2.1.5.3** Einfluß auf Organisation der Energieversorgung

**3.2.1.6** Einfluß auf Zeitpräferenzen

**3.2.1.6.1** Zeitaufwand für Energienutzung

**3.2.1.6.2** Zeiteinteilungsfreiheit

### 3.2.2 Regionale Kompetenz und Autonomie

**3.2.2.1** Möglichkeit regionaler und lokaler Versorgungsstruktur

**3.2.2.2** Möglichkeit der Einflußnahme auf Entscheidungen (regionale Autonomie)

**3.2.2.3** Aufrechterhaltung der Handlungsspielräume der Versorger gegenüber regionalen Regulierungen

### 3.2.3 Respekt vor der kulturellen Dimension der Energienutzung

**3.2.3.1** Kulturelle Selbstbestimmung

**3.2.3.2** Anpassung von Energietechnologien an kulturelle Traditionen

**3.2.3.3** Verträglichkeit mit den kulturellen und sozialen Selbstverständnissen

### 3.2.4 Anreiz zur energiesparenden Lebensweise

**3.2.4.1** Beratungsangebote

**3.2.4.1.1** Zugangsmöglichkeiten

**3.2.4.1.2** Verständlichkeit

**3.2.4.1.3** Programme für einkommensschwache Schichten

**3.2.4.2** Chancen für Initiativen zur Energieeinsparung

**3.2.4.3** Transparenz der Energienutzung

**3.2.4.3.1** Rückkopplung von Konsum und Produktion

**3.2.4.3.2** Wahrnehmbarkeit der Kette von der Primärenergie bis zur Energiedienstleistung

## 3.3 Politische Stabilität und Legitimität

### 3.3.1 Beherrschbarkeit des Konfliktpotentials

**3.3.1.1** Wahrscheinlichkeit von politischen Störungen beim Bau und Betrieb energetischer Anlagen

**3.3.1.2** Vermeidung von politischer Ideologisierung[1]

**3.3.1.2.1** Vermeidung von Stigmatisierungen unbeliebter Techniken

**3.3.1.2.2** Vermeidung der Verherrlichung beliebter Techniken

**3.3.1.3** Vermeidung von Vertrauensverlust durch Art der Konfliktaustragung

**3.3.1.4** Planungssicherheit

**3.3.1.5** Effizienz des Genehmigungsverfahrens

### 3.3.2 Soziale Stabilität und sozialverträgliche Entwicklung

**3.3.2.1** Langfristige Chancen der wirtschaftlichen Entwicklung für die Zukunft

**3.3.2.2** Reversibilität von einmal getroffenen Entscheidungen

**3.3.2.2.1** Technische Korrekturmöglichkeiten

**3.3.2.2.2** Offenheit für demokratisch zustande gekommene Kursänderungen

### 3.3.3 Soziale Akzeptanz und Vermittelbarkeit von Technik

### 3.3.4 Realisierbarkeit der Energieszenarien im Rahmen der in ihnen vorausgesetzten Verhaltensannahmen

## 3.4 Vermeidung von Verwundbarkeit (Resilienz)[2]

### 3.4.1 Schutz vor Mißbrauchsmöglichkeiten

**3.4.1.1** durch Betroffene

**3.4.1.2** durch Entscheider

**3.4.1.3** durch Monopolisierung

**3.4.1.4** durch Dritte

### 3.4.2 Schutz vor sozialer Gefährdung

**3.4.2.1** durch Sabotage

---

[1] Als zu vermeidende Ideologie gelten Redeweisen, die mit der Idee eines argumentativen Diskurses nicht vereinbar sind. Unter den Begriff der Ideologie fallen daher Pauschalisierungen, das Festhalten an Vorurteilen, Ausgrenzung, Diffamierungen des Kontrahenten, Reden in Schlagworten, selektive Information, undeklarierte politische Zielsetzungen, Idolatrie bestimmter Techniken, Immunisierung bestimmter Prämissen usw.

[2] Gemeint sind nicht ordnungspolitische Maßnahmen wie bspw. Preise, sondern bspw. Verhaltensänderung aus Überzeugung.

**3.4.2.2** durch Terrorismus

### 3.4.3 Schutz vor Erpreßbarkeit

**3.4.3.1** Ökonomisch

**3.4.3.2** Politisch

## 3.5 Positive Ausstrahlung auf andere Bereiche von Gesellschaft und Wirtschaft

### 3.5.1 Stadtplanung und Siedlungspolitik

**3.5.1.1** Funktionsintegration (Wohnen, Arbeiten, Freizeit)

**3.5.1.2** Wegeminimierung

### 3.5.2 Förderung der Möglichkeiten regionaler Entwicklungsplanung

### 3.5.3 Förderung integrativer Landschaftsplanung und –gestaltung

## 3.6 Soziale Gerechtigkeit auf nationaler Ebene

### 3.6.1 Versorgungsniveau

**3.6.1.1** Chancengleichheit für Energiedienstleistungen

**3.6.1.1.1** Geographisch

**3.6.1.1.2** Sozial

### 3.6.2 Gerechter Ausgleich von Lasten und Nutzen

**3.6.2.1** Zumutbarkeit notwendiger Arbeitsleistungen bei Energieversorgern

**3.6.2.2** Möglichkeit zur angemessenen Entlohnung im Energiesektor

**3.6.2.3** Angemessenheit der Energiekosten in bezug auf das Gesamtbudget der Nutzer

**3.6.2.4** Gleichverteilung von Risiken und Nutzen

**3.6.2.5** Einhaltung erzeugernaher Entsorgungspflicht

### 3.6.3 Strukturelle Anreize zum gerechten Lastenausgleich

**3.6.3.1** Möglichkeit zur Kompatibilität zwischen Einkommen und Arbeitsproduktivität

**3.6.3.2** Kostendeckende Tarifstruktur

## 3.7 Internationale Verteilungsgerechtigkeit

### 3.7.1 Verteilung von Umweltgütern

**3.7.1.1** Chancengleichheit bei Zugriff auf Ressourcen

**3.7.1.2** Chancengleichheit bei Nutzung der Umwelt als Senke für Belastungen

**3.7.1.3** Vermeidung von Übernutzung heimischer Ressourcen durch ungerechte Verteilung von Nutzungsrechten an Energieträgern (etwa Öl)

**3.7.1.4** Verringerung der Belastung anderer Länder durch nationale Emission in Deutschland / in Baden-Württemberg

### 3.7.2 Gerechte Verteilung von Energiedienstleistungen

**3.7.2.1** Möglichkeiten zur Durchsetzung gleicher Anrechte auf Energiedienstleistung in der Welt

**3.7.2.2** Reduktion der Varianz in der internationalen Verteilung des Energieverbrauchs

**3.7.2.3** Abbau der Abhängigkeit von Industrieländern

**3.7.2.3.1** Grad der Abhängigkeit von technischen Lizenzen

**3.7.2.3.2** Grad der Abhängigkeit von Vorleistungen der Industrieländer

### 3.7.3 Verallgemeinerungsfähigkeit des Lebensstils in der Welt (Lastenausgleich)

**3.7.3.1** Soziale und ökonomische Entschädigungsmöglichkeiten für Entwicklungsländer

**3.7.3.2** Möglichkeiten der Lastenreduzierung (z. B. Schulden, Zinsen)

**3.7.3.3** Beitrag zur gerechten Handelspolitik (faire Handelsbeziehungen)

**3.7.3.4** Beitrag zum Technologietransfer

**3.7.3.5** Beitrag zur Konversion der Technikstruktur

### 3.7.4 Verteilung der Lebensumstände

**3.7.4.1** Beitrag zur Sicherung der Grundbedürfnisse

**3.7.4.2** Beitrag zur Internationalisierung von Umweltstandards

**3.7.4.3** Vermeidung von grenzüberschreitenden Emissionen und anderen Folgen der Energiebereitstellung

### 3.7.5 Internationale Stabilität

**3.7.5.1** Vermeidung der Proliferation von Waffentechnologie

**3.7.5.2** Vermeidung von kriegerischen Auseinandersetzungen um gerechtere Verteilung von Umweltgütern

## 3.8 Intergenerationelle Verteilungsgerechtigkeit

**3.8.1 Nutzungsbegrenzung nicht erneuerbarer Ressourcen**

**3.8.2 Erhalt der Produktivität und Regenerationsfähigkeit erneuerbarer Rohstoffe zur Deckung des künftigen Bedarfs**

**3.8.3 Möglichkeit der langfristigen Produkthaftung**

**3.8.4 Erhalt und Weiterentwicklung der technisch–wirtschaftlichen Leistungsfähigkeit, damit künftigen Anforderungen begegnet werden kann.**

# Literatur


AKADEMIE FÜR TECHNIKFOLGENABSCHÄTZUNG (HRSG.)

1994 *Klimaverträgliche Energieversorgung in Baden–Württemberg. Kurzzusammenfassungen der Fachgutachten der Projektphase I.* (Arbeitsberichte der Akademie für Technikfolgenabschätzung in Baden–Württemberg; Nr. 5.) Stuttgart, April 1994.

ALEXY, ROBERT

1986 *Theorie der Grundrechte.* Frankfurt am Main.

ALTNER, GÜNTER; DÜRR, HANS PETER; MICHELSEN, GERD; NITSCH, JOACHIM

1995 *Zukünftige Energiepolitik — Vorrang für rationelle Energienutzung und regenerative Energiequellen.* Bonn.

ARISTOTELES

1956 *Nikomachische Ethik.* Übers. v. Franz Dirlmeier. Werke in deutscher Übersetzung, Bd. 6; Berlin.

1976 *Topik.* Übers. v. E. Rolfes. Leipzig.

ATMANSPACHER, HARALD; DALENOORT, GERHARD J. (EDS.)

1994 *Inside versus Outside. Endo– and Exo–Concepts of Observation and Knowledge in Physics, Philosophy and Cognitive Science.* Berlin.

BAUR, JÜRGEN; BONHOFF, CLAUDIA; FAHL, ULRICH; VOSS, ALFRED

1994 *Rationelle Stromanwendung in den Haushalten.* (Arbeitsberichte der Akademie für Technikfolgenabschätzung in Baden–Württemberg; Nr. 10) Stuttgart, April 1994.

BECHMANN, GOTTHARD (HRSG.)

1993 *Risiko und Gesellschaft. Grundlagen und Ergebnisse interdisziplinärer Risikoforschung.* Opladen.

BECK, ULRICH

1986 *Risikogesellschaft. Auf dem Weg in eine andere Moderne.* Frankfurt am Main.

1993 *Die Erfindung des Politischen. Zu einer Theorie reflexiver Modernisierung.* Frankfurt am Main.

1995 *Die feindlose Demokratie. Ausgewählte Aufsätze.* Stuttgart.

BENTHAM, JEREMY

1789 *An Introduction to the Principles of Morals and Legislation.* In: J. H. Burns and H. L. A. Hart (Eds.): Collected Works of Jeremy Bentham; London 1970.

BERG, MARCO VON; ERDMANN, GEORG; LEIST, ANTON; RENN, ORTWIN; SCHABER, PETER; SCHERINGER, MARTIN; SEILER, HANSJÖRG; WIEDEMANN, RALF (HRSG.)

1995 *Risikoverwertung im Energiebereich.* (Polyprojekt Risiko und Sicherheit, 7) Zürich.

BERGER, PETER L.; LUCKMANN, THOMAS

1995 *Modernität, Pluralismus und Sinnkrise. Die Orientierung des modernen Menschen.* Gütersloh.

BIRNBACHER, DIETER

1988 *Verantwortung für zukünftige Generationen.* Stuttgart.

BOCHEŃSKI, JOSEPH M.

1978 *Formale Logik.* (Orbis academicus. Problemgeschichten d. Wiss. in Dokumenten u. Darst., Bd. 3; 2) Freiburg, München.

BÖHME, HARMUT

1985 *Ruinen – Landschaften. Naturgeschichte und Ästhetik der Allegorie in den späten Filmen von Andrej Tarkowskij.* In: Natur und Wissenschaft. (Konkursbuch 14, Zeitschr. für Vernunftkritik) Hrsg. v. Heidrun Hesse. Tübingen. S. 117–157.

BONHOFF, CLAUDIA; FAHL, ULRICH; VOß, ALFRED

1994 *Bedarfsszenario. Projekt klimaverträgliche Energieversorgung in Baden–Württemberg.* (Arbeitsberichte der Akademie für Technikfolgenabschätzung in Baden–Württemberg; Nr. 6) Stuttgart, April 1994.

BORNSCHEUER, LOTHAR

1976 *Topik. Zur Struktur der gesellschaftlichen Einbildungskraft.* Frankfurt am Main.

BOURDIEU, PIERRE

1988 *Homo academicus.* Übers. v. Bernd Schwibs; Frankfurt am Main.

BRAUCH, HANS GÜNTER (HRSG.)

1996 *Klimapolitik. Naturwissenschaftliche Grundlagen, internationale Regimebildung und Konflikte, ökonomische Analysen sowie nationale Problemerkennung und Politikumsetzung.* Berlin, Heidelberg.

1997 *Energiepolitik. Technische Entwicklung, politische Strategien, Handlungskonzepte zu erneuerbaren Energien und zur rationellen Energienutzung.* Berlin, Heidelberg, New York.

BRINK, DAVID O.
1989 *Moral Realism and the Foundations of Ethics.* Cambridge.

BROADIE, SARAH
1991 *Ethics with Aristotle.* Oxford.

BROOME, JOHN
1991 *Weighing Goods. Equality, Uncertainity and Time.* Oxford.

1992 *Counting the Cost of Global Warming. A Report to the Economic and Social Research Council on research.* Cambridge.

CANSIER, DIETER
1991 *Bekämpfung des Treibhauseffektes aus ökonomischer Sicht. Ergebnisse des Ladenburger Kollegs ‚Umweltstaat' der Gottlieb-Daimler und Karl-Benz-Stiftung.* Berlin, Heidelberg.

DÁVILA, NICOLÁS GÓMEZ
1994 *Aufzeichnungen des Besiegten. Fortgesetzte Scholien zu einem inbegriffenen Text.* A. d. Span. übers. v. Günter Maschke; Wien.

DEUTSCHE PHYSIKALISCHE GESELLSCHAFT
1995 *Energiememorandum der DPG.* In: Physikalische Blätter 51 (1995) Nr. 5. S. 388–391.

DIENEL, PETER C.
1992 *Die Planungszelle. Eine Alternative zur Establishment-Demokratie.* 3. erw. Aufl., Opladen.

DIERKES, MEINOLF
1991 *Vom Technology-Assessment zum ‚Leitbild-Assessment': Zur Rolle von Organisationskultur und professionellen Leitbilder in der Technikgenese.* In: Klaus Kornwachs (Hrsg.): Reichweite und Potential der Technikfolgenabschätzung. Stuttgart. S. 155–175.

DIERKES, MEINOLF; HOFFMANN, UTE; MARZ, LUTZ
1992 *Leitbild und Technik. Zur Entstehung und Steuerung technischer Innovationen.* Berlin.

DOUGLAS, MARY
1985 *Risk Acceptability According to the Social Sciences.* New York.

DÜRR, HANS-PETER
1994 *Die 1,5 Kilowatt-Gesellschaft.* Vortragsreihe des Wuppertalinstitut für Klima, Umwelt, Energie. 25. Januar 1994.

DWORKIN, RONALD

1984 *Bürgerrechte ernstgenommen.* Aus d. Engl. v. Ursula Wolf; Frankfurt am Main.

EBERT, THEODOR

1995 *Phronesis–Annahmen zu einem Begriff der Arstotelischen Ethik.* In: Otfried Höffe (Hrsg.): Aristoteles. Die Nikomachische Ethik. Frankfurt am Main.

ELSTER, JON

1981 *Logik und Gesellschaft. Widerspruch und mögliche Welten.* Übers. v. Frank Rosenthal, Frankfurt am Main.

ENQUETE–KOMMISSION ‚VORSORGE ZUM SCHUTZ DER ERDATMOSPHÄRE' DES 11. DEUTSCHEN BUNDESTAGES (HRSG.)

1990 *Energie und Klima.* Bonn, Karlsruhe.

ENQUETE–KOMMISSION ‚SCHUTZ DER ERDATMOSPHÄRE' DES 12. DEUTSCHEN BUNDESTAGES (HRSG.)

1995 *Mehr Zukunft für die Erde. Nachhaltige Energiepolitik für dauerhaften Klimaschutz.* Bonn.

FEINDT, PETER HENNING

1997 *Kommunale Demokratie in der Umweltpolitik. Neue Beteiligungsmodelle.* In: Aus Politik und Zeitgeschichte. Beilage zur Wochenzeitung Das Parlament, Heft 27 vom 27. Juni 1997. S. 39–46.

FOOT, PHILIPPA (ED.)

1970 *Theories of Ethics.* Oxford.

1978 *Virtues and Vices and other Essays in Moral Philosophy.* Oxford.

FOSTER, JOHN

1994 *Beyond Costs and Benefits: Weighing Environmental Goods.* In: Analyse & Kritik. Zeitschr. für Sozialwissenschaften; 16. Jahrgang, 2/1994. S. 133–149.

GÄRDENFORS, PETER

1979 *Forecasts, Decisions and Uncertain Probabilities.* In: Erkenntnis 14. S. 159–181.

GAMM, GERHARD

1985 *Simulierte Natur.* In: Natur und Wissenschaft. (Konkursbuch 14, Zeitschr. für Vernunftkritik) Hrsg. v. Heidrun Hesse; Tübingen. S. 47–74.

GARBE, DETLEF; GROTHE–SENF, ANJA (HRSG.)

1986 *Bürgerbeteiligung in der Verbraucherinformationspolitik. Künftige Kriterien für den Warentest.* Teil 2: Bürgerbeteiligung in der Stiftung Warentest. Ein Bericht von Anja Grothe–Senf und Detlef Garbe mit den Beiträgen der Experten. Frankfurt am Main, New York.

GEHLEN, ARNOLD

1986 *Moral und Hypermoral. Eine pluralistische Ethik.* Wiesbaden.

GEHRING, THOMAS:

1996 *Arguing und Bargaining in internationalen Verhandlungen. Überlegungen am Beispiel des Ozonschutzregimes.* In Volker von Prittwitz (Hrsg.): Verhandeln und Argumentieren. Dialog, Interessen und Macht in der Umweltpoltik. Opladen.

GERT, BERNARD

1983 *Die moralischen Regeln. Eine neue Begründung der Moral.* Frankfurt am Main.

GLOEDE, FRITZ

1997 *Das TAB–Projekt ‚Biologische Sicherheit bei der Nutzung der Gentechnik'.* In: Sabine Köberle, Fritz Gloede, Leonhard Hennen (Hrsg.): Diskursive Verständigung? Mediation und Partizipation in Technikkontroversen; Baden–Baden.

GROSS, PETER

1994 *Die Multioptionsgesellschaft.* Frankfurt am Main.

GRUNWALD, ARMIN; SAX, HARTMUT (HRSG.)

1994 *Technikbeurteilung in der Raumfahrt. Anforderungen, Methoden, Wirkungen.* Berlin.

GRUNWALD, ARMIN

1996 *Ethik der Technik. Systematisierung und Kritik vorliegender Entwürfe.* In: Ethik und Sozialwissenschaften. Streitforum für Erwägungskultur. EuS 7 (1996) Heft 2/3. (Hauptartikel) S. 191–204. (Kritik) S. 205–269. (Replik) S. 280–281.

GUENTHER, KLAUS

1988 *Der Sinn für Angemessenheit. Anwendungsdiskurse in Moral und Recht.* Frankfurt am Main.

HAAN, GERHARD DE; KUCKARTZ, UDO

1996 *Umweltbewußtsein. Denken und Handeln in Umweltkrisen.* Westdeutscher Verlag, Opladen.

HABERMAS, JÜRGEN

1983 *Moralbewußtsein und kommunikatives Handeln.* Frankfurt am Main.

HARE, RICHARD MERVYN

1981 *Moral Thinking. Its Levels, Method and Point.* Oxford.

1983 *Die Sprache der Moral.* Übers. v. Petra von Morstein; Frankfurt am Main.

1992 *Moralisches Denken. Seine Ebenen, seine Methoden, sein Witz.* Frankfurt am Main.

HASTEDT, HEINER
1991 *Aufklärung und Technik. Grundprobleme einer Ethik der Technik.* Frankfurt am Main.

HAUFF, VOLKER (HRSG.)
1987 *Unsere gemeinsame Zukunft. Der Brundtland-Bericht der Weltkommission für Umwelt und Entwicklung.* Aus d. Engl. v. Barbara Bechtolsheim; Greven.

HEISENBERG, WERNER
1969 *Der Teil und das Ganze. Gespräche im Umkreis der Atomphysik.* München.

HEMPEL, CARL GUSTAV
1977 *Philosophie der Naturwissenschaften.* Übers. v. Wolfgang Lenzen; München.

HENNICKE, PETER; MÜLLER, MICHAEL
1989 *Die Klima-Katastrophe.* Bonn.

HENNICKE, PETER; SEIFRIED, DIETER
1996 *Das Einsparkraftwerk. Eingesparte Energie neu nutzen.* Berlin.

HERRMANN, MONIKA; SCHADE, DIETHARD; SCHWARZMANN, RAINER; STEIERWALD, MARCUS; STEINECKE, ECKEHART; WIENHÖFER, ELMAR
1997 *Reaktivierung im Schienenpersonennahverkehr. Ratgeber für Entscheidungsträger und Praxis.* Darmstadt.

HESSE, KONRAD
1978 *Grundzüge des Verfassungsrechts der Bundesrepublik Deutschland.* Heidelberg, Karlsruhe.

HILLMANN, KARL-HEINZ
1981 *Umweltkrise und Wertwandel. Die Umwertung der Werte als Strategie des Überlebens.* Frankfurt am Main.

HÖFFE, OTFRIED
1993 *Moral als Preis der Moderne. Ein Versuch über Wissenschaft, Technik und Umwelt.* Frankfurt am Main.

HÖRNING, GEORG
1997 *Bürgerforum Klimaverträgliche Energieversorgung. Teil 3: Dokumentation zum Bürgergutachten.* Zusammengest. v. Georg Hörning. (Arbeitsberichte der Akademie für Technikfolgenabschätzung in Baden-Württemberg.) Stuttgart.

HÖRNING, GEORG; WEIMER–JEHLE, WOLFGANG

1997 *Bürgerforum Klimaverträgliche Energieversorgung. Teil 1: Bürgergutachten.* Zusammengest. v. Georg Hörning u. Wolfgang Weimer–Jehle. (Arbeitsberichte der Akademie für Technikfolgenabschätzung in Baden–Württemberg; Bürgergutachten.) Stuttgart.

1999 *Bürgerforum Klimaverträgliche Energieversorgung. Teil 2: Interpretation.* (Arbeitsberichte der Akademie für Technikfolgenabschätzung in Baden–Württemberg.) Stuttgart (im Druck).

HOHMEYER, OLAV

1989 *Soziale Kosten des Energieverbrauchs. Externe Effekte des Elektrizitätsverbrauchs in der Bundesrepublik Deutschland.* Berlin, Heidelberg.

1997 *Social costs and sustainability. Valuation and implementation in the energy and transport sector.* Berlin, Heidelberg.

HUBIG, CHRISTOPH

1993 *Technik und Wissenschaftsethik. Ein Leitfaden.* Berlin, Heidelberg.

HUBIG, CHRISTOPH; ROPOHL, GÜNTER (HRSG.)

1995 *Technikbewertung: Sendetexte des Funkkollegs ,Technik: Einschätzen – Beurteilen – Bewerten.* Weinheim.

HUBIG, CHRISTOPH

1997 *Technologische Kultur.* (Leipziger Schr. zur Philosophie, Bd. 3) Leipzig.

HUME, DAVID

1909 *A Treatise of Human Nature. Beeing an Attempt to introduce the Experimental Method of Reasoning into Moral Subjects and Dialogues concerning Natural Religion.* Hrsg. von T. H. Green u. T. H. Grose. London 1909.

INGLEHART, RONALD

1989 *Kultureller Umbruch. Wertwandel in der westlichen Welt.* Aus d. Engl. von Ute Maurer. Frankfurt am Main.

JEFFREY, RICHARD CARL

1967 *Logik der Entscheidungen.* Übers. v. Thomas Cornides; Wien, München.

JOHNSON, BRANDEN B.; COVELLO, VINCENT T. (EDS.)

1987 *The Social and Cultural Construction of Risk. Essays on Risk Selection and Perception.* Dordrecht.

JONAS, HANS

1979 *Prinzip Verantwortung. Versuch einer Ethik für die technologische Zivilisation.* Frankfurt am Main.

JOSS, SIMON; DURANT, JOHN
1995 *Public Participation in Science. The Role of Consensus Conferences in Europe*. Science Museum, London.

JOUßEN, WOLFGANG; HESSLER, ARMIN G. (HRSG.)
1995 *Umwelt und Gesellschaft. Eine Einführung in die sozialwissenschaftliche Umweltforschung*. Berlin.

KALTSCHMITT, MARTIN; WIESE, ANDREAS (HRSG.)
1997 *Erneuerbare Energien. Systemtechnik, Wirtschaftlichkeit, Umweltaspekte*. Berlin, Heidelberg.

KAMLAH, WILHELM; LORENZEN, PAUL
1973 *Logische Propädeutik. Vorschule des vernünftigen Redens*. Mannheim, Wien, Zürich.

KANT, IMMANUEL
1908 *Kritik der praktischen Vernunft (1788)*. In: Kants Gesammelte Schriften, hrsg. von der Königlich Preußischen Akademie der Wissenschaften, Bd. 5, Berlin. S. 1–163.

1911 *Grundlegung zur Metaphysik der Sitten (1785)*. In: Kants gesammelte Schriften, hrsg. von der Königlich Preußischen Akademie der Wissenschaften, Bd. 4, Berlin. S. 385–463.

KAPLAN, STANLEY; GERRIG, B. JOHN
1981 *Die quantitative Bestimmung des Risikos*. Englische Erstveröffentlichung in Risk Analysis 1, 1981, S. 11–27.

KAUFMANN, FRANZ–XAVER
1992 *Der Ruf nach Verantwortung. Risiko und Ethik in einer unüberschaubaren Welt*. Freiburg i. Br., Basel, Wien.

KEENEY, RALPH L.; RENN, ORTWIN; WINTERFELDT, DETLOF VON; KOTTE, ULRICH
1984 *Die Wertbaumanalyse. Entscheidungshilfe für die Politik*. München.

KERN, LUCIAN; NIDA–RÜMELIN, JULIAN
1994 *Logik kollektiver Entscheidungen*. München.

KESSEL, HANS; TISCHLER, WOLFGANG
1984 *Umweltbewußtsein. Ökologische Wertvorstellungen in westlichen Industrienationen*. Berlin.

KETTNER, MATTHIAS (HRSG.)
1999 *Angewandte Ethik als Politikum*. Frankfurt am Main (im Druck).

KLAGES, HELMUT

1987 *Sozialpsychologie der Wohlfahrtsgesellschaft: Konturen eines Wissenschaftsprogramms.* In: Helmut Klages; Gerhard Franz; Wille Herbert (Hrsg.): Sozialpsychologie der Wohlfahrtsgesellschaft. Zur Dynamik von Wertorientierungen, Einstellungen und Ansprüchen; Frankfurt am Main. S. 9–39.

1988 *Wertedynamik. Über die Wandelbarkeit des Selbstverständlichen.* Zürich.

KOENIGS, TOM; SCHAEFFER, ROLAND

1993 *Energiekonsens? Der Streit um die zukünftige Energiepolitik.* Hrsg. v. d. Stadt Frankfurt am Main, Umweltdezernat; München.

KORFF, WILHELM

1973 *Norm und Sittlichkeit. Untersuchungen zur Logik der sittlichen Vernunft.* Mainz.

KORNWACHS, KLAUS (HRSG.)

1984 *Offenheit — Zeitlichkeit — Komplexität. Zur Theorie der offenen Systeme.* Frankfurt am Main, New York.

1991 *Reichweite und Potential der Technikfolgenabschätzung.* Stuttgart.

KORNWACHS, KLAUS

1993 *Information und Kommunikation. Zur menschengerechten Technikgestaltung.* Berlin, Heidelberg.

1994 *Philosophie und ethische Praxis der Technikfolgenabschätzung.* In: Hans J. Bullinger (Hrsg.): Technikfolgenabschätzung (TA). Stuttgart. S. 137–159.

1994 *Steuerung und Wachstum. Ein systemtheoretischer Blick auf große technische Systeme.* In: Ingo Braun; Bernward Joerges (Hrsg.): Technik ohne Grenzen. Suhrkamp, Frankfurt am Main. S. 410–445.

1995 *Das Prinzip der Bedingungserhaltung.* Arbeitspapier, Lehrstuhl für Technikphilosophie, Brandenburgische Technische Universität Cottbus, Cottbus.

1996 *Ethische Probleme der Energieversorgung.* Brandenburgische Technische Universität Cottbus, Fakultät 1, Bericht Nr. PT - 03/1996.

1996 *Operationalisierbare Indikatoren anhand ausgewählter Beispiele des Gesamtwertbaums ‚Energie und Ethik'. Studie für die Akademie für Technikfolgenabschätzung, Stuttgart.* In: Klaus Kornwachs: Ethische Probleme der Energieversorgung. Brandenburgische Technische Universität Cottbus, Fakultät 1, Bericht Nr. PT - 03/1996.

KORNWACHS, KLAUS, NIEMEIER, JÖRG

1991 *Technikbewertung und -potentialabschätzung bei kleinen und mittleren Unternehmen.* In: Hans-Jörg Bullinger (Hrsg.): Handbuch des Informationsmanagements im Unternehmen. Technik, Organisation, Recht, Perspektiven. Band II, München. S. 1523-1569.

KRIELE, MARTIN

1988 *Freiheit und ‚Befreiung'. Zur Rangordnung der Menschenrechte.* Vortr. geh. am 28. Januar 1988; Frankfurt am Main.

KROHN, WOLFGANG

1997 *Die Innovationschancen partizipatorischer Technikgestaltung und diskursive Konfliktregulierung.* In: Sabine Köberle, Fritz Gloede, Leonard Hennen (Hrsg.): Diskursive Verständigung? Mediation und Partizipation in Technikkontroversen. (Forum Kooperative Politik, Bd. 1) Baden-Baden. S. 222-246.

KRÜCKEN, GEORG

1990 *Gesellschaft, Technik, Risiko: Analytische Perspektiven und rationale Strategien unter Ungewißheit.* Bielefeld.

KÜNG, HANS

1990 *Projekt Weltethos.* München, Zürich.

KUGELER, KURT

1995 *Inhärent sichere Reaktoren — Anstoß zur Überprüfung der Anlehnungshaltung zur Kernenergie.* In: Verantwortbare Energieversorgung für die Zukunft, (MS-Tagungsmappe), Darmstadt, März 1995.

KUIPERS, THEO (ED.)

1987 *What is Closer-to-the-Truth? A Parade of Approaches to Truthlikeness.* Amsterdam.

KUTSCHERA, FRANZ VON

1982 *Grundlagen der Ethik.* Berlin, New York.

LEMONS, JOHN; BROWN, DONALD A. (EDS.)

1995 *Sustainable Development. Science, Ethics, and Public Policy.* Dordrecht.

LENK, HANS

1987 *Über den Verantwortungsbegriff und das Verantwortungsproblem in der Technik.* In: Hans Lenk; Günter Ropohl (Hrsg.): Technik und Ethik. Stuttgart. S. 112-148.

1992 *Zwischen Wissenschaft und Ethik.* Frankfurt am Main.

LEOPOLD, ALDO

1992 *Am Anfang war die Erde. A Sand County Almanach. Plädoyer zur Umwelt-Ethik.* Aus dem Amerik. v. Elisabeth M. Walther, Darmstadt.

LOCKE, JOHN

1689 *An Essay concerning Human Understanding.* London. Übers. von Carl Winkler : Über den menschlichen Verstand: In 4 Büchern; Hamburg.

1690 *Two Treatises of government.* London. Zwei Abhandlungen über die Regierung. Übers. von Dorothee Tidow. Mit e. Nachw. von Peter Cornelius Mayer–Tasch; Stuttgart 1992.

LÜNSTROTH, UWE; WEIMER, WOLFGANG

1993 *Energie und $CO_2$–Einsparpotentiale in Baden–Württemberg. Stand der Diskussion.* (Arbeitsberichte der Akademie für Technikfolgenabschätzung in Baden–Württemberg; Nr. 1.) Stuttgart.

LUHMANN, NIKLAS

1990 *Die Wissenschaft der Gesellschaft.* Frankfurt am Main.

1991 *Soziologie des Risikos.* Berlin, New York.

LYOTARD, JEAN–FRANÇOIS

1989 *Der Widerstreit.* Mit e. Bibliogr. v. Reinhold Clausjürgens. (Supplemente; 6) 2. korr. Aufl.; München.

MACINTYRE, ALASDAIR C.

1981 *After Virtue. A Study in moral Theory.* London.

MANNHEIM, KARL

1929 *Ideologie und Utopie.* Bonn.

MICHAELIS, HANS; SALANDER, CARSTEN (HRSG.)

1995 *Handbuch Kernenergie. Kompendium der Energiewirtschaft und Energiepolitik.* Frankfurt am Main.

MIETH, DIETMAR

1991 *Wissenschaft — Technik — Ökonomie: Was können wir verantworten?* In: Jean–Pierre Wils, Dietmar Mieth (Hrsg.): Ethik ohne Chance? Erkundungen im technologischen Zeitalter. 2. überarb. u. erw. Aufl. Tübingen , 210–224.

MILL, JOHN STUART

1994 *Der Utilitarismus.* Übers., Anm. und Nachw. von Dieter Birnbacher; London.

1991 *Über die Freiheit. Essay.* Vollst. überarb. v. Else Wentscher aus dem Jahre 1928.

MITTELSTRAß, JÜRGEN

1983 *Der Flug der Eule. Von der Vernunft der Wissenschaft und der Aufgabe der Philosophie.* Frankfurt am Main.

1992 *Leonardo–Welt. Über Wissenschaft, Forschung und Verantwortung.* Frankfurt am Main.

Mittelstraß, Jürgen; Gethmann, Carl Friedrich
1992 *Maße für die Umwelt.* In: Gaia. (Ökologische Perspektiven in Natur–, Geistes– und Wirtschaftswissenschaften) Nr. 1, 1992. S. 16–25.

Mittelstraß, Jürgen
1996 *Die moderne Welt und die Geisteswissenschaften.* In: Frhr. Gisbert zu Putlitz, Diethard Schade (Hrsg.): Wechselbeziehungen Mensch — Umwelt — Technik. S. 17–34.

Nennen, Heinz–Ulrich
1991 *Ökologie im Diskurs. Studien zu Grundfragen der Anthropologie, Ökologie und zur Ethik der Wissenschaft.* Mit einem Vorwort von Dieter Birnbacher; Opladen.
1995 *Die Bändigung des Unberechenbaren. Ein Versuch über Michel Foucault.* In: Tüte–Sonderheft zum 10. Todestag von Michel Foucault (15. 10. 1926 - 25. 6. 1984.) Macht — Wissen — und Gesellschaft; Mössingen. S. 22–27.
1995 *Homo discursivus. Von den Grenzen zuträglicher Kontingenzerfahrung.* (Arbeitsberichte der Akademie für Technikfolgenabschätzung in Baden–Württemberg; Nr. 48.) Stuttgart.

Nennen, Heinz–Ulrich; Garbe, Detlef; Unfried, Jürgen (Hrsg.)
1995 *Themenfindungsdiskurs Energie.* Hrsg. v. d. Akademie für Technikfolgenabschätzung in Baden–Württemberg. (Diskursberichte, Nr. 1) Stuttgart, März 1995.

Nennen, Heinz–Ulrich; Garbe, Detlef (Hrsg.)
1996 *Das Expertendilemma. Zur Rolle wissenschaftlicher Gutachter in der öffentlichen Meinungsbildung.* Berlin, Heidelberg.

Nennen, Heinz–Ulrich; Mildenberger, Georg; Tulickas, Ellen
1996 *Ethik als Entscheidungshilfe.* In: TA–Informationen. Ausg. 1/96. Hrsg. v. d. Akademie für Technikfolgenabschätzung in Baden–Württemberg; Stuttgart.

Nennen, Heinz–Ulrich
1996 *Zwischen den Stühlen: Notizen zur Technikfolgenabschätzung im Spannungsfeld zwischen Wissenschaft, Politik, Wirtschaft und Öffentlichkeit.* In: Elmar Wienhöfer (Hrsg.): Bürgerforen als Verfahren der Technikfolgenabschätzung. (Arbeitsberichte der Akademie für Technikfolgenabschätzung in Baden–Württemberg; Nr. 67.) Stuttgart. S. 17–57.
1998 *Desiderat Diskurs: Verantwortung und Technikfolgenabschätzung.* In: Matthias Kettner (Hrsg.): Angewandte Ethik als Politikum. Frankfurt am Main (im Druck).

NIDA-RÜMELIN, JULIAN
1995 *Kritik des Konsequentialismus.* München.
1996 *Ethik des Risikos.* In: Ders. (Hrsg.): Angewandte Ethik. Die Bereichsethiken und ihre theoretische Fundierung. Ein Handbuch. Stuttgart. S. 806–831.

NIDA-RÜMELIN, JULIAN; VOSSENKUHL, WILHELM
1998 *Ethische und politische Freiheit.* Berlin, New York.

NIDA-RÜMELIN, JULIAN; SCHMIDT, THOMAS
1998 *Rationale Wahl und praktische Vernunft.* Berlin.

NOZICK, ROBERT
1974 *Anarchy, State, and Utopia.* Oxford.

NUTZINGER, HANS G. (HRSG.)
1995 *Nachhaltige Wirtschaftsweise und Energieversorgung. Konzepte, Bedingungen, Ansatzpunkte.* Marburg.

O'NEILL, JOHN
1993 *Ecology, Policy and Politics. Human Well-beeing and the Natural World.* London.

OPP, KARL-DIETER; ROEHL, WOLFGANG
1990 *Der Tschernobyl-Effekt. Eine Untersuchung über die Ursachen politschen Protests.* Opladen.

OTT, KONRAD
1996 *Vom Begründen zum Handeln. Aufsätze zur angewandten Ethik.* Tübingen.
1997 *Ipso Facto. Zur ethischen Begründung normativer Implikate wissenschaftlicher Praxis.* Frankfurt am Main.
1997 *Wieder ein vermeindliches Grundrecht auf Automobilität.* In: Hoffmann, Johannes (Hrsg.): Irrationale Technikadaption; Frankfurt am Main. S. 203–243.
1997 *Erläuterungen zum ethischen Status und zur Methodik des Frankfurt-Hohenheimer Leitfadens.* In: Johannes Hoffmann, Konrad Ott, Gerhard Scherhorn (Hrsg.): Ethische Kriterien für die Bewertung von Unternehmen. Frankfurt-Hohenheimer Leitfaden — Deutsch und Englisch; Frankfurt am Main, Stuttgart 1997. S. 207–261.

PEITZ, HEINZ-HERMANN; RENN, ORTWIN (HRSG.)
1999 *Energieszenarien im Spiegel gesellschaftlicher Bewertung. Das Wertbaumverfahren als Instrument ethischer Urteilsbildung.* Stuttgart 1999 (im Druck).

PERELMAN, CHAÏM
1967 *Über die Gerechtigkeit.* Aus d. Franz. übers. von Ulrike Blum u. Ottmar Ballweg. Mit e. Einl. von Theodor Viehweg; München.
1979 *Logik und Argumentation.* Hrsg. u. aus d. Franz. übers. von Freyr Roland Varwig; 2. Aufl., Weinheim.
1979 *Juristische Logik als Argumentationslehre.* Übers., bearb. u. erg. von Jan M. Broekmann; Freiburg, München.
1980 *Das Reich der Rhetorik. Rhetorik und Argumentation.* Mit einem Vorw. von Ottmar Ballweg. Aus d. Franz. übertr. von Ernst Wittig; München.

PERROW, CHARLES
1989 *Normale Katastrophen. Die unvermeidlichen Risiken der Großtechnik.* Vorw. von Klaus Traube. Aus dem Engl. von Udo Rennert; Frankfurt am Main.

PRITTWITZ, VOLKER VON (HRSG.)
1996 *Verhandeln und Argumentieren. Dialog, Interessen und Macht in der Umweltpoltik.* Opladen.

PUTLITZ, GISBERT FRHR. ZU; SCHADE, DIETHARD (HRSG.)
1997 *Wechselbeziehungen Mensch — Umwelt — Technik.* Stuttgart.

RAWLS, JOHN
1971 *A Theory of Justice.* Cambridge (Mass.).

RENN, ORTWIN
1994 *Ein regionales Konzept qualitativen Wachstums. Pilotstudie für das Land Baden–Württemberg.* (Arbeitsberichte der Akademie für Technikfolgenabschätzung in Baden–Württemberg; Nr. 3); Stuttgart.
1994 *Politische Entscheidungen und die Multidisziplinarität von Technikfolgenabschätzung — ein unaufhebbares Dilemma?* In: Armin Grunwald, Hartmut Sax (Hrsg.): Technikbeurteilung in der Raumfahrt. Anforderungen, Methoden, Wirkungen. Berlin S. 105–124.

RENN, ORTWIN; WEBLER, THOMAS; WIEDEMANN, PETER M. (EDS.)
1995 *Fairness and Competence in Citizen Partizipation. Evaluating Models for Environmental Discourse.* Dordrecht, Boston.

RENN, ORTWIN; KASTENHOLZ, HANS; SCHILD, PATRICK; WILHELM, URS (HRSG.)
1998 *Abfallpolitik im kooperativen Diskurs — Umweltplanung im kooperativen Diskurs. Bürgerbeteiligung bei der Standortsuche für eine Deponie im Kanton Aargau.* (Polyprojekt Risiko und Sicherheit, 19) Zürich.

RENN, ORTWIN; KNAUS, ANJA
1998 *Den Gipfel vor Augen. Unterwegs in eine nachhaltige Zukunft.* Marburg.

RESCHER, NICHOLAS
1993 *Rationalität. Eine philosophische Untersuchung über das Wesen und die Rechtfertigung von Vernunft.* Würzburg.

ROCK, REINHARD; ULRICH, PETER; WITT, FRANK H.
1990 *Dienstleistungsrationalisierung im Umbruch. Wege in die Kommunikationswirtschaft.* (Sozialverträgliche Technikgestaltung, Bd. 11. Hrsg.: Der Minister für Arbeit, Gesundheit und Soziales des Landes Nordrhein-Westfalen) Opladen.

RONELLENTITSCH, MICHAEL
1992 *Mobilität: Vom Grundbedürfnis zum Grundrecht?* In: Deutsches Auto Recht (DAR), 9/1992. S. 321–325.

ROSS, WILLIAM DAVID
1930 *The Right and the Good.* Oxford.

SCHABER, PETER
1994 *Sind alle Werte vergleichbar?* In: Analyse & Kritik, Zeitschr. für Sozialwisssenschaften, 16. Jg. 2/1994; Opladen.

SCHADE, DIETHARD (HRSG.)
1995 *Energiebedarf, Energiebereitstellung, Energienutzung. Möglichkeiten und Maßnahmen zur Verringerung der $CO_2$-Emission.* Berlin, Heidelberg.

SCHADE, DIETHARD; WEIMER, WOLFGANG
1995 *Klimaverträgliche Energieversorgung in Baden-Württemberg — Drei Pfade für die Zukunft.* Hrsg. von der Akademie für Technikfolgenabschätzung in Baden-Württemberg, Stuttgart. *Anm. d. Red.: Diese Schrift ist vergriffen, eine überarbeitet Version findet sich in Schade, Weimer-Jehle (1996).*

SCHADE, DIETHARD; WEIMER-JEHLE, WOLFGANG
1996 *Energieversorgung und Verringerung der $CO_2$-Emissionen. Techniknutzung — Ressourcenschonung — Neue Lebensstile. Pfade in die Zukunft in Abkehr von einer Fortschreibung der Vergangenheitstrends.* Berlin, Heidelberg.

SCHADE, DIETHARD
1998 *Technikfolgenabschätzung zwischen Wissenschaft und Politik: ein konstitutives Dilemma?* In: Jahrbuch 1996/97, hrsg. v. d. Akademie für Technikfolgenabschätzung. S. 98–111.

SCHELER, MAX
1954 *Der Formalismus in der Ethik und die materiale Wertethik.* In: Gesammelte Werte, Bd. 2. Bern, München.

SCHMIDHEINY, STEPHAN
1993 *Business Council for Sustainable Development: Kurswechsel. Globale unternehmerische Perspektiven für Entwicklung und Umwelt.* Aus dem Amerikan. von Barbara Brumm und Renate Sandner; München.

SCHMÖLZ, F. M.
1988 *Werteabbau oder Werteumbau?* In: Gerhard Merk, Herbert Schambeck, Wolfgang Schmitz (Hrsg.): Die soziale Funktion des Marktes. Beiträge zum ordnungspolitischen Lernprozeß. Festschrift für Alfred Klose zum 60. Geb.; Berlin. S. 183–189.

SCHOLZ, RUPERT
1995 *Die Vergütungsregelung des Stromeinspeisungsgesetzes als Mittel verfassungsmäßiger Wirtschaftslenkung und Umweltpolitik;* o. O.

SCHÜZ, MATHIAS (HRSG.)
1990 *Risiko und Wagnis. Die Herausforderung der industriellen Welt.* 2 Bde., Pfullingen.

SCHWARZ, DIETRICH
1993 *Ausbau der Kernenergie — ethisch geboten.* In: Renovatio, Jg. 92 (1993), Heft 4, S. 235–238.

SCHWEIZERISCHER WISSENSCHAFTSRAT (HRSG.)
1998 *Futura. 3/98.* Sekretariat des Schweizerischen Wissenschaftsrates; Bern.

SCHWEMMER, OSWALD
1980 *Philosophie der Praxis. Versuch zur Grundlegung einer Lehre vom moralischen Argumentieren.* Frankfurt am Main.
1990 *Die Philosophie und die Wissenschaften. Zur Kritik einer Abgrenzung.* Frankfurt am Main.
1997 *Die kulturelle Existenz des Menschen.* Berlin.
1997 *Verstehen und Verallgemeinerung. Zur logischen Struktur der Kommunikation.* In: Ders.: Die kulturelle Existenz des Menschen; Berlin. S. 119–136.

SEARLE, JOHN R.
1971 *Sprechakte. Ein sprachphilosophischer Essay.* Aus dem Engl. von R. u. R. Wiggershaus; Frankfurt am Main.

SIDGWICK, HENRY
1874 *The Methods of Ethics.* London.

SINGER, GEORG MARCUS
1975 *Verallgemeinerung in der Ethik.* Frankfurt am Main.

SINGER, PETER
1979 *Practical Ethics.* Cambridge.

STÄBLEIN, RUTHARD (HRSG.)
1996 *Moral. Erkundungen über einen strapazierten Begriff.* Neuausg.; Frankfurt am Main.

STAIß, FRITHJOF
1996 *Photovoltaik — Technik, Potentiale, Perspektiven.* Wiesbaden.

STARR, C.
1969 *Social Utility versus Technological Risk.* In: Science 165, 1996. S. 1232–1238.

STEINVORTH, ULRICH
1994 *Max Weber.* In: Ders.: Stationen der politischen Theorie. Hobbes, Locke, Rousseau, Kant, Hegel, Marx, Weber. 3. durchges. Aufl., Stuttgart.

STOCKMANN, REINHARD
1993 *Nachhaltigkeit: Bilanz eines Themas.* In: Reinhard Stockmann, Wolf Gaebe (Hrsg.): Hilft Entwicklungshilfe langfristig? Bestandsaufnahme zur Nachhaltigkeit von Entwicklungsprojekten; Opladen.

TESCHNER, MANFRED
1995 *Klima, Verkehr und Gesellschaft. Anmerkungen zum Problem der gesellschaftlich–politischen Handlungsblockierung.* In: Verantwortbare Energieversorgung für die Zukunft. (MS–Tagungsmappe), Darmstadt, März.

TOULMIN, STEPHEN
1982 *How Medicine Saved the Life of Ethics.* In: Perspectives in Biology and Medicine 25, No. 4, S. 736–750. Revidierte Fassung in: Joseph P. DeMarco, Richard M. Fox (Hrsg.), New Directions in Ethics. The Challenge of Applied Ethics, New York, London 1986, S. 265–281.

TRAPP, RAINER W.
1988 *Nichtklassischer Utilitarismus. Eine Theorie der Gerechtigkeit.* Frankfurt am Main.
1998 *Klugheitsdilemmata und die Umweltproblematik.* Paderborn.

VEREIN DEUTSCHER INGENIEURE (VDI)
1991 *Technikbewertung — Begriffe und Grundlagen. Erläuterungen und Hinweise zur VDI–Richtlinie 3780.* VDI–Ausschuß ‚Grundlagen der Technikbewertung‘ (VDI Report 15); Düsseldorf.

VISCHER, WOLFGANG

1993 *Zum Problem der Rechtsfähigkeit nicht-menschlicher Naturgegenstände.* In: philosophia naturalis 30 (1993), Heft 2, S. 278–296.

1998 *Brennpunkte der modernen Ethikdiskussion. Ökologie — Wissenschaft — Wirtschaft — Normenbegründung.* (Schriftenr. Report; Lenkungsausschuß der Studienkommission für Hochschuldidaktik an den Fachhochschulen in Baden-Württemberg, hrsg. v. Michael Wörz; Bd. 36), Alsbach.

VORWERK, VOLKER; KEMPER, ECKARD

1997 *Evaluation der 3. Phase des Bürgerbeteilungsverfahrens in der Region Nordschwarzwald.* Endbericht: Langfassung. (Arbeitsberichte der Akademie für Technikfolgenabschätzung in Baden-Württemberg; Nr. 70) Stuttgart.

VOß ALFRED, FRIEDRICH, RAINER

1994 *Energie und Umwelt — was kann Technikfolgenabschätzung leisten?* In: Hans J. Bullinger, (Hrsg.): Technikfolgenabschätzung (TA); Stuttgart. S. 423–475.

WEBER, MAX

1919 *Wissenschaft als Beruf.* In: Ders.: Soziologie, Universalgeschichtliche Analyse, Politik. Stuttgart.

1947 *Religionssoziologie.* In: Gesammelte Aufsätze zur Religionssoziologie. Bd. 1; 4. Aufl. Tübingen.

1951 *Gesammelte Aufsätze zur Wissenschaftslehre.* Tübingen.

1968 *Methodologische Schriften.* Frankfurt am Main.

WEIMER, WOLFGANG; LÜNSTROTH, UWE

1993 *Energie- und $CO_2$-Einsparpotentiale in Baden-Württemberg.* (Arbeitsberichte der Akademie für Technikfolgenabschätzung in Baden-Württemberg; Nr. 1) Stuttgart.

WEIMER-JEHLE, WOLFGANG

1996 *Gesamtpaket Ensys mit Diskette. ENSYS V 2.2. Programm zur energetischen Bilanzierung von Energiesystemen.* Bedienungsanleitung. Hrsg. v. d. Akademie für Technikfolgenabschätzung, Stuttgart.

1997 *Das Energiesystem. Sektoren und Gestaltungsspielräume — Arbeitsmaterialien zu Ensys. Anm. d. Red.: (Enthalten in: Ders.: Gesamtpaket Ensys mit Diskette.)* Hrsg. v. d. Akademie für Technikfolgenabschätzung, Stuttgart.

WEIZSÄCKER CHRISTINE VON, WEIZSÄCKER ERNST ULRICH VON

1984 *Fehlerfreundlichkeit.* In: Klaus Kornwachs (Hrsg.): Offenheit — Zeitlichkeit — Komplexität. Frankfurt am Main, New York. S. 167–201.

WEIZSÄCKER, ERNST–ULRICH VON (HRSG.)
1994 *Umweltstandort Deutschland. Argumente gegen die ökologische Phantasielosigkeit.* Berlin, Basel.

WEIZSÄCKER, ERNST ULRICH VON; LOVINS, AMORY B.; LOVINS, L. HUNTER
1995 *Faktor vier. Doppelter Wohlstand — halbierter Naturverbrauch. Der neue Bericht an den Club of Rome.* München.

WERHANE, PATRICIA HOGUE
1985 *Person, Rights and Cooperation.* Prentice Hall, Engelwood Cliffs.
1986 *Philosophical issues in human rights. Theories and Applications.* New York.

WESEL, UWE
1993 *Natur, Recht, Moral.* In: Ruthard Stäblein (Hrsg.), Moral. Erkundungen über eine strapazierten Begriff; Baden–Baden. S. 218–231.

WIENHÖFER, ELMAR (HRSG.)
1996 *Bürgerforen als Verfahren der Technikfolgenabschätzung.* (Arbeitsberichte der Akademie für Technikfolgenabschätzung in Baden–Württemberg; Nr. 67.) Stuttgart.

WILS, JEAN–PIERRE.; MIETH, DIETMAR (HRSG.)
1991 *Ethik ohne Chance. Erkundungen im technologischen Zeitalter.* Tübingen.

WILS, JEAN–PIERRE (HRSG.)
1997 *Anthropologie und Ethik. Biologische, sozialwissenschaftliche und philosophische Überlegungen.* Tübingen.

WÖRZ, MICHAEL
1994 *System und Dialog. Wirschaftsethik als Selbstorganisation und Beratung.* Dettingen.

ZIMMERLI, WALTHER CH.
1983 *Alternative Werte — Ethische Faktoren der Planung einer Welt von morgen.* In: Wandlung von Verantwortung und Werten in unserer Zeit. Bericht über ein Internationales Kolloquium, veranst. von d. Deutschen Unesco–Kommission vom 2.–4. Juni 1982 in Freiburg (Seminarbericht der Deutschen UNESCO–Kommission, 35); München. S. 76–92.
1990 *Öffentliche Vernunft. Für eine aufgeklärte Eklektik.* München.

ZOGLAUER, THOMAS
1993 *Das Problem der theoretischen Terme. Eine Kritik an der strukturalistischen Wissenschaftstheorie.* Braunschweig.

1996 *Normenkonflikte. Zur Logik und Rationalität ethischen Argumentierens.* Habilitationsschrift Lehrstuhl Technikphilosophie, Fakultät für Mathematik, Naturwissenschaften und Informatik, Brandenburgische Technische Universität Cottbus.
1998 *Normenkonflikte. Zur Logik und Rationalität ethischen Argumentierens.* Stuttgart–Bad Cannstatt.

ZOLL, RALF
1989 *Neuer Individualismus und Alltagssolidarität.* In: Hans Leo Krämer; Claus Leggewie (Hrsg.): Wege ins Reich der Freiheit. André Gorz zum 65. Geburtstag. Berlin. S. 174–187.

ZUKUNFTSFÄHIGES DEUTSCHLAND
1995 *Ein Beitrag zu einer global nachhaltigen Entwicklung.* Eine Studie des Wuppertal–Instituts im Auftr. von BUND und Misereor; Kurzfassung, hrsg. v. Martina Krause; Bonn.

## Autoren

**Georg Hörning**, geb. 1965. Studium der Elektrotechnik an der Technischen Hochschule Darmstadt, Promotion zum Dr.-Ing. 1995: ‚Anwendung eines Verfahrens zur direkten Drehmomentregelung von Asynchronmaschinen für Prüfstandsantriebe'. Seit 1995 Wissenschaftlicher Mitarbeiter im Bereich Technik, Funktionalität, Lebensqualität an der Akademie für Technikfolgenabschätzung in Baden-Württemberg. Dort u. a.: Mitarbeit in den Projekten ‚Klimaverträgliche Energieversorgung in Baden-Württemberg', ‚Die gesellschaftliche Bewertung zukunftsweisender Energieszenarien'; Leitung der Bürgerforen ‚Klimaverträgliche Energieversorgung'.

**Christoph Hubig**, geb. 1952. Studium der Philosophie, Soziologie, Germanistik und Musikwissenschaft in Saarbrücken und Berlin. Promotion 1976: ‚Dialektik und Wissenschaftslogik'. Habilitation 1983: ‚Handlung, Identität, Verstehen'. Professor für praktische Philosophie/Technikphilosophie in Berlin, Karlsruhe und Leipzig. Seit 1997 Professor für Wissenschaftstheorie und Technikphilosophie an der Universität Stuttgart und Vorsitzender des Bereichs ‚Mensch und Technik' des VDI. Veröff. u. a. Technik und Wissenschaftsethik (2. Aufl. 1995), Technologische Kultur (1996), Hrsg. u. a.: Ethik institutionellen Handelns, Funkkolleg Technik.

**Klaus Kornwachs**, geb. 1947. Studium der Philosophie, Mathematik und Physik in Tübingen, Freiburg, Kaiserslautern und Amherst, Mass. 1973 Diplom in Physik, 1976 Promotion zum Dr. phil. in Freiburg, 1987 Habilitation in Philosopie an der Universität Stuttgart. 1979–1992 Mitarbeiter und Abteilungsleiter am Fraunhofer-Institut für Arbeitswirtschaft und Organisation, Stuttgart. 1990 Ernennung zum Honorarprofessor der Universität Ulm. Seit 1992 Lehrstuhl für Technikphilosophie an der Technischen Universität Cottbus. Seit 1988 Präsident der Deutschen Gesellschaft für Systemforschung. Bücher: Offenheit-Zeitlichkeit-Komplexität (Hrsg.) (1984), Information und Kommunikation (1993), Information — New Questions to a Multidisciplinary Concept (ed. with K. Jacoby) (1996).

**Heinz–Ulrich Nennen**, geb. 1955. Studium der Philosophie, Soziologie, Erziehungswissenschaften und Psychologie in Münster. Promotion 1989: ‚Ökologie im Diskurs. Studien zu Grundfragen der Anthropologie, Ökologie und zur Ethik der Wissenschaft'. Seit 1993 wissenschaftlicher Mitarbeiter im Bereich Diskurs an der Akademie für Technikfolgenabschätzung in Baden–Württemberg. Dort Mitarbeit an verschiedenen Forschungsprojekten und Diskursen, u. a.: ‚Themenfindungsdiskurs Energie', ‚Klimaverträgliche Energieversorgung in Baden–Württemberg', ‚Das Expertendilemma'. Leitung des Diskursprojektes ‚Energie und Ethik', Leitung eines Forschungsprojektes zur ‚Theorie und zur Methodologie von Diskursen'. Veröffentlichungen: ‚Das Expertendilemma', ‚Energie und Ethik', ‚Diskurs. Annäherungen an einen Begriff'.

**Julian Nida–Rümelin**, geb. 1954. Studium der Philosophie, Physik, Mathematik und Politikwissenschaft. 1983 Promotion zum Dr. phil., 1989 Habilitation. 1991 Gastprofessur USA. 1991–1993 Ethik–Zentrum Tübingen. Seit 1993 Professor für Philosophie in Göttingen. Präsident der Gesellschaft für Analytische Philosohie. (Mit–)Herausgeber der Buchreihen ‚Perspektiven der Analytischen Philosophie', ‚Scientia Nova', und ‚Theory and Decision Library'. Seit 1998 Kulturreferent der Stadt München.

**Konrad Ott**, geb. 1959. Studium der Philosophie, Geschichte und Germanistik in Frankfurt am Main. 1989 Promotion. 1991–1993 Mitglied des Graduiertenkollegs am Zentrum für ‚Ethik in den Wissenschaften' der Universität Tübingen. 1993–1994 Vertretung des Lehrstuhls für ‚Ethik in den biologischen Wissenschaften' in Tübingen. 1995 Habilitation. Seit 1997 Professor für Umweltethik am Institut für Botanik der Universität Greifswald. Forschungsschwerpunkte und Publikationen in den Bereichen Diskursethik, Angewandte Ethik, Umweltethik, Wissenschaftsethik, Technikfolgenabschätzung.

# Reihe »Campus Forschung«

Uta Eser
**Der Naturschutz und das Fremde**
Ökologische und normative
Grundlagen der Umweltethik
266 Seiten
ISBN 3-593-36250-3

Ausgehend von der Frage, warum die Ausbreitung gebietsfremder Arten im Naturschutz in der Regel als unerwünscht gilt, macht die Autorin ein konkretes Naturschutzproblem für Fragen theoretischer Art fruchtbar: Auf welchen Fakten und Werten beruhen Werturteile im Naturschutz? Welche Natur- und Gesellschaftsbilder gehen in die Zielvorstellungen des Naturschutzes ein? Damit führt das Buch gleichzeitig in Grundprobleme des Naturschutzes, der Umweltethik und der politischen Ökologie ein.

Thomas Potthast
**Die Evolution und der Naturschutz**
Zum Verhältnis von Evolutionsbiologie,
Ökologie und Naturethik
307 Seiten
ISBN 3-593-36251-1

»Evolution« hat Konjunktur – auch im Umweltdiskurs. Die wissenschaftsethische Studie bietet einen methodologisch neuartigen Ansatz, um die vielfältigen und verwirrenden Aspekte der Evolutionsbiologie in der Theorie der Ökologie, im Naturschutz und in der Naturethik zu verstehen. Sie evaluiert u. a. anhand der biologischen Vielfalt, der Freisetzung transgener Organismen und des Prozeßschutzes kritisch die Möglichkeiten und Grenzen naturwissenschaftlichen Wissens über die Evolution für die Umweltdiskussion.

**Campus Verlag . Frankfurt/New York**